Bernd Winkelmann

„Damit neu werde die Gestalt dieser Erde“

Politische Spiritualität im Umbruch unserer Zeit

Die Deutsche Bibliothek – CIP-Einheitsaufnahme
„Damit neu werde die Gestalt dieser Erde“ : politische Spiritualität im Umbruch unserer Zeit ; eine zeitgeschichtliche und biblisch-theologische Studie / Bernd Winkelmann. Mit Gesprächsbeitr. von Heino Falcke …
- 1. Aufl. - Leipzig : de-facto-Verl., 1997
ISBN 3-932724-06-2

1. Auflage 1997

Gestaltung und Satz: de facto-Verlag Leipzig
Umschlagbild: „Herbstlicht“ (1991; Kreide) von Wolf-Dieter Trümpler
Druck: Hensel-Druck Leipzig
Bindearbeiten: Buchbinderei Prade, Leipzig

ISBN 3-932724-06-2

Bernd Winkelmann

„Damit neu werde die Gestalt dieser Erde“

Politische Spiritualität im Umbruch unserer Zeit

Eine zeitgeschichtliche und biblisch-theologische Studie

mit Gesprächsbeiträgen von
Heino Falcke,
Joanna Macy,
Joachim-Ernst Berendt
und Dorothee Sölle

de facto-Verlag Leipzig

Inhalt

Kapitel II
Phänomene des neuen spirituellen Suchens

Kapitel III
Spiritualität und Ganzheitlichkeit in der Bibel

Kapitel IV
Konturen einer ökumenischen Spiritualität

„Utopia" – der Traum von einem ganz anderen Leben

Als ich erwachte, war alles ganz anders. Als erstes hörte ich das Singen der Vögel. Dann spürte ich die Wärme der Sonne in meinem Gesicht. Ich roch Erde und Wiesenduft. Als ich die Augen aufschlug, blendete mich helles Sonnenlicht. Über mir strahlten weiße Wolken im blauen Himmel. Es war sehr still. Ich versuchte mich zu bewegen. Meine Glieder waren steif und lagen zunächst wie fremd neben mir. Langsam fühlte ich neue Kraft. Ich erhob mich, setzte mich hin und sah um mich. Neben mir lagen noch die Gasmaske, mein Schutzmantel von grauer Asche überzogen. Die Stiefel hatte ich schon ausgezogen. Einer war ganz zerfetzt. Ich lag auf einer Wiese in einem Tal, nur wenige Schritte neben mir eine kleine Quelle, die mitten im Gras aus dem Hang leise emporsprudelte. Und die Wiesen blühten in voller Höhe. Am Rand der Wiese zum Tal hoch stand der Wald, grün, wie ich ihn seit meiner Kindheit nicht mehr gesehen hatte. Ganz oben aber auf der Höhe des Tales, die zu einem Berg aufstieg, sah ich noch abgestorbene schwarze Bäume und kahle Flächen.

Ich erhob mich taumelnd, ging einige Schritte, unten im Tal müßte ein Weg sein. Da hörte ich von weitem singende Stimmen, Menschenstimmen. Wann habe ich das letzte Mal Menschen singen hören? Ich lief und sah dann auf einer Wiese Menschen. Einige mähten Gras, andere wendeten es. Männer und Frauen waren es, zum Teil mit Hüten und langen Kleidern, einige mit nacktem Oberkörper. Kinder waren auch da, und ein Hund lief bellend auf mich zu. Als sie mich sahen, hielten sie erschrocken inne. Dann liefen sie mir entgegen. Etwa fünf Meter vor mir blieben sie stehen. Ein Mann trat vor und sprach mich an. Er sagte: „Ich bin Jonas. Wer bist du? Wo kommst du her?" Ich nannte meinen Namen und sagte, daß ich aus der zerstörten Welt komme und nicht weiß, wo ich jetzt bin und wie ich hierher komme. Er sagte, daß es das manchmal gäbe, daß welche rüber kommen aus der alten Welt in die neue Zeit. Dann forderte er mich auf, mit ins Dorf zu kommen. Am Tal und am Bach links neben der Straße erkannte ich, daß es das Dorf war, in dem ich früher lebte. Aber alles sah ganz anders aus. Nichts von den alten zerstörten Häusern war mehr da. Die ganz anderen Häuser waren aus Holz und viel Glas gebaut. Sie standen auch in kleinen Höfen zusammen, viele Bäume und kleine Gärten dazwischen. In der Dorfmitte am Brunnen wurden wir von anderen begrüßt.

Es wurde heftig erzählt. Die Leute staunten und fragten viel. Jonas brachte mich in sein Haus. Er setzte mir eine Speise vor, frisches Gemüse, Obst, Brot und Käse und einen guten Tee. Er führte mich in eine Stube, in der ich wohnen konnte.

In den nächsten Tagen zeigte mir Jonas das ganze Dorf. Ich fragte und staunte und er erzählte: Die Menschen lebten hier in kleinen Gruppen und Familien, manche zu zweit, manche in einer Großfamilie, manchmal mehrere Paare mit vielen Kindern. Die Alten lebten mitten unter ihnen. Fast alle schienen Arbeit im Dorf zu haben. Es gab alle nur erdenklichen Berufe: Tischler und Schneider, Schmied und Sattler, auch Arzt, Krankenpfleger, Lehrer. Und viele schienen so etwas wie Künstler zu sein, sie fabrizierten Bilder und Kunstgegenstände, die einen nützlichen und einen künstlerischen Wert hatten. Ich fragte nach einem Bäcker, aber den gab es nicht. Alle buken ihr Brot gemeinsam. An ein oder zwei Tagen in der Woche brachten alle aus ihren Häusern den Teig, dann wurde im gemeinsamen Backhaus gebacken. Es wurde als Fest gefeiert. Überhaupt feierte man bei allen Gelegenheiten, bei der Aussaat und Ernte, beim kleinen Markttag einmal in der Woche mitten im Dorf, oder auch einfach zum Feierabend, wenn sie von der gemeinsamen Arbeit wieder kamen. Immer wurde dabei getanzt und gesungen. Fast alle konnten irgendein Musikinstrument spielen, es waren Instrumente aus alter Zeit, aber auch neue, fremde aus unbekannten Ländern. Manche fuhren zur Arbeit auch in die Stadt, aber es waren wenige, sie kamen meist schon mittags wieder. Überhaupt merkte ich, daß die eigene berufstätige Arbeit nur wenig Zeit ausmachte und zu den verschiedensten Zeiten ausgeübt wurde. Jonas erklärte es mir. Jeder hatte seinen besonderen Beruf, der nahm nur den halben Tag ein. Daneben gab es die Gemeinschaftsarbeit, die alle zusammen machten, wie die Felder bestellen, im Wald und auf den Wiesen arbeiten, das Dorf in Ordnung halten, die Häuser bauen, Straßen und Wege herrichten u. ä. Nur für die spezielleren Tätigkeiten, die nicht jeder machen konnte, gab es die persönlichen Berufe. Es wurden möglichst viele Arbeiten gemeinsam gemacht. Überhaupt schien Arbeit keine Last mehr zu sein. Die körperliche Arbeit im Wald und auf dem Feld z. B. wurde regelrecht geschätzt, weil sie gemeinsam gemacht wurde, kaum mehr als 3–4 Stunden am Tag ausmachte und als Ausgleich für die geistige und seelische Arbeit empfunden wurde. Auch die Kinder wurden in der ganzen Dorfgemeinschaft gemeinsam erzogen. Es gab zwei besondere Lehrer bzw. Lehrerinnen. Aber auch andere Erwachsene unterrichteten die Kinder. Die Schule war eine merkwürdige Mischung von Lern-,

Spiel-, Erlebnisunterricht und Lebenskunde. Viel lernten die Kinder in der Natur und in den handwerklichen und künstlerischen Berufen, in die sie schon früh eingeführt wurden.

Jeder Tag im Dorf begann mit einer Meditationszeit und zum Sonnenuntergang gab es auch eine. Wer wollte, traf sich in der kleinen alten Kirche oder im Gemeinschaftshaus, das oben am Waldrand stand, wo früher die häßliche Rinderanlage gewesen war. Manche blieben zur „Tagesstille", so nannten sie die Gebets- und Meditationszeiten, auch zu Haus. In jedem Haus gab es ja einen Andachtsraum. Wichtig war nur die gemeinsame Zeit, in der das Dorf in die Stille ging. Ein kurzes Läuten der Glocke gab die Zeit an.

Überhaupt staunte ich über die Stille im Dorf. Lange konnte ich sie mir nicht erklären, denn es wurde viel erzählt, gelacht, gesungen und getanzt. Bis mir auffiel, daß es keine Autos und Motorengeräusche gab. Nur zwei große elektrische Fahrzeuge zum Transport schwerer Lasten gab es, die aber kaum zu hören waren. Sonst gab es Pferdefuhrwerke und Fahrräder und Karren aller Art, übrigens sehr geschickt gebaut, so daß sie wunderbar fuhren. Überhaupt die Technik! Erst dachte ich, es gäbe kaum welche. Dann aber sah ich, daß sie da war, nur sehr unauffällig und klein, der Natur angepaßt, sehr menschenfreundlich, viele kleine raffinierte Geräte und Werkzeuge, auch elektronische. Plaste gab es nicht, das meiste war aus Holz und Metall gemacht, auch viel Keramikgefäße gab es und so etwas wie Kunststoffe aus Naturfasern. Die Sonnenenergie wurde mit allen Mitteln ausgenutzt. Mit Sonnenkollektoren, Glasvorbauten und Wärmespeichern heizten sie ihre Häuser, Strom wurde durch Wind- und Wasserkraft erzeugt. Freilich, viel wurde nicht gebraucht, da man sparsam lebte und es keine Großtechnik gab.

Ein Erlebnis war der Markttag im Dorf. Da wurde getauscht und gehandelt. Richtiges Geld gab es ja nicht. Aber es gab Wertscheine, die jeder für seine Gemeinschaftsarbeit bekam oder durch Verkauf eigener Produkte verdiente. Diese Wertscheine verfielen aber nach acht Wochen. So hortete keiner sein Geld, es wurde in ständigen Handel gebracht, was das Tauschen und Handeln ungeheuer belebte. Ab und zu fuhren Einzelne, aber meist die ganze Familie oder eine kleine Gruppe, in die Stadt zum Einkaufen. Da galten ebenfalls die Wertscheine und da wurde das Handeln und Tauschen erst richtig zum Spaß. Die schönsten Sachen wurden mitgebracht, auch Geräte und Nahrungsmittel, die nicht selbst hergestellt werden konnten. Ich begriff jetzt, warum jeder so etwas wie ein Handwerker, Schneider und Künstler war, denn da hatte jeder etwas zum Tauschen und Verkaufen. Freilich konnte dabei keiner reich werden. Aber das wollte offensichtlich auch niemand. Das, was jeder zum täglichen Leben brauchte, Lebensmittel, soweit sie nicht selbst im Garten und auf dem Feld geerntet wurden, oder kleine Gebrauchsgegenstände des Alltags, auch einfache Kleidung, konnte jeder ohne Geld aus dem Markthaus in der Mitte des Dorfes holen. Keiner nahm mehr, als er brauchte, wozu auch.

Privatbesitz gab es nur im eigenen Hausrat, in der Kleidung und in den selbst produzierten und gehandelten Dingen. Die Häuser wurden gemeinsam gebaut und den Familien oder Gruppen vom Dorfrat zugesprochen. Das Land, der Wald, der Bach und der kleine See, den sie oberhalb des Dorfes gestaut hatten, gehörten allen, oder wie sie sagten, war ihnen von Gott als heilige Gabe geliehen.

Ich fragte Jonas, wie denn das alles politisch geregelt wird, wie die Regierung und Verwaltung funktioniert. Er erklärte mir: Das Grundprinzip ist die Dezentralisierung und Verlagerung aller Entscheidungen möglichst auf die untere Ebene, auf die Ebene der Betroffenen. Also das Dorf regiert sich selbst, ebenfalls jeder Betrieb, durch direkte Demokratie und gewählte Räte. Großindustrie hat man abgeschafft. Ein Betrieb, der mehr als 100 Beschäftigte hat, wird geteilt. Auf der jeweils höheren Ebene haben die Räte nur koordinierende Funktion und regeln die Dinge, die nur überregional gesteuert werden können. Da die Lebensprinzipien klar sind, gibt es wenig Konflikte, und man nimmt sich viel Zeit, um die schwierigen Dinge ausreifen zu lassen.

Der Sonntag war ein Höhepunkt in der Woche. Manchmal begann das „Heiligungsfest", wie der Sonntag auch genannt wurde, schon am Sonnabendabend, meist aber am Sonntagmorgen. Es hatte je nach Jahreszeit oder nach dem besonderen religiösen Charakter des Tages seine besondere Gestaltung. Es gab kleine Feste von nur ein bis zwei Stunden oder große, die den ganzen Tag über gingen. Man traf sich im Gemeinschaftshaus, das so etwas wie ein Kulturhaus und Tempel in einem war. Einen großen Festsaal gab es, aber auch viele kleine Räume, auch die Schule und der Kindergarten befanden sich im Gemeinschaftshaus. In den Räumen waren christliche Symbole, aber auch Symbole und Altäre anderer alter und neuer Religiosität zu sehen. Besondere Priester oder Pfarrer gab es nicht, aber so etwas wie geistliche Lehrer, Vorsänger oder Vorbeter, auch Vortänzer, aber das konnte wohl jeder aus dem Dorf sein. Es waren Frauen und Männer zu gleichen Teilen. Die Kinder waren bei allem dabei. Zu einigen Gebeten oder Musiken wurde getanzt, oft erst von Einzelnen, dann tanzten meist alle im großen Kreis.

Überhaupt geschah alles mit vielen körperlichen Bewegungen und Riten. Immer gab es auch ein sakrales Mal, einer gab Brot und Wein dem anderen weiter. Manchmal ging das sakrale Mal auch in ein großes gemeinsames Festessen über. Manchmal traf man sich zu diesen Festen auch draußen im Freien, oben auf einer Wiese über dem Dorf. Da wurden die umliegenden Berge und Bäume, die ganze Natur mit einbezogen.

An solch einem Abend lernte ich auch Renate näher kennen, die Frau, die mir schon am ersten Tag auffiel. Ich fragte sie, wie man denn hier umgehe mit Liebe, Mann und Frau, Eifersucht, Streit und überhaupt mit Konflikten, auch mit Kranksein, dem Leiden und Altwerden. Sie erzählte mir, daß es das alles auch gäbe, aber in sehr gemäßigter Form, einfach deshalb, weil jeder sich und sein Schicksal bejaht und als sinnvoll annimmt, so wie es ist. Nicht das „Ich" oder das „Du" sei das Wichtigste, sondern das „Es", das Leben und die Anteilhabe am göttlichen Strom des Lebens. In dem Eigenen und Besonderen des anderen sähe keiner mehr eine Bedrohung, sondern eher eine Bereicherung des eigenen Lebens. Konflikte gäbe es trotzdem, aber sie werden weniger im Kampf ausgetragen, mehr im gegenseitigen Erzählen, im Klagen und Weinen. Tiefe Traurigkeit und Schmerz werden dabei empfunden. Aber man hält es gemeinsam aus, trauert miteinander und kommt so zu einer heilenden Versöhnung.

Am nächsten Tag nahm mich Renate mit in ihre Familie. Man nahm mich auf wie einen Freund. Beim Essen waren alle da. Es war ein feierliches Mahl, anfangs mit Segensgebet und Schweigen, das aber dann in ein fröhliches Erzählen überging. Danach führte mich Renate in einen abgedunkelten Raum. Einige Kerzen brannten, ein Bett war zu sehen. Hier lag eine alte Frau im Sterben. Zu jeder Tag- und Nachtstunde saß einer bei ihr, pflegte sie, sprach mit ihr. Hin und wieder kamen die anderen dazu, sprachen Gebete und sangen ein leises Lied. Auch die Kinder kamen manchmal dazu. Es wurde getrauert und Abschied genommen, aber Angst war nicht da. Die Frau sprach voller Ruhe von ihrem Sterben wie von einem Heimgehen.

Nach etwa vier Wochen war ich so übervoll von den Eindrücken, daß ich Abstand brauchte. Ich war begeistert und aggressiv zugleich, manchmal auch innerlich zu und wie gelähmt. Ich konnte nichts mehr aufnehmen. Jonas sah es mir an. Er machte mir den Vorschlag, in eine Einsiedelei zu gehen, um zu mir selbst zu kommen. Die Einsiedelei lag nur eine Stunde Fußweg vom Dorf entfernt unter der Höhe eines Berges, zwischen Bäumen geschützt, aber nach Osten offen mit weitem

Blick ins Land. Ganz schlicht aus Holz war sie gebaut. Jeder aus dem Dorf konnte sie benutzen. Jeder nahm mit, was er brauchte, und füllte die Vorräte auf für die, die nach ihm kamen.

Nach zwei Tagen klärten sich meine Gedanken und Gefühle. Ich sah die Welt und mein Leben in einem wunderbaren Licht und fühlte mich eins mit dem Bach unten im Tal, aus dem ich mein Wasser holte, mit den Bäumen, mit den Tieren, die ganz zutraulich bis an die Hütte kamen. Am stärksten war dieses Einheitsgefühl nachts unter klarem Sternenhimmel oder am frühen Morgen, wenn ich zum Sonnenaufgang auf die Höhe ging. Mein Heimweg von der Hütte führte mich in das Tal, in dem ich neben der Quelle aufgewacht war. Ein unbedingtes Muß führte mich und eine innere Übereinstimmung, obwohl ich nicht wußte, was kam. Ich legte mich neben die Quelle und schlief ein.

Als ich erwachte, war wieder alles ganz anders. Ich war dort, wo ich früher war, vor der Katastrophe und der Neugeburt. Ich stand auf, ging ins Dorf, um Menschen zu finden, die mit mir den Weg der Utopie in der Wirklichkeit suchen.

Einleitung

Die Frage und das Anliegen

So utopisch der auf den Vorseiten erzählte Traum auch ist, so sehr bewegt er doch die Phantasie und Sehnsucht vieler Menschen. Ich träumte diesen Traum in einer kurzen Form das erste Mal Mitte der achtziger Jahre. Es war die Zeit, in der die Angst vor einer atomaren und ökologischen Katastrophe unter uns sehr groß wurde, aber ebenso die Sehnsucht nach einem ganz anderen Leben, nach einer anderen Welt. Ich erzählte anderen von diesem Traum und war überrascht, daß mir andere von sehr ähnlichen Träumen erzählten. In Seminaren, die wir nach Anregungen aus dem Buch von Joanna Macy „Mut in der Bedrohung" gestalteten, entwickelten wir Phantasieübungen, in denen jeder seinen Vorstellungen bewußter nachgehen konnte, wie das Leben nach der möglichen großen Katastrophe und nach einer tiefgreifenden Erneuerung der Menschen sein könnte.[1]

Es geht im bewußten Wahrnehmen solcher Träume nicht darum, sie vordergründig verwirklichen zu wollen, sondern sie als geheime Triebfeder eines Suchens nach einem ökologisch versöhnten, kommunitären und spirituell entfalteten Leben zu begreifen. Utopien sind „Länder, in denen noch keiner war" [2], die aber als Visionen und Hoffnungen seit je her Menschen inspirieren, über das Gegebene hinaus zu streben – *„damit neu werde die Gestalt dieser Erde"*, wie es die alten biblischen Verheißungen sagen.[2a] Ohne Utopien und Visionen hätte es keine Entwicklung in der Menschheitsgeschichte gegeben. Die entscheidende Frage ist allerdings die, wie Vision und Wirklichkeit zusammengebracht werden.

Ich entdeckte, daß es heute ein neues politisch-spirituelles Suchen gibt, das von solchen Visionen geleitet nach einer grundlegenden Veränderung der vorherrschenden Wirklichkeit strebt – auf den Ebenen der Ökologie und Lebensweise, der Politik und Ökonomie. Dieses neue spirituelle Suchen hat zwar manche Wurzeln in Formen der klassischen

[1] Aus diesen Phantasieübungen ist nach und nach der hier wiedergegebene Traum entstanden. Vgl. J. Macy „Mut in der Bedrohung" S. 189; vgl. die Übungen zur politischen Realutopie für unsere Zeit unter IV. 3. auf Seite 313 f.

[2] „Utopia" heißt wörtlich: Ort, an dem noch keiner war, der aber eine unbezwingbare Anziehung ausübt.

[2a] Vgl. Ps. 104,30; Jes. 2,3–4; 11, 1–9; 65,17 ff.; Offb. 21,1 ff. u. a.

Religiosität und Spiritualität, unterscheidet sich aber von diesen in drei Merkmalen:

1. Im Hintergrund des neuen spirituellen Suchens stehen die das Überleben der Menschheit bedrohenden Krisenerscheinungen unserer Zeit, es hat somit immer einen politischen Charakter; zugleich folgt es einer inneren transzendenten Inspiration und fragt nach einer tiefgreifenden Heilung unserer kranken Welt; ich nenne es darum insgesamt ein „politisch-spirituelles Suchen".
2. Das neuere spirituelle Suchen ist eng verbunden mit einem tiefgreifenden Paradigmenwechsel, dem Wechsel von grundlegenden Denkvorstellungen in unserer Zeit; darum hat das Fragen nach dem Paradigmenwechsel in dieser Studie einen besonderen Stellenwert.
3. Die neue Spiritualität ist ein die Grenzen der Konfessionen und Religionen überschreitendes Suchen; es ist darum nur im Kontext der allgemeinen geistesgeschichtlichen Entwicklung unserer Zeit zu verstehen.

Die beiden wichtigsten Fragen, die mich bei meinen weiteren Studien umtrieben, sind einmal: Was ist genauer Wesen, Eigenart und Inhalt dieser neuen Spiritualität? Und zum anderen: Welche Rolle spielt die neue Spiritualität für die gegenwärtige Entwicklung unserer Welt?

In thematischen Seminaren und Freizeiten mit meist jüngeren Erwachsenen und Familien – seit 1981 im Evangelischen Einkehrhaus Bischofrod (Südthüringen), seit 1991 in der Evangelischen Familienerholungs- und Begegnungsstätte Burg Bodenstein (Südharz) – konnte ich mit Gruppen diesen Fragen nachgehen und verschiedene Möglichkeiten politisch-spiritueller Praxis erproben.

Schon ein erster Überblick zeigt: Die verschiedenen neueren spirituellen Bewegungen unserer Zeit reichen von hoch wissenschaftlichen Systemen über die politische Spiritualität bis hin zu einer neuen Esoterik. Sie scheinen bisher mehr in elitären Gruppen gelebt zu werden. Wie aber Medien, Filme, populäre Bücher und selbst die Werbung zeigen, sind auch breitere Schichten der Bevölkerung unbewußt und zunehmend von spirituellen Bedürfnissen berührt. Von den offiziellen Kirchen wird das neue spirituelle Suchen allerdings bisher kaum zur Kenntnis genommen und es geht weitgehend an diesen vorbei. Es wird zu fragen sein, warum sich die stärksten Sucher spiritueller Erneuerung meist enttäuscht von der Kircheninstitution abgewandt haben.

In der hier vorgelegten Studie grenze ich mein Untersuchungsfeld ein: Ich konzentriere mich auf die neuen politisch-spirituellen Suchbewegungen auch weit außerhalb der herkömmlichen Religionen. Die traditionellen Formen der Spiritualität und die heute vorfindlichen erwecklichen oder fundamentalistischen spirituellen Strömungen in den Kirchen, in anderen Religionen oder in neueren Sektenbildungen werden zwar mit bedacht, sind aber nicht zentraler Gegenstand meiner Arbeit.

Mit meiner Arbeit an dieser Studie verfolge ich mehrere Anliegen:

Einmal möchte ich im Aufarbeiten meiner bisherigen Studien und im Durchsehen der Literatur klarer die Spuren und Zusammenhänge erkennen, die hinter dem spirituellen Suchen unserer Zeit stehen. Dies soll nicht abstrakt und aus dem luftleeren Raum heraus geschehen, sondern auf dem Hintergrund der von mir erlebten DDR-Geschichte, denn in ihr gab es mehr spirituelle Bewegung als bisher gesehen wird. Dabei gehe ich auch Spuren der Spiritualität in meiner eigenen Biographie nach, denn Spiritualität läßt sich nur begrenzt allgemein, besser und authentischer subjektiv und persönlich nachzeichnen.

Zum anderen möchte ich die spirituellen Bewegungen, die hinter den Texten der Bibel stehen, deutlicher wahrnehmen und so das biblisch-spirituelle Potential in die spirituelle Suchbewegung unserer Zeit stärker einbringen.

Insgesamt möchte ich helfen, zwischen den verschiedenen Erfahrungen und Positionen zu dolmetschen und Brücken zu bauen, vor allem eine Brücke zwischen politischer Aktivität und spirituellem Suchen und eine Brücke zwischen der herkömmlichen christlich-kirchlichen Frömmigkeit und der neuen Spiritualität.

Die vier Kapitel der Studie markieren die vier Schritte, die ich gehe:

In Kapitel I frage ich nach dem zeitgeschichtlichen Hintergrund des neueren spirituellen Suchens – in der Erkenntnis, daß es wohl nur aus den ökosozialen Krisenerscheinungen unserer Zeit und als ein Anzeichen eines beginnenden Paradigmenwechsels zu verstehen ist. Dabei wurde mir, mehr als ich vorher dachte, die ökonomische Frage dringlich; das Interesse am Paradigmenwechsel in den Naturwissenschaften bekam ein besonderes Gewicht.

In Kapitel II untersuche ich die speziellen Phänomene des neueren spirituellen Suchens. Hier konzentriere ich mich auf die vier Bereiche: politische Spiritualität im engeren Sinne, ökologische Spiritualität, Spiritualität in der Lebensstilbewegung und meditative Spiritualität.

Kapitel III fragt nach der Spiritualität und Ganzheitlichkeit in der Bibel. Die Fragestellung ist indirekt schon hier von einer möglichen neuen Begegnung zwischen der biblischen und der neuen Spiritualität heute geleitet.

In Kapitel IV versuche ich als Resümee aus der Begegnung zwischen der biblischen und der heutigen Spiritualität heraus Konturen einer ökumenischen Spiritualität zu skizzieren – einer Spiritualität, die der „Bewohnbarkeit des Erdkreises“ dient. Da Konturen solch einer Spiritualität anschaulicher an Persönlichkeiten und Biographien ablesbar sind, gebe ich hier Gespräche mit Heino Falcke, Joanna Macy, Joachim-Ernst Berendt und Dorothee Sölle wider, die mir als wichtige Impulsgeber und exemplarische Zeitzeugen spirituellen Suchens und Ringens begegnet sind. Im letzten Abschnitt dieser Studie sollen Übungen zur ökumenischen Spiritualität beispielhaft einen möglichen und erprobten Erkundungs- und Übungsweg deutlich machen.

Zwischen den Kapiteln stehen zusammenfassende, kritisch zurückfragende und überleitende Zwischenüberlegungen.

Danken möchte ich an dieser Stelle meiner Kirchenleitung, die mir zur Erarbeitung dieser Studie von September 1993 bis Februar 1994 einen halbjährigen Studienurlaub gewährt hat.

Ebenso danke ich der Ökumenischen Basisgemeinschaft in Wethen, bei der ich in dieser Zeit in Klausur gehen konnte und viele gute Gesprächsanregungen gefunden habe.

Besonderer Dank gebührt Dr. Reinhard Voß, Geschäftsführer des Ökumenischen Dienstes, Projekt „Schalomdiakonat in Deutschland“, und Dr. Gerhard Breidenstein, Theologe und Mitbegründer der Beringhofgemeinschaft Wickede, die mich in besonderer Weise kritisch begleitet und ermutigt haben.

Burg Bodenstein im September 1997

Kapitel I

Zeitgeschichtlicher Hintergrund des neueren spirituellen Suchens

Das neuere spirituelle Suchen ist ohne ein Verständnis seines zeitgeschichtlichen Hintergrundes nicht zu verstehen. Darum will ich im ersten Schritt zwei Haupttendenzen unserer Zeit skizzieren: einmal die das Überleben bedrohenden ökosozialen Krisen, zum anderen die Anzeichen eines beginnenden Paradigmenwechsels im Suchen der Menschen. Dabei geht es mir vor allem um das Aufzeigen von Zusammenhängen und möglichen Deutungen. Dort, wo Fakten und Zusammenhänge weitgehend bekannt sind, schreibe ich mehr erinnernd und thesenhaft und fasse mich sehr kurz. Ausführlicher werde ich dort, wo die Sachverhalte und Zusammenhänge bisher weniger gesehen oder verdrängt werden.

1. Die Krisenentwicklung unserer Zivilisation

Die ökosoziale Krise

Durch das atomare Hochrüsten ist den meisten Menschen zum ersten Mal bewußt geworden, daß bei einem Weitergehen auf alten Wegen – nämlich auf dem Weg der militärischen Friedenssicherung – die infernalische Selbstvernichtung der ganzen Menschheit wahrscheinlich wird[3]. Diese Einsicht hat zur atomaren Abrüstung zwischen den alten Ost- und Westblöcken geführt. Doch die Gefahr der militärischen Selbstzerstörung ist damit noch längst nicht gebannt. Der Zerfall der großen politischen Blöcke, die wachsende Kluft zwischen den reichen und den armen Völkern sowie die rapide Verknappung der natürlichen Ressourcen in unserer Welt werden in Zukunft verstärkt zu Nationalismus, zum Drängen der armgemachten Völker in die wohlhabenden Staaten und zu Verteilungskriegen zwischen den Nationen führen. Eine schlagkräftige Störung der durch Hochtechnologie hochempfindlich gewordenen Infrastruktur der Industriestaaten kann ein innenpolitisches Chaos und einen Zusammenbruch der internationalen Wirtschaftsstrukturen auslösen. Beim gegenwärtigen Stand der Verbreitung der Atomwaffen und ihrer fortlaufenden Weiterentwicklung kann sehr leicht aus einem begrenzten Konflikt ein atomarer „Flächenbrand" entstehen. Auch die Gefahren, die in der „friedlichen Nutzung" der Atomenergie liegen, werden zu wenig wahrgenommen: das „Restrisiko" bei einem Reaktorunfall, bei einem Terroranschlag oder Bombenabwurf auf ein Kernkraftwerk wie bei dem nicht gelösten Problem der Endlagerung von Atommüll ist so groß, daß auch hier die Gefahr der atomaren Selbstzerstörung weiterhin gegeben ist.[4]

Im Bewußtsein der Menschen bekommt auch die Umweltkrise einen immer lebensbedrohlicheren Charakter. Die bedrohlichsten Grundfakten sind in ihrer Summierung zwei:

1. die Übernutzung und die Zerstörung von nicht regenerierbaren natürlichen Ressourcen wie fruchtbares Ackerland, Wälder, Trinkwasser, fossile Brennstoffe, natürliche Rohstoffe aller Art u. ä.;

[3] Ende der achtziger Jahre lief der sowjetische Film „Brief eines toten Mannes", der in drastischer Weise das atomare Weltinferno darstellt. Dieser Film, der in der Sowjetunion erst verboten, dann von Gorbatschow frei gegeben wurde, soll die Politiker und Militärs der SU mit auf die Abrüstungspolitik Gorbatschows eingestimmt haben.

[4] Siehe H. v. Ditfurth „Apfelbäumchen" S. 20 ff.; 44 u. a.; G. Breidenstein „Hoffen" S. 38 f.

2. die Überlastung des Regenerations- und Puffervermögens im natürlichen Haushalt unserer Erde durch Müll, Gifte, Abgase und andere Ablagerungen, heute zunehmend erkannt in der Vergiftung von Meeren, Seen und Trinkwasserreserven, in der Zerstörung der lebenserhaltenden Ozonschicht, im Aufheizen der Erdatmosphäre (Treibhauseffekt) u. a.

Beide Faktoren verstärken sich gegenseitig: die Übernutzung von Ressourcen führt zur Überlastung durch Abprodukte, deren Entsorgung verlangt wieder einen höheren Material- und Energieeinsatz, was wieder zu einer Übernutzung der Ressourcen führt.[5]

Bezeichnend ist dabei, daß beide Effekte zu 80 % von nur etwa 20 % der Menschheit, nämlich den reichen Industrienationen, verursacht werden und daß die armgehaltene Mehrheit der Weltbevölkerung am meisten unter der Zerstörung des natürlichen Haushaltes zu leiden hat und verstärkt leiden wird. Ulrich Duchrow und Gerhard Liedke berichten in ihrem Buch *„Schalom, der Schöpfung Befreiung, den Menschen Gerechtigkeit, den Völkern Frieden"* von Berechnungen, nach denen der Material- und Energieumsatz in den Industrienationen 3 bis 8 mal über dem für deren Regionen ökologisch vertretbaren Maß liegt.[6]

Verbrauch und Belastung der Ressourcen unserer Erde [7]

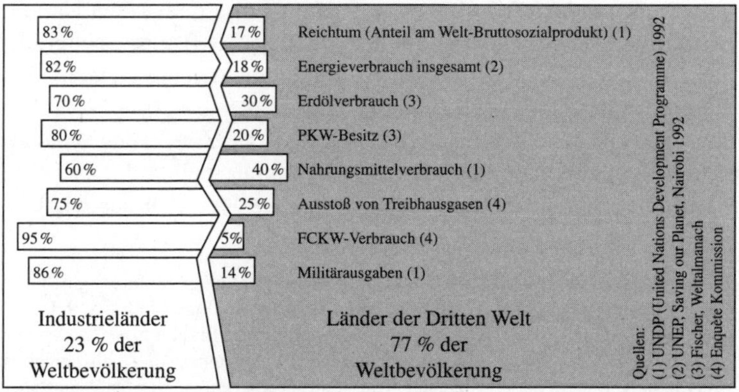

Daß diese Entwicklung in den nächsten Jahrzehnten zu einem ökologischen Weltkollaps führen m u ß, hat schon der Bericht des Club of Rome *„Die Grenzen des Wachstums"* von 1972 dargestellt; seine Neu-

[5] Vgl. F. Feldmann „Arbeit schaffen, Umwelt retten" S. 9 ff.

[6] U. Duchrow, G. Liedke „Schalom" S. 73.

[7] Nach „Ökumenischer Informationsdienst" Nr. 41, 1995, S. 32.

fassung von 1992 hat diese These modifizierend bestätigt.[8] Am schonungslosesten haben H. v. Ditfurth, R. Bahro und L. Mayer das zwangsläufige Ende der gegenwärtigen menschlichen Zivilisation aufgezeigt. Ihre ökologische Grundthese besagt, daß die Puffermöglichkeiten des endlichen Biosystemes unserer Erde längst ausgereizt sind. Der verborgene Countdown läuft schon. Nur bei grundlegenden Änderungen der Wirtschafts- und Lebensweise der Menschen sofort könnte der ökologische Kollaps vielleicht noch so abgefedert werden, daß ein kleiner Teil der Menschheit, wenn auch sehr angeschlagen, überleben kann.[9]

Auch wenn viele diese skeptische Sicht nicht teilen wollen, unbewußt sind inzwischen die meisten Menschen – auch die Kinder! – viel mehr von dieser Angst geprägt, als wahrgenommen und zugestanden wird.

Zur nuklearen und ökologischen Krise tritt immer erschreckender eine neue weltweite Armutskrise hinzu.[10] Nur an drei Fakten sei hier erinnert:

- Etwa 25 % der Weltbevölkerung lebt in gehobenem Wohlstand, etwa 50 % lebt in gemäßigter Armut, etwa 25 % an oder unter der Armutsgrenze.
- Jährlich verhungern in unserer Welt 18 Millionen Menschen, das sind täglich ca. 50.000 Menschen.
- Die Wohlstandskluft zwischen den reichen und den armen Nationen wird trotz Entwicklungshilfe immer größer: das Bruttosozialprodukt lag 1970 zwischen den unterentwickelten und den entwickelten Ländern etwa bei 1:40, 1990 etwa bei 1:50.

Armut, Bevölkerungswachstum und ökologische Zerstörung schaukeln sich in weiten Teilen der Welt gegenseitig immer mehr auf. Das ist kein willkürliches Schicksal, kein Naturgesetz, das lediglich aus der Über-

[8] Siehe „Grenzen des Wachstums“ die Schlußfolgerungen in der Einführung S. 17; vgl. mit dem zweiten Bericht von 1992 „Die neuen Grenzen des Wachstums“ S. 9 ff., S. 13! Auch die Weltumweltkonferenz 1992 in Rio bestätigt diese Erkenntnisse! Die Fachliteratur zeigt, daß das Wachstum unserer Gesellschaft „*exponentiellen*“, also einen sich ständig steigernden Charakter hat. Ich meine, daß auch bei einem linearen Wachstum die Wachstumsgrenzen unseres Ökosystems erreicht sind und gebrauche darum nicht den Begriff des exponentiellen Wachstums.

[9] H. v. Ditfurth „Apfelbäumchen“ im ganzen Buch bes. auf S. 279 ff.; R. Bahro „Logik der Rettung“ bes. Kap. I + II; L. Mayer „Ein System siegt sich zu Tode“ Grundthese seines Buches, bes. S. 13 ff., S. 55 ff.

[10] In den folgenden Aussagen vgl. R. H. Strahm „Warum sie so arm sind“ und U. Duchrow „Weltwirtschaft“ bes. S. 173 ff. und die Wirtschaftsdenkschrift der EKD „Gemeinwohl und Eigennutz“ bes. Ziffer 17–23.

bevölkerung oder aus einer Unfähigkeit der verarmten Völker kommt. Es ist bei einem ehrlichen Hinsehen eindeutig auf schuldhaftes Verhalten, nämlich auf Ausbeutung der armen Völker durch die reichen Nationen zurückzuführen. Diese Ausbeutung und Belastung geschieht hauptsächlich durch folgende Praktiken:

- durch das Handels- und Preisdiktat der multinationalen Konzerne in der Weltwirtschaft zu Ungunsten der armgehaltenen Völker;
- durch billigen Import von Rohstoffen und Rohwaren aus den Rohstoffländern, teurer Export von Fertiggütern in diese;
- durch eine Kreditwirtschaft, die durch Schuldzinsen mehr aus den unterentwickelten Ländern herausholt, als an Hilfen hineingeht;[11]
- durch Ausfuhr von Müll und Schadstoffen und durch Verkauf von im eigenen Land nicht mehr absetzbaren umweltbelastenden und gesundheitsgefährdenden Produkten in die unterentwickelten Staaten;
- durch Waffenexporte, die Kapital in den unterentwickelten Ländern abschöpfen und in den Industriestaaten Profite und Arbeitsplätze sichern.[12]

Wenn der Regelkreis zunehmender Verarmung, Überbevölkerung und Umweltzerstörung in den armgemachten Völkern nicht durch menschliches vorsorgliches Handeln aufgebrochen wird, wird dies erst durch ein milliardenfaches Verhungern ganzer Völker geschehen.[13]

Verschärft wird diese weltweite Entwicklung durch die wirtschaftliche Rezession, die heute nicht mehr konjunkturelle Ursachen hat, sondern – wie wir im nächsten Abschnitt sehen werden – zunehmend strukturelle, grundsätzliche Ursachen im Wirtschaftssystem selbst. Diese Entwicklung führt in den reichen Staaten zum Entstehen einer neuen Armut. Diese Armut ist vor allem gekennzeichnet durch den zunehmenden und strukturellen Mangel an Arbeitsplätzen, durch wachsende Arbeitslosigkeit in allen Schichten der Bevölkerung, durch die Überlastung des sozialen Netzes und einen immer größer werdenden Teil derer, die ins soziale Aus fallen („Eindrittelgesellschaft“)[14].

[11] So wurden 1992 durch die Industriestaaten weltweit ca. 50 Milliarden Dollar an Wirtschaftshilfe für die unterentwickelten Staaten gegeben, aber ca. 150 Milliarden Dollar an Gewinn aus ihnen herausgeholt; vgl. L. Mayer „Ein System siegt sich zu Tode“ S. 25 f., 109 ff.; Wirtschaftsdenkschrift der EKD Ziffer 19.

[12] Vgl. zum Ganzen W. Kessler „Aufbruch zu neuen Ufern“ S. 43 ff.

[13] So H. v. Ditfurth „Apfelbäumchen“ S. 265.

[14] In den Jahren von 1973 bis 1994 ist die Zahl der Sozialhilfeempfänger in der BRD um das vierfache gestiegen, das Vermögen der Reichen um etwa 20 Prozent; vgl. W. Kessler „Wirtschaft der Zukunft“ S. 42 f. und „Aufbruch zu neuen Ufern“ S. 13 ff.

Die Sackgasse der kapitalistischen Marktwirtschaft und der parlamentarischen Demokratie

Immer deutlicher wird, daß das kapitalistische Wirtschaftssystem trotz seines „Sieges über den Sozialismus" und trotz seiner Nachahmung in aller Welt in der heutigen ökosozialen Grenzsituation an sein Ende gekommen ist[15]. Da in dieser Frage am meisten verleugnet und verdrängt wird, will ich hier etwas weiter ausholen.

Nach der von Adam Smith schon im 18. Jahrhundert entwickelten idealtypischen Lehre von der Freien Marktwirtschaft wirkt das Motiv des *„Eigennutzes als Antriebskraft des menschlichen Handelns zum Nutzen für die Allgemeinheit"*. Das heißt, aus dem Streben nach Eigennutz kommt es automatisch *„wie von einer unsichtbaren Hand geführt"* zu Geschäften des gegenseitigen Vorteiles und zu einem ständigen Wirtschafts- und Wohlstandswachstum für die Gesellschaft und für den Einzelnen[16].

Das funktioniert aber nur unter zwei Bedingungen:

Erstens, wenn die beteiligten Partner gleich stark sind. Ist dies nicht der Fall, fällt der schwächere Partner unweigerlich auf die Ebene des Übervorteilten, des Benachteiligten und Ausgeschalteten. Der tägliche Konkurrenzkampf beweist es, ebenso der Zusammenbruch oder das Nichthochkommen der eigenen Wirtschaft in den unterentwickelten Ländern und in der ehemaligen DDR.

Zweitens funktioniert das nur, wenn es ein genügend großes Umfeld gibt, das abgeschöpft werden kann und in das Lastkosten abgeschoben werden können.

Das zweite hat etwas mit dem inneren Motor der kapitalistischen Marktwirtschaft zu tun, dem Prinzip der ständigen Expansion. Es ist der Zwang zur ständigen Ausweitung der Produktion und Konsumtion, der Zwang zur ständigen Profitmaximierung, um im konkurrierenden Markt bestehen zu können.

Diese ständige Expansion wird durch drei Faktoren erreicht:

1. durch Aneignung und Ausbeutung von Land, Naturressourcen und billigen Arbeitskräften (diese sogenannte „Wertschöpfung" ist Inbesitznahme fremden Gutes);
2. durch Externalisierung (Abschieben) von ökologischen und sozialen

[15] R. Bahro „Logik der Rettung"; L. Mayer „Ein System siegt sich zu Tode"; U. Duchrow „Weltwirtschaft"; F. Feldmann „Arbeit schaffen, Umwelt retten" S. 12 ff.; G. Breidenstein „Hoffen".

[16] Vgl. H. W. Gerhard: Smith, Adam in RGG VI. Band Sp. 111–112.

Last- und Folgekosten der Produktion auf den „Staat" bzw. auf den Steuerzahler, auf die sozial Schwachen, auf die Umwelt, auf die unterentwickelten Völker, auf die zukünftigen Generationen. Markante Beispiele sind hierfür die Atomenergie, die Müllwirtschaft, das Wegrationalisieren von Arbeitsplätzen u. a.;

3. durch die ständige Akkumulation, d. h. durch den Einsatz des erwirtschafteten Mehrwertes zur weiteren Steigerung der Produktion, um so im Wettlauf des Wachstums mitzuhalten.

Solange es ein genügend großes Umfeld an aneignungsfähigem Land, an belastbarer Natur, an ausbeutbaren Naturressourcen, an billigen Arbeitskräften, an ungesättigtem Markt gibt, funktioniert das System ausgezeichnet, ist haushoch allen anderen Wirtschaftssystemen überlegen und führt zu wahren „Wirtschaftswundern" – so in den Blütezeiten der Sklaverei, der Leibeigenschaft, der Kolonialisierung, der industriellen Revolution, noch einmal in der Aufbauphase nach dem zweiten Weltkrieg – und heute, so lange sich die „Erste Welt" eine „Dritte Welt" halten kann, also eine Welt, in der man bei der Enge des eigenen Marktes Geschäfte am besten dadurch macht, daß man diese „Dritte Welt" in einer Weise belastet und aus ihr Ressourcen und Kapital herausholt, wie es in der „eigenen Welt" nicht mehr möglich ist.

Wir leben parasitär auf Kosten anderer, und es ist wohl nicht übertrieben zu sagen, daß wir heute in einer Zeit verdeckter Sklaverei leben: wir lassen andere Völker, die Natur und indirekt auch die kommenden Generationen (wir verbrauchen deren Lebensgrundlagen!) für uns einen Lebensstandard erarbeiten, den wir uns niemals aus eigener Leistung und aus verträglich genutzten Ressourcen erarbeiten könnten.

Doch die Umfelder, in die hinein expandiert werden könnte, sind heute nicht mehr frei. Das heißt, die ökologischen und sozialen Belastungsgrenzen sind erreicht. Ihr Überschreiten führt zwangsläufig zu Verwerfungen und Widersprüchen, die weder durch ein „Soziales Netz", noch durch ökologische Reparaturen weiterhin aufgefangen werden können. Exemplarisch sei hier auf folgende Beispiele hingewiesen:

- Das Wegrationalisieren von Arbeitsplätzen, um die Sicherung des Profits bei hohen Löhnen zu gewährleisten.[17] Will man die entste-

[17] H.-P. Martin und H. Schumann berichten in Ihrem Buch „Die Globalisierungsfalle" S. 9 ff. von einer Tagung von Wirtschaftsexperten 1995 in San Francisco, die feststellten, daß die Menschheit im einundzwanzigsten Jahrhundert auf eine „20- zu 80-Prozent-Gesellschaft" zugeht, d. h. es werden in Zukunft 20 Prozent der Erwerbsfähigen reichen, um alles zu produzieren und zu verwalten, was die Menschheit braucht.

hende Massenarbeitslosigkeit und die Verarmung eines Großteils unserer Gesellschaft sozial abfedern, muß die Wirtschaft angekurbelt werden, was wiederum zu einem verschärften Arbeitskampf und zum Abbau von Arbeitsplätzen führt – die Katze beißt sich in ihren eigenen Schwanz.[18]

- Der nicht lösbare Widerspruch zwischen der dringend notwendigen und längst überfälligen Wende in der Verkehrspolitik und dem weiteren Wachstum in der Autoindustrie; beides zugleich geht nicht.
- Das Scheitern des „Aufschwung Ost" in den neuen Bundesländern: Profit läßt sich nur machen bei Billiglohnbedingungen, Arbeitslosigkeit und Abschieben von ökologischen Lastkosten. Verhindert dies der Staat, steigt die Wirtschaft aus. Wirtschaftlicher Aufschwung und sozialer Aufbau lassen sich in den zu eng gewordenen Bedingungen nicht mehr gleichzeitig machen.

Deutlich ist: Das geschlossene System unseres ökosozialen Erdhaushaltes ist durch Überfülle und Überlastung so eng geworden, daß eine weitere Expansion an absolute Grenzen stößt. Insofern ist die expansive Marktwirtschaft an ihr Ende oder in eine Sackgasse gekommen: expandiert sie weiter, zerstört sie die Zivilisation des Lebens auf der Erde und damit sich selbst[19]. Sie ist für eine „nachhaltige", also für eine für die Zukunft vorsorgliche Politik und Wirtschaft kein brauchbares Instrument mehr.

Somit stehen heute zwei Fragen auf dem Prüfstand der Geschichte:

Erstens: Wie lange wird am Prinzip der wirtschaftlichen Expansion und der Wohlstandssteigerung bzw. der „Besitzstandswahrung" für immer weniger Menschen auf Kosten von immer mehr Menschen und der Natur festgehalten, und wann werden die Spannungen so groß, daß das ganze System zusammenbricht?

Zweitens: Ist es möglich, die expansive Marktwirtschaft in eine ausgeglichene und verträgliche Marktwirtschaft umzuwandeln? Das Letzte ginge wohl nur, wenn das innere Prinzip der herrschenden Wirtschaftsform aufgegeben wird, das Prinzip des materiellen Wachstums.

Es gibt genug wissenschaftliche Studien, die eine grundlegende

[18] Vgl. F. Feldmann „Arbeit schaffen, Umwelt retten" S. 13 f.

[19] L. Mayer weist das auch damit nach, daß er die physikalischen Gesetze der Entropie auf die Ökologie und Wirtschaft überträgt: die heutige expansive Wirtschaft beschleunigt die Entropie, das heißt den Umsatz und den Verbrauch an Material und Energie so sehr, daß in dem geschlossenen System der Erde der Zusammenbruch des Lebens kommen muß; denn Leben überlebt nur dort, wo es die Entropie möglichst bremst oder nach draußen verlagern kann; siehe „Ein System siegt sich zu Tode" S. 17 ff., 69 ff.

Wende in diesem Sinne fordern. Die prominentesten sind der Bericht des Club of Rome „*Die Grenzen des Wachstums*“ von 1972 und seine Fortschreibung in „*Die neuen Grenzen des Wachstums*“ von 1992, der Sammelband „*Global 2000 – Der Bericht an den (amerikanischen) Präsidenten*“ von 1980 sowie der alle zwei Jahre erscheinende „*Bericht zur Lage der Welt*“ des renommierten Worldwatch Institute in den USA. Auch in den gemildertsten Prognosen ist die Grundaussage klar: Bei einem Beibehalten der gegenwärtigen Art zu wirtschaften sind katastrophale Verschlechterungen unserer Lebensbedingungen zwangsläufig. Auch Auswege werden aufgewiesen. Die Politiker sind informiert, aber wider besseren Wissens und Gewissens fahren sie den alten Kurs weiter. Warum ist das so? Ich sehe zwei Gründe:

Der erste Grund ist eine mangelnde demokratische Beherrschung der Wirtschaft durch die Politik bzw. die Abhängigkeit der Politiker von der Wirtschaft, also die Tatsache, daß nicht zuerst Einsichten und Programme die Politik machen, sondern eine intensive Lobbyarbeit der Wirtschaft und anderer eigennütziger Interessen bis hin zur systematischen Bestechung der Politiker.

Der zweite Grund ist ein negativer Regelkreis zwischen Parlamentariern und Wählervolk: der Wähler möchte eine Reparatur des Systems, ohne selbst belastet zu werden; der Politiker verspricht ihm das, um gewählt zu werden; das macht den Wähler wieder glauben, daß das möglich sei und entsprechend betreibt er mit seiner Wahl eine negative Politikerselektion.[20] Der ehemalige Bundestagspräsident Richard von Weizsäcker fragte in einer seiner letzten Reden selbst einmal an, ob das parlamentarische System mit seinen kurzen Wahlperioden in der Lage sei, eine die Generationen umfassende Vorsorgepolitik zu gewährleisten.

Eine Politik aber, die nur beschwichtigt und aussitzt oder nur mit kurzfristigem Erfolgspragmatismus reagiert, führt den Kurs immer tiefer in die Krise hinein. Politikverdrossenheit ist nur die vordergründige Folge, die langfristigen Folgen haben unsere Kinder teuer zu bezahlen. Unsere Gesellschaft gleicht einem Schiff, auf dem der Kapitän und seine Mannschaft den Kurs nach den Vergnügungsinteressen der Passagiere richten und nicht nach den Eisbergwarnungen der Navigatoren. Wir brauchen eine Politik, die auch für den Wähler schmerzhafte

[20] Ein befreundeter Bundestagsabgeordneter erzählte mir schon vor Jahren, er müsse ein Jahr vor den Wahlen aufhören, in der Öffentlichkeit zu sagen, was er wirklich denkt, sonst hätte er keine Chance gewählt zu werden. Auf beide hier benannten Gründe weist auch die Wirtschaftsdenkschrift der EKD hin, siehe Ziffer 71 ff.

Kursänderungen vornimmt; diese scheint aber mit dem bisherigen parlamentarischen System nicht machbar zu sein.

Die geistige und ethische Krise unserer Gesellschaft und ihre Wurzeln

In einer Gesellschaft, die ganz offiziell den privaten „Eigennutz" zum obersten Prinzip ihres Wirtschaftens macht, müssen jede Ethik, geistige Werte und Verantwortung gegenüber übergeordneten Werten auf der Strecke bleiben.[21] Deutlich ist das nicht nur im wirtschaftlichen Bereich, es wirkt auch in alle anderen Bereiche hinein: in den sozialen Bereich, auf die Ebene von Kunst, Kultur und Bildung und im Umweltschutz. Nicht ethische Werte, nicht Sinnhaftigkeit und Verantwortung entscheiden im Konfliktfall, sondern das, *„was sich rechnet"* – bis in die zwischenmenschlichen Beziehungen und in die Kirchen hinein.

Der Verlust von Ethik und übergeordneter Sinngebung muß zu psychischen Deformationen führen, denn der Mensch ist konstitutionell nicht nur ein materiell bedürftiges Wesen, sondern ebenso ein Sinn und Ethik bedürftiges Wesen. Die psychischen Schäden in unserer Gesellschaft wie Konsumismus, Drogenmißbrauch, Zunahme von Gewalt, Zerstörungswut, Fremdenhaß, Rechtsradikalismus, Verhaltensstörungen, Beziehungsunfähigkeit in Familien, Ehen und anderen Gemeinschaften und ähnliches beweisen das. Der Verlust an Ethik, psychische Deformationen und Ausfall einer die Situation verändernden Politik verstärken sich auch hier negativ wie im Regelkreis.

Ich meine, daß es eine gemeinsame innere Ursache für die verschiedenen Krisensymptome in unserer Welt gibt. Es ist das, was ich den „Materialistischen Grundirrtum" unserer Zeit nennen möchte: die Illusion, durch materielles Haben und immer mehr Haben, durch wirtschaftliches Wachstum und technokratisches Machen und Unterwerfen... Leben und Glück zu finden und alle Probleme lösen zu können.

Dieser Grundirrtum ist treibender Motor sowohl im persönlichen Lebensstil der Menschen, als auch in Wirtschaft und Politik. So weit ich sehe, lassen sich alle oben benannten Krisen auf diesen Grundirrtum zurückführen[22].

[21] Siehe L. Mayer a. a. O. S. 42 ff.

[22] Zum Verständnis dieses Grundirrtums hat E. Fromm mit seinem Buch „Haben oder Sein" einen entscheidenden Beitrag geleistet.

Wachstumsspirale der Wohlstandsgesellschaft

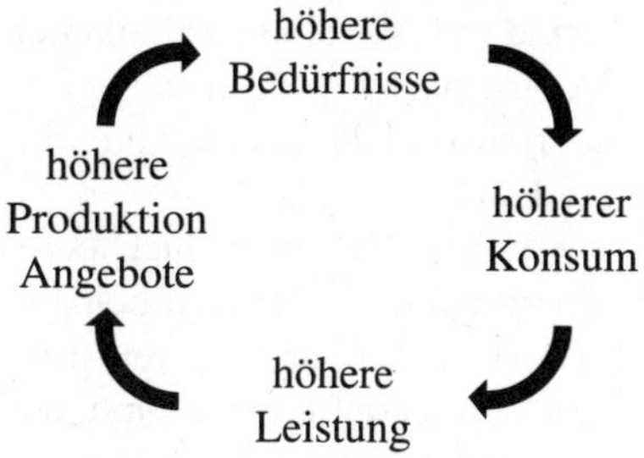

Die höheren Bedürfnisse verlangen nach höherem Konsum, der höhere Konsum verlangt höhere Leistung (höheres Einkommen u. a.), höhere Leistungen machen eine höhere Produktion und neue Angebote möglich;
das provoziert wieder höhere Bedürfnisse usw. – ein klassisches Beispiel: die Automobilproduktion.

Durch den materialistischen Grundirrtum angetrieben, kommt es in der Wohlstands- und Leistungsgesellschaft zu einem gegenseitigen Hochschaukeln von Konsum, Leistung, Produktion und Angeboten und neuen Bedürfnissen, die überwiegend künstlich geweckt werden.[23]

Der materialistische Grundirrtum hat tiefere Ursachen und kommt aus einem dreifachen inneren Verlust:

1. Der Verlust eines Lebens aus der eigenen ganzheitlichen Mitte, in der Leib, Seele und Geist zusammenwirken. Aus diesem Verlust heraus kann der Mensch nicht mehr seine tieferen geistigen, kommunitären und spirituellen Bedürfnisse wahrnehmen. Das treibt ihn in noch größere materielle Ersatzbefriedigung.
2. Der Verlust einer ganzheitlichen Empfindsamkeit für anderes Leben. Damit verliert der Mensch das Gefühl des Eingebundenseins in alles Leben und so die Fähigkeit zur lebendigen Kommunikation, zum Mitempfinden und Mitleiden.
3. Der Verlust einer spirituellen Empfänglichkeit für transzendente Wahrheiten und Kräfte. Aus diesem Verlust heraus verliert er seine ethische und geistige Orientierung und unterwirft sich noch mehr den egoistisch bestimmten Ersatzbefriedigungen (Macht, Besitz u. ä.) und fremdbestimmten Sachzwängen[24].

Wir werden in diesem Buch immer wieder auf die Frage des Verlustes und des Wiedergewinnens der ganzheitlichen Selbstwahrnehmung, der ganzheitlichen Empfindsamkeit für anderes Leben und der spirituellen

[23] Eine ähnliche Aussage findet sich im Beschlußtext der Ökumenischen Versammlung von Dresden, Text 8, in EKD-Texte 38 S. 84; vgl. F. Feldmann „Arbeit schaffen, Umwelt retten" S. 16.

[24] Auf diese Zusammenhänge und die zentrale Bedeutung der Ganzheitlichkeit gehe ich auf S. 51 f. und in Kapitel II. 4, S. 123 f. ausführlicher ein.

Empfänglichkeit für transzendente Wahrheiten und Kräfte stoßen. Hier ist zunächst deutlich: Wo das materielle Haben und Gewinnen primäres Ziel und grundlegende Lebenshaltung sind, müssen diese Fähigkeiten und Werte verloren gehen, und deren Verlust führt unweigerlich wie in einem Regelkreis noch tiefer in den materialistischen Grundirrtum hinein. Das Tragische in diesem Teufelskreislauf ist, daß der Mensch darin seine tieferen Bedürfnisse vergißt. Der Mensch ist zwar auch egoistisch, hat auch materielle Bedürfnisse und neigt zur Bequemlichkeit, aber er hat ebenso das Bedürfnis nach Gemeinschaft und Übereinstimmung mit sich, mit den Mitmenschen, mit der Schöpfung, mit Gott, das Bedürfnis nach Liebe, nach Gutsein und Verantwortung, nach Sinngebung und transmaterieller Wertfindung, nach kreativer und ganzheitlicher Entfaltung und ähnlichem. Die Weisheiten in Mythen, Märchen und Religionen bezeugen seit Urzeiten: Wenn der Mensch zur Mehrung und Absicherung seines materiellen Lebens seine geistigen, ethischen und spirituellen Bedürfnisse vernachlässigt, verliert er genau das, was er viel wesentlicher braucht und was ihn erst zum Menschen macht. Und zugleich verliert er seine Fähigkeit, mit den äußeren Gütern der Welt verträglich für das ganze Lebensgefüge und für sich selbst umzugehen. Anders ist es nicht zu erklären, daß heute in einer Zeit, in der der Mensch das größte Wissen und die größten technischen Möglichkeiten zur Weltbeherrschung hat, er genau diese Welt nicht beherrschen kann, sondern sie und sich zerstört.

Damit ist gesagt, daß die äußeren Krisen unserer Zeit ihre Wurzel in einer geistig-ethischen Krise haben, und daß diese Krise in ihrer Tiefe eine spirituelle Krise ist.[25]

[25] So in aller Literatur, die sich etwas tiefer mit den Krisenursachen beschäftigt, siehe F. Capra „Wendezeit“; G. Breidenstein „Hoffen“; J. Macy „Mut in der Bedrohung“; J. Moltmann „Schöpfungslehre“ auch L. Mayer „Ein System siegt sich zu Tode“; H. v. Ditfurth „Apfelbäumchen“ u. a.

2. Zu den Anzeichen eines beginnenden Paradigmenwechsels in unserer Zeit

Zur Einführung: Was ist ein Paradigmenwechsel?

Neben den geschilderten Krisenerscheinungen gibt es bemerkenswerte Anzeichen eines Paradigmenwechsels in unserer Zeit. Mit Paradigmenwechsel ist ein Wechsel von Grundmustern in den Denkvorstellungen und Handlungsweisen der Menschen gemeint. Solche Paradigmenwechsel sind z. B. geschehen in der Zeit der Reformation oder beim Übergang vom Weltbild des Altertums zum Kopernikanischen Weltbild. Vor jedem Paradigmenwechsel gibt es längere Zeiten von Vorzeichen, das heißt, die neuen Denk- und Verhaltensmuster beginnen sich zuerst bei Einzelnen, bei Außenseitern und kleineren Gruppen einzustellen. Sie werden zunächst von den Verwaltern des alten Denkmusters scharf bekämpft, weil sie ja deren Sicherheiten, Herrschafts- und Besitzstände in Frage stellen. Dann folgt eine Zeit eines zunehmenden und teilweise unbewußten öffentlichen Drucks oder Bedarfs in Richtung des sich entwickelnden neuen Paradigmas. Meist bedarf es erst einer besonderen Krisensituation, in der sich das neue Paradigma allgemein durchsetzt. Diese Schritte lassen sich sehr gut am Paradigmenwechsel in der Reformationszeit ablesen.[26]

Gegenwärtig scheinen wir in der ersten Phase oder in der Vorphase eines Paradigmenwechsels zu stehen. Überall auf der Welt sind Einzelne und Gruppen da, von denen Elemente neuer Denk- und Handlungsweisen erkannt und praktiziert werden, die in eine ganz neue, zum Teil alternative Richtung weisen.[27] Hierbei handelt es sich offensichtlich um eine Gegenbewegung zu der oben beschriebenen Krisenentwicklung unserer Zeit.

Im Folgenden gebe ich einen groben Überblick über Symptome oder Elemente des beginnenden Paradigmenwechsels. In Punkt 2.1. beschreibe ich den „Paradigmenwechsel in den Natur- und Geisteswissenschaften“ etwas ausführlicher, da diese Zusammenhänge immer

[26] Zum Verständnis eines Paradigmawechsels siehe K. Raiser „Ökumene im Übergang. Paradigmawechsel in der ökumenischen Bewegung“ S. 53 ff. und F. Capra „Wendezeit“ S. 1, 26 ff.

[27] Z. B. alternative Praktiken und Modelle in den Büchern des Zukunftsforschers R. Jungk, und in F. Capras „Wendezeit“, besonders im Anhang. Siehe auch W. Hollstein; B. Penth „Alternative Projekte – Beispiele gegen die Resignation“.

noch zu wenig gesehen werden und verborgen hinter allen anderen Veränderungen in der Geisteshaltung unserer Zeit stehen. In der Schilderung der übrigen Erscheinungen des Paradigmenwechsel fasse ich mich kürzer, da diese weitgehend bekannt sind und zum Teil konkreter im Kapitel „Phänomene des spirituellen Suchens“ beschrieben werden.

Paradigmenwechsel in der Natur- und Geisteswissenschaft [28]

Als ich als Kind zu denken begann, hatte ich immer die Vorstellung, daß unsere Welt ein Ganzes sein muß, ein Ganzes, in dem das Fallen eines Apfels vom Baum, mein Hunger nach Brot und meine Sehnsucht nach Liebe, Krankwerden und wieder Gesundwerden, Geborenwerden und Sterben, meine Gedanken und Träume, mein Gebet und Gott und alle Wunder zusammenwirken und zusammengehören. Als Schulkind in einer marxistisch geprägten Schule litt ich darunter, daß eben dieses Zusammengehören nicht mehr denkbar war und die mir wichtigsten Dinge wie Gott, innere Wahrheiten und Liebe nicht zu beweisen sind. Als Jugendlicher und als junger Theologe lernte ich, daß es zwei Welten gibt: die Welt der Materie und ihre gegenständliche Geschichte und die Welt des Geistes, des Glaubens, der Ethik und aller geistlichen und geistigen Werte. Nur im Geist des Menschen haben sie etwas miteinander zu tun. Faktisch aber gibt es nur die Welt des Materiellen und der materiellen Kausalitäten. Ich hatte mich in meiner Theologie, Verkündigung und Seelsorge wie auch in meinem politischen Engagement und in der eigenen Lebensgestaltung darauf eingestellt, daß das Geistige nur über die Brücke des Geistes und der Ethik im Menschen auf das äußere Geschehen einwirken kann – der Mensch als einzige Brücke von einer imaginären, mehr postulierten Welt des Geistigen zur übermächtigen Welt des Faktischen – eine ständige unbewußte Überforderung des Menschen, denn ohne seine eigene geistige und ethische Anstrengung läuft alles nur nach einer geist- und sinnlosen materiellen Eigengesetzlichkeit.

Aufregend wurde es für mich, als ich von Mitte der achtziger Jahre an zunächst durch die Lektüre des Buches „Wendezeit“ des Physikers und Philosophen Fritjof Capra entdeckte, daß ausgerechnet von der Physik her wieder ein ganzheitliches Weltbild im Kommen ist, eine

[28] Vgl. zu diesem ganzen Abschnitt besonders F. Capra „Wendezeit“ 2. Teil S. 51 ff.; G. Breidenstein „Hoffen“ 5. Kapitel S. 125 ff.; J. Moltmann „Schöpfungslehre“ S. 39 ff.

wissenschaftliche Weltsicht, in der materielles und geistiges Geschehen, naturwissenschaftliche und spirituelle Erfahrung wieder zusammengedacht werden können. Das hatte für mich revolutionäre Bedeutung. Das heißt, ich konnte plötzlich wieder die Welt als ein Ganzes sehen, als ein Zusammenwirken aller äußeren und inneren Erscheinungen und Geschehnisse, die ich sonst seit meiner Kindheit nicht mehr zusammenbrachte. Ich begriff plötzlich, daß nicht mehr mein Verstand und mein Herz allein die Brücke ist, in der sich materielles Geschehen und geistige und ethische Qualität begegnen, sondern daß diese auch außerhalb und unabhängig von mir im Zusammenspiel des ganzen Seins aufeinander einwirken und letztlich eins sind. Und das, was sonst als „Gott“ und Glaube, als ethische Kraft, Gebet und „Wunder“ draußen vorbleibt, hat unmittelbar etwas mit dem zu tun, was sonst nur als materielles Geschehen und äußere Geschichte verstanden wurde.

Um das neue „ganzheitliche Weltbild“ zu erläutern, soll zunächst das bisher herrschende „mechanistische Weltbild“ skizziert werden:

Merkmale des mechanistischen Weltbildes

Das „mechanistische Weltbild“ hat in der Zeit der Renaissance das ganzheitliche Weltbild der Antike und des Mittelalters abgelöst und ist vor allem durch René Descartes (1596–1650) und Isaac Newton (1643–1727) geprägt worden.

Erster entscheidender Gedanke des mechanistischen oder auch „Kartesianisch“ genannten Weltbildes ist die Materialisierung und Mechanisierung der Welt, das heißt, die Vorstellung, daß alles nur gegenständliche Materie ist, die nach rein mechanischen Funktionen aufgebaut ist und funktioniert. Mechanische und mathematische Gesetzmäßigkeiten der Physik sind die einzigen Funktionskräfte der Welt und bestimmen nicht nur das Geschehen in der einfachen Physik und Technik, sondern auch in der Astronomie, Biologie, Chemie, Medizin und Psychologie, also auch in allen geistigen und seelischen Funktionen. Auch der Mensch ist nach Descartes nichts anderes als eine „Maschine“[29].

Ein zweiter grundlegender Gedanke des mechanistischen Weltbildes ist die Atomisierung, das heißt die Vorstellung, daß alles Sein durch kleinste feste materielle Körper aufgebaut ist und daß durch die Untersuchung der kleinsten Bausteine die Funktion des Größeren und Ganzen erklärbar ist (John Locke). Teilen, analysieren, zählen und ordnen und sich dabei auf kleinste Einheiten spezialisieren wurde zur Haupttugend des Wissenschaftlers.

Der dritte grundlegende Gedanke war die Rationalisierung, das heißt die Vorstellung, daß allein durch rationale Beobachtung, durch Logik und Mathematik die Erkenntnis der Wirklichkeit möglich ist. Alles, was rational nicht erkannt werden kann, existiert nicht oder ist nur eine Spiegelung des menschlichen Geistes (Ludwig Feuerbach), der auch mechanistisch erklärt wird.

[29] Vgl. Capra „Wendezeit“ S. 61.

Descartes, Newton und die anderen großen Denker der Aufklärung hielten zwar am Gottesgedanken fest, doch Gott war nichts anderes als die *„prima causa"*, die erste Ursache, so etwas wie ein Uhrmacher, der die Welt wie eine Uhr konstruiert hatte, um sie dann ihrem automatischen Selbstlauf zu überlassen. Man erforschte und bearbeitete die Welt, *„als wenn es Gott nicht gäbe"* [30].

Deutlich ist, daß durch diese Betrachtungsweise sehr viel in der Natur erkannt werden konnte und der Mensch durch ihre praktische Anwendung ungeheuere „Siege" über die Natur erzielte. Die ganze „Industrielle Revolution" des 19. und 20. Jahrhunderts ist nur so möglich geworden. Doch ebenso deutlich ist, daß der Mensch mit dieser einseitigen Erkenntnisweise ungeheuer viel ausblenden oder nur entstellt wahrnehmen konnte – alles was auf der Ebene des Emotionalen, Intuitiven, Psychischen, Ethischen und Spirituellen liegt. Und noch deutlicher ist, daß die so möglich gewordenen „Siege" über die Natur ohne ethische Steuerung liefen und so alles, was machbar ist, auch erlaubt war[31]. Es ist die These fast aller geistesgeschichtlichen Analytiker heute, daß genau dies in die ökosoziale Krise und Sackgasse hineinführen mußte, an der die Welt heute kaputtzugehen droht. Allerdings muß gesehen werden, daß in der gleichzeitigen Entwicklung der Geisteswissenschaften durch Goethe, Leibniz, Fichte, Hegel und andere eine universelle Weltsicht durchgehalten und die einseitig materialistische abgewehrt werden konnte. Doch von der Mitte des 19. Jahrhunderts an wurde das mechanistische Weltbild durch den Positivismus und durch den Marxismus mindestens indirekt Grundlage auch der Philosophie und der anderen Geisteswissenschaften, verdeckt bis in die Theologie hinein[32]. Der alte Streit zwischen den „Mechanisten" und den „Vitalisten" [33] schien endgültig zu Gunsten der Mechanisten ausgegangen zu sein: das

[30] Als Napoleon den Nachfolger Newtons Pierre Laplace fragte, warum in seinem wissenschaftlichen System Gott nicht mehr vorkomme, antwortete Laplace: „Sire, ich bedarf dieser Hypothese nicht." siehe A. Young S. 51.

[31] Francis Bacon sagte es im 17. Jahrhundert so: der Mensch solle die Natur „sich gefügig und zur Sklavin machen", sie „unter Druck setzen, auf die Folter spannen, bis sie ihre Geheimnisse preisgibt"; siehe F. Capra „Wendezeit" S. 54.

[32] Die Entwicklung der Anthroposophie von Rudolf Steiner war eine Ausnahme.

[33] „Vitalisten" nennt man die Strömung in der Naturwissenschaft, die, auf Plato zurückgehend, eine geistige Lebenskraft, auch „Göttliches" in allen Erscheinungen der Natur sieht, das zielgerichtet die Evolution vorantreibt. Der Streit zwischen den „Mechanisten" und den „Vitalisten" entbrannte Ende des vorigen Jahrhunderts besonders auf dem Gebiet der Biologie zwischen der „Berliner Schule" (die „Mechanisten", Hauptvertreter Helmholtz) und der „Göttinger Schule" (die „Vitalisten", Hauptvertreter Riemann); vgl. M. Bischof „Biophotonen" S. 160 ff., 166 f.

mechanistische Weltbild trat Anfang dieses Jahrhunderts seinen Siegeszug durch alle Schulwissenschaften an. Doch wie so oft in den Bewegungen der Paradigmen entwickelten sich auf der Höhe des alten Weltbildes die Ansätze einer ganz anderen Weltsicht: die Entwicklung einer neuen ganzheitlichen Weltbetrachtung, und dies ausgerechnet von der Physik her, einer klassischen Domäne des mechanistischen Weltbildes.

Wie kam es zum Bruch mit dem alten Weltbild und was sind die wichtigsten Erkenntnisse des neuen „ganzheitlichen Weltbildes"?

Es sind vor allem sechs Entdeckungen und neue Inhalte, die das neue ganzheitliche naturwissenschaftliche Weltbild prägen:

Erkenntnisse des ganzheitlichen Weltbildes

Das erste war Einsteins Relativitätstheorie, die besagt, daß Raum und Zeit relative Vorstellungen des Menschen sind, keine objektiven Gegebenheiten. Zeit kann als vierte Dimension des Raumes und Raum als eine Variante von Zeit verstanden werden. Im subatomaren wie im makrokosmischen Bereich kann ein „vorher" und ein „nachher" nicht mehr klar bestimmt werden bzw. sie können getauscht werden. Raum und Zeit sind austauschbare Größen[34].

Die zweite Erschütterung war die Entdeckung der Quantentheorie durch M. Planck, A. Einstein, N. Bohr, W. Heisenberg und andere, die besagt, daß man Licht sowohl als Welle wie auch als Teilchenstrahl interpretieren kann, daß manche Erscheinungen nur mit der einen, manche nur mit der anderen Theorie schlüssig erklärt werden können und daß beide Erklärungsweisen sich ausschließen. Das heißt, es gibt kein in sich geschlossenes umfassendes Erklärungssystem mehr, sondern die Wirklichkeit kann nur in Teilmodellen erklärt werden. Doch scheint es dahinter ein „einheitliches Etwas" zu geben, das sich unserem rationalen Erkennenkönnen entzieht[35].

Damit kam es zur dritten Erschütterung: Heisenbergs Unschärferelation, nach der das Ergebnis einer Beobachtung auch im physikalischen Bereich (besonders im atomaren Bereich z. B. bei der Beobachtung von Quanten oder Wellen) abhängig ist vom Standort und der Fragestellung des Beobachters, also von seiner subjektiven Bedingtheit. Damit zerbrach das klassische Subjekt-Objekt-Schema, das heißt, das Feststellen von vermeintlich „objektiven Tatsachen" unter Absehen des beobachtenden oder handelnden Subjektes ist nicht mehr möglich.

Das vierte war dann die Auflösung des Materiebegriffes durch die jüngste subatomare Forschung. „Zerlegt" man das Atom in immer kleinere Einheiten, gibt es keine „Teilchen", keine Masse oder Materie mehr, sondern nur noch ein „wirkendes Etwas", das sich nur mit ungegenständlicher Energie umschreiben läßt. Der Physiker F. Capra stellt fest, daß die *„Energiebündel der*

[34] Vgl. S. W. Hawking „Eine kurze Geschichte der Zeit" S. 29 ff., 181 ff.

[35] So H. v. Ditfurth in „Wir sind nicht von dieser Welt" S. 232.

subatomaren Welt" die stabilen nuklearen, atomaren und molekularen Strukturen bilden, *„welche die Materie aufbauen und ihr den makroskopischen festen Aspekt verleihen, der uns glauben läßt, es handle sich um materielle Substanz... Wenn wir sie beobachten, sehen wir nie eine Substanz; was wir beobachten sind dynamische Muster, die sich unaufhörlich ineinander verwandeln – den ununterbrochenen Reigen der Energie"* [36].

Auch in der Erforschung des Kosmos stößt man auf die Frage nach einer „reinen Energie": Sie könnte das sein, was nach der Urknalltheorie der Uranfang der kosmischen Materie war, bevor sie aus einer absoluten „Dichte" auseinander flog und sich in das strukturierte, was wir „Materie" nennen[37].

Das fünfte ist die alles verändernde Entdeckung der Ganzheitlichkeit auch in der Physik. Der Kernsatz der Ganzheitlichkeit besagt, daß das Einzelne nur im Zusammenwirken mit dem Ganzen verstanden werden kann, zum Beispiel kann ein Atom nicht aus sich selbst heraus, sondern nur in Verbindung mit dem Molekül, der Zelle, dem Organismus bis hin zum Makrosystem des Kosmos verstanden werden.

Aus diesen Erkenntnissen heraus entwickelte sich ein sechstes Element der neuen Weltsicht: das Wahrnehmen einer teleologischen Kraft in vielen Erscheinungen der Natur. Damit ist gemeint, daß nicht allein von einer vorgeordneten Ursache, dem Vergangenen her die Folgeentwicklung bestimmt wird, sondern von einem noch nicht erreichten Ziel oder „Bild" des Zukünftigen (Telos: das Ziel, auch Ende und Vollendung) her die Entwicklung der Strukturen und des Lebens geprägt werden. Hier hat der belgische Physochemiker Ilya Prigogine die Entdeckungen der „dissipativen Strukturen" gemacht, wofür er 1977 mit dem Nobelpreis der Chemie ausgezeichnet wurde. Der Kern seiner Entdeckung ist die Tatsache, daß entgegen dem normaler Weise geltenden Gesetz der Entropie unter bestimmten Umständen aus ungeordneten, zerstreuten („dissipativen") neue geordnete Zustände bzw. Strukturen entstehen können und daß dies „kohärent" wirkend ein ganzes System in einen ganz neuen Ordnungszustand bringen kann. Von hier her entwickelte sich aus einer mechanistischen Chaostheorie, nach der sich in reiner Zufälligkeit neue Strukturen ergeben, eine teleologische Chaostheorie: nach dem Gesetz der Entropie zerfällt jede Ordnung irgendwann in eine größere Unordnung (Chaos); doch kann durch das „kohärente" Wirken teleologischer Kräfte aus dem Chaos oft sprunghaft wieder neue Ordnung, höhere Struktur, auch höhere Energiedichte entstehen. Nur von ihr her läßt sich die Formenvielfalt, die Zielgerichtetheit und Schnelligkeit ihrer Entwicklung in mannigfaltigen Erscheinungen in der Natur erklären – z. B. im subatomaren Bereich bei der Bildung von Kristallen, bei der Metamorphose einer Larve zum Falter bis hin zur Entwicklung des Bewußtseins und der sozialen Kulturen[38].

[36] F. Capra „Wendezeit" S. 96.

[37] Vgl. St. W. Hawking „Eine kurze Geschichte der Zeit" S. 147 ff.

[38] Vgl. M. Bischof „Biophotonen" S. 130 ff.

Gewissermaßen wie einen erkenntnistheoretischen Schlüssel für diese neue Weltsicht hat Ludwig von Bertalanffny schon in den sechziger Jahren die Systemtheorie entwickelt. Die Systemtheorie ist eine andere Art der Wirklichkeitswahrnehmung oder eine andere „Fokussierung" unseres Blickes auf die Wirklichkeit, die sich in alle Wissenschaften hinein von der Physik über die Biologie bis hin zur Psychologie und den Gesellschaftswissenschaften hin zunehmend durchsetzt. Sie ist heute so grundlegend für den Paradigmenwechsel in unserer Zeit, daß ich sie hier ausführlicher erläutern will.

Grunderkenntnisse der Systemtheorie[39]

1. Die Wirklichkeit ist weniger ein Nebeneinander oder eine Addition von Einzelteilen, sondern vielmehr ein dynamisches System von Beziehungen und Wechselwirkungen, von Unter- und Übersystemen, die alle aufeinander einwirken. Das, was da „zwischen" ist, ist wichtiger als das oder die Teile für sich.
2. Das Ganze eines Systems ist mehr als die Summe der Teile; es ist eine andere und größere Qualität als die Teile in ihrer Summe; es ist eine dritte ganz neue Qualität („Emergenz"), die aus den Teilen nicht ableitbar ist; zum Beispiel ist die Entstehung und Fähigkeit der DNS nicht aus ihren chemischen Bausteinen ableitbar, oder die Eigenart einer Legierung nicht aus den Eigenarten der legierten Einzelmetalle, oder ein Kind nicht aus den Eigenschaften der Eltern und anderes mehr.

Experiment mit einem Grobrasterbild

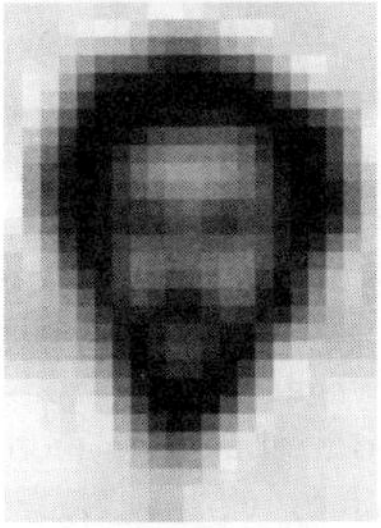

Wenn du aus der Nähe die Einzelheiten untersuchst, erkennst du nicht das Bild. Du erkennst es nur im unscharfen Blick aus größerem Abstand auf das Ganze.[40]

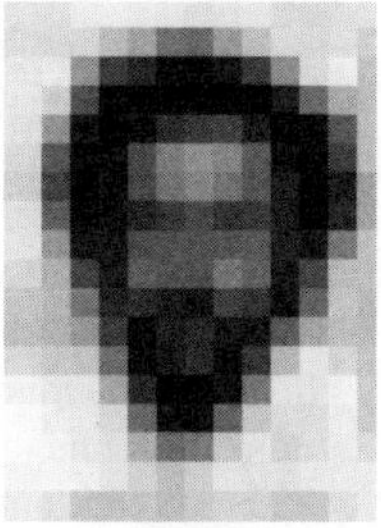

3. Die Wirklichkeit erkenne ich nicht durch Teilen des Ganzen, durch Ausgrenzen und Analysieren der Einzelteile (Hauptstreben der mechanisti-

[39] Zum Verständnis der Systemtheorie stütze ich mich auf F. Vester „Neuland des Denkens" S. 17 ff. und F. Capra „Wendezeit" S. 293 ff.; auch G. Altner „Die Welt als offenes System". Hilfreich waren mir Vorträge von L. Mayer und J. Macy bei einem Intensivseminar zur Tiefenökologie im September 1993 am Werbellinsee; vgl. auch F. Capras jüngstes Buch „Lebensnetz. Ein neues Verständnis der lebendigen Welt" bes. S. 51 ff.

[40] Vgl. S. Vester „Neuland des Denkens" S. 36

schen Wissenschaft), sondern durch das Sehen der Zusammenhänge und Beziehungsströme, die da zwischen den Teilen wirken. Das Wesentliche erkenne ich weniger im scharfen Detailblick, als vielmehr im „unscharfen, vereinfachten Blick“ auf das Ganze.

Diese Einsicht hat erkenntnistheoretisch auf allen Gebieten eine revolutionäre Bedeutung: wirklich kompetent sind in der Wissenschaft, in der Politik, in der Wirtschaft, in Psychologie, Ethik, Theologie usw. nicht mehr die Fachspezialisten, die unter Ausklammern aller anderen Fragen in einem Spezialgebiet größtes Wissen haben, sondern die, die es verstehen, die wichtigsten Fakten – oft sind nur sehr wenige wirklich wichtig – zu erkennen und sie in ihren übergreifenden Zusammenhängen zu verstehen. Sie sehen das Ganze und Entscheidende und Intuition, Betroffenheit und Bewegtsein sind dafür oft wichtiger als detailliertes Fachwissen[41].

4. Alle Gesetze und Vorgänge im mikrokosmischen Bereich spiegeln sich im makrokosmischen und umgekehrt, zum Beispiel der Aufbau des Universums im Aufbau des Atoms und im Aufbau des Atoms der Aufbau des Universums. In jedem Einzelnen ist keimhaft das Ganze „abgebildet“ bzw. verborgen – ein Kernsatz des „holistischen“ Weltbildes, der übrigens ein alter Satz der klassischen Esoterik[42] ist.
5. Systeme haben auf allen Ebenen, also in der Physik, der Chemie, der Biologie und der Gesellschaft die Fähigkeit der Selbstorganisation und der Selbsterneuerung, die sich nicht allein kausal, sondern eher final oder teleologisch (auf ein Ziel hin) entwickelt, zum Beispiel das Wachsen bestimmter Zellen in einer Pflanze[43].
6. Lebendige und offene Systeme haben die Fähigkeit, die Entropie zu „überlisten“, das heißt das Gesetz des unumkehrbaren Flusses von brauchbarer zu unbrauchbarer Energie zu bremsen, sich nutzbar zu machen bzw. den unbrauchbaren Energiezustand nach draußen zu verlagern, zum Beispiel bei der Photosynthese der Pflanzen oder beim Aufbau neuer geordneter höherer Zustände aus ungeordneten, niedrigen „chaotischen Zuständen“ heraus. Nur auf Grund dieses Tricks ist Leben und der Aufbau lebendiger Systeme überhaupt möglich.
7. Im systemischen Zusammenwirken der Welt gibt es keine generelle Trennung zwischen geistigen und materiellen Kräften und Beziehungen, auch hier ist alles miteinander verbunden und wirkt aufeinander ein.

Die Systemtheorie hat somit zu einem „ganzheitlichen“ oder „holis-

[41] Von hierher ist erklärlich, warum wirklich neue Impulse und Innovation z. B. in Wirtschaft und Theologie nicht von den Schulwissenschaftlern, sondern eher von sogen. Seiteneinsteigern kommen. Vgl. zum Ganzen F. Vester „Neuland des Denkens“ S. 24 ff., S. 456 ff. und 469 ff.

[42] Vgl. zur Esoterik unter II. 5., S. 143

[43] Siehe dazu konkrete Beispiele bei R. Sheldrake „Das schöpferische Universum“ S. 17 ff.; vgl. II. 3. Tiefenökologie.

tischen“ Weltbild („holon“ = das Ganze, Eine) wiedergefunden. Mit ihrem methodischen Ansatz versucht sie das Wesentliche, das Verbindende, das Lebendige des Kosmos und des Lebens zu fassen, das durch das mechanistische Weltbild nicht zu erklären ist.

Aus dem holistischen Neuansatz des naturwissenschaftlichen Denkens haben sich eine Fülle von neuen naturwissenschaftlichen Theorien und Hypothesen entwickelt, die alle, wenn man so will, dem Einen, Umfassenden und Ganzen auf die Spur zu kommen versuchen und so etwas wie eine Brücke oder ein gemeinsames Etwas zwischen dem Geistigen und Materiellen suchen – von der „Nullpunktenergie“ des Werner Heisenberg, dem „Quantenschaum“ oder den „Skalarwellenfeldern“ von J. A. Wheeler und E. Bearden, der „Impliziten Ordnung“ des David Bohm, der „Prozeßtheorie“ des Arthur Young über die „Biophotonenforschung“ bis zu den „Morphogenetischen Feldern“ des Rupert Sheldrake.[44]

Da die These von den morphogenetischen Feldern für das Verständnis eines Paradigmenwechsels und der politischen Spiritualität besonders interessant ist, soll sie hier kurz skizziert werden:

Die These von den morphogenetischen Feldern

Die These besagt, daß es im Kosmos „morphogenetische (= formbildende) Felder“ gibt, die alle formenbildenden Prozesse der Evolution steuern bzw. auslösen – sowohl auf der anorganischen Ebene zum Beispiel bei der Kristallbildung, wie auch auf der organischen Ebene von der Formbildung der Zellen und der Pflanzen bis hin zum Instinktverhalten der Tiere und dem kulturellen Verhalten der Menschen.[45] „Morphogenetische Felder“ sind Kräfte, die nicht üblicher materieller oder energetischer, sondern immaterieller Natur sind und Raum und Zeit überschreitende Wirkung haben. Sie prägen die Entstehung und Entwicklung von Formen und Verhaltensweisen: bei einer bestimmten Quantifizierung von bestimmten Verhaltensmustern in einer bestimmten Art kommt es zu Aufladungen des morphogenetischen Feldes („morphische Resonanz“), was plötzlich zu neuen Formen oder Verhaltensweisen führen kann, ohne daß es einen üblichen physikalischen oder informativen Kausalzusammenhang gibt. Tatsächlich lassen sich mit dieser Theorie Phänomene erklären, die im herkömmlichen mechanistischen oder materialistischen Weltbild nicht erklärbar sind, zum Beispiel das Auftreten von neuen Formen oder bisher nicht erklärbaren Evolutionssprüngen (Mutationen) oder neue, nicht ableitbare Phänomene im Verhalten von Tieren und Menschen bis hin zu vielen parapsychologischen Phänomenen. Ein im Experiment nachgewiesenes Beispiel ist dies:

[44] Vgl. M. Bischof „Biophotonen“ S. 23 ff.; 239 ff.; 402 ff.; A. Young „Der kreative Kosmos“ bes. S. 26 ff, 241 ff, 278 ff.;F. Moser „Bewußtsein in Zeit und Raum“ S. 50 ff.

[45] Siehe hierzu R. Sheldrake „Das Schöpferische Universum“.

An einem Ort dressierte man Ratten auf ein bestimmtes Lernverhalten hin; am anderen über hunderte Kilometer entfernten Ort beobachtete man Ratten unter gleichen Lebensbedingungen, ohne irgendeine Verbindung zwischen beiden Rattengruppen zuzulassen. Nachdem die Ratten am ersten Ort ein neues Lernverhalten erlernt hatten, taten das die Ratten am anderen Ort in kürzester Zeit nach, ohne die gleiche Dressur der ersten Gruppe durchlaufen zu müssen.

Inzwischen sind hunderte Experimente in der ganzen Welt durchgeführt worden – auch von den schärfsten Gegnern dieser These – die tatsächlich alle zu dem verblüffenden Ergebnis kommen: es gibt offensichtlich ein verhaltens- und formgebendes „Kraftfeld", das sich ohne materielle Zusammenhänge über Raum und Zeit hinweg übertragen kann und die Entwicklung des Lebens auf allen Ebenen beeinflußt.

Von hierher ließen sich viele sonst nicht erklärbare Sprünge in der geistigen, politischen und kulturellen Geschichte der Menschen erklären, gerade auch die hier behandelten „Paradigmenwechsel" unserer Zeit[46]. Für mich sind zum Beispiel die Wendeereignisse in den September- und Oktoberwochen 1989 in der DDR am ehesten von der Vorstellung einer „morphischen Resonanz" erklärbar: da sprang ganz plötzlich, zum Teil innerhalb von Stunden nicht nur in den großen Städten, auch in den kleinsten Dörfern, auf die Masse der Bevölkerung ein Funke über, der schon lange in den Friedens-, Umwelt- und Menschenrechtsgruppen glimmte, aber lange Zeit von den meisten kaum wahrgenommen wurde. Dieser Funke war der Wille zum Widerstand und die Idee einer besseren Gesellschaft, der die Menschen in ihren Gesichtern, Augen, Worten und Taten so total, so rasch und massenhaft verwandelte, daß das nicht nur auf ein informatives und rationales Wirken zurückzuführen war.[47]

Versteht man den tieferen Grundansatz des neuen naturwissenschaftlichen Denkens, ist es nicht verwunderlich, daß sich alle Naturwissenschaftler des neuen ganzheitlichen Weltbildes nicht nur den philosophischen Fragen, sondern auch den spirituellen Erkenntnissen zuwenden und – wie sie selbst sagen – in den alten Mythen und religiösen Weltbildern besonders der fernöstlichen Religionen und in der christlichen Mystik (weniger in den klassischen Dogmen der Kirchen) viel eher Entsprechungen ihrer naturwissenschaftlichen Erkenntnisse finden, als im alten mechanistischen Weltbild.[48] So schreibt der amerikanische Psychologe Lawrence Beynam: *„Wir erleben gegenwärtig einen Paradigmawechsel in den Naturwissenschaften, vielleicht den größten dieser Art aller Zeiten. Es ist das erste Mal, daß wir auf ein*

[46] Vgl. hierzu auch die Ausführungen bei G. Breidenstein „Hoffen" S. 253 ff. und bei J. v. Buttlar „Gottes Würfel" S. 74 ff.

[47] Vgl. die Ausführungen zur Wende 1989 in der DDR unter II. 1., S. 78–91.

[48] Mehr dazu noch einmal in II. 4., S. 136.

umfassendes Modell für mystische Erfahrung gestoßen sind, das noch den zusätzlichen Vorteil besitzt, aus den fortgeschrittensten Ideen zeitgenössischer Physik abgeleitet zu sein.“ [49]
Viele Naturwissenschaftler sind – wie an ihrer Biographie ablesbar ist – bewußte Sucher einer neuen Spiritualität geworden.[50] Mit direkt religiösen Aussagen sind sie zwar vorsichtig, zum Beispiel beim Gebrauch des Gottesbegriffes, aber sie reden alle von der notwendig zu denkenden „Transzendenz“. Hoimar v. Ditfurth plädierte für die Annahme eines „Jenseits“, da es an vielen Stellen wissenschaftlichen Forschens Hinweise gibt, die *„der Widerschein einer Ordnung* (sind), *die jenseitig der Grenzen unserer Welt existiert“*.[51] Der Physiker David Bohm brachte es auf den Punkt: *„Die Ergebnisse der modernen Naturwissenschaft (werden) nur noch einen Sinn ergeben, wenn wir eine innere, einheitliche und transzendente Wirklichkeit annehmen, die allen äußeren Daten und Fakten zugrunde liegt“*.[52]

Im Folgenden fragen wir – nun wesentlich kürzer – nach weiteren Erscheinungen des gegenwärtigen Paradigmenwechsels. Wir werden feststellen, daß sie, auch wenn sie nicht direkt aus dem Paradigmenwechsel in den Naturwissenschaften abgeleitet sind, doch von dessen Geist, besonders von der Systemtheorie, mit bestimmt sind.

Weitere Phänomene eines Paradigmenwechsels

1. Ein neues Verständnis von Frieden und ökologischer Verträglichkeit in der Einen Welt

Durch die atomare und ökologische Bedrohung begreifen immer mehr Menschen, daß wir alle in e i n e r Welt leben und daß es nur ein gemeinsames Überleben oder einen Untergang für alle geben kann. Dieses friedenspolitische „Neue Denken“ besagt: nicht Abschreckung und militärische Gewaltanwendung führen zum Frieden, sondern vertrauensbildende Maßnahmen, Vorleistungen in der Abrüstung, Gewaltverzicht, Sicherheitspartnerschaft und internationale Konfliktlösung. Vorläufer dieses „Neuen Denkens“ waren Einzelne wie Albert

[49] Zitiert nach J. v. Buttlar „Gottes Würfel“ S. 89.

[50] Siehe hierzu Hans-Peter Dürr „Physik und Transzendenz. Die Physiker unseres Jahrhunderts über ihre Begegnung mit dem Wunderbaren“.

[51] H. v. Ditfurth „Wir sind nicht von dieser Welt“ S. 230; vgl. „So laßt uns denn ein Apfelbäumchen pflanzen“ S. 357 ff.!

[52] Zitiert nach J. v. Buttlar a. a. O. S. 70 und 89.

Schweitzer, Martin Niemöller, Mahatma Gandhi, Martin Luther King, Carl Friedrich von Weizsäcker und viele andere. Die „Friedensbewegungen" in aller Welt haben dieses neue Friedensdenken in erste große politische Aktionen umgesetzt. Die Kirchen und die ökumenischen Versammlungen haben einen großen Anteil daran, daß aus diesen Bewegungen politische Programme entwickelt wurden.[53] Daß das neue Friedensverständnis von Michail Gorbatschow in die offizielle Friedens- und Abrüstungspolitik hineingebracht wurde, war ein außerordentlicher quantitativer Sprung in der Entwicklung eines neuen Paradigmas vom Frieden und hat zur Auflösung der Ost-Westblöcke geführt.

Heute geht es darum, daß das neue politische Friedensdenken beim gegenwärtigen Rückfall in Nationalismus und beim Aufkommen neuer Verteilungskriege durchgehalten und auf die „kleineren" Konflikte übertragen wird. Will man die Utopie von der Abschaffung der Institution des Krieges nicht aufgeben, muß eine Politik weitergehend dahin entwickelt werden, daß Rüstung und Waffenhandel und zukünftig auch nationale Armeen abgeschafft werden und die internationale Konfliktlösung allein dem Rat der Vereinten Nationen überlassen wird, der, wenn nötig, internationale Friedenskorps nach allgemein anerkannten Kriterien einsetzt. Hierfür könnten die Zivilen Friedensdienste der Kirchen („Ökumenisches Schalomdiakonat"), in denen Menschen für eine gewaltfreie Konfliktlösung ausgebildet werden, hilfreich sein.

Ein weiteres Element dieses Paradigmenwechsels ist die Erhebung der ökologischen Verträglichkeit zum Grundkriterium aller Entwicklung. Diese Prämisse war bis Anfang der achtziger Jahre noch ein Postulat von Außenseitern, heute aber ist sie in Öffentlichkeit und Erziehung, in Politik und Wirtschaft bis in die Reklame hinein offiziell anerkannt – allerdings oft genug nur als Lippenbekenntnis, im Vorspielen falscher Tatsachen und oft nur, um auch mit der Ökologie sich in alter Weise zu bereichern. Dennoch, der Maßstab ist gesetzt, an ihm muß sich auch offiziell alles messen. Eine entscheidende Schwelle im Paradigmenwechsel ist damit überschritten. Als Hauptforderung zur Realisierung der ökologischen Verträglichkeit wird immer wieder ein

[53] Vgl. z. B. die Texte der Ökumenischen Versammlungen in der DDR Text 4 „Der Übergang von einem System der Abschreckung zu einem System der politischen Friedenssicherung" in EKD-Texte 38 S. 58. Ähnlich die Texte der Europäischen Versammlung in Basel vom Mai 1989 und der Ökumenischen Vollversammlung 1991 in Canberra; schon vorher die Voten aller Ökumenischen Vollversammlungen bes. Vancouver 1983; siehe U. Schmitthenner „Studienbuch".

drastisches Zurückfahren des Material- und Energieumsatzes in allen Wirtschafts- und Lebensbezügen genannt. Hierfür sind vor allem der Umstieg auf eine ökologische Kreislaufwirtschaft und auf regenerative Energiegewinnung (Sonnenenergie in all ihren Formen) nötig. Die Realisierung dieser Forderungen ist allein eine Frage des politischen Willens, denn alle Studien zeigen, daß die technologische Umsetzung dieser Forderungen heute schon möglich ist.[54]

Der Grundgedanke der Systemtheorie, daß alles miteinander vernetzt ist und voneinander abhängt, wird unter dem Stichwort „Eine-Welt-Politik" zunehmend politisches Axiom. Kein Problem kann mehr partikularistisch und isoliert gelöst werden. Das heißt, einerseits sind die kulturellen, politischen und wirtschaftlichen weltumspannenden Infrastrukturen und Zusammenschlüsse zu stärken – zum Beispiel die der Vereinten Nationen –, doch müssen andererseits zentralistische Strukturen abgebaut und die lokalen Eigenständigkeiten gestärkt werden. Föderalistische Zusammenschlüsse sind dafür geeignete Modelle. „Global denken, lokal handeln" ist mehr als ein Schlagwort und wird z.B. durch den Vorschlag der UN-Konferenz für Umwelt und Entwicklung 1992 in Rio zur Erarbeitung von „Lokalen Agenden 21" auf regionaler Ebene konkretisiert. An „Runden Tischen" einer Region sollen „Lokale Agenden" erarbeitet werden, die nach den Prinzipien der ökologischen und global-sozialen Verträglichkeit („Nachhaltigkeit") Leitlinien und Rahmenpläne für die strukturelle, wirtschaftliche und kulturelle Entwicklung der Region festlegen. Es zeigt sich, daß das ökologische Prinzip der Vernetzung, ohne das Leben in der Natur nicht lebensfähig ist, auch für Politik und Wirtschaft gilt: die verschiedensten Subeinheiten brauchen größtmögliche Eigenständigkeit und eigene Effizienz und zugleich größtmögliches Eingebundensein in den Austausch des Ganzen. Eine entscheidende Frage für die Zukunft der Welt wird sein, wie die Dialektik von Dezentralisierung und Vernetzung auf allen Ebenen realisiert werden kann.

2. Abkehr vom Prinzip materiellen Wachstums, Wende von einer expansiven zu einer ausgeglichenen Marktwirtschaft

Die Erkenntnis, daß die oben beschriebene expansive Wirtschaftsweise nicht zu halten ist und auf keinen Fall auf die ganze Welt übertragen werden kann (dann würde sofort ein ökosozialer Kollaps eintreten!)

[54] Vgl. nur E. U. von Weizsäcker „Faktor Vier". Hier wird nachgewiesen, daß ein drastisches Runterfahren des Material- und Energieumsatzes ohne Einbußen im Lebensstandard möglich ist.

und daß wir auf jeden Fall zu einer „ausgeglichenen Marktwirtschaft" zurückfinden müssen, breitet sich immer mehr aus.[55] Seit dem Weltumweltgipfel 1992 in Rio ist in der offiziellen Politik der Begriff des „nachhaltigen Wirtschaftens" aufgenommen worden. Damit ist ein Wirtschaften gemeint, das so vorsorglich mit den natürlichen Ressourcen, mit der Lebensmöglichkeit der Armen und der kommenden Generation umgeht, daß es eine gesunde Entwicklung für die ganze Erde geben kann. Hier wird erstmalig die Ökonomie einem ökologischen und sozialen Gesamtdenken untergeordnet und damit ist wieder, so meine ich, eine Schwelle im geistigen Paradigmenwechsel unserer Zeit überschritten. Doch zugleich wächst die Hilflosigkeit und Blindheit im Suchen nach Alternativen. Das liegt weniger daran, daß es diese nicht gäbe – in allen einschlägigen Studien wie der des Worldwatch Institute oder des Club of Rome und in dem ausgezeichneten Sammelband des Umweltbundesamtes „Nachhaltiges Deutschland" sind genug Möglichkeiten eines Umsteuerns unserer Wirtschafts- und Lebensweise aufgezeigt.[56] Die reflexhafte Abwehr liegt vielmehr daran, daß jeder spürt, daß es dann „ans Eingemachte" geht, d. h. an die Aufgabe unseres expansiven und auf Kosten anderer prosperierenden Wirtschaftens.

Genau an dieser Stelle liegt auch die Schwäche kirchlicher Stellungnahmen zur Wirtschaftsfrage, wie sie in der „Wirtschaftsdenkschrift der Evangelischen Kirche in Deutschland" von 1990 und im gemeinsamen Wort der Kirchen zur wirtschaftlichen und sozialen Lage in Deutschland[57] zu erkennen sind. Sie analysieren zwar sehr kritisch und ernst die globale und nationale Situation, fragen aber nicht nach den tieferen Ursachen der Krisen und sind in den Schlußfolgerungen und Forderungen äußerst vorsichtig, bleiben bei allgemeinen Appellen stehen und sprechen keine grundlegenden Strukturänderungen an, die für einen „Ökologischen Umbau der Industriegesellschaft" nötig wären.[58]

Es gibt genügend Ideen, von denen her unser Wirtschaftssystem von Grund auf umgestaltet werden könnte. Man muß sie nur aus ihrer Tabuisierung herausholen und unbefangen anschauen. So wurde unter dem Thema „Christliche Realutopien für unsere Zeit" in Seminaren

[55] Den Begriff „ausgeglichene Marktwirtschaft" benutze ich in Anlehnung an J. Moltmanns Gegenüberstellung von „Wachstums- und Gleichgewichtsgesellschaften", vgl. J. Moltmann „Gott in der Schöpfung" S. 40.

[56] Vgl. nur „Die neuen Grenzen des Wachstums" von 1992 S. 265 ff.; Umweltbundesamt „Nachhaltiges Deutschland" S. 11 ff., 253 ff.!

[57] Als Diskussionsgrundlage für den Konsultationsprozeß von 1994 und 1997, als Erklärung 1997 „Für eine Zukunft in Solidarität und Gerechtigkeit".

[58] Vgl. S. 19 der Wirtschaftsdenkschrift.

kirchlicher Basisgruppen sowohl vor der Wende als auch nach der Wende nach Bausteinen für eine alternative Wirtschaft gefragt, die in der Zusammenfassung folgende Inhalte haben[59]:

1. Als Grundforderungen: a) drastisches Zurückfahren des materiellen und energetischen Grundumsatzes auf ein für unser Ökosystem verträgliches Maß; b) halbwegs ausgeglichene und gerechte Verteilung der Lebensgrundlagen für alle Menschen; (in diesen Grundforderungen sind sich alle Analytiker unserer Zeit einig);
2. Einbinden der Wirtschaft und Technologie in die natürlichen Kreisläufe durch ökologische Kreislaufwirtschaft, Internalisierung (Hineinnehmen) aller Folge- und Lastkosten nach dem Verursacherprinzip (auch hier gibt es allgemeine Übereinstimmung);
3. Schaffung von Wirtschafts- und Sozialstrukturen, die Arbeitsplätze nicht wegrationalisieren, sondern ganzheitliche Arbeitsplätze schaffen und Arbeit gerecht verteilen (mehr dazu auf S. 53);
4. Dezentralisierung der Wirtschaft, Abschaffung von Konzernen und Monopolen (in der DDR-Zeit haben wir eine Privatisierung für Klein- und Mittelbetriebe gefordert); Aufbau einer Subsistenzwirtschaft, also von kleineren, regional eigenständigen Betrieben und Wirtschaftsstrukturen, die in flexibler Vernetzung sich weitgehend selbstversorgen;[60]
5. Sicherung des freien Marktes nur für gleichstarke Partner, bei ungleich starken Partnern Regulierung des Marktes zu Gunsten des Schwächeren (z. B. durch Preisbindung, Steuererleichterungen u. a.);
6. Neuordnung des Geldwesens, z. B. des Zinssystems, um die Ausbeutung des Schwächeren durch die Geldwirtschaft aufzuheben und um das Geld zu seinem eigentlichen Wesen zurückzuführen, nämlich nur Tauschmittel und Mittel zur materiellen Wertbestimmung zu sein und nicht ein Mittel zur leistungslosen Bereicherung;[61]
7. Abschaffung von Privatbesitz an Grund und Boden (auch an Immobilien?), dafür Erbpacht als Verleihung und Beauftragung;[62]

[59] So im Januar 1989 im Ev. Einkehrhaus Bischofrod und im März 1993 auf Burg Bodenstein; vgl. hierzu bes. die in den Publikationen von W. Keßler zusammengestellten Vorschläge; siehe Literaturverzeichnis.

[60] Zur Subsistenzwirtschaft siehe R. Bahros Modell der „Ökologischen und kommunitären Subsistenzwirtschaft“ in „Apokalypse oder Geist einer neuen Zeit“ S. 173 ff.; vgl. auch „Die neuen Grenzen des Wachstums“ S. 270 ff.

[61] Siehe hierzu M. Kennedy „Geld ohne Zinsen und Inflation“; H. Creutz „Das Geldsyndrom – Wege zu einer krisenfreien Marktwirtschaft“; vgl. auch C. Körner in ZdZ 4–1994 S. 109 ff.

[62] Vgl. C. Körner „Die Frage des Geldes“ ZdZ 4–1991 S. 114 f.; E. F. Schumacher „Das Ende unserer Epoche“ S. 133 ff.; M. Kennedy „Geld ohne Zinsen“ S. 52 f.

8. Einführung eines Grundeinkommens ohne Arbeit für alle oder mindestens Bezahlung sozialreproduktiver Tätigkeiten wie Kindererziehung, häusliche Alten- und Krankenpflege, Einsatz in Bürgerinitiativen, Umweltarbeit u. ä.;[63]
9. Demokratisierung der Wirtschaft zum Beispiel durch gesetzlich geregelte Offenlegung aller, auch internen Wirtschaftsverträge; Kontrolle und Lenkung der Wirtschaft und Finanzwelt durch die Politik und nicht umgekehrt (Überwindung der neoliberalen Wirtschaftspolitik!); nur dann ist überhaupt ein Umbau der Wirtschaft möglich.[64]

Diese Vorschläge klingen „sozialistisch" und werden schon deshalb jetzt nach dem „Sieg des Kapitalismus über den Sozialismus" oft ohne Hinsehen abgetan. Doch könnte es sich zeigen, daß tatsächlich dies der einzige Weg ist: die Vorteile des Freien Marktes, nämlich die Ermöglichung von Kreativität, Flexibilität und Eigeninitiative, mit den Vorteilen des sozialistischen Prinzips, nämlich das Gemeinwohl über die Interessen des privaten Eigennutzes zu stellen, in der Weise eines „Dritten Weges" zu kombinieren.

Wahrscheinlich werden nur Änderungen helfen, die radikal, utopisch und realistisch zugleich sind: radikal im eigentlichen Sinne des Wortes, nämlich bis an die Wurzel des Wirtschaftssystems gehend;[65] utopisch, da hier Strukturen geschaffen werden müssen, die es bisher noch nicht gibt; realistisch, da nur in der benannten Richtung ein Umbau von einer expansiven zu einer ausgeglichenen Marktwirtschaft möglich ist. Die folgenden Symptome des kommenden Paradigmenwechsels geben Hoffnung, denn sie sind die inneren Voraussetzungen für einen äußeren Wandel unserer Gesellschaft.

3. Der Feminismus, die Entdeckung der Ganzheitlichkeit und die „Ökonomie des Genug"

Der Feminismus ist wesentlich mehr als eine Frauenrechtsbewegung oder ein Anliegen der Emanzipation der Frau allein. Es geht in ihm um ein grundlegend anderes Verständnis von Leben und Menschsein, das in alle Bereiche unserer Kultur eindringt und insbesondere von der

[63] Ausführliche Konzeptionen und Berichte bei H. Büchele und L. Wohlgenannt „Grundeinkommen ohne Arbeit".

[64] Eine Gesellschaft, in der nicht auch die Wirtschaft demokratischen Grundgesetzen unterworfen ist, ist nicht wirklich demokratisch und hat eines der wichtigsten Menschenrechte, nämlich die wirtschaftliche Selbstbestimmung, nicht gesichert; vgl. Aussagen der Wirtschaftsdenkschrift zur Demokratisierung der Wirtschaft bes. Ziffern 29 ff, 69 ff. aber dann so schwach in Ziffer 195 f.!

[65] „Radikal" kommt von dem lateinischen Wort „radix" = Wurzel.

Systemtheorie und ökologischen Grunderkenntnissen geprägt ist. Und das verändert den Mann heute genauso wie die Frau.

Entscheidend für das Aufkommen des Feminismus – oder besser für das neue Verständnis von Leben und Menschsein – ist die Entdeckung der Ganzheitlichkeit, die, wie wir immer wieder sehen, ein zentrales Element des neuen Paradigmas unserer Zeit ist. Darum soll hier kurz geschildert werden, was mit „Ganzheitlichkeit" im psychologischen Bereich gemeint ist.

Hier zunächst eine Definition:

> Ganzheitlichkeit ist ein Zusammenwirken von Leib, Seele (Emotion) und Geist (Rationalität), durch das die Trennung dieser Bereiche überwunden wird und wir weitgehend aus einer inneren Mitte heraus leben und handeln, in der diese drei Bereiche in uns zusammenspielen.

Die Ganzheitlichkeit von Leib, Seele, Geist

Leib, Seele und Geist weitgehend getrennt:

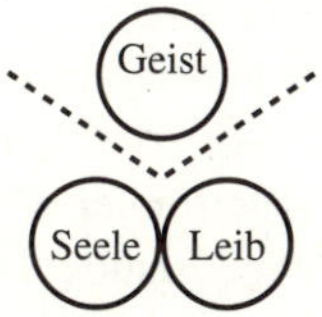

Leib, Seele und Geist im Zusammenspiel:

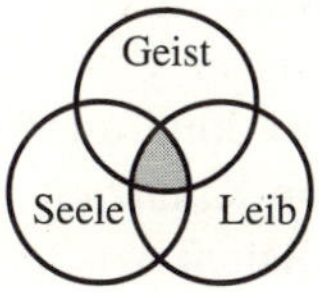

Dort, wo das Zusammenspiel von Leib, Seele und Geist durch die meist übliche Vorherrschaft des Geistes (der Rationalität) gestört ist, verliert der Mensch vor allem seine umfassende Fähigkeit der Wahrnehmung:

- sich selbst gegenüber: er nimmt nicht mehr sich selbst in seiner Ganzheit wahr, zum Beispiel wie auch sein rationales Handeln von emotionalen und körperlichen Bedingungen bestimmt ist oder was in ihm an emotionalen, körperlichen, sinngebenden und spirituellen Bedürfnissen eigentlich lebt;
- anderen Menschen gegenüber: er spürt nicht, was in ihnen hinter ihrem äußeren oder verbalen Handeln eigentlich vorgeht;
- der Natur gegenüber: er spürt nicht, daß die Natur etwas Lebendiges und Durchseeltes, also mehr als ein totes Objekt ist;
- der Spiritualität und der Transzendenz gegenüber: er ist für sie nicht empfänglich, da der Mensch Transzendenz und Spiritualität nur aus seiner ganzheitlichen Mitte heraus wahrnehmen kann.

Überall aber, wo der Mensch ganzheitlich, das heißt aus dem Zusammenspiel von Leib, Seele und Geist lebt, lebt er authentischer in sich selbst; er nimmt sich selbst und die ihn umgebende Wirklichkeit ganz wahr, entwickelt ein viel stärkeres Mitempfinden für anderes Leben in der Natur und unter den Mitmenschen und lebt wie selbstverständlich nicht mehr primär nur aus materieller Bereicherung, sondern mehr auch aus seelischen, geistigen und spirituellen Kräften.

Psychologen, Ärzte, Naturwissenschaftler und Zeitanalytiker, die sich mit dem Zusammenhang von Ganzheitlichkeit und den Krisen unserer Zeit befaßt haben, kommen übereinstimmend zu der Erkenntnis, daß der Verlust der Ganzheitlichkeit durch die Überbetonung des Rationalen und durch die Technisierung des Lebens zu der Unfähigkeit des Menschen geführt hat, mit seinen enormen technischen Möglichkeiten lebenserhaltend umzugehen – eben weil er so die Wirklichkeit nicht mehr wirklich wahrnimmt.[66]

Die Wiederentdeckung der Ganzheitlichkeit ist zum entscheidenden Impuls für den Feminismus geworden und hat in allen Bereichen unserer Kultur grundlegende Veränderungen in den Denkmustern und Handlungsweisen (Paradigmen) angestoßen. Die wichtigsten Beispiele sind neben der Entwicklung einer neuen Mann-Frau-Beziehung und der schrittweisen Überwindung des Patriarchats der neue ganzheitliche Ansatz in Bildung und Erziehung[67] und ein neues ganzheitliches Verständnis von Krankheit und Gesundheit und ganzheitlicher Medizin.

Der vielleicht wichtigste Gewinn aus der Wiederentdeckung der Ganzheitlichkeit ist das wachsende Gespür der Menschen, daß Leben und Glück nicht durch materielle Fülle, Bereicherung und äußere Karriere zu finden sind, daß vielmehr eine zu große Fülle an materiellen Dingen, an zu viel Technik, an zu großer Hektik wie auch an zu großer Bequemlichkeit immer mehr von elementaren Lebensbezügen wegführt und das Leben leer und hohl werden läßt. Dafür kann ein ganzheitliches und an äußeren Dingen reduziertes Leben mehr geben: die Wahrnehmung innerer seelischer und emotionaler Bedürfnisse und Fähigkeiten, die Möglichkeit, mehr in Kreativität, Kommunikation, Naturverbundenheit und Spiritualität zu leben und hier Erfüllung zu finden. Genügsamkeit wird so nicht als schmerzlicher Verzicht, sondern als Befreiung und Gewinn erlebt. Von hierher gibt es bei immer mehr Menschen eine deutliche Wende hin zum kritischen Konsumverhalten,

[66] Siehe z. B. E. Drewermann „Die Spirale der Angst" S. 232–282! oder das ganze Buch von S. Keen in „Feuer im Bauch – über das Mannsein" Kabel-Verlag 1992.

[67] Z. B. in der Gestaltpädagogik, in den Waldorfschulen und Montessorischulen.

zur einfachen und naturnahen Lebensweise, zu einer weniger aufwendigen aber ursprünglicheren Urlaubsgestaltung, zur Suche nach Arbeitsplätzen, die nicht unbedingt viel Geld, aber dafür mehr Freiheit und Entfaltungsmöglichkeiten bringen. Unter dem Begriff „Ökonomie des Genug“ haben die Holländer Bob Gougdswaard und Hary M. de Lange ein Konzept der materiellen Genügsamkeit für den Lebensstil und für die Gesellschaft entwickelt.[68]

4. Hinwendung zu einem neuen Verständnis von Arbeit

Der Wert der Arbeit liegt nicht allein und ausschließlich im Gelderdienst, sondern ebenso und zum Teil noch mehr in den sozialen und psychischen Werten. Diese Erfahrung haben schockartig die Menschen in der ehemaligen DDR gemacht. Etwa 30–50 % der früheren Berufstätigen haben ihren regulären Arbeitsplatz verloren (einschließlich der in Arbeitsbeschaffungsmaßnahmen oder in den Vorruhestand geschickten). Viele von ihnen sagen, besonders die Frauen, die zu ca. 70 % von der Arbeitslosigkeit betroffen sind, daß der Verlust der Arbeit nicht am meisten auf der Ebene der geringeren Geldeinnahmen schmerzt, sondern auf der Ebene des Selbstwertgefühles, der sozialen Kommunikation und Anerkennung.

Es geht darum, daß der ganzheitliche Charakter der Arbeit wieder entdeckt wird. Erst wenn das geschieht und in das individuelle und gesellschaftliche Bewußtsein integriert wird, ist die „Entfremdung des Menschen in der Arbeit“ (Karl Marx) wirklich überwunden.

Eine Auflistung aller Werte einer ganzheitlichen Arbeit sieht etwa so aus:

a) materieller Wert: Produktivität, Entlohnung	**b) spiritueller und ethischer Wert:** Sinnfindung, dem Guten dienen
c) sozialer Wert: soziale Einbindung und Anerkennung, soziale Sicherheit	**d) psychischer Wert:** Kreativität, Kommunikation, ganzheitliche Betätigung, Verantwortung

Bei gleichwertiger Anerkennung dieser Werte kann auch das gelingen, was oben als Schaffung ganzheitlicher Arbeitsplätze schon benannt

[68] In ihrem Buch: „Weder Armut noch Überfluß. Plädoyer für eine neue Ökonomie“ Kaiser Taschenbuch Verlag 1990; vgl. Capra „Wendezeit“ S. 466 f.; mehr dazu unter Kapitel II. 3. S. 108 ff. „Spiritualität in den Lebensstilbewegungen und kommunitären Gruppen“.

wurde: also Schaffung von Arbeitsplätzen, a) die der Arbeitnehmer nicht primär und allein nach den Verdienstmöglichkeiten bewertet und aussucht, sondern ebenso nach einer möglichst hohen Befriedigung seiner sozialen, ethischen und psychischen Bedürfnisse, b) die der Arbeitgeber und die Gesellschaft nicht primär nach Produktivitäts- und Profitmöglichkeiten gestaltet, sondern ebenfalls nach der Realisierbarkeit der psychischen, ethischen und sozialen Werte.

Mittels eines Arbeitsplatzkoeffizienten könnte man das Verhältnis von ganzheitlicher Arbeitsplatzqualität zur Produktivität berechnen und einen guten Arbeitsplatz steuerlich so begünstigen, daß er rentabel ist.

Unter dieser Voraussetzung müßte sich die Lohn-Preis-Spirale nicht ständig höher schrauben, ein entscheidender Antrieb für das expansive Wachsen der Wirtschaft wäre genommen. Arbeitsplätze müßten nicht wegrationalisiert, sondern könnten neu geschaffen, sehr flexibel gestaltet und geteilt werden.[69]

Das geistige und psychische Potential für eine Umwertung und Umstrukturierung der Arbeit ist bei vielen Menschen da, wenn es entsprechend geweckt und gefördert wird. Es zeigt sich hier wie an vielen anderen Stellen, daß eine innere Umwandlung der Werte und ein äußerer Umbau der Strukturen einander bedingen.[70]

[69] Vgl. unter IV. die Übung zur Überprüfung unserer Wertvorstellungen, zweite Variante „Wertespiel Arbeit“ S. 312.

[70] Entsprechende Anregungen sind zu finden bei R. Jungk „51 Modelle für die Zukunft“ S. 74., 79 ff.; auch bei E. F. Schumann „Das Ende unserer Epoche“ S. 41 ff., 133 ff.

Erste Zwischenüberlegung:

Die Richtung ist klar – woher kommt die Kraft zur Wende ?

Wenn wir die Krisen unserer Zeit und die Anzeichen eines Paradigmenwechsels einander gegenüberstellen, erkennen wir: die Situation für die Menschheit ist todernst, noch nie stand die Gefahr der Selbstzerstörung der menschlichen Zivilisation so konkret vor uns. Doch zugleich ist das Potential der Rettung zu sehen: der Anfang einer Umkehr in der Denk- und Lebensart der Menschen.

Auch die Richtung der Rettung ist deutlich zu erkennen. Drei Dinge müßten zusammenkommen:

1. ein rascher Übergang von der expansiven zu einer ausgeglichenen Marktwirtschaft, die nicht mehr verbraucht und umsetzt, als es das Ökosystem der Erde verträgt, und in der die Güter des Lebens für alle gerecht verteilt werden;
2. die Entwicklung und Umsetzung einer intelligenten oder sanften Technik, einer Technik, die die menschliche Zivilisation wieder in die natürlichen Kreisläufe hineinbringt, die der geistigen und psychischen Gesundheit des Menschen dient und die nötigen Mittel des Lebens schaffen hilft;
3. die Entwicklung eines genügsamen und verträglichen Lebensstiles, der mehr aus den geistigen, psychischen und spirituellen Gaben des Lebens lebt, der die Güter des Lebens zu teilen versteht und sich wieder einbindet in das gegenseitige Empfangen und Geben des Lebens.

Unter diesen Voraussetzungen wäre unsere Erde für sechs Milliarden Menschen und auch für zwölf Milliarden nicht zu eng.[71] Und das Leben wäre nicht ärmer, sondern sehr viel freier, solidarischer, erfüllter und befriedeter – also reicher.

Warum ist es aber so schwer, diese Kursänderung im Leben einzuschlagen?

Ich denke, es gibt dafür zwei Gründe, einen mehr vordergründigen und einen tiefgründigeren: Erstens das „Gesetz der Trägheit", der

[71] Wissenschaftler gehen davon aus, daß man mit einem Wachsen der Weltbevölkerung auf ca. 12 Milliarden Menschen in den kommenden Jahrzehnten rechnen muß. Das wäre auch die äußerste Grenze, bis zu der die Menschen bei intelligentester Bewirtschaftung der Erde und bei einer gerechten Verteilung der Nahrungsmittel ernährt werden könnten. Siehe L. Mayer S. 34; Worldwatch Institute „Zur Lage der Welt" S. 32 ff.

Selbstlauf und die Gewohnheit des Alten sowohl im gesellschaftlichen wie im persönlichen Bereich. Der zweite, tiefere Grund ist unsere eigene Zerrissenheit zwischen den alten und den neuen Denkmustern unserer Zeit.

Ich sehe es bei mir selbst: Ich erkenne nicht nur die Möglichkeit der „anderen Lebensart“, ich fühle sie auch und lebe sie in verschiedenen Ansätzen. Zugleich bleibe ich aber weitgehend in den alten Verhaltensweisen hängen, z. B. im Festhalten meiner materiellen Privilegien (relativ hohes Gehalt, große Wohnung, Gebrauch von Technik mit hohem Material- und Energieumsatz im täglichen Leben, das Auto u. ä.).

Bei vielen anderen suchenden Menschen ist es ähnlich. Auch in den Kirchen und Religionen, die am ehesten die Vorreiterrolle in der Umkehr der Menschheit übernehmen könnten, ist diese Zerrissenheit offenkundig: Sie wissen, daß der Kern ihrer religiösen Wahrheit genau in die erkannte Umkehrrichtung zeigt, und doch leben sie in ihrem institutionellen Eingebundensein noch ganz im alten Paradigma der Selbstbehauptung, der materiellen Absicherung und der Intoleranz.

Am deutlichsten ist dieser Zwiespalt in der Politik und Wirtschaft: Nicht nur Politiker, auch die Vertreter der Wirtschaft wissen, wo es langgehen müßte und versprechen Etliches (z. B. in der Umweltwerbung), und doch handeln sie zum großen Teil gegenteilig. Wir alle leben in unseren tieferen Schichten noch immer in der Gefangenheit des materialistischen Grundirrtums: in der Illusion, durch materielles Haben und immer mehr Haben, durch eigensüchtiges Machen und Unterwerfen Leben und Glück zu finden.

Wie gehen wir mit dieser inneren Zerrissenheit um? Wir balancieren sie unbewußt aus durch Verdrängen und Hoffen. Wir verdrängen meist die Gefahren in unserem Bewußtsein, müssen sie auch verdrängen, da ein ständiges Bedenken und Verinnerlichen der schlimmsten Zustände unserer Welt uns gänzlich niederschlagen würde, so daß wir nicht mehr lebensfähig wären. Mit dem Verdrängen fliehen wir zugleich in Hoffnungen von inneren Sätzen wie: *„Es wird schon nicht so schlimm kommen, die Natur hält doch mehr aus, die Techniker werden es schon machen, mich wird es schon nicht erwischen“* bis hin zu Glaubenssätzen wie: *„Gott wird schon einen Ausweg wissen“* oder *„In der ökologischen Krise kommt die Wende zu einer höheren menschlichen Zivilisation quasi von allein“*.

Beides, Hoffen und Verdrängen ist richtig und falsch zugleich: falsch, wenn die Verdrängung total ist, Angst als notwendiges Signal nicht mehr zuläßt, die erschreckende Realität verleugnet und wenn die

Hoffnung nur aus dem Verdrängen kommt, also keinen realen, von außen gesetzten Hoffnungsgrund hat und darum Selbsttäuschung ist. Eine Hoffnung dagegen, die einen realen Hoffnungsgrund hat, darf und wird nur insofern verdrängen, daß sie sich von den Schreckensereignissen nicht bannen läßt, sondern sie ansieht, dann aber auch über sie hinaussieht auf das, was an Alternativen möglich ist.

Die entscheidende Frage ist demnach: Haben wir einen realen Hoffnungsgrund?

Diese Hoffnung müßte folgende Merkmale haben:

1. sie müßte uns eine Vision, eine Wirklichkeit und Kraft erfahren lassen, die über alles, was nur aus unserer bisherigen Weltpraxis und nur aus uns selbst kommt, hinausgeht;
2. sie müßte uns befreien vom materialistischen Grundirrtum und seinen Handlungszwängen und uns zu einer für uns und für unsere Mitwelt heilsamen Lebenspraxis führen;
3. sie müßte uns die Kraft geben, die Schreckensereignisse auszuhalten und verändernd in sie hineinzuwirken.

Kann Spiritualität die Quelle sein, aus der sich uns dieser befreiende und heilende Hoffnungsgrund erschließt? Mit dieser Frage wollen wir die Phänomene des neuen spirituellen Suchens genauer anschauen.

Kapitel II

Phänomene des neuen spirituellen Suchens

Zur Einführung: Was ist Spiritualität? Grunderfahrungen und begriffliche Klärung

Spiritualität kann man nicht durch rationale Erklärungen vermitteln; man muß sie erfahren, um sie zu verstehen. Darum will ich vor einer begrifflichen Klärung an spirituelle Urerfahrungen erinnern, von denen ich meine, daß sie wohl jeder Mensch in seinem Leben irgendwann einmal macht. Die wichtigsten liegen wahrscheinlich in der frühen Kindheit. Die meisten haben sie vergessen, wenige sind sich ihrer bewußt geworden.

Im Folgenden gebe ich drei spirituelle Erfahrungen aus meiner Kindheit kurz wieder, nicht um mich selbst darzustellen, sondern weil ich meine, daß in diesen Momenten exemplarische Grunderfahrungen spiritueller Art deutlich werden.

Jenseitsverlusterinnerung

Als ich vier oder fünf Jahre alt war, wachte ich im Mittagsschlaf mit einem Traum bzw. mit einem Erinnerungsgefühl auf, eben im „Himmel" gewesen zu sein: in einer unbeschreiblichen Glückseligkeit, in der ich einmal zu Hause war, aus der ich aber hinaus mußte. Neben dem noch spürbaren Glücksgefühl wuchs zunehmend das Gefühl eines großen Verlustes und ein tiefer Schmerz. Ich weinte laut, bis meine Mutter kam, mich in die Arme nahm und zu trösten versuchte. Ich weiß nicht mehr, ob ich es ihr erzählen konnte.

Ich – Erfahrung aus einem göttlichen Gegenüber

Nur wenig später war es: Ich lief allein zur „Windlücke" hinauf, einem Hügel außerhalb unseres Dorfes mit einer Felskuppe links neben der Straße. Als ich auf die Felskuppe gestiegen war und die Straße, das ganze Saaletal mit der benachbarten Stadt Bad Kösen vor mir liegen sah, hatte ich plötzlich die sehr schön und stark empfundene Eingebung, daß Gott mich in diese Welt gestellt hat, um zu sehen, wie ich in ihr lebe und was ich mit dieser Welt mache. Und ich überlegte, ob die anderen Menschen und die Tiere und Pflanzen auch so ein eigenes Ich haben wie ich, und ob sie mir Gott als meine Spielgefährten gegeben hat. Ich verspürte in mir eine ganz starke Neugier, das wunderbare Leben auszuprobieren.

Einsseins – Erfahrung mit der Schöpfung

Ich war vielleicht ein oder zwei Jahre älter. Es war ein sonniger warmer Tag im Mai. Ich kletterte von unserer großen Gartenmauer in die Zweige einer mächtigen Kastanie, legte mich in eine Astgabel und ließ mich vom Wind schaukeln. Über mir sah ich die blühenden „Kerzen" der Kastanie, roch ihren Duft, hörte das Summen der Bienen, sah durch die grünen Zweige den blauen Himmel und die fliegenden Wolken, und ich spürte das Wiegen des Baumes. Plötzlich fühlte ich mich wie mit dem Baum verwachsen, wie ein Stück von ihm, ein Kind in seinen Armen. Und ich fühlte mich eins mit allem um mich herum bis in die Wolken und in den Himmel hinein und war sehr glücklich.[72]

In meinen späteren Reflexionen begriff ich, daß hinter allen spirituellen Erfahrungen in den Religionen, in der Bibel und im Leben der Menschen überhaupt diese drei Grundwahrnehmungen stehen:

- die plötzliche Urahnung, daß es ein „Glück", ein Ganz- und Heilsein, eine „Herrlichkeit" und ein „Licht" hinter dem und jenseits des Lebens gibt, daß wir von diesem getrennt sind, es verloren haben, es uns aber unweigerlich sucht und zieht; diese Spannung von Sehnsucht und Trennung steht wohl als tiefster Antrieb hinter allem Suchen, Kämpfen, Lieben und Leiden des Menschen;
- eine plötzlich aufsteigende Gewißheit, daß das Leben kein bloßer Zufall und kein sinnloses Geschehen ist, sondern daß ein Sinn, ein Wille, vielleicht ein „Du" dahinter steht; das Leben wird als Geschenk und Gabe und zugleich als Aufgabe und Ruf, manchmal auch als Berufung empfunden;
- ein plötzliches Gefühl von untergründiger Verbindung und ein Verwobensein mit allem, was lebt und ist; es wird als mitfühlende Verbundenheit oder auch als Abgetrenntsein empfunden.

Diese Erfahrungen sind nicht ableitbar; sie sind weder durch Lehre und Verkündigung, noch durch die größten meditativen oder spirituellen

[72] Ähnliche spirituelle Urerfahrungen schildern z. B. C. F. v. Weizsäcker in „Der Mensch in seiner Geschichte" S. 16 ff.: „Das Wegle freut sich", eine kindliche naturmystische Urerfahrung, auf die er in seinem Leben immer wieder zurückkommt; siehe auch J. Macy in ihrem Gespräch unter IV. 2., S. 278 ff.: eine durch ein Bibelwort ausgelöste kosmische Gotteserfahrung als neunjähriges Kind; vgl. auch A. Schweitzer „Aus meinem Leben und Denken" S. 71 f.: seine Berufungserfahrung als Schüler und Student.

Anstrengungen machbar. Sie sind im wahrsten Sinne des Wortes ein „Widerfahrnis“: Es widerfährt mir, geschieht an mir in nicht vorhersehbaren Momenten. Und dennoch, auch wenn es selten geschieht und viele es vergessen oder als solches gar nicht wahrnehmen – aus diesen Erfahrungen nährt sich das Grundgefühl eines lebensfähigen Lebens, nämlich angenommen und getragen und aufgefordert zu sein. Hier liegt die Wurzel aller tieferen geistig-seelischen Motivationen von der Liebe bis hin zum politischen Engagement. Wer genau hinschaut, sieht: Eine Verkümmerung dieser spirituellen Empfänglichkeit führt zur geistig-seelischen und ethischen Verkümmerung des Menschen.

Nach dieser Umschreibung spiritueller Grunderfahrungen will ich eine Definition wagen:

> Spiritualität meint eine innere Empfänglichkeit des Menschen für transzendente Anrede oder Berührung, die ihn in den Tiefenschichten seines Lebens inspiriert und die ihm übergeordnete und unabdingbare Wahrheiten und Werte vermittelt.

Damit sind drei Merkmale für Spiritualität benannt:

1. „Transzendenz“, also das unseren vordergründigen Wahrnehmungs- und Handlungshorizont „Überschreitende“, das vom Jenseits unseres Welthorizontes Kommende, das uns ein Ganzes und Heilendes signalisiert;[73]
2. „innere Anrede oder Berührung“, eine geistige Bewegung oder Intuition, die den Menschen im Innersten persönlich so trifft und bewegt, daß sie ihn unweigerlich leitet, solange er sie nicht abwehrt oder blockiert;
3. „übergeordnete und unabdingbare Wahrheiten und Werte“, also Werte, die allem ich-orientierten oder von außen kommenden Zweckdenken übergeordnet und von diesem nicht ableitbar sind und den Menschen unbedingt angehen.[74]

Es gibt religiöse und säkulare Spiritualität. Religiöse Spiritualität im engeren Sinne meint eine Form, die mit Gebeten, Riten und Kulten gegenüber einer oft personifizierten Gottheit verbunden ist, auch explizite Spiritualität genannt.[75]

[73] Vgl. den Transzendenzbegriff bei den Existenzphilosophen, z. B. bei Heidegger, Jaspers, Sartre, Marcel; siehe H.-R. Müller-Schwefe „Existenzphilosophie. Das Verständnis von Existenz in Philosophie und christlichem Glauben“.

[74] Apriori-Werte, vgl. z. B. bei I. Kant: „der gestirnte Himmel über mir und das moralische Gesetz in mir“, die mir gebieten so zu handeln, daß „die Maxime meines Handelns auch die Maxime des Handelns der anderen sein können“.

[75] Man kann auch von einer „atheistischen Spiritualität“ sprechen; das ist eine Spiritualität,

Säkulare Spiritualität meint eine Empfänglichkeit für ethische, naturmystische, künstlerische, politische u. a. Inspirationen, die den Menschen über ich-orientiertes und anderes Zweckdenken hinaus unweigerlich bewegen und leiten, auch implizite Spiritualität genannt.

Im tieferen Sinne kann man jede Spiritualität als religiös ansehen, wenn man das Wort „Religion" in seiner Grundbedeutung versteht, nämlich als „Rückbindung" und „Wiedereinwurzelung" des Menschen in den Urgrund des Lebens.

Spiritualität hat immer einen ganzheitlichen Charakter, d. h. sie erfaßt den Menschen, wenn sie wirklich tief eingeht, nie nur in seinem rationalen Denken, sondern mehr noch in den intuitiven, emotionalen und körperlichen Tiefenschichten seines Ichs. Verlust an Ganzheitlichkeit, das heißt Überbetonung des Rationalen und Abspaltung der intuitiven, emotionalen und körperlichen Wahrnehmung bedeutet immer auch Verlust an spiritueller Empfänglichkeit.[76]

Es wäre anmaßend, wollte ich in den folgenden Abschnitten alle Phänomene des neueren spirituellen Suchens umfassend und allgemeingültig darstellen. Darum werde ich mich auf vier Bereiche des spirituellen Suchens konzentrieren, die für den Paradigmenwechsel in unserer Zeit von besonderer Bedeutung sind: die politische und ökologische Spiritualität, die Spiritualität in der Lebensstilbewegung und die Hinwendung zu einer meditativen, ganzheitlichen und therapeutischen Spiritualität. Die darüber hinausgehenden Bereiche wie die Esoterik, Spiritismus und Okkultismus sowie die „New-Age-Bewegung" werde ich nur kurz in ihren wichtigsten Merkmalen beschreiben.

die ohne eine klassische Gottesvorstellung auskommt, durchaus aber von „transzendenten", bisherige Erfahrungen überschreitenden Inspirationen und Visionen getragen ist. Meines Erachtens waren z. B. R. Luxemburg oder M. Gorbatschow von solch einer Spiritualität inspiriert. Ich persönlich glaube allerdings, daß jede echte Spiritualität göttlichen Ursprungs ist.

[76] In diesem Zusammenhang ist es sinnvoll, sich die Unterschiede bestimmter zusammenhängender Begriffe klar zu machen: „Spiritualität" meint die oben beschriebene Empfänglichkeit, das Widerfahrnis des Religiösen, Resonanzfähigsein für Transzendenz, für das Göttliche. „Frömmigkeit" meint eine daraus folgende geistliche Lebenshaltung, z. B. eine Gebetsweise, geistliche Lebensgestaltung, auch geistliche Sitten und Bräuche. „Glaube" meint eine daraus erwachsene innere Gewißheit, eine konstant werdende Grundhaltung des Vertrauens, auch ein sich Festhalten an erfahrenen religiösen Wahrheiten. Davon zu unterscheiden ist „Glaubenslehre", Glaubensinterpretation, Verkündigung, Dogma, die insbesondere der Weitergabe, der Einordnung und gegenseitigen Vergewisserung, auch der Abgrenzung und Fixierung gemachter Glaubenserfahrungen dienen. Glaube tendiert zur einengenden Dogmenbildung, zu selbstgemachten Gottesbildern, wenn er nicht immer wieder neu aus unmittelbaren spirituellen Erfahrungen heraus lebt.

Das, was politische Spiritualität konkret sein kann, will ich an Beispielen aus der DDR-Geschichte deutlich machen – einmal, weil ich sie hier am authentischsten und anschaulichsten darstellen kann; zum anderen will ich damit einen Beitrag gegen das leidige Vergessen unserer eigenen Geschichte leisten. Zudem wird hier etwas Spezifisches der politischen Spiritualität in unserer Zeit deutlich: eine fast zwingende Bewegung von der politischen Auseinandersetzung zur ökologischen Frage, vom ökologischen Engagement zur Frage nach der eigenen Lebensweise und inneren Wertorientierung und von daher zur Frage nach einer motivierenden und tragenden Spiritualität.

Auch hier gilt wieder, daß die einzeln getrennt behandelten Bereiche der Spiritualität tatsächlich eng miteinander verbunden sind und sie deshalb mehr als ein gemeinsames Suchen mit vielen Facetten zu verstehen sind.

1. Politische Spiritualität – ein Beispiel aus der DDR-Geschichte

Wesen und Merkmale politischer Spiritualität

Schon als Kind erlebte ich in meinem Elternhaus etwas von dem, was ich heute „politische Spiritualität" nenne. Mein Vater gehörte in der Zeit des Nationalsozialismus als Pfarrer der „Bekennenden Kirche" an, also der Kirche, die sich gegen die Ideologie und Herrschaft des Nationalsozialismus wehrte und teilweise in der Illegalität wirken mußte. Nach dem Krieg kam mein Vater in einen erneuten „Kirchenkampf", diesmal gegen die kommunistische Ideologie und Unterdrückung. Anfang der fünfziger Jahre begann eine heftige Auseinandersetzung um die vom Staat verbotene „Junge Gemeinde". Mein Vater hörte nicht auf, in Schulpforta, einem Ort mit einer großen Internatsoberschule der DDR, die Jugendlichen einzuladen. Öffentliche Diffamierungen als „Staatsfeind" und Haftandrohungen überschatteten und politisierten damals unser ganzes Familienleben. Ich spürte als zehnjähriges Kind: es gibt etwas, wogegen bzw. wofür unbedingt gekämpft werden muß, auch wenn es das eigene Leben gefährdet. Mehr noch als in öffentlichen Gottesdiensten spürte ich es in familiären Andachten und Gebeten, daß das etwas mit einer inneren Bindung an Gott und seiner aktuellen Anrede zu tun hat. Als Jugendlicher faszinierten mich Berichte und Literatur von Menschen und Gruppen, die von einem unweigerlichen politischen Engagement geführt wurden, so das Buch „Wir schweigen nicht", ein Bericht über die „Weiße Rose", eine christliche Widerstandsgruppe im „Dritten Reich"; dann Bonhoeffers „Widerstand und Ergebung", später die Bonhoeffer-Biographie von Ernst Bethge, Bücher von und über Albert Schweitzer, über und von Martin Luther King und vieles andere, was ich über die Freiheitsbewegungen und Befreiungstheologien in Südafrika und Südamerika erfahren und lesen konnte. Ein besonderer Impuls für eine politische Spiritualität war für mich das, was ich 1968 im Zusammenhang mit den Studentenunruhen in Westdeutschland von den „Politischen Nachtgebeten" in Köln hörte, zu denen Dorothee Sölle eingeladen hatte. Obwohl es nur Rundfunkmeldungen waren, faszinierte mich diese Verbindung von politischem Kampf und Gebet so sehr, daß ich dieses Bild in mir trug, bis es in den Friedensgebeten im Herbst 1989 bei uns Wirklichkeit wurde.

Durch diese Prägungen, durch das politische Engagement vieler

Freunde in der DDR, durch meine eigenen politischen Auseinandersetzungen und nicht zuletzt durch das Studium der Bibel und der Kirchengeschichte begriff ich immer deutlicher, daß es überall auf der Welt Menschen gibt und schon immer gab, die aus aller Anpassungsneigung herausgerissen werden, die das Unrecht und die Lüge beim Namen nennen und die der Vision eines wahrhaftigen, freieren, gerechteren und menschenwürdigeren Lebens unabdingbar folgen müssen. Für mich ist das politische Spiritualität auch dann, wenn sie nicht in einem ausgesprochen religiösen Rahmen auftritt.

Als Beispiel für sehr unterschiedliche Formen politischer Spiritualität möchte ich zwei Stimmen sprechen lassen, die mich selbst stark berührt haben.

Martin Luther King berichtet von einem seiner Schlüsselerlebnisse:

„Eines Abends, Ende Januar (1956), ging ich nach einem anstrengenden Tag erst spät zu Bett. Coretta schlief schon. Als ich gerade am Einschlafen war, läutete das Telefon. Eine wütende Stimme rief: 'Höre, Nigger, wir werden uns rächen. Noch in dieser Woche wirst du es bereuen, daß du nach Montgomery gekommen bist.' Ich hängte ab, aber konnte nicht schlafen. Es war mir, als bräche alle Angst und Not der letzten Wochen auf einmal über mich herein. Ich war am Ende meiner Kraft... Ich wollte den Kampf aufgeben... In diesem Zustand äußerster Erschöpfung und völliger Mutlosigkeit legte ich Gott meine Not hin. Den Kopf in den Händen, betete ich laut: 'Herr, ich glaube, daß ich für die gerechte Sache kämpfe. Aber jetzt habe ich Angst. Die Leute sehen auf mich als ihren Führer, und wenn ich so ohne Kraft und Mut vor ihnen stehe, werden sie auch wankend werden. Ich kann nicht mehr weiter. Ich habe den Punkt erreicht, wo ich es allein nicht mehr schaffe.' In diesem Augenblick erlebte ich die Gegenwart Gottes wie nie zuvor. Mir war, als hörte ich eine innere Stimme, die mir Mut zusprach: 'Steh auf für die Gerechtigkeit! Steh auf für die Wahrheit! Und Gott wird immer an deiner Seite sein!' Fast augenblicklich waren meine Ängste dahin. Meine Unsicherheit verschwand. Ich war bereit, allem ins Auge zu sehen." [77]

Michail Gorbatschow umschreibt seine politische Motivation so:

„Die Ideen der Perestroika verdanken ihr Entstehen nicht nur praktischen Interessen und pragmatischen Überlegungen, sondern auch der mahnenden Stimme unseres Gewissens und unserer unerschütterlichen Bindung an die Ideale, die wir von der Revolution ererbt haben. Es ist in erster Linie das Leben selbst, das die Menschen eine neue Denkweise lehrt... Die Umgestaltung

[77] Zitiert nach „Ich möchte Leben haben – ein Konfirmandenbuch" S. 14 f., Evangelische Verlagsanstalt Berlin 1981; vgl. C. King „Mein Leben mit Martin Luther King" Union Verlag 1971, S. 146.

ist ein Muß für eine Welt, die überflutet wird von Atomwaffen; ein Muß für eine Welt, die von ernsthaften wirtschaftlichen und ökologischen Problemen heimgesucht wird; ein Muß für eine Welt, in der noch immer Armut, Rückständigkeit und Krankheit herrschen; ein Muß für eine Menschheit, die nun der zwingenden Notwendigkeit ins Auge sieht, ihr eigenes Überleben zu sichern. Wir sind Schüler, und unsere Lehrer sind das Leben und die Zeit...".[78]

Sucht man eine Definition, läßt sich sagen:

> Politische Spiritualität ist eine politische Inspiration und Motivation, die von nicht ableitbaren transzendenten Werten wie Wahrheit und Wahrhaftigkeit, Gerechtigkeit, Freiheit und Menschenwürde unabdingbar geprägt und geführt wird.

Politische Spiritualität in den kirchlichen Friedens-, Umwelt- und Gerechtigkeitsgruppen der DDR

Die politisch engagierten und alternativen Basisgruppen in den Kirchen der DDR kamen nicht aus dem Nichts, sondern aus einer Erneuerungsbewegung in Kirche und Gemeinden in den sechziger und siebziger Jahren. Diese war geprägt von einem bewußten Annehmen der Situation: Man erkannte, daß die DDR-Gesellschaft keine kurze Übergangsperiode sein wird, die man überwintern könnte, sondern daß sie als ein von Gott gegebenes Aufgabenfeld anzunehmen ist, allerdings nicht unkritisch, sondern so, daß das Evangelium befreiend und verändernd in die Gesellschaft hineinwirkt.

Es entwickelten sich die Arbeitskonzeptionen des „Missionarischen Gemeindeaufbaus" und der „Offenen und mündigen Gemeinde". Neue Schwerpunkte der Gemeindearbeit wurden insbesondere in den entstandenen großen Neubaugebieten der Städte Hauskreise, Gesprächskreise für (Junge) Erwachsene und Gemeindeseminare verschiedenster Art. Ich selbst habe in den siebziger Jahren als Gemeindepfarrer in einer Erfurter Neubaugemeinde diesen spannenden Prozeß erlebt: Menschen, auch der Kirche entfremdete, ließen sich neu ansprechen, wenn sie die christliche Gemeinde vor allem als freien Gesprächsraum zu Themen erlebten, die ihre bedrängenden Alltagsfragen aufnahmen, über die sonst in der DDR-Gesellschaft nicht öffentlich nachgedacht werden konnte. Egal, welche Themen wir behandelten, von scheinbar

[78] M. Gorbatschow „Perestroika" S. 27, 183 und 334.

rein innerkirchlichen Fragen wie Erneuerung des Gottesdienstes, (christliche) Erziehung der Kinder, über Ehe- und Partnerschaftsfragen, Gestaltung von Beruf und Freizeit bis hin zu direkt gesellschaftlichen und politischen Fragen wie Demokratie und Sozialismus, Friedensbedrohung durch Massenvernichtungswaffen u. a. – immer kam es unweigerlich zu zwei Schlüsselfragen: einmal, was ist das unterscheidend und „lohnend" Christliche in den bedachten Möglichkeiten, und zum anderen, was ist daran politisch und gesellschaftlich relevant? Es zeigte sich, daß über die Jahre ein neues Potential christlicher Gemeinde wuchs, das mehr in den Gruppen der Hauskreise, der Gesprächs- und Seminarabende lebte als in den Sonntagsgottesdiensten. Sie waren geprägt durch mindestens vier Merkmale:

- Es trafen sich in den neuen Gemeindegruppen überwiegend jüngere und suchende Erwachsene im Alter zwischen 20 und 40 Jahren, die sich mit den Engigkeiten des üblichen DDR-Lebens in Beruf, im Familienleben (und in der Neubausituation) nicht abfinden konnten.
- Es bildete sich ein Stil des freien Nachdenkens heraus, in dem auch der Nichtchrist oder der einfach nur Suchende und Interessierte genauso angenommen wurde wie der Kirchenchrist.
- Es entwickelte sich insbesondere in den Hauskreisen eine sehr vertrauensvolle Atmosphäre, oft auch freundschaftliche Beziehungen und gegenseitiges Beistehen in Konflikten.
- Deutlich war allen, daß diese Kreise und Gruppen ein gegenüber der staatlichen Einflußnahme freigehaltener Raum waren, in dem die Menschen ihren politischen Frust abluden und in dem oft sehr kritisch und oppositionell gegenüber dem DDR-System geredet wurde (trotz des Wissens von möglichen Bespitzelungen!).

Durch die immer stärkere Militarisierung der DDR am Ende der siebziger Jahre (z. B. mit dem Ausbau der Zivilverteidigung, der Einführung des Wehrkundeunterrichtes an den Schulen) und durch die atomare „Nachrüstung" in Ost und West wurde die Friedensfrage ein immer dringlicheres Thema. Es entstanden aus dem geistigen Potential der Gesprächs- und Hauskreise und aus den „Jungen Gemeinden" die ersten „Friedenskreise", also kleine Gruppen im Raum der Kirche, die wenigstens geistig Widerstand gegen das militärische Denken leisten wollten. Der Aufruf der evangelischen Landesjugendpfarrer der DDR zur ersten Friedensdekade 1980 unter dem Symbol „Schwerter zu Pflugscharen" wurde in erstaunlich vielen Gemeinden bzw. Gemeindegruppen lebhaft aufgenommen und von den Landeskirchen offiziell unterstützt. Der spirituelle Wert der Friedensdekade wurde mir besonders in der Gestaltung der Gebetsandacht an den Abenden der zehn Friedenstage deutlich, nämlich in der engen Verbindung zwischen geistlicher Besinnung und Gebet und den aktuellen politischen Konkretionen aus einem kurzen Bibelwort heraus.

„Schwerter zu Pflugscharen", das Symbol der Friedensbewegung in der DDR

Dieses Symbol greift eine fast dreitausendjährige Vision der Bibel auf; die Sowjetunion hat es als großes Standbild Mitte der fünfziger Jahre den Vereinten Nationen als Zeichen ihres Friedenswillens geschenkt und in New York vor dem Sitz der UN aufstellen lassen. Die DDR-Regierung verbot es, weil es die Wehrbereitschaft der Jugend unterlaufen könnte und als Zeichen der Opposition galt. Der Verfassungsentwurf des „Runden Tisches" in Berlin schlug Anfang 1990 dieses Symbol als Zeichen der gemeinsamen neuen Staatsflagge des wiedervereinigten Deutschlands vor; die Bundesregierung lehnte das ab.

Schon bei der ersten Friedensdekade 1980 kam es zu massiven Konflikten mit den Sicherheitskräften des Staates: zwangsweises Abschneiden der Aufnäher des Symbols „Schwerter zu Pflugscharen" von den Jacken der Jugendlichen durch die Polizei, scharfes Vorgehen gegen Schüler besonders auf den Oberschulen, die sich an der Friedensdekade beteiligt hatten. Durch dieses Vorgehen des Staates provoziert, stellten sich die Kirchenleitungen zu dem Zeichen „Schwerter zu Pflugscharen" und erklärten es zum jährlichen Zeichen der „Friedensdekade". So kam es zum ersten Zusammenrücken zwischen Kirchenleitungen und den „Gruppen" in den Kirchen.

In einigen Städten sammelten sich Frauen und Mütter zu kleinen ökumenischen Gruppen „Frauen für den Frieden", die auch außerhalb der Friedensdekaden zu den abendlichen Friedensgebeten einluden und die die (z. T. wöchentlichen) Treffs auch bei schwächster Beteiligung über Jahre durchhielten, bis daraus die großen Gebets- und Protestgottesdienste im Herbst 1989 wurden.

Parallel zur Friedensfrage brach immer mehr die ökologische Frage auf: das Bewußtsein, daß nicht erst ein atomarer Krieg die Menschheit vernichten kann, sondern schon die Zerstörung unserer natürlichen Umwelt durch uns selbst. Umweltseminare in den Gemeinden wurden von erstaunlich vielen Menschen besucht, weil das Thema „Umwelt" vom Staat weitgehend tabuisiert wurde, dieses Thema zunächst nicht ganz so konfrontativ erschien und christliche Mitverantwortung hier besonders gut deutlich gemacht werden konnte. Zu den entstandenen „Umweltgruppen“ kamen „Gerechtigkeitsgruppen“ hinzu, die sich besonders mit den Herausforderungen durch die Not in der „Dritten Welt“ (erst später „Zwei-Drittel-Welt“ genannt) beschäftigten. Parallel entstanden andere emanzipatorische Gruppen wie die „Solidarische Kirche“, die „Kirche von unten“, die „Offene Arbeit“ und verschiedene feministische Gruppen, die ein politisch und kirchlich kritisches Alternativprogramm zu entwickeln suchten.

Es entstanden die ersten Vernetzungen zwischen den einzelnen Gruppen, z. B. das ökologische Netzwerk die „Arche“, das INKOTA-Netzwerk der „Dritte-Welt-Gruppen“. Ab 1981 versuchten sich die verschiedenen alternativen Basisgruppen der Kirchen DDR – weit in einer Art Koordinationsgemeinschaft „Frieden Konkret“ zu vernetzen. Es gab von da an jährlich ein Treffen mit Vertretern aus allen Gruppen. Ein Leiterkreis von zehn Personen, „Fortsetzungsausschuß“ genannt, wurde gewählt, der die Vorbereitung, Durchführung und Fortsetzung der Treffs und die Vernetzung zu organisieren hatte. An den jährlichen DDR-Treffs „Frieden konkret“ nahmen etwa 100 bis 200 Menschen teil. 1988 waren bei „Frieden Konkret“ von etwa 300 Gruppen Kontaktadressen registriert.

Einen wesentlichen Beitrag für die inhaltliche Qualifizierung und Verbindung besonders unter den Umweltgruppen leistete das „Kirchliche Forschungsheim Wittenberg“, das sich seit Anfang der siebziger Jahre konzentriert der ökologischen Frage annahm und vierteljährlich die Wittenberger Umweltbriefe herausgab. Später wurde für Querinformationen zwischen den Gruppen die „Berliner Umwelt- und Friedensbibliothek“ wichtig.

Zu den alternativ orientierten Zentren gehörte auch das „Evangelische Einkehrhaus Bischofrod“, das wir mit unseren Freunden Hilmar und Karla Fahr im südthüringischen Dorf Bischofrod aufbauten. Dort versuchten wir mit unseren Gästen in thematischen Freizeiten und Seminaren, die ökologischen Fragen, die Gerechtigkeits- und Friedensfragen in die Möglichkeiten eines erneuerten Lebensstiles und einer neuen Wertorientierung umzusetzen. Aus dem ganzen südlichen Teil der DDR kamen Umwelt- und Friedensgruppen zu uns, und wir wurden oft in Gruppen und Gemeinden zu Vorträgen und Seminaren eingeladen. Durch diese intensive Arbeit wurde uns deutlich, daß sich in diesen Gruppen und Bewegungen – oft für sie selbst nicht voll bewußt –

eine geistige und politische Gegenkultur entwickelte, die etwa folgende Merkmale hatte:

- Die Gruppen und Einzelnen waren geprägt von der Suche nach dem, was ich oben Symptome eines „neuen Paradigmas“ nannte, vor allen Dingen von der Suche nach einem gewaltfreien Frieden, nach einer ökologisch verträglichen und sozial gerechten Wirtschaftsform und nach einer Verbindung von Demokratie und den Grundwerten des Sozialismus.
- Sie waren geprägt vom Ringen um Basisdemokratie aus der Kompetenz der Betroffenen heraus und von der Ablehnung jeder politischen oder kirchlichen Bevormundung.
- Sie waren geprägt vom Suchen und Entwickeln eines alternativen Lebensstiles und einer neuen elementaren Spiritualität.[79]

Was geschah konkret in den Gruppen und durch die Gruppen? Nach innen wirkten sie vor allem durch Information und Austausch, durch Abladen von Negativerfahrungen, durch gemeinsames Handeln und Wecken von Visionen. Nach außen wirkten sie in die Kirche hinein durch Information und Motivation, dies „nur“ in Gemeindeabenden, bei Umwelttagen, bei Kirchentagen und ähnlichem. Einzig das Schreiben von „Eingaben“ an staatliche Institutionen war eine Möglichkeit, auch auf das außerkirchliche Geschehen Einfluß zu nehmen, was aber vom Staat äußerst mißtrauisch abgewehrt wurde. So litten die Gruppen oft unter ihrer scheinbaren Ohnmacht und Effektivlosigkeit: eine direkte Veränderung gesellschaftlicher Prozesse war nicht möglich und auch in der Kirche standen sie oft am Rand.

Bei einer „Friedens- und Umweltwerkstatt“ 1985 in Meinigen war die Frage nach der „Effektivität“ unserer Arbeit angesetzt. Eine Gruppe erzählte von ihrer „Krötenaktion“, vom Bau von Fangzäunen an den Straßen, um einigen hundert Kröten auf ihrem Weg zum Laichplatz das Leben zu retten – wie unbedeutsam, sagten nicht wenige. Doch was passierte dabei? Ein Biotop wurde erhalten, Autofahrer hielten an und ließen sich von den Jugendlichen erzählen, worum es ging, der Staat schickte FDJ-Funktionäre, um die Öffentlichkeitswirkung dieser Aktion zu kanalisieren und die Einzelnen, die mitmachten, erlebten Natur und Ökologie so eindringlich, wie sie es sonst in der Stadt nie erlebt hatten.

[79] Vgl. hierzu und zu diesem ganzen Abschnitt den Aufsatz von Walther Bindemann in ZdZ Heft 1/1990 S. 274–280 unter dem Thema „Wurzeln und Wirken der Basisgruppen auf dem Weg zur Wende“, dessen Beobachtungen und Einschätzungen sich weitgehend mit den meinen decken.

Durch dieses Beispiel ging uns eine Schlüsselerkenntnis auf: „Effektiv“ sind wir nicht erst, wenn wir zum Beispiel Filteranlagen in der DDR-Industrie durchgesetzt haben, sondern schon, wenn drei Faktoren zusammenwirken: 1. wenn wir uns selbst durch unser Erleben und Tun ändern, 2. wenn wir Impulse geben für Wahrnehmung und Bewußtseinsänderung bei anderen; 3. wenn wir praktisch wenigstens an einem Punkt etwas verändern. Diese Erkenntnis ließ uns in unserer „Graswurzelarbeit“ über Jahre durchhalten.

Eine andere Frage stellte sich uns immer wieder: Welche Haltung nehmen wir gegenüber dem Sozialismus ein und wie beurteilen wir von daher unseren Staat? Folgende Ideale des Sozialismus haben viele von uns verinnerlicht: 1. den vorrangigen Schutz der sozial Schwachen, 2. die Eindämmung bzw. Überwindung der Machtkonzentration des Großkapitals, 3. den Vorrang des Gemeinwohles vor dem Privatinteresse, 4. die Idee einer Basisdemokratie (Räterepublik) als Ergänzung der parlamentarischen Demokratie, 5. den Geist einer internationalen Solidarität, 6. die Zielvorstellung einer Gesellschaft, in der die *„Ausbeutung des Menschen durch den Menschen überwunden“* wird und der *„Mensch sich mit der Natur versöhnt“* (K. Marx).

Von hierher beurteilten wir den Sozialismus gegenüber dem Kapitalismus als die „relativ bessere Gesellschaftsordnung“. Die Formel „Kirche im Sozialismus“ war darum für viele von uns nicht nur eine formale Ortsangabe, sondern zugleich eine ideelle Aussage: Kirche soll helfen, die Grundanliegen des Sozialismus als eine echte Alternative zum „Kapitalismus“ zu verwirklichen. Diese Haltung führte uns nicht zur Anpassung, sondern zur schärferen Kritik an den Praktiken des Staates, die wir als eine unerträgliche Pervertierung des Sozialismus erkannten. Die Akten der Staatssicherheit belegen, daß wir deswegen als viel gefährlicher eingeschätzt wurden als konservative oder mehr westlich gebundene Vertreter der Kirche.

Eine dritte Frage, die wir uns stellten, war die nach einer geistlichen Basis oder christlichen Spiritualität in den alternativen Basisgruppen. Deutlich wurde, daß hier viele Kirchenferne und auch Nichtchristen hinzukamen (z. T. bis etwa 50 % der Gruppe), die die Kirche anfänglich nur als schützendes Dach für einen sonst nicht vorhandenen Freiraum und für eine, wenn auch begrenzte, politische Opposition annahmen. Doch gerade diese Menschen fragten manchmal am ursprünglichsten nach dem, was „Spiritualität“, nämlich Vision und tragende Kraft, sein kann. Es gehört zu den erstaunlichsten Erfahrungen meines Lebens, daß dann, wenn es uns gelang, Besinnung, Meditation, Stille und zeichenhaftes Handeln sehr elementar und aus der aktuellen Betroffenheit heraus kommen zu lassen, bei ihnen manchmal etwas aufbrach, was ich unmittelbare Religiosität nennen möchte. Die besten Beiträge in freien Bibelgesprächen und für Texte in Gottesdiensten und Andachten kamen manchmal von diesen Menschen.

Politische Spiritualität in den Kircheninstitutionen der DDR und im Konziliaren Prozeß

Die Kirche der DDR stand in einem klaren Gegenüber zum Staat und war durch dessen Ideologie und Machtanspruch zu einer ständigen Positionierung herausgefordert. Das nötigte sie, immer wieder nach ihrer eigentlichen christlichen Substanz und nach ihrem Auftrag angesichts der Herausforderung unserer Zeit zu fragen. In den Beratungen der Synoden, der Kirchenleitungen und in Gesprächen mit den Staatsvertretern kam es immer wieder zu einer Spannung zwischen zwei Tendenzen: einerseits durch Taktieren und Aushandeln eines Status quo die eigene Existenz abzusichern, andrerseits im Befolgen des prophetischen und diakonischen Auftrages der Kirche Mißstände aufzudecken und Veränderungen einzufordern. Sehr positiv für die geistliche Profilierung der Kirche wirkte die gegenseitige Abhängigkeit von Kirche und den oben beschriebenen politischen Basisgruppen in der Kirche. Die Gruppen brauchten die Institution Kirche als schützendes Dach gegenüber dem Staat; wo sie dieses aufgaben, wurden sie sehr schnell von den Sicherheitskräften ausgeschaltet. Die Kirche brauchte die Gruppen als Mahner und Anzeiger von politischen Krisen und Alternativen, die die Kirchen sonst wohl zu wenig wahrgenommen hätten.

Ein bedeutsames Zeichen setzte die Bundessynode 1987 mit ihren Beschlußtexten „Bekennen in der Friedensfrage“. Hier formulierte sie nach jahrelangem innerkirchlichen Ringen und trotz massiver Einsprüche des Staates die auch für die Ökumene bedeutsamen beiden Spitzensätze: 1. *„Im Gehorsam gegen den dreieinigen Gott haben wir unsere Absage an Geist, Logik und Praxis der Abschreckung ausgesprochen“* und 2. die Aussage, daß die Verweigerung des Wehrdienstes *„Ausdruck des Glaubensgehorsams ist, der auf den Weg des Friedens führt“* (bekannt auch unter der Formel des *„deutlicheren Zeichens“*).[80]

Den größten politisch-spirituellen Gewinn erfuhr die Kirche im „Konziliaren Prozeß“ und in den Erkenntnisprozessen der Ökumenischen Versammlungen 1988 und 1989 in Dresden und Magdeburg. Es ist bezeichnend für die Wachheit der DDR-Kirchen, daß ihre Vertreter, konkret Propst Heino Falcke und Gerhard Lind, auf der Vollversammlung des Ökumenischen Rates der Kirchen 1983 in Vancouver den Vorschlag einbrachten, ein weltweites Friedenskonzil zu den Überlebensfragen der Menschheit einzuberufen. Vancouver nahm diesen Vorschlag an und forderte die Kirchen in aller Welt auf, zu prüfen, *„ob die Zeit reif ist für ein allgemeines christliches Friedenskonzil, wie es Dietrich Bonhoeffer angesichts des drohenden Zweiten Weltkrieges vor fünfzig Jahren für geboten hielt*".[81] Durch den Aufruf Carl Friedrich von Weizsäckers „Die Zeit drängt" auf dem Deutschen Evangelischen Kirchentag 1985 in Düsseldorf bekam dieser Vorschlag eine große Öffentlichkeitswirksamkeit. Die westdeutschen Friedensgruppen hatten schon 1984 und noch einmal 1986 zu ersten „Ökumenischen Versammlungen" für *„Frieden, Gerechtigkeit und Bewahrung der Schöpfung*" eingeladen. Einen entscheidenden Anstoß für die Ökumenischen Versammlungen in der DDR gab im Herbst 1986 eine kirchliche Basisgruppe, der „Stadtökumenekreis" von Dresden, mit dem Aufruf *„Eine Hoffnung lernt gehen*". Die Kircheninstitutionen schlossen sich dieser gesamtökumenischen Entwicklung an. So kam ein Prozeß in Gang, der zwar nicht den gewünschten Erfolg hatte, nämlich eine weltweite Umkehr auszulösen, der aber doch vieles Wesentliche erkannte und sagte, was für solch eine Umkehr nötig wäre.

Bemerkenswert für diesen Prozeß in den DDR-Kirchen sind vor allem folgende Elemente gewesen:

- Die Zusammensetzung der Delegierten wurde nicht allein von den Kircheninstitutionen bestimmt, sondern ebenso von den Basisgruppen, deren Vertreter etwa 50 % der Delegierten ausmachten.
- Die Basisgruppen brachten durch ihren Vorlauf einen entscheidenden Schub zu klaren und weitgehenden inhaltlichen Aussagen in die Beratungen ein.
- Durch das Zusammenwirken von theologischer Arbeit und politischer Dringlichkeit („Zeugnisse der Betroffenheit"!) kam es zu einer enorm dichten geistlichen Atmosphäre und zu einer theologischen Grundlegung des politischen Umkehrrufes, wie sie so aktuell und konkret zu den anstehenden Überlebensfragen meines Erachtens bisher noch nicht gefunden war.

[80] Bekennen in der Friedensfrage, Beschluß der Synode des Bundes der Evangelischen Kirchen in der DDR vom 18.–22.9.1987 in Görlitz, abgedruckt in ZdZ 1988 S. 303 ff.

[81] Vgl. U. Schmitthenner „Übereinstimmung und Anregung" S. 19 f.

So kam es bei der letzten ökumenischen Versammlung im April 1989 in Dresden zu Beschlußtexten, die in allen entscheidenden Fragen klare Optionen aussprachen – sehr konkret auch für eine demokratische und ökologische Umgestaltung der DDR. Alle Texte benennen vielfältige konkrete Handlungsmöglichkeiten, Bitten oder Forderungen für den Einzelnen, für die Gemeinden und Kirchen und für den Staat. In der Form eines „Bekenntnisses" und einer gegenseitigen „Verpflichtung" wurden in dem „Wort der Ökumenischen Versammlung an die Gemeinden" die drei vorrangigen Grundoptionen zusammengefaßt: „*Gerechtigkeit für alle Benachteiligten und Unterdrückten zu schaffen, dem Frieden mit gewaltfreien Mitteln zu dienen, Leben auf dieser Erde zu schützen und zu bewahren*".[82]

Spiegelung politischer Spiritualität im Verhalten der Staatsmacht der DDR

Es wäre eine ausführliche Studie wert, gründlicher herauszuarbeiten, warum der Staat das oppositionelle Potential der Kirchen und der Basisgruppen so ernst nahm und eine übergroße Angst vor ihm hatte. Hier möchte ich nur einige Beobachtungen wiedergeben, die in einer politisch-spirituellen Auseinandersetzung wohl exemplarische Bedeutung haben.

Von den äußeren Fakten her gesehen waren die Kirchen und ihre Gruppen politisch eigentlich machtlos. Die Christen waren eine Minderheit im Staat (nur 20–30 % der Bürger der DDR bekannten sich zu irgendeiner Kirche); zu den politischen Basisgruppen gehörten vor der Wende kaum mehr als 3.000 bis 5.000 Menschen; die Öffentlichkeitswirksamkeit der Kirchen war gering, da sie aus den offiziellen Medien so gut wie ausgeschlossen waren; vom offiziellen politischen, gesellschaftlichen und wirtschaftlichen Prozeß wurden sie ebenfalls ausgeschlossen; die Kirche war intern kein homogener Block, es gab in ihr – abgesehen von der Profilierung in der Wendezeit – kein ausgesprochenes politisches Programm. Die politische Grundposition der Kirche war die Annahme des Staates und der sozialistischen Gesellschaft als der ihr von Gott gegebene Ort, das Vermeiden *„unnötiger Konfrontation"* mit dem Staat und wo möglich der Versuch, das *„Angesicht des Sozialismus menschlicher"* zu machen.

Der Staat begegnete dem mit einer Doppelstrategie: Einerseits tolerierte er die Kirche und versuchte, sie für die eigenen politischen

Interessen zu gewinnen und zu instrumentalisieren (z. B. in der Außenpolitik), andererseits versuchte er sie einzuengen, zu isolieren und zurückzudrängen. Liest man die internen Akten des Staatsapparates, der Parteiführung und der Staatssicherheit, so ist zu sehen, daß trotz gegenteiliger offizieller Beteuerung die Kirche für den Staat innenpolitisch immer der „Hauptgegner" blieb und sofort zum „Staatsfeind" wurde, wo die Kirche sich der Gleichschaltung entzog, sich zur Akklamation nicht hingab oder auch nur geistigen Widerspruch leistete.[83]

Gegen die kirchlichen Basisgruppen und Einzelne, die deutlicher den Widerspruch wagten, ging der Staat mit geheimdienstlichen Maßnahmen vor. Diese waren:

- Überwachung (Einsatz von Spitzeln, „Inoffizielle Mitarbeiter" genannt, und von Abhörtechnik),
- „Disziplinierung" Einzelner („Vorladungen" bei staatlichen Stellen oder im Betrieb),
- Einschleusen von „positiven Kräften" in die Gruppen, „innere Zersetzungsarbeit" (konspirative Intrigen, Diffamierungen),
- in extremen aber seltenen Fällen Haft und Ausweisungen nach dem Westen.

Bei Gesprächen mit Staatsvertretern spürte ich und in den Akten der Staatssicherheit ist erkennbar, daß der Staat oft viel deutlicher als wir selbst und die Kirche erkannte, welche Gefahr für ihn in dem „nur" geistigen und geistlichen und menschlichen Potential der Kirche, der Gruppen und Einzelner lag. Es waren vor allem drei Gefahren, die der Staat über alles fürchtete und bekämpfte und trotz allen Aufwandes nicht ausschalten konnte:

Das Erste war der geistige Freiraum der Kirche: Der Staat hatte zwar durch sein fast perfektes Überwachungs- und Spitzelsystem auch diesen Raum unter Kontrolle, konnte ihn aber trotz aller Bemühungen nicht wirklich manipulieren und inhaltlich lenken. Die Kirche gab sich hier die Themen selbst und sprach in politisch brisanten Situationen Wahr-

[82] Siehe EKD-Texte 38 „Ökumenische Versammlung für Gerechtigkeit, Frieden und Bewahrung der Schöpfung. Dresden, Magdeburg, Dresden".

[83] Für das Bewerten der internen Politik der DDR ist die Einsicht in die internen Akten des Staatsapparates und der Parteiführung genauso wichtig wie die Einsicht in die Akten der Staatssicherheit. Das „Bürgerkommitee zur Auflösung der Staatssicherheit" von Suhl beschlagnahmte Anfang 1990 beim Rat des Kreises und beim Rat des Bezirkes Suhl alle internen Akten über die Arbeit der Kirchen. Die bisher nur flüchtige Auswertung dieser Akten zeigt in erschreckender Weise die enge Zusammenarbeit zwischen staatlichen Behörden und der Staatssicherheit und das oben benannte Feindbild des Staates gegenüber der Kirche.

heiten aus, die sonst in der Gesellschaft nicht ausgesprochen werden durften. Dies brachte der Kirche in der breiten Bevölkerung eine hohe Anerkennung ein, und der kirchliche Freiraum gewann auch für Nichtchristen eine zunehmende Anziehungskraft. Das aber gefährdete den paternalistischen Absolutheitsanspruch des Staates, allein zu wissen und zu entscheiden, was für das Volk und den Einzelnen gut ist. Schon der kleinste Raum, der sich dem entzog, mußte ein totalitäres System im Nerv treffen und von diesem bekämpft werden. So zeigen es zum Beispiel die Akten über das „Evangelische Einkehrhaus Bischofrod", daß wir schon allein durch die Tatsache, daß Einzelne und Gruppen zu uns kamen, um in Fragen des Lebensstiles anders und freier und erfüllter zu leben, als ein „staatsgefährdendes Objekt" eingestuft wurden.

Das Zweite waren die Inhalte der politisch-spirituellen Arbeit: Abgesehen von der letzten Phase vor der Wende hatten die Inhalte, die in der Kirche und den Basisgruppen zu den Grundproblemen unserer Zeit bedacht wurden, immer mehr einen grundlegenden, geistlichen, fragenden und vorschlagenden, aber keinen den Staat direkt angreifenden Charakter. Dennoch reagierte der Staat äußerst empfindlich auf diese Inhalte, wohl weil er spürte, daß hier ein geistiges Potential steckt, das alternative Kräfte weckt, die sein totalitäres System von innen her aushöhlen. Es war meine Art, das, was in den Gruppen zur Ökologie, zu Friedensfragen, zum Lebensstil, zur geistlichen Erneuerung unseres Lebens und der Kirche u. a. gefragt, gedacht und entworfen wurde, in Arbeits- und Thesenpapieren zusammenzufassen. Immer wieder erlebte ich, wie äußerst nervös und scharf der Staat darauf reagierte. Die Stasiakten zeigen, daß ich vor allem wegen dieser geistigen Arbeit immer wieder zu „Gesprächen" zur Abteilung Inneres beim Rat des Kreises oder beim Rat des Bezirkes zitiert und intern zur *„exponiertesten Führungskraft der antisozialistischen Sammlungsbewegung im Bezirk Suhl"* [84] hochstilisiert wurde. Als besonders gefährlich wurde eingestuft, daß ich zwar einerseits den Sozialismus von seiner Anlage her als die „bessere Gesellschaftsordnung" anerkannte, aber zugleich nach einer christlich begründeten Erneuerung unserer Gesellschaft fragte, die im Zusammenwirken „von unten und oben" geschehen müßte.[85]

Das Dritte war die innere Freiheit Einzelner: Das entscheidende

[84] So in einer Diplomarbeit an der Hochschule des MfS Potsdam über die Arbeit des Ev. Einkehrhauses und in den „streng vertraulichen Parteiinformationen" der Bezirksbehörde der Staatssicherheit an die Parteiführung der SED im Bezirk Suhl.

[85] So in einem von mir verfaßten Thesenpapier von 1984, auf Grund dessen die Stasi „operative Maßnahmen" zum Nachweis von „Untergrundtätigkeit" gegen mich einleitete.

innenpolitische Machtmittel des Staates war der von ihm gezüchtete politische Opportunismus. Alles, vom Platz im Kindergarten über die Schulausbildung, Studium, Zuteilung von Wohnung oder Baumaterialien bis hin zu Reisemöglichkeiten ins Ausland wurde vom „gesellschaftlich positiven Verhalten" abhängig gemacht. Der Rückzug in die sehr enge private Nische, das Verschweigen der eigenen Meinung und das bestellte Mitlaufen bei Demonstrationen, „Wahlen" und anderes staatstreues Verhalten war die schwerwiegendste und tragischste geistig-politische Erkrankung unseres Volkes. Und zugleich war diese Deformation eines ganzen Volkes die sicherste innere (Schein-) Stabilisierung des Staates. Aber da gab es immer wieder Einzelne, die sich davon frei machten, die Wahrheit sagten, auch wenn sie dafür Anfeindungen und Benachteiligungen einsteckten. Sie wurden gerade darum von vielen insgeheim sehr geachtet – auch von manchem Funktionär! – weil sie um ihrer aufrichtigen Haltung willen auf Karriere, Oberschule und Studium für sich oder ihre Kinder verzichteten. Die Freiheit einzelner Menschen hatte eine sehr hohe Symbolkraft und Ermutigungsfunktion in der Bevölkerung. Zugleich machte sie dem Staat ungeheure Angst. Er spürte, daß er ohnmächtig ist, wenn Einschüchterung, Angst und Opportunismus nicht mehr greifen.

Ich erlebte es mehrfach, zuletzt bei einer Vorladung zum Rat des Kreises im Juni 1989 wegen einem von uns vorbereiteten Gottesdienst gegen eine geplante Mülldeponie bei Suhl. Mit einer indirekten Haftandrohung versuchte man mich dazu zu bringen, den Umweltgottesdienst abzusagen. Als ich diese Drohung durchschaute, sagte ich spontan: *„Ich werde den Gottesdienst nicht absagen, auch wenn Sie mich verhaften lassen. Den Gottesdienst können Sie nur durch eine Polizeiaktion verhindern."* In demselben Moment fühlte ich, wie in mir alle Angst abfiel, und zugleich sah ich, wie der Chef der Abteilung Inneres seine Fassung verlor, rot wurde, anfing zu stottern und den Druck gegen mich aufgab.

Diese Erfahrung machten in der Vorwendezeit immer mehr Menschen. Trotz eines ausgeklügelten Sicherheitssystems und unbegrenzter staatlicher Macht war dieser Staat der geistigen, spirituellen persönlichen Kraft von Wenigen zuletzt unterlegen.

Politische Spiritualität in der Wendezeit der DDR

Wenn im Westen von der „Wende" gesprochen wird, ist meist nur der „Fall der Mauer" am 9. November 1989 und der Anschluß der DDR an Westdeutschland gemeint. Dies zeigt eine erschreckende Unfähigkeit, Geschichte in ihrer tieferen Dimension wahrzunehmen – konkret hier das wahrzunehmen, was die wirkliche Wende war, nämlich das Aufwachen und Aufstehen der DDR-Bevölkerung aus einer jahrzehntelangen Depression und Deformation – ein Aufwachen zu einer Reife, Hellsichtigkeit und Tatkraft, die normalerweise einem Volk nicht zuzutrauen sind, und die ihren Wert behalten, auch wenn dasselbe Volk nur wenige Monate später in eine neue Deformation hineinfiel.

Im Folgenden will ich – wieder aus meinem Erlebnishorizont – das politisch-spirituelle Geschehen der Wendezeit in einigen Zügen nachzeichnen.

Es gab drei Phasen der Wende: die Vorwendezeit, die eigentliche Wende und die Nachwendezeit.

Die Vorwendezeit

Sie begann 1987 mit dem Einsickern von Gorbatschows „Perestroika". Als meine Frau im Herbst 1987 von einer Westreise das Buch „Perestroika" heimlich mitbrachte und ich die ersten Kapitel las, wußte ich sofort: wenn dieser „Bazillus" der Demokratisierung des Sozialismus greift, wird das System der DDR in seiner bisherigen Gestalt zusammenbrechen. Wir in den kirchlichen Basisgruppen waren begeistert; denn hier lasen wir von dem führenden Mann des Sozialistischen Lagers geschrieben, was wir bisher kaum zu träumen wagten: „Durchsichtigkeit" (Glasnost) und Offenlegung der Partei- und Staatspolitik, Freigeben von Kritik, Abbau des Wahrheits- und Machtmonopols der Partei, tiefgreifende demokratische Reform des Systems von „oben und unten", Aufnehmen einer an die Wurzel gehenden Umweltpolitik, Vorleistung in der Abrüstungspolitik usw.

Obwohl „Perestroika" im offiziellen Buchhandel der DDR nicht zu kaufen war (die Partei ließ das auf Gorbatschows Drängen auch in der DDR gedruckte Buch sofort wegkaufen), breitete sich in unserem Volk so etwas wie eine „Gorbatschow-Inspiration" aus. Viele waren anfangs zwar skeptisch, aber je länger je mehr hatten immer mehr Menschen das Gefühl, daß da etwas Umwälzendes im Kommen war. Ab 1988 kam Gorbatschow immer wieder in Predigten und Gebeten vor, oft mit der biblischen Frage, ob er so etwas wie ein „Zweiter Kyros" sein kann, also, wie es im Jesajabuch beschrieben wird, ein „Heidnischer Weltherrscher“, den Gott gebraucht, um „sein Volk“ aus der „Sklaverei“ herauszuführen.[86] Für mich war immer die Spiegelung politischer Ereignisse in der Seele einfacher Menschen ein wichtiges Zeichen, so zum Beispiel, als eine tieffromme einfache Frau aus der Gemeinde mir an der Wand ihrer Küche ein Gorbatschowbild zeigte und meinte, er sei ein Werkzeug Gottes, für ihn bete sie täglich.

Anfangs war durch Gorbatschows „Perestroika-Gedanken“ auch unter Parteifunktionären so etwas wie eine aufwachende Bewegung zu spüren. Dem wurde durch Honeckers persönliche Weisung ein Riegel vorgeschoben. Wenn in öffentlichen Versammlungen jemand von „Gorbatschow“ sprach, wurde mit einem eisigen Schweigen geantwortet. Das erhöhte den innenpolitischen Druck. Unter Künstlern und in den kirchlichen Gruppen wurde der oppositionelle Wille deutlicher artikuliert. Es wurde immer gewagter, „innerkirchliche Arbeitspapiere“ zu vervielfältigen, die politischen Charakter hatten. Die kirchliche Basisgruppe „Initiative für Frieden und Menschenrechte“ wurde gegründet. Es kam zu den ersten massiveren Zusammenstößen mit den Sicherheitskräften, so bei der Polizeiaktion gegen die Berliner Umweltbibliothek im Herbst 1987 und bei der „Rosa-Luxemburg-Demonstration“ im Januar 1988, bei der Vera Wollenberger mit ihren Freunden das Plakat mit dem Rosa-Luxemburg-Zitat tragen wollte: *„Freiheit ist immer auch die Freiheit für die Andersdenkenden!“*, massiver ein Jahr später, als eine kleine Gruppe in Leipzig durch Flugblätter zu einer „freien Luxemburg-Liebknecht-Demonstration“ aufrief, und bei vielen anderen Gelegenheiten.[87] Die Hausdurchsuchungen, Verhaftungen und Ausweisungen lösten die ersten direkten politischen „Gebetsgottesdienste“ und „Mahnwachen“ aus, die von den kirchlichen Arbeitsgruppen organisiert und von der offiziellen Kirche gedeckt wurden. Zugleich traten die „Antragsteller“ auf Ausreise aus der DDR aus ihrer Anonymität heraus und erreichten mit ihren Forderungen im Raum der Kirche und durch die Westmedien eine größere Öffentlichkeit. Das wirkte erschreckend ansteckend: von Monat zu Monat wuchs die Zahl derer, die trotz Gorbatschows „Perestroika“ aus dem Osten raus wollten, weil sie der DDR eine Veränderung nicht mehr zutrauten,

[86] Siehe Jesaja Kapitel 45 ff.

[87] Einen guten Überblick über oppositionelle Aktionen in der Vorwendezeit und über die Gegenmaßnahmen der Staatssicherheit bekommt man in dem Buch von Armin Mitter und Stefan Wolle „Ich liebe euch alle! Befehle und Lageberichte des MfS Januar – November 1989“, Verlagsgesellschaft mbH Berlin 1990.

ein kommendes Chaos fürchteten und *„noch etwas vom Leben haben wollten"*. Als Gegenreaktion formulierten die meisten in den politischen Gruppen Engagierten wie auch die Kirchen das *„Wir bleiben hier"* und waren damit gezwungen, deutlicher ihren Veränderungswillen für diese Gesellschaft zu artikulieren.

Bei dem Jahrestreffen von „Frieden Konkret" im Februar 1989 in Greifswald wurde das erste Mal über *„Legalität, Verpflichtung und Grenzen des Widerstandsrechtes"* diskutiert. Es gab die ersten Absprachen, die Auszählung bei den Kommunalwahlen im Mai 1989 zu überprüfen. Dies geschah dann durch kleine Gruppen und mit einem enormen Mut Einzelner: sie zählten bei den Auszählungen in den Stimmlokalen mit, verglichen diese Ergebnisse mit den in den Medien veröffentlichten Ergebnissen und veröffentlichten im Raum der Kirche die festgestellte durchschnittliche Differenz von 20 %. Das heißt: im Unterschied zu den Vorjahren waren etwa 20 % der Wähler in den Wahlkabinen und nahmen Streichungen auf den Wahlzetteln vor – ein Zeichen für einen beginnenden Ausstieg aus dem eingefahrenen Opportunismus.

Die „Ökumenische Versammlung" der Kirchen im April 1989 legte in ihrem Beschlußtext Drei „Mehr Gerechtigkeit in der DDR" ein Programm zur Demokratisierung der DDR vor, wie es noch ein Jahr zuvor nicht denkbar gewesen wäre. Die Hauptforderungen dieses Textes waren: das offene Benennen von Mißständen, der freie politische Dialog, die volle Partizipation aller am gesellschaftlichen (Reform-)Prozeß, die Trennung von Staat und Partei, die Abschaffung eines jeglichen Gesinnungsdruckes in Schule, Beruf und Gesellschaft, Pressefreiheit, freie und geheime Wahlen, freie Reisemöglichkeiten. Der massive Einspruch des Staatssekretärs für Kirchenfragen erreichte bei den Delegierten das Gegenteil: nicht Einschüchterung, sondern einen Beschluß „jetzt erstrecht".

Die Vorahnung, daß es bald zu einem Umbruch in der DDR kommen wird, griff bei den politisch Engagierten wie ein Fieber um sich. Als sich im Frühsommer eine kleine Regionalgruppe „Solidarische Kirche" in Bischofrod traf, sagte Ulrich Töpfer, Leiter der Meininger Friedens- und Umweltgruppe: *„Im Herbst 1989 wird es passieren!"* Wir anderen waren skeptischer und rechneten mit einer Zeit von ein bis zwei Jahren. Eine Woche später waren Freunde der Stendaler Umwelt- und Frie-densgruppe bei uns und wir überlegten, ob es Zeit sei, aus der indirekten zur offenen Auseinandersetzung überzugehen, d. h. konkret mit einem Flugblatt das Volk aufzurufen, aus der Lüge auszusteigen und vom Staat öffentlich die überfälligen Reformen einzuklagen. Ich sagte, es sei noch zu früh, wir *„wären sofort weg vom Fenster"*. Erika Drees drängte: *„Wie lange wollen wir noch warten?"* Dennoch wagten wir es, für die Aufbaurüstzeit im Juli 1989 in Bischofrod das Thema „Ziviler Ungehorsam" anzusetzen.

Als in China im Juni 1989 die Demokratiebewegung blutig niedergeschlagen wurde und Egon Krenz ähnliches im eigenen Land androhte, falls es zu einer „konterrevolutionären" Erhebung käme, hörte ich im Reden der Menschen nicht wie früher nur Angst und Depression, sondern mehr so etwas wie einen drohenden Zorn gegen die eigene Regierung. Die veränderte Stimmungslage im Volk spiegelt sich z. B. in einem „streng vertraulichen" Lagebericht des Suhler Bezirksamtes der Staatssicherheit vom 22.6.1989 an die Bezirksleitung der SED so wieder: *„Es ist einzuschätzen, daß die politischen, ideologischen und subversiven gegnerischen Einwirkungen sowie die von der aktuellen Lageentwicklung in einigen sozialistischen Ländern ausgehenden Einflüsse unter Teilen der Bevölkerung der DDR gewisse Wirkungen erzielen"*.[88]

Die eigentliche Wendezeit

Sie begann nach den Sommerferien Ende August. Als ich aus dem Urlaub kam, sprachen mich Gemeindeglieder auf der Straße an: sie könnten wegen der Massenflucht so vieler Menschen aus der DDR und wegen der Lügen in den Zeitungen nachts nicht mehr schlafen, es sei jetzt unerträglich geworden. Das Märchen „Von des Kaisers neuen Kleidern", über das unabgesprochen schon im Sommer in manchen Gottesdiensten gepredigt wurde, war nun in aller Munde: der Kaiser (unser Staat) geht nackt durch die Straßen und läßt seine prächtigen „Kleider" feiern (die Feiern zum 40. Jahrestag der DDR standen an!), doch die Kinder fangen an, laut zu rufen: *„Der hat ja gar nichts an!"* Der September 89 war der entscheidende Monat, in dem das öffentliche Mitlügen, das 40 Jahre lang gehalten hatte, zerbrach und die Wahrheit auf die Straßen ging. Die „Kinder", die in der Öffentlichkeit als erste die

[88] In diesem umfassenden Lagebericht werden Zusammensetzung, Aktionen und Motive aller „feindlich-negativen" Kräfte im Bezirk Suhl genau untersucht, wobei das Einkehrhaus Bischofrod für die Stasi eine Schlüsselrolle spielt. In einem Achtpunkteprogramm werden Maßnahmen zur Zerschlagung der feindlichen Gruppierungen festgelegt, u. a. die Bildung einer „speziellen Arbeitsgruppe beim 1. Sekretär der Bezirksleitung sowie bei den 1. Sekretären der Kreisleitungen der SED", die sich aus den Führungskräften des Staatssicherheitsdienstes, der Partei und des Rates des Bezirkes zusammensetzten.

Lüge des Staates voll beim Namen nannten, waren die „Ausreiseantragssteller“, dann die neuen politischen Gruppen, die sich im September außerhalb der Kirche formierten und die sich sofort in Aufrufen und Resolutionen artikulierten: das „Neue Forum“, die „Sozialdemokratische Partei in der DDR“, die Bürgerbewegung „Demokratie jetzt“ und Anfang Oktober der „Demokratische Aufbruch“. Zugleich traten die Kirchen aus jeder taktischen Absicherung heraus und riefen mit konkreten Anklagen und Forderungen den Staat auf, die notwendige Kurswende einzuleiten – so im Brief der Konferenz der Kirchenleitung vom 2. September 1989 an den Staatsratsvorsitzenden, in den Beschlüssen der Bundessynode vom 19. September in Eisenach und in verschiedenen Briefen der Bischöfe an die Gemeinden.

Am 26. September kamen wir in unserer kleinen Arbeitsgruppe „Solidarische Kirche“ in Benshausen zusammen und bereiteten Textentwürfe für einen „Offenen Brief an die Verantwortlichen unseres Staates und an alle Bürger des Landes“ vor, die wir auf dem Vertretertreffen kirchlicher Basisgruppen am 30. September in Weimar vorlegten. Der weitgehendste Text wurde nach geringer Überarbeitung von den 70 Vertretern der Basisgruppen verabschiedet und vom 7. Oktober an wie ein Flugblatt verbreitet. Da dieser Brief exemplarisch sowohl die damalige Stimmungslage wie die Hauptforderungen der beginnenden Volkserhebung zusammenfaßt, sollen hier die wichtigsten Passagen wiedergegeben werden:

„Wir, die Vertreter kirchlicher Basisgruppen, erklären uns mit dem Brief der Konferenz der Ev. Kirchenleitung an den Vorsitzenden des Staatsrates und mit den Beschlüssen der Bundessynode zur gesellschaftlichen Situation solidarisch. Getragen von unserem christlichen Engagement für Gerechtigkeit, Frieden und Bewahrung der Schöpfung wollen wir hiermit unsere Betroffenheit und Hoffnung benennen. Während sich in der Sowjetunion und in anderen sozialistischen Staaten der Sozialismus aus seiner antidemokratischen Erstarrung löst und das Volk zunehmend an der Wahrheit und Macht teilhaben läßt, blockt die Führung unseres Staates jede Bewegung und Erneuerung und schon die Frage nach ihnen meist ab. Das Aufrechterhalten einer Scheinwirklichkeit in den Medien, die Verweigerung von Information und öffentlicher Auseinandersetzung, die Vorgabe aller Entscheidungen von oben her und die somit ständige Entmündigung der Bürger sowie die Gleichschaltung aller gesellschaftlichen Kräfte haben die Grenzen des Erträglichen erreicht! Tausende Bürger verlassen unser Land, weil sie jede Hoffnung für diese Gesellschaft aufgegeben haben. Die Menschen, die hier bleiben, fallen in Bitterkeit und innere Emigration oder sie begehren auf; sie wollen jetzt und hier etwas ändern, um hier bleiben zu können! Von Tag zu Tag steigt die innenpolitische Spannung. Doch

die Führung unseres Staates reagiert mit dem alten Selbstlob, sie mache alles richtig, Schuld habe allein der imperialistische Klassenfeind. Sie erklärt die zu Staatsfeinden, die etwas anderes ins öffentliche Gespräch bringen. Mit dieser Ignoranz verliert der Staat das letzte Vertrauen bei den Bürgern und isoliert sich auch außenpolitisch zunehmend.

Wir sind nicht mehr bereit, diese Situation hinzunehmen. Wir wollen Sozialismus, aber einen demokratischen, pluralistischen und entwicklungsfähigen Sozialismus. Das sozialistische Grundanliegen: soziale Gerechtigkeit für alle und die Ablehnung kapitalistischer Machtkonzentration müssen bleiben. Aber es muß endlich mehr Freiraum zur Eigeninitiative, zur Eigenverantwortlichkeit und Mitbestimmung gegeben werden. Für die Sicherung der sozialen Grundrechte sind wir dankbar. Aber wir finden uns nicht mehr damit ab, daß uns 40 Jahre lang die politischen Grundrechte vorenthalten sind: das Recht auf freie Information und öffentlichen Meinungsstreit, auf freie und geheime Wahlen, auf freien Zusammenschluß unabhängiger Gruppen, auf freie Demonstration, auf freie Reisemöglichkeit u. a. Wir nehmen die Behauptung nicht mehr hin, daß diese demokratischen Grundrechte nur bürgerliche Überbleibsel sind und nicht in den Sozialismus gehören. Es sind Rechte, die die Vereinten Nationen zu Grundrechten eines jeden Menschen erklärt haben und die gerade im Sozialismus Erfüllung finden sollen. Das Fehlen dieser Grundrechte hat zu Stagnation und Depression, zu Machtmißbrauch und Unehrlichkeit und zur allgemeinen Verantwortungslosigkeit in unserer Gesellschaft geführt.

Wir fordern die Staats- und Parteiführung auf, jetzt schrittweise eine neue Politik einzuleiten. Grundforderungen sind:

1. *Rückkehr zur Wahrheit: Aufgabe aller Schönfärberei in den Medien, offene Information, offener Dialog über alle Fragen und Probleme unserer Gesellschaft;*
2. *Rückkehr zur Demokratie: vor allem Einführung freier und geheimer Wahlen, Zulassung unabhängiger politischer Vereinigungen, das Recht auf freie und friedliche Demonstration...*

Wir rufen die Mitglieder aller Parteien und die Mitarbeiter im Staatsapparat auf, nicht erst auf Weisungen von oben zu warten, sondern schon jetzt in ihren Bereichen die verfassungsmäßigen Möglichkeiten für mehr Demokratie, Wahrheit und Recht voll auszunutzen und so Erneuerungen mit in Gang zu bringen.

Wir rufen alle Bürger unseres Landes auf:

1. *in den Bereichen ihrer Öffentlichkeit, in Betrieben, Schulen, gesellschaftlichen Organisationen, gegenüber Behörden und im Wohnbereich, die öffentliche Lüge nicht mehr mitzuspielen, sondern die Wahrheit bei jeder Gelegenheit auszusprechen und die notwendigen Fragen zu stellen;*
2. *sich die demokratischen Grundrechte nicht länger vorenthalten zu lassen, sondern sie so weit wie möglich schon jetzt zu praktizieren, z. B. Wahlen nur noch als wirkliche Wahlen wahrzunehmen, sich mit anderen zur gemeinsamen Willensbildung zusammenzuschließen usw....“*

Der Funke dessen, was in den kleinen Gruppen der Kirchen über Jahre gedacht oder nur geträumt wurde, sprang über. Von Tag zu Tag verlor das Volk seine Angst und Apathie. Es sammelte sich zuerst in den Kirchen und ging dann auf die Straßen.

Daß der Aufbruch unseres Volkes und der Umbruch unserer Gesellschaft in den Kirchen begann und so die Kirche die Führung in der Erhebung des Volkes übernahm, hat deutlich dem ganzen Wendegeschehen einen politisch-spirituellen Charakter gegeben und ist ein entscheidender Grund für das gewaltlose Gelingen dieser Revolution.[89] Die Kirchen hatten in der Wende so etwas wie eine „Hebammenfunktion", das heißt, indem sie ihr geistliches, geistiges, personelles und technisches Potential der beginnenden Volkserhebung zur Verfügung stellte, konnte sie eine „Sturzgeburt" der Wende in Chaos und Gewalt verhindern.

In Suhl sah das konkret so aus:

Mitte September bildeten wir auf Kirchenkreisebene eine Arbeitsgruppe „Gesellschaftliche Erneuerung", die sich aus dem Leitungsteam des Kirchenkreises und aus Vertretern der „Ökumenischen Umweltgruppe Suhl" zusammensetzte. Diese Gruppe bereitete inhaltlich und organisatorisch die ersten Gebetsgottesdienste und Massenversammlungen in den Kirchen vor und inszenierte die Bildung des Neuen Forums in Suhl.

Superintendent Kretschmann vervielfältigte im September den verbotenen Aufruf des Neuen Forums und verschickte ihn an alle kirchlichen Mitarbeiter im Kirchenkreis mit der Bitte, die Gemeinden von dessen Inhalt zu informieren.

Das Gemeindehaus in Suhl wurde durch Gemeindekirchenratsbeschluß den entstehenden Gruppierungen des Neuen Forums zur Verfügung gestellt, das Neue Forum richtete im Kreiskirchenamt sein erstes Büro ein.

Das alles waren nach staatlichen Gesetzen massive „staatsfeindliche" bzw. „konterrevolutionäre Handlungen", für die ein geheimes Sicherheitsprogramm mit Massenverhaftungen, Internierungslagern und Liquidationen vorbereitet worden war. Daß aber schlagartig fast die ganze offizielle (Evangelische) Kirche[90] die Rolle des „Gegners" übernahm, machte den Staat sprachlos, das heißt, er hatte sich schon vorher für die kleinen Vorläufer dieser Ereignisse mit Negativbegriffen so

[89] Vgl. die spirituelle Deutung der Wendezeit durch W. Bindemann, z. B. seine Ausführungen zu seiner Feststellung: Die Kirche „ist verantwortlich für die Spiritualität der Wende" in ZdZ 11/1990 S. 279.

[90] Die katholische Kirche trat in ihrer Mehrheit in das politische Wendegeschehen erst Ende Oktober, Anfang November ein, als es nicht mehr viel zu riskieren gab.

verausgabt, daß er das jetzt Geschehene nicht mehr definieren konnte und sich nur noch in Drohungen erging. Damit ist freilich die zunehmende Handlungsunfähigkeit des DDR-Staates noch nicht hinreichend erklärt.

Über das Phänomen, daß nach den brutalen Polizeieinsätzen zwischen dem 3. und 8. Oktober in Berlin und Dresden die staatliche Macht am 8. und 9. Oktober in Dresden und Leipzig bei den größten Massendemonstrationen, die die DDR je gehabt hat, gewaltlos blieb, ist viel nachgedacht und berichtet worden. Nach all dem, was ich von Freunden, die dabei waren (auch ein Wehrpflichtiger auf Seiten der Armee), und aus den Berichten der Medien erfahren habe, sehe ich das Wunder der Gewaltlosigkeit in einer unbegreiflichen Lähmung, die über die Staatsmacht kam, und in einer außerordentlichen Geistesgegenwart, Besonnenheit und Disziplin, die die Demonstranten und ihre Leiter zusammenhielten. Sowohl am 8. Oktober in Dresden wie am 9. Oktober in Leipzig waren es etwa jeweils 20 Minuten, in denen fast 100.000 Demonstranten schwerstbewaffneten Soldaten und Polizisten gegenüberstanden, ohne daß etwas geschah. Telefonanrufe der staatlichen Einsatzleiter nach Berlin blieben ohne Reaktion, unter den Demonstranten hob sich keine Hand zum Steinwurf, kein Offizier wagte einen Befehl. In beiden Situationen waren es Einzelne, die auf die andere Seite zugingen und zum Gespräch einluden. Nachdem das geschehen war, war der Bann gebrochen, Gewalt war in dieser Stunde entmachtet (wenn sie auch später in jeder Zeit wieder ausbrechen konnte!). Die 20 Minuten in Dresden und Leipzig waren Schicksalsminuten und Schlüsselereignisse für das gewaltlose Gelingen der Revolution – ein Geschehen, in dem die Transzendenz geschichtlicher Wendeereignisse deutlich wurde wie selten.

Die „Friedensgebete" oder „Gebetsgottesdienste für unser Land", wie wir sie auch nannten, hatten sich bis Ende Oktober in alle Orte bis in die kleinsten Dörfer ausgebreitet. In ihnen vereinten sich drei Elemente: 1. die geistliche Besinnung, 2. die Information und Aussprache, 3. die Beratung und Absprache politischer Aktionen. Auf das geistliche Element der Besinnung haben wir nie verzichtet, auch wenn wir wußten, daß 80 % der Menschen keine Christen waren und manche vorher nie eine Kirche betreten hatten. Mit den geistlichen Elementen der „Gebetsgottesdienste" machten wir erstaunliche Erfahrungen, und viele Nichtchristen bedankten sich bei uns für den geistlichen Rahmen der Zusammenkünfte in den Kirchen: er hätte sie tief angerührt und ihnen große innere Ruhe und Kraft gegeben.

Ich will es beispielhaft an dem ersten großen Gebetsgottesdienst am 15. Oktober in Suhl schildern.

Seit Tagen drängten uns die Menschen, endlich diesen Gottesdienst zu organisieren. Für Einladungen mußte nicht gesorgt werden, der Termin sprach sich wie ein Lauffeuer herum. Es kamen weit über 2.000 Menschen, die nicht alle in die total überfüllte Stadtkirche hineinkamen. Das Sicherheitsaufgebot der ganzen Region war verdeckt in den Suhler Straßen zusammengezogen worden. Wir begannen den Gottesdienst mit einem Orgelvorspiel, das die Unruhe und das laute Reden der Menschen still werden ließ. Dann wurden die Lampen im Kirchenschiff gelöscht, nur im Altarraum brannte eine Osterkerze. Ich sprach verstärkt durch ein Mikrophon in die dunkle Kirche folgende Meditation hinein:

„Dunkelheit in unserem Land: Angst, Gleichgültigkeit, Abstumpfung,
Resignation, Lüge, Mitmachen ohne Überzeugung,
Flucht in die Innerlichkeit, in die Nischen des Privatlebens, nach dem Westen.
Mitternacht noch vor einer Woche,
wo die Festlichter noch strahlen mußten in den Städten,
wo doch die Verfinsterung am größten war.[91]
Wir haben geschlafen, vierzig Jahre lang.
Keiner hat geglaubt, daß dieses Volk noch erwachen kann.
Doch immer brannte noch ein Licht
irgendwo und bei irgendjemandem.
Ein Funke hielt durch in unseren Herzen:
das Licht der Wahrheit –
die Lebenssehnsucht nach Recht und Freiheit und Brüderlichkeit.
Wo nur e i n Licht ist, können andere Lichter sich entzünden.
(an der Osterkerze werden andere Kerzen entzündet und im Altarraum verteilt)
Wo nur ein Licht ist und durchhält,
kann ein Lauffeuer entstehen, ein Erwachen und Rufen,
das sich ausbreitet über Nacht:
'Es ist anders! Es kann anders werden,
auch in unserem Land!'
Vierzig Jahre Schlaf. Doch jetzt wachen wir auf!
Wir wischen uns die Augen. Es wird hell.
(alle Lampen in der Kirche gehen an)
Wir sehen uns um.
Wir sehen einander an.
Wir fragen nach Gott
und suchen unseren Weg." (Gesang: „Herr erbarme dich!")

Anschließend hielt Superintendent Kretschmann eine Kurzpredigt zum gewaltfreien Kampf für Freiheit und Demokratie im Geiste Jesu und nach

[91] Anspielung auf die Feierlichkeiten am 7. Oktober zum 40. Jahrestag der DDR.

dem Vorbild Martin Luther Kings. Im folgenden Informationsteil wurden die verschiedenen politischen Aufrufe und Stellungnahmen der Kirchen und der neuen oppositionellen Gruppen verlesen, die ja der Staat noch als „staatsfeindliche Pamphlete" diffamierte und die in den Medien noch längst nicht veröffentlicht werden konnten. Dann setzte eine Aussprache ein, in der hier und in den folgenden Abenden alles hoch kam, was das Volk 40 Jahre lang runtergeschluckt hatte; es war eine Flut von Klagen und Anklagen, Hoffnungen und Verzweiflungen, Weinen und Schreien und persönlichen Schicksalen, die erzählt wurden. Zum Schluß des Abends führten wir durch Orgelspiel, Gebet, Vaterunser und Segen noch einmal in die Stille.

Alle Gottesdienste, Andachten und Gemeindezusammenkünfte waren in dieser Zeit total politisiert. Als ich in einem Dorf eine alte pietistisch geprägte Frau, die sonntäglich zum Gottesdienst kam, fragte, ob ihr meine politischen Predigten nicht langsam zu viel wären, sagte sie: „Nein, das muß jetzt so sein. Er (Gott) hat uns dazu geführt." In der Wendezeit erlebten wir die politisch-spirituelle Sprachkraft der Bibel wie nie zuvor. Altbekannte Worte sprachen auch für Nichtchristen unmittelbar in unsere Situation hinein, oft ohne jede zusätzliche Übertragung oder Auslegung, besonders Psalmenworte, wie zum Beispiel diese:

„Ich wäre fast gestrauchelt mit meinen Füßen; mein Tritt wäre beinahe geglitten. Denn ich ereiferte mich über die Ruhmprediger, als ich sah, daß es den Gottlosen so gut ging... So sann ich nach, ob ich's begreifen könnte, aber es war mir zu schwer, bis ich ging in das Heiligtum Gottes und merkte auf ihr Ende. Ja, du stellst sie auf schlüpfrigen Grund und stürzt sie zu Boden. Wie werden sie so plötzlich zunichte!" (Psalm 73,2–3+16–19)

In den „Gottesdiensten für unser Land" ging es besonders im Gesprächs- und Beratungsteil immer dynamischer zu: die Emotionen brachen immer mehr auf, es war wie ein Reinigungsprozeß des Volkes. Die ersten Arbeitsgruppen des Neuen Forums wurden gebildet, der vorläufige Sprecherrat zusammengestellt. Es gab Situationen, in denen uns die Leitung der Abende aus den Händen zu gleiten drohte, einige Leute wollten sofort auf die Straßen, die Partei- und Stasizentrale stürmen, Provokateure (Stasileute!) wurden laut mit Rufen zur Gewalt (*„Hängt sie auf, die Schweine!"*). Hier fing ich an zu staunen, wie es uns gelang, nein, wie es der Mehrheit der Anwesenden gelang, miteinander immer wieder zur Besonnenheit zurück zu finden. Wir wußten: nur wenn unser Aufstand gewaltlos blieb, hatten wir ein Chance, daß das befürchtete Blutvergießen ausbleibt. In unseren Gottesdiensten und sonstigen Versammlungen wurde immer wieder die Parole der Gewaltlosigkeit beschworen und es wurden Verhaltensweisen abgesprochen, wie Gewalttäter oder Randalierer unter uns gewaltlos isoliert werden könnten.

Jeder, der in diesen Herbstwochen aufmerksam und tiefer das wahrnahm, was in unserem Volk geschah, weiß, daß die Menschen in dieser Zeit weit über ihre normalen Grenzen hinauswuchsen. Immer wieder verband uns eine große Geistesgegenwart für das, was zu tun war, eine enorm große Disziplin, Entschlossenheit und Solidarität. Man rief sich zu und stand sich bei und war miteinander vertraut, als gehöre man zu einer Familie – obwohl wir von den Stasileuten wußten, die sich überall in unsere Gruppen einschlichen. In jeder Situation waren Ideen und Helfer da, die alles gaben, was sie hatten. So entstanden in allen Orten die vielen politischen Arbeitsgruppen, zu denen sich viele Hunderte meldeten, Arbeitsgruppen zu allen Themen der Demokratisierung der Gesellschaft, zur Reform des Gesundheitswesens, des Bildungswesens, des Strafvollzugs, der Wirtschaft, zum ökologischen Umbau der Gesellschaft, zur Regelung der Reisemöglichkeiten usw. Dieser Enthusiasmus scheiterte oft am Mangel fähiger Gruppen- und Gesprächsleiter, aber er enthielt ein viel größeres politisches, ein viel reicheres seelisches und geistiges Potential, als normalerweise in einem Volk gesehen wird. Alle wollten mitmachen bei der Erneuerung dieses Landes und mit diesem Land war die DDR gemeint. Den Sozialismus stellte noch keiner in Frage, aber seine Demokratisierung sollte endlich Wirklichkeit werden. Eine größere Freizügigkeit im Reiseverkehr wollte man unbedingt, aber keiner dachte zu dieser Zeit an eine Vereinigung mit Westdeutschland. Die oft visionären Inhalte, die in den kirchlichen Basisgruppen und in der Ökumenischen Versammlung vorgedacht wurden, waren mindestens indirekt Orientierungspunkte für die Arbeit in den politischen Arbeitsgruppen. Der Geist der Bergpredigt Jesu, der für viele in den Basisgruppen inneres Leitmotiv ihrer politischen Arbeit war, erschien uns jetzt wie eine Saat, die nach langer Winterzeit in unserem Land aufging.[92]

Die große Massendemonstration am 4. November in Suhl, an der mehr Menschen teilnahmen, als Suhl Einwohner hat (etwa 50.000), war wie ein erstes Siegesfest. In tagelangen Verhandlungen mit der Polizei versuchte Superintendent Kretschmann eine Genehmigung für diese Demonstration zu erlangen. Noch durften offiziell keine Genehmigungen ausgesprochen werden. Aber alle wußten, die Massen sind nicht mehr zu halten. Die polizeilichen Auflagen

[92] Eine ähnliche Deutung findet sich bei W. Bindemann: „Wurzeln und Wirken der Basisgruppen auf dem Weg zur Wende“ in ZdZ 11/90 S. 279.

waren unrealisierbar. Die Demonstration begann wieder mit Gebetsandachten in den großen Kirchen. Als wir mit Kerzen in den Händen aus den Kirchen herauskamen, empfing uns eine Menge Menschen, die die ganze Fußgängerzone von Suhl füllte, mit unzähligen politischen Plakaten. Überall standen Beamte in Zivil und fotografierten und notierten. Sprechchöre mit politischen Forderungen wurden angestimmt. Als einige ihre Kerzen an den Eingangsstufen und auf den Fenstersimsen des Polizeipräsidiums abstellten und auch später immer, wenn Polizei zu sehen war, wurde der Ruf laut: „Keine Gewalt!" Nach einem langen Zug sammelten sich die Menschen auf dem Thälmannplatz. Von den Stufen des Kulturhauses aus sprachen die Vertreter der Kirche, der neuen politischen Gruppierungen und auch Vertreter der alten Blockparteien, die uns noch vor drei Wochen unseren „Offenen Brief aus Weimar" wie Gift zurückgegeben hatten, nun aber ganz beflissen den Anschluß an das Neue Forum suchten. Als ein Vertreter der SED und des Rates des Bezirkes zu sprechen versuchte, konnten ihn unsere Gesprächsleiter gegen die Buhrufe und Pfiffe kaum zu Wort kommen lassen. Zum Schluß wurden Grüße aus anderen Städten vermittelt, Lieder wurden angestimmt. Als eine katholische Jugendgruppe mit Instrumenten das Lied „We shall overcome" spielte, sangen alle, die konnten, mit. Viele faßten sich an, bildeten Kreise, fingen an zu tanzen. Einige Vierzig-, Fünfzigjährige fielen sich weinend in die Arme und jubelten wie Kinder: *„Du auch hier!?"*, *„Daß wir das noch erleben!"*

Die vielleicht gefährlichste Situation und ein wahres Wunder der Gewaltlosigkeit gab es noch einmal in der ersten Dezemberwoche 1989, als in fast allen Bezirks- und Kreisstädten der DDR die Dienststellen der Staatssicherheit vom Volk besetzt und entmachtet wurden. Als Beispiel seien hier kurz die Ereignisse in Suhl skizziert:

Am Abend des 5. Dezember waren wir mit ca. 3.000 Menschen zu einer Vollversammlung des Neuen Forums in der Stadthalle versammelt, als wir hörten, daß in der Bezirkszentrale der Staatssicherheit Akten vernichtet würden. Die 3.000 Teilnehmer brachen sofort auf, um das zu verhindern. Wir befürchteten das Schlimmste und versuchten, den nächtlichen Demonstrationszug zu organisieren. Auf den Straßen schlossen sich viele an. Etwa 5.000 Menschen standen dann vor den Toren der „Stasiburg" (so wurde die Bezirksbehörde im Volksmund genannt) und verlangten Einlaß. Hinter dem hohen Metallzaun standen Soldaten mit Maschinenpistolen, Handgranaten und Feuerwehrschläuchen im Anschlag. Hinter ihnen liefen Offiziere hin und her. Zu dritt (Gitta Wurschi, Siegfried Geißler und ich) versuchten wir, durch das Tor mit der Stasi zu verhandeln. Unsere Forderung war, daß wir durch ein Bürgerkomitee und mit Hilfe des Bezirksstaatsanwaltes die Archive der Stasizentrale versiegeln lassen. Lange Zeit reagierte kein Stasioffizier auf unsere Rufe. Die Massen hinter uns wurden immer aggressiver. Unser Ruf: „Keine Gewalt!" wurde immer schwächer aufgenommen. Die ersten Gegenstände flogen. Das große Eisentor wurde fast eingedrückt. Durch ein Ultimatum verschafften wir uns Einlaß: wenn wir nicht in 5 Minuten ein Megaphon bekämen und in 15 Minuten eine Gruppe von 15 Bürgervertretern hineingelassen würde, würde sich die Leitung des Neuen Forums zurückziehen und dem Geschehen seinen Lauf lassen. Sofort wurden unsere Forderungen erfüllt. Im Stasigebäude wurden wir aber zunächst wieder hingehalten. Als wir längere Zeit nach draußen keine Nachricht gaben, ging vor dem Tor großer Tumult los. Ein Soldat warf eine Tränengasgranate in die Menge, ein hoher Offizier erschoß sich, wie wir später erfuhren, in seinem Dienstzimmer und hinterließ einen Zettel mit der Aufschrift: „Ich schieße nicht auf mein eigenes Volk". Jetzt informierten wir die Demonstranten vor dem Tor alle 15 Minuten über den Fortgang unserer Verhandlungen. Das half uns, vom Leiter der Bezirksbehörde, Generalmajor Lange[93], den Rundgang durch das Gebäude zu erzwingen.

Nur wie im Traum waren wir uns der Situation und Gefahr bewußt, z. B. als ich mit dem Megaphon auf einer Holzkiste am Tor stand und versuchte, die Gewalt zu bändigen, oder als wir durch die endlosen bunkerähnlichen Archivkeller gingen und plötzlich „strengvertrauliche" Stasiakten in der Hand hielten. Aber wir fühlten uns merkwürdig sicher. Jede Handlung und Entscheidung, die wir von Minute zu Minute fällten und durchsetzten, ergab sich wie von selbst. Es war wie eine unsichtbare Hand, die uns führte... Mit Hilfe des Bezirksstaatsanwalts versiegelten wir wenigstens symbolisch einen Teil der Archive, Kellerräume und Büros. Gegen 2 Uhr morgens verließen wir das Gelände der Staatssicherheit. Draußen warteten noch einige hundert Demonstranten auf uns, denen wir ein Ergebnisprotokoll unserer Aktion vorlasen.

Am nächsten Tag blockierten die Busfahrer von Suhl mit Bussen und LKW's alle Zufahrten zum Stasigelände und fuhren mit einem Bus durch das Tor der Anlage. Sofort strömten Hunderte Suhler auf das Gelände. Schwerbewaffnete Soldaten versperrten die Türen zu den Hauptgebäuden. Generalmajor Lange rief hilfesuchend im Büro des Neuen Forums an und drohte den Schießbefehl an, wenn die Menschen gewaltsam in die Gebäude eindrängen.[94] Vor Ort organisierten wir ein „Bürgerkomitee zur Auflösung der Staatssicherheit". Mit Hilfe der Volkspolizei, die endlich die Weisung aus Berlin bekam, mit uns zusammenzuarbeiten, entließen wir bis in die späte Nacht hinein alle Mitarbeiter der Stasi, die an diesem Tag in der Bezirksbehörde Dienst hatten. Etwa 600 Funktionäre der Staatssicherheit mußten, als sie ihre „Burg" verließen, sich und ihre Aktentaschen und Autos von denen kontrollieren lassen, die sie

[93] Generalmajor Lange galt in der DDR als einer der schärfsten Stasioffiziere. Noch Anfang Januar 1990 sagte er in einem Zeitungsinterview, er hätte mit dem 1. Sekretär der SED-Bezirksleitung Hans Albrecht im November eine eigenständige „Sozialistische Republik Thüringen" errichten sollen, dann wäre es in Suhl anders gelaufen. Ende Januar erschoß er sich allerdings mit seinem Jagdgewehr.

[94] Später erzählte mir ein Offizier der Staatssicherheit, der diese Tage und Nächte in der Bezirksbehörde miterlebt hatte, daß etwa ein Drittel der Offiziere und Mannschaft für den Einsatz der Schußwaffen war und diesen z. T. forderte, die anderen fürchteten es und bangten vor dem Schießbefehl.

Jahrzehnte lang mit den infamsten Methoden überwacht und eingeschüchtert hatten. Es gab versteckte Androhungen von Rache und Vergeltung.

In den folgenden Tagen kamen Vertreter der SED, des Staates und der Bezirksstaatsanwalt zu uns und sagten, daß die Stasi die Demütigung nicht hinnähme, Verschwörungen plane, Bomben- und Morddrohungen hin und her gingen; das Land sei durch die üblichen Behörden nicht mehr regierbar; die Kirche solle es wieder regierbar machen. Daraufhin richteten die Kirchen auf Bezirksebene und Kreisebene die „Runden Tische" ein, die dann tatsächlich bis zu den Kommunalwahlen im Frühsommer 1990 so etwas wie außerordentliche Parlamente waren, in denen alle wichtigen politischen Entscheidungen getroffen wurden.

Die Nachwendezeit

Sie überlappt sich mit der Höhe der eigentlichen Wendezeit und begann mit der Öffnung der Mauer am 9. November 1989. Das, was vom Politbüro nur als kurzzeitiges Ventil gedacht war, bekam sofort einen nicht mehr zu steuernden Selbstlauf. Erst konnten wir es nicht glauben, dann sahen und hörten wir es im Fernsehen, viele erlebten es selbst noch in dieser Nacht: die Mauer, das Gefängnis war aufgebrochen. Weinen und Lachen und eine ungeheure Begeisterung kam über die Menschen, nicht nur im Osten, jetzt auch überschäumend im Westen. Viele gingen nicht mehr zur Arbeit oder in die Schule, sie fuhren nach dem Westen. Nach einer Woche wußten wir, daß mit diesem außerordentlichen Ereignis die politische Umbauarbeit in unserem Land gefährdet war. Für den 18. November war eine Großdemonstration unter dem Thema *„Demokratischer Umbau in unserem Land"* geplant. Wir änderten sofort das Thema in *„Reisen ist nicht alles!"* Es kamen nur noch 5.000 Menschen. Die Kraft auch in den Arbeitsgruppen ließ zusehends nach. Die Teilnahme an den Gebetsgottesdiensten für unser Land ging stark zurück. Wie Kinder standen die DDR-Bürger, die noch nie im Westen waren, drüben vor den Schaufenstern und staunten, daß das, was sie vorher nur aus der Fernsehreklame kannten, Wirklichkeit zu sein schien. Anfang Dezember kam die Einheitsfrage auf. Das forcierte die Spaltung des Neuen Forums: die konservativ und national gestimmten Mitstreiter setzten alles auf die Einführung der Marktwirtschaft, auf das Zerschlagen jeder sozialistischen Praxis und Theorie und auf eine schnelle Wiedervereinigung mit Westdeutschland. Da die Mehrheit des Neuen Forums dem widerstand, bildete diese Gruppe eigene Parteien, zum Beispiel die „Forum-Partei Thüringen", die dann zur DSU wurde und sich später der CSU anschloß. Im Dezember spaltete sich der „Demokratische Aufbruch“: eine rechtsorientierte Gruppe behielt die knappe Mehrheit und ging später zur CDU über; eine große Minderheit, fast alle Begründer des „Demokratischen Aufbruches“ aus den Bürgerbewegungen der DDR, traten aus und traten meist der SPD bei. In den Streitgesprächen zwischen den Befürwortern und Gegnern einer schnellen Wiedervereinigung mit der BRD entwickelte ich eine „Vierpunkteformel“, die bis in den Januar 1990 hinein in Gesprächen noch die Mehrheit gewann:

1. Bekenntnis zur gemeinsamen Nation, 2. Ja zur gegenwärtigen Zweistaatlichkeit, 3. Entwicklung einer engen Konföderation zwischen beiden deutschen Staaten, 4. im Rahmen eines gesamteuropäischen Prozesses langsames Zusammenwachsen beider deutschen Staaten zu einem Staat.

Übel wurde uns, als es angesichts der Neuwahlen zur Volkskammer zur politischen Ehe zwischen den Parteien Westdeutschlands und den alten Blockparteien der DDR kam. Die Funktionäre unserer Altparteien, die noch am 7. Oktober 1989 staatstreue Parolen deklamiert hatten, fuhren im beginnenden Wahlkampf im Januar 1990 in Autos mit Westlautsprechern durch unsere Dörfer und Städte und verkündeten: *„Nie wieder Sozialismus! Freiheit und Wohlstand für alle!“* und beschworen die Marktwirtschaft als das Wundermittel, das in kürzester Zeit unser Land *„in eine blühende Landschaft“* verwandeln würde.

Der Ausgang der Wahlen im März, im Mai und im Dezember 1990 zeigte: die Verführungskraft eines versprochenen Wirtschaftswunders und die Verantwortungslosigkeit der Politiker war zu groß, die Angst vor einem Rückfall in DDR-Verhältnisse zu wach und die Zeit für eine politische Aufbauarbeit war zu kurz, als daß das Programm eines langsamen Zusammenwachsens, wie es die Bürgerbewegungen und anfangs nicht nur die SPD, sondern auch Modrow und Kohl vertraten und die nüchterne Analyse von Lafontaine forderte, eine Chance hätte haben können. Mich warnte ein Bankfachmann aus Westdeutschland: *„Der Kapitalist investiert nirgends auch nur eine Mark, wenn er nicht mindestens 1,20 DM wieder rausholt“* und *„Ihr müßt eure Produktionsfähigkeit und euren Markt schützen, sonst macht euch die westliche Wirtschaft in kürzester Zeit kaputt!“* Doch die Währungsunion kam und die Entscheidung, die Einheit nicht nach Artikel 146 des Grundgesetzes, also durch eine schrittweise Vereinigung beider Teilstaaten zu gründen, sondern nach Artikel 23 durch den Beitritt der neuen Bundesländer zu den alten Bundesländern.

Im Sommer 1990 hatte ich einen Traum, der mich sehr aufschreckte und mir lange Zeit nachging:

Von links läuft aus einem zerbrochenen Haus ein krankes, schwindsüchtiges Mädchen heraus und eilt dem großen Bruder entgegen, der als große schwarze Gestalt in Anzug und Schlips von rechts kommt und sie in seine offenen Arme nimmt. Er drückt heftig seine Schwester an sich, sie küssen sich. Aus dem Kuß wird ein gräßliches Verschlingen des Mädchens. Erstaunt sieht der dunkle Mann in seine leeren Arme, dann bläht sich sein Bauch so auf, daß er das Gleichgewicht verliert und umkippt. In dem Augenblick, in dem sein Bauch zu platzen droht, wache ich mit panischem Schreck auf.

In den Kirchen gab es anfangs eine Mehrheit für eine schrittweise Vereinigung der Kirchen in Ost und West in einem Prozeß von wenigstens zwei Jahren, in dem die Ostkirche ihre eigene Prägung einbringen könnte.[95] Doch dann erlagen auch die Kirchen innerhalb eines halben Jahres der Manie, auch die kirchliche Vereinigung so schnell wie möglich und in der Form eines Anschlusses zu realisieren. Es waren Geldgründe und vermeintlich juristische Zwänge, die die geistlichen, theologischen und kirchengeschichtlichen Einsprüche überrollten.[96] Die Kirche versäumte es in der Nachwendezeit, sich ihrer in der DDR-Zeit gewachsenen geistlichen Identität zu besinnen. Diese lag in der Kraft ihrer inneren Freiheit in äußerer Armut und Unfreiheit, im Leben vor allem aus geistlichen Motivationen, im bewußten Annehmen der Min-derheitssituation, in ihrem klaren Gegenüber zum Staat, zur Gesellschaft (auch zur Wirtschaft) und in ihrer eindeutigen Parteilichkeit für alle Benachteiligten.

Die Auswirkungen dieser geschichtslosen Vereinnahmung sind bis heute deutlich zu sehen: die Produktionsfähigkeit in unserem Landesteil brach fast gänzlich zusammen; 30–40 % derer, die in DDR-Zeiten sichere Arbeitsplätze hatten, haben eine reguläre Arbeit verloren (etwa 70 % der Frauen)[97]; der wirtschaftliche Aufschwung im Osten bleibt aus – trotz großer Geldinvestitionen des Staates für Infrastrukturen und

[95] So noch auf der Frühjahrssynode 1990, in der Herbstsynode wurde der Beitritt zur westdeutschen EKD beschlossen.

[96] Schon in der ersten gemeinsamen Klausurtagung der Bischöfe, Finanzchefs und Kirchenjuristen aller Landeskirchen vom 15.–17. Januar 1990 in Locum fielen die Entscheidungen. Hauptargument für die schnelle Aufgabe der weiteren Eigenständigkeit der DDR-Kirchen war der Druck und das Versprechen der westdeutschen Kirchen: allein in der Übernahme des westdeutschen Kirchensteuer-, Finanz- und Gehaltssystems könnten die ostdeutschen Kirchen bestehen; für die Übergangszeit würden die Westkirchen mit hohen Zuschüssen helfen.

[97] Die Arbeitslosen, ABM-tätigen und die in den Vorruhestand geschickten zusammengenommen.

soziale Absicherungen; die westdeutsche Wirtschaft holte aus dem Osten mehr raus, als sie hineingab. Die politische und sozialpsychische Depression unter den Menschen der ehemaligen DDR ist groß; die politischen Gruppen der Vorwendezeit sind erlahmt oder haben sich zum großen Teil aufgelöst; die Kirchen haben ihre Fähigkeit zur prophetischen Zeitansage und zur sozialkritischen Parteilichkeit weitgehend verloren.

Aber es gibt Zeichen der Hoffnung: ein verstärkter Zorn und ein neues Sich-Wehren der Betroffenen. So gaben die Kalikumpel von Bischofferode 1993 mit ihrem eineinhalbjährigen Kampf um ihre Arbeitsplätze ein beeindruckendes Zeichen: Mit Hungerstreik, Demonstrationen und politischen Gesprächen im ganzen Land zeigten sie, daß es ihnen nicht nur um i h r e Arbeitsplätze ging, sondern um ein Auflehnen gegen eine räuberische Wirtschaftsweise der Großen gegen die Kleineren. In der öffentlichen Unterstützung der Bischofferöder hat die Kirchenleitung der Kirchenprovinz Sachsen insbesondere durch ihren Bischof Dr. Demke zu einer partiellen Parteilichkeit für die Betroffenen zurückgefunden.

Die Wahlerfolge der PDS waren bei all ihrer Fragwürdigkeit zumindest ein Zeichen dafür, daß sich viele ehemalige DDR-Bürger von den Wiedervereinigungsversprechungen betrogen fühlen und jetzt in der PDS nach Zeichen ihrer geschichtlichen Identität suchen, die sie sonst nicht finden und um die sie sich in ihrer Anschlußeuphorie z. T. selbst gebracht hatten.

Das neue Sichsammeln der politischen Opposition aus der DDR-Zeit ist ein weiteres Zeichen. Im Februar und Oktober 1993 haben sich 120 Vertreter aus den alten kirchlichen Basisgruppen und Delegierte der Ökumenischen Versammlung in der DDR neu getroffen und eine Initiative zur Wiederaufnahme des Konziliaren Prozesses gegründet. Am 8. November 1993 haben sie unter der Überschrift *„Eine Hoffnung steht wieder auf“* einen Aufruf zur Weiterführung des Konziliaren Prozesses für Gerechtigkeit, Frieden und Bewahrung der Schöpfung veröffentlicht. In ihm wird das Wiederaufwachen der alten Motivation und das sich nicht Abfindenwollen mit den neuen Gegebenheiten sehr deutlich. So heißt es in diesem Aufruf:

„Die stärkenden Erfahrungen der Ökumenischen Versammlungen vor fünf Jahren sind im Verlauf des Vereinigungsgeschehens beschädigt worden. Sensibilisiert durch das jahrzehntelange Unrecht in der ehemaligen DDR und geübt im Wahrnehmen gesellschaftlicher Krankheitssymptome sehen wir: es ist nicht zu der durch die Ökumenischen Versammlungen geforderten Umkehr gekom-

men. Die Wendeereignisse in Deutschland und Osteuropa haben die Probleme unserer Zeit nicht gelöst, sondern verschärft.
Folgende Entwicklungen können wir nicht hinnehmen:

- *militärische Konfliktlösung wird wieder als Mittel der Politik propagiert;*
- *trotz politischer Willenserklärungen nimmt die Zerstörung der Umwelt durch eigensüchtiges Wirtschaften der Industriestaaten weiterhin zu;*
- *die Kluft zwischen den reichen und den armgemachten Völkern wird immer größer;*
- *die wachsende Massenarbeitslosigkeit ist menschenverachtend und birgt unberechenbaren sozialen Sprengstoff;*
- *das Überstülpen der Freien Marktwirtschaft auf die osteuropäischen Länder hat die wirtschaftlichen und sozialen Probleme in diesen Staaten verschärft;*
- *es zeigt sich, daß das herrschende Wirtschaftssystem die globalen Probleme unserer Zeit nicht lösen kann, sondern tödlich wirkt;*
- *die Alternativlosigkeit der großen Parteien und die Abhängigkeit der Politik von der Wirtschaft führt zu Korruption, Politikverdrossenheit, Resignation und verführt zu Radikalismus und Gewalt;*
- *die Kirchen in Deutschland sind verflochten in politische und wirtschaftliche Strukturen; sie sind mehr denn je mit Besitzstandssicherung, innerkirchlichen Problemen und konfessioneller Abgrenzung beschäftigt; dies hat dazu geführt, daß die in den Ökumenischen Versammlungen ausgesprochenen Optionen für die Armen, für Gewaltfreiheit und für die Bewahrung des Lebens weitgehend vergessen sind.*

Angesichts dieser sich zuspitzenden Widersprüche und Krisen begreifen wir erneut: 'Die Zeit drängt!' Deshalb rufen wir die Kirchen in Ost- und Westdeutschland, Gruppen und Gemeinden und jeden Einzelnen auf, sich für die Wiederaufnahme des Konziliaren Prozesses für Gerechtigkeit, Frieden und Schöpfungsbewahrung einzusetzen und eine neue Ökumenische Versammlung in Deutschland vorzubereiten."

Bei der „Ökumenischen Basisversammlung" im November 1994 in Dresden schlossen sich viele Freunde aus den Basisgruppen Westdeutschlands dieser Forderung an. Die offiziellen Kirchen beschlossen, der für 1997 geplanten Europäischen Ökumenischen Versammlung in Graz nun doch 1996 eine Deutsche Ökumenische Versammlung voranzustellen. Um diese inhaltlich mit einem impulsgebenden Votum vorzubereiten, wurden Vertreter der Basisgruppen zu einer Ökumenischen Basisversammlung im März 1996 nach Erfurt eingeladen. Die ostdeutschen Vertreter setzten durch, daß die Anfrage an unser Wirtschaftssystem das zentrale Thema der Basisversammlung wurde. Dazu wurde eine Thesenreihe „*Unser Wirtschaftssystem wider Gottes Geist – Versöhnung braucht eine radikal veränderte Wirtschaftsweise*" erarbeitet. Die Thesen gehen von der Erkenntnis aus, daß die heute vorherrschende Wirtschaftsweise zerstörerisch für die ganze menschliche Zivilisation wirkt, gegen Gottes Geist steht und zu überwinden ist. Dazu muß auf zwei Ebenen gearbeitet werden: Einmal müssen entscheidende Systemelemente unserer Wirtschaft geändert werden, z. B. die Geld- und Eigentumsordnung, der immanente Wachstumszwang, die Externalisierung der Lastkosten und die Ausbeutung von Mensch und Natur. Und es muß auf der Ebene der Wertorientierung und der Lebensweise, also auf der spirituellen Ebene, eine neue Grundlegung gefunden werden. Nur dann können der Politik entscheidende Umsteuerungsaktivitäten gelingen. Die Ökumenische Versammlung der offiziellen Kirchen im Juni 1996 machte allerdings deutlich, daß die institutionelle Kirche noch nicht in der Lage ist, solch tiefgreifende Anfragen zu wagen und klare Richtungsansagen zu geben.

Wie ist die Wende in der DDR in der Fragestellung dieser Studie und im Zusammenhang der sonstigen Weltentwicklung zu sehen?

Für mich ist die Wende in der DDR ein zeichenhafter Durchbruch des neuen kommenden Paradigmas gewesen. Sie hatte trotz und in allen Wirrnissen einen spirituellen, ja transzendenten Charakter. Das heißt, hier ist in einer oft überraschenden Gleichzeitigkeit in den verschiedensten Situationen eine Inspiration zur Wirkung gekommen, die aus einem normalen „innerweltlichen Geschehen" letztlich nicht ableitbar ist und in tieferer Weise etwas mit einer Wendetendenz in unserer Zeit zu tun hat. Die Nachwendezeit erscheint mir als ein Rückfall in das alte Paradigma des Machtstrebens und der expansiven Wirt-schaftsweise, das – die Zeichen sagen es deutlich – nicht mehr lange zu halten ist. Ob es ein bleibender Irrweg ist oder ein Umweg, der uns dann doch gemeinsam zu einem neuen Weg führt, wird sich zeigen.

Betrachtet man das Wirken der politischen Spiritualität in der DDR und in der Wendezeit im Zusammenhang anderer politisch-spiritueller Bewegungen in unserer Welt, so wird meines Erachtens deutlich – und darum habe ich die Wendezeit so ausführlich geschildert – hier geschah etwas, was es in der Menschheitsgeschichte immer wieder gab, was heute an vielen Krisenorten der Welt in ähnlicher Weise geschieht und was eine größere geschichtsbildende Wirkung hat, als es im öffentlichen Bewußtsein meist wahrgenommen wird. Ich denke an die Freiheits- und Menschenrechtsbewegungen im südlichen Afrika und Mittel- und Südamerika, an die Friedens- und Versöhnungsgruppen in Palästina und Israel und an ähnliche Gruppen in Nordirland, Korea und im ehemaligen Jugoslawien: die ethische und spirituelle Kraft

Einzelner und kleiner Gruppen bereitet lange und verborgen und von diesen oft selbst nicht immer voll erkannt ein politisches Potential vor, aus dem plötzlich befreiende und heilende politische Wendeereignisse aufbrechen können. Es ist nicht abzusehen, wann und wie dieses Potential zur Wirkung kommt. Aber hier geht nichts verloren. Selbst dann, wenn es schwere Rückschläge gibt und wenn aus „Wenden“ wieder „Rückwenden“ werden, also ein Rückfall in das alte Paradigma nur unter anderem politischen Vorzeichen – jedes „Milligramm“ politisch-spiritueller Potenz behält sein Gewicht und kommt irgendwann einmal zur Wirkung.

2. Ökologische Spiritualität

Der Anstoß und die Frage

Im Suchen nach der Relevanz des christlichen Glaubens für unsere Zeit fiel mir Anfang der siebziger Jahre ein Buch mit dem Titel „Die sieben Weltwunder von morgen“ in die Hand. In ihm wurde, mit prächtigen Bildern illustriert, eine zukünftige Welt beschrieben, in der durch technischen Fortschritt ein paradiesisches Leben zu erwarten wäre: durch Kernenergie würde es einen unbegrenzten Energievorrat geben, die Ernährung der Weltbevölkerung wäre durch synthetische Nahrung im Überfluß gesichert, alle mühselige Arbeit nähmen Maschinen und Roboter ab, die wöchentliche Arbeitszeit läge bei 10–12 Stunden, die Kinder und Erwachsenen würden durch mediale Technik im Schlafe lernen, phantastische Wohnstädte brächten den Menschen höchsten Komfort und zugleich Nähe zur Urlaubernatur, durch neue Verkehrssysteme könnte der Mensch zu jeder Zeit an jedem Ort der Welt sein, fast alle Krankheiten wären abgeschafft, die Lebenszeit der Menschen ginge weit über 100 Jahre hinaus usw. Kurz darauf hörte ich von den Berichten des Club of Rome und las in dem Buch von Robert Jungk *„Der Jahrtausend-Mensch“*: ein ökologischer Weltkollaps ist unvermeidlich, wenn wir Menschen nicht schnellstens auf eine andere Wirtschafts- und Lebensweise umsteigen.

In Gemeindeseminaren und Hauskreisen der Martinigemeinde in Erfurt stellten wir uns der ökologischen Herausforderung unserer Zeit. Die Teilnehmer, meist jüngere Erwachsene aus technischen Berufen, waren betroffen, wehrten teils ab, teils ließen sie sich in Richtung eines neuen Denkens und Glaubens herausfordern. Und sofort stand die politische Frage im Raum: das gesellschaftliche System der DDR wie auch das westliche Wirtschaftssystem müßten geändert werden. Aber wie und woraufhin? Was ist eigentlich Ökologie im tieferen, also im politischen, existentiellen und spirituellen Sinne? Diese Fragen waren verborgene Leitfragen der sich entwickelnden Umweltbewegung in der DDR. Geschichtlich bezeichnend war dabei, daß nicht nur die ökologische Frage sofort zur politischen Frage wurde, sondern daß ebenso die Friedensgruppen der Nachrüstungsära auf die ökologische Frage stießen und daß in beidem die Frage nach einem alternativen Lebensstil und nach einer erhellenden und tragenden Spiritualität aufbrach.

Im Folgendem will ich diese Suchbewegung knapp nachzeichnen, indem ich zunächst nach dem frage, was Ökologie ist, um dann die wichtigsten Elemente einer ökologischen Spiritualität zu benennen.

Ökologische Grunderkenntnisse

Ökologie ist mehr als eine bestimmte Fachwissenschaft, die nur für einige Bereiche des Lebens relevant wäre. Sie ist vielmehr eine Wissenschaft, die für alle Gebiete des Lebens, der Wirtschaft, der Politik und der Anthropologie grundlegend ist. Im Folgenden sollen darum die wichtigsten Grunderkenntnisse der Ökologie zusammengefaßt werden.

Erstens: „Ökologie" ist die Lehre vom Zusammenleben allen Lebens.[98] Gefragt wird nach den „Gesetzmäßigkeiten", die das Leben im Zusammenspiel allen Lebens am Leben erhalten. Erste entscheidende Grunderkenntnis der Ökologie ist die, daß sich der Mensch hier nicht mehr außerhalb und der Natur gegenüberstehend verstehen kann – so in der zweihundertjährigen Verobjektivierung der Natur seit Descartes – sondern daß der Mensch als Objekt und Subjekt in die Geschehnisse der ihn umgebenden Natur einbezogen ist. Insofern ist Ökologie nicht nur Naturschutz, wie es oft noch gemeint wird, sondern in ihrer Zuspitzung die Lehre vom Zusammenleben des Menschen mit der ihn umgebenden Natur. Die hier deutlich gewordene „ökologische Krise" ist eine „öko-soziale Krise", weil sie aus der Sozialität des Menschen kommt und die soziale Überlebensfähigkeit des Menschen berührt. Darum ist jede tiefergreifende Politik in ihrer Konsequenz Ökologie, sofern sie das Leben des Menschen sichern und entwickeln möchte.

Zweitens: Das ökologische Handeln geschieht auf vier Ebenen:

1. auf der Naturschutzebene: die natürlichen Lebensräume und die Vielfalt in der Natur schützen und pflegen; eine entscheidende Frage ist hierbei, ob das nur um des Menschen willen getan wird, weil der Mensch natürliche Lebensräume braucht, oder ob die Natur einen Eigenwert auch unabhängig vom Nutzen für den Menschen hat;
2. auf der wirtschaftlich-technokratischen Ebene: eine Wirtschaftsweise und Technologie entwickeln, die die natürlichen Lebensräume nicht zerstört, sondern erhält und so dem Überleben des Menschen dient;

[98] Das Wort „Ökologie" setzt sich zusammen aus dem griechischem Wort „oikos" = das bewohnte Haus, das Miteinanderleben, und dem aus dem Lateinischen kommenden Wortanhang „logie" = die Lehre; „Ökologie" also die Lehre vom wohnlichen Zusammenleben im gemeinsamen „Lebenshaus" unserer Erde.

3. auf der politischen Ebene: eine Politik entwickeln, die die gesellschaftlichen Rahmenbedingungen für die beiden ersten Ebenen gewährt;
4. auf der Ebene des Lebensstiles und der Wertefrage: Lebenswerte und eine Lebensweise entwickeln, aus denen heraus nicht die Zerstörung des Zusammenlebens allen Lebens, sondern die Erhaltung und Förderung allen Lebens folgt.

Die Wirkungen auf den verschiedenen Ebenen brauchen und bedingen einander. Dabei ist die Wertefrage das Grundlegende, der Lebensstil das persönlich Elementare, die Politik das Leitende, die Wirtschaft und Technologie das Strukturierende, der Naturschutz die praktische Konkretion. Das Arbeiten auf nur einer Ebene für sich bleibt wirkungslos. Insofern ist der Streit zwischen den „Realos" und den „Fundis" unter den „Grünen", also zwischen den politischen Pragmatikern und den grundlegenden Erneuerern, ein Irrtum.

Drittens: Als ökologische Grundprinzipien haben sich herausgestellt:

- Alles hängt mit allem zusammen (z. B. das Klima in Europa mit dem Gedeihen der Urwälder am Äquator oder mein Autofahren mit dem Sterben der Wälder).
- Leben ist gegenseitiges Empfangen und Geben (z. B. ein Baum empfängt Sonnenlicht, Kohlendioxid, Mineralien, Feuchtigkeit u. a. aus seiner Umwelt und gibt Sauerstoff, Nährstoffe, Kleinklima u. a. an sie zurück).
- Die Verträglichkeit eines jeden Lebens für das umgebende Mitleben ist Grundkriterium für das eigene Überleben; alles Leben, was „parasitär", d. h. nur aussaugend zerstörerisch für die umgebende Natur ist, wird von der Natur ausgestoßen (z. B. ein Heuschreckenschwarm, der sich übermäßig vermehrt).
- Wachstum ist in der Natur grundsätzlich begrenzt; die Verträglichkeit begrenzt die Quantität des Wachstums; Wachstum in der Natur ist optimal, nie maximal (z. B. das Wachsen eines Baumes).
- Eine größtmögliche Lebensvielfalt erhöht die Lebens- und Überlebensmöglichkeit (z. B. die Artenvielfalt eines Waldes oder einer Wiese statt Monokultur).
- Natürliches Leben sucht im Ganzen die größte Lebenseffizienz bei geringstmöglichem Energieumsatz (z. B. die Photosynthese der Pflanzen).

Viertens: Der Vergleich dieser ökologischen Gesetzmäßigkeiten mit der heutigen Lebensart und Wirtschaftsweise des Menschen hat zu der Erkenntnis geführt, daß der Mensch in seiner gegenwärtigen Zivilisation gegen alle ökologischen Grundgesetze verstößt und so seine eigene Überlebensmöglichkeit gefährdet.

Die Gefahr der Selbstvernichtung aus ökologischer Gesetzmäßigkeit hat der Evolutionswissenschaftler Hoimar von Ditfurth am konsequentesten formuliert. Er berichtet, daß es in den Jahrmillionen der Evolution etwa hundertmal so viel Lebensarten gab, als sie uns aus der Neuzeit bekannt sind; schon viele Millionen Arten sind ausgestorben. Oft erfolgt das in der Weise eines „Faunenschnittes", das heißt durch plötzliches Massenaussterben einer Art, weil die Überlebensfähigkeit oder Verträglichkeit dieser Art nicht mehr gegeben ist. Dennoch hat sich die Artenvielfalt bis vor 200 Jahren ständig erhöht: etwa alle 100 Jahre starb eine Art aus, aber in dem selben Zeitraum entwickelten sich im Durchschnitt 1,1 Arten dazu. Heute stirbt durch die menschliche Zerstörung der Natur etwa in jeder Stunde eine Art aus, in den letzten zwanzig Jahren etwa ein Fünftel aller Arten! Die „Ditfurth-These" besagt: der vom Menschen verursachte, noch nie dagewesene „Massen-Faunenschnitt" und die sonstigen Zerstörungen der Umwelt werden in den nächsten Jahrzehnten das hochempfindliche Gleichgewicht in der Natur so schädigen, daß die menschliche Zivilisation nicht überleben kann. Die Natur wird gewissermaßen in einem Selbstreinigungsakt den Menschen als den gefährlichsten Parasiten ausstoßen und sich dann schwer geschädigt, aber regenerationsfähig weiterentwickeln. Hoimar von Ditfurth schreibt: *„Sobald wir selbst an der Reihe waren – was früher oder später mit Naturnotwendigkeit der Fall sein wird, wenn niemand dem Prozeß Einhalt gebietet – wird wieder Friede herrschen auf Erden. Dann wird sich die Natur mit der schöpferischen Kraft, die sie in Jahrmilliarden kosmischer Geschichte an den Tag legte, aufs neue aus dem Trümmerfeld erheben, das wir hinterlassen haben. Die wenigen Jahrtausende der Anwesenheit von 'Homo sapiens' auf der Erdoberfläche würden auf den Rang einer bloßen Episode herabsinken."* [99]

Ich halte diese Sicht nicht für Zynismus, sondern für die Zuspitzung der ökologischen Grundfrage, um die es heute geht: Wie kann der Mensch seine Zivilisation so umgestalten, daß er wieder in die ökologischen Grundgesetze des Lebens hineinfindet, die ihm sein eigenes Überleben gewähren?

[99] H. v. Ditfurth „Apfelbäumchen" S. 138, vgl. S. 12, 132 ff, 366.

Elemente einer Ökologischen Spiritualität

Hinter dem bisher Gesagten wird eine ökologische Weltsicht erkennbar, die dem oben beschriebenen Paradigmenwechsel entspricht und spirituellen Charakter hat.

Wie tiefgreifend und umfassend der ökologische Paradigmenwechsel ist, soll an der folgenden Gegenüberstellung verdeutlicht werden:

Paradigma des technokratischen Weltbildes:	**Paradigma des ganzheitlichen ökologischen Weltbildes:**
Der *Mensch* versteht sich als Herr und Subjekt allen Seins, alles andere ist ihm nur Objekt.	Der *Mensch* versteht sich als Teil und „Geschwisterkinde" der Schöpfung.
Leben wird gefunden durch Unterwerfen und Inbesitznehmen.	*Leben* wird gefunden im Wechselspiel von Empfangen und Geben.
Natur wird gesehen als Zweckgegenstand ohne eigenes Wesen und Eigenwert.	*Natur* wird gesehen als lebendiger Organismus in vernetzten Beziehungen und eigenen Wesenheiten.
Erkennen geschieht nur rational durch teilen, analysieren, berechnen und ordnen.	*Erkennen* geschieht ganzheitlich, also gleichwertig rational, intuitiv, emotional und spirituell.
Gesellschaft baut sich zentralistisch, hierarchisch und uniform auf.	*Gesellschaft* baut sich dezentral-föderativ (vernetzt) und pluriform auf.
Wirtschaft wird betrieben im expansiven Wachstum, verdrängend und monopolistisch.	*Wirtschaft* wird entwickelt im ausgeglichenen und verträglichen Wachstum und in kleinen vernetzten Einheiten.
Bewußtsein entwickelt sich egozentrisch und individualistisch isoliert.	*Bewußtsein* entwickelt sich verbunden mit dem Bewußtsein anderer und transpersonal.

Tiefenökologie

In der Gegenüberstellung des technokratischen und des ökologischen Weltbildes wird schon deutlich, was einige Wissenschaftler mit dem Begriff „Tiefenökologie" meinen. Tiefenökologie will den Einsatz für die Umwelt noch deutlicher aus ihrer anthropozentrischen Verengung herausführen und dem ökologischen Engagement eine die gesamte Natur einbeziehende ganzheitlich-philosophische und spirituelle Grundlage geben (darum auch „Ökosophie" oder „Ökophilosophie" genannt).

Der Begriff und der Ansatz der Tiefenökologie ist von dem norwegischen Philosophen und Ökologen Arne Naess Anfang der siebziger Jahre entwickelt worden und vereint fernöstliche Spiritualität, besonders das Denken Mahatma Gandhis, mit der im Westen geprägten Systemtheorie. Die Tiefenökologie („Deep ecology") hat sich vor allem in den USA weiterentwickelt und ist besonders durch die amerikanische Religionsphilosophin und Friedenspsychologin Joanna Macy geprägt worden.

Folgende Inhalte prägen das Denken und die Praxis der Tiefenökologie[100]:

1. Leben als Netzwerk und Verbundenheit: Das gesamte Leben, ja das ganze Sein in unserem Kosmos wird entsprechend der Systemtheorie als Netzwerk oder als Gewebe verstanden. Alles ist miteinander verbunden, steht miteinander in Beziehung und wirkt aufeinander ein; nichts geschieht, ohne vom anderen beeinflußt zu sein oder auf anderes einzuwirken – dies nicht nur in materiell-kausaler Abhängigkeit, sondern auch zwischen geistigen, ethischen und materiellen Prozessen; also der Flügelschlag eines Schmetterlings in Asien hat etwas mit dem Gewitter in Europa zu tun, mein Gedanke heute morgen mit dem Leid eines Menschen in Bosnien usw. Dieses „Gewebe des Lebens" funktioniert und organisiert sich als ein offenes, sich selbst steuerndes und entwickelndes System. Das klassische Bild hierfür ist das eines Nervengewebes:

Das Zusammenwirken von Nervenzellen und ihren Synapsen

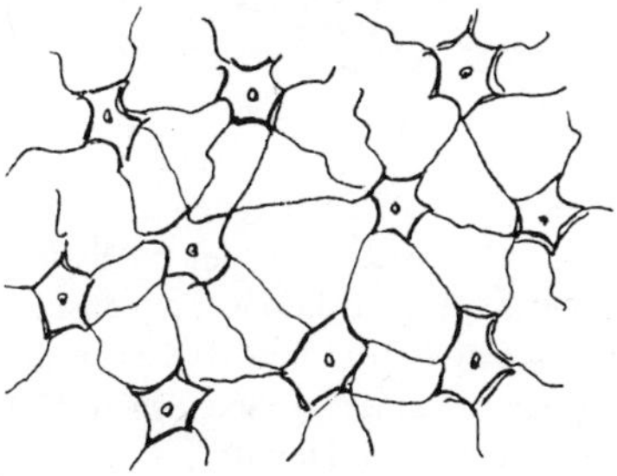

Jede Zelle ist für sich genommen bedeutungslos, von anderen Zellen isoliert stirbt sie ab. Ihre Aufgabe ist es, möglichst viel „Synapsen" (Verbindungsfasern) zu anderen Zellen zu entwickeln und so viel wie möglich Informationen und Energieströme vom Ganzen in sich aufzunehmen, zu verarbeiten und transformiert durch sich hindurchfließen zu lassen. Je lebendiger und vielfältiger das geschieht, desto lebensfähiger und reicher entwickelt sich das Ganze und in ihm das Einzelne.[101]

[100] Ich berufe mich hier vor allem auf Vorträge von J. Macy bei einem „Ökologischen Intensivseminar" im August 1993 am Werbellinsee, auf ihr Buch „Mut in der Bedrohung" bes. S. 38–59, und auf Aufsätze von John Saad, Joanna Macy, Pat Fleming, Arne Naess in „Denken wie ein Berg"; vgl. auch G. Breidenstein „Hoffen" bes. S. 176 ff. Eine gute Zusammenfassung der Tiefenökologie bei F. Capra „Lebensnetz" bes. S. 19 ff.

[101] J. Macy „Mut in der Bedrohung" S. 174.

Entscheidend für uns Menschen ist, diese Verbundenheit allen Seins und unser Eingewobensein wieder deutlich zu sehen oder besser zu empfinden. Nur wenn das geschieht, können wir einer gesunden, das Ganze mit aufbauenden Zelle im Gewebe des Lebens gleichen. Ansonsten sind wir eine blockierende, eine kranke und krankmachende oder tödliche (Krebs-) Zelle.

2. Kraft als Synergie: Das vom mechanistischen und patriarchalischen Denken geprägte Verständnis von Macht ist das des „Gegeneinander“ und der „Macht über“ etwas. In der Natur ist diese Form von Macht oder Kraft aber nur von untergeordneter Bedeutung. Viel häufiger und prägender für das Gelingen des Lebens ist das Zusammenspiel der Kräfte, „Synergie“ genannt. Auch hier hilft das Bild der Nervenzelle.

Kraft als Macht im Gegeneinander oder als Synergie im Miteinander

Macht und Kraft gegeneinander versucht den anderen zu erobern oder zu zerstören; Abgrenzung und Gegenwehr ist die Reaktion; es gibt Verlierer und Gewinner:

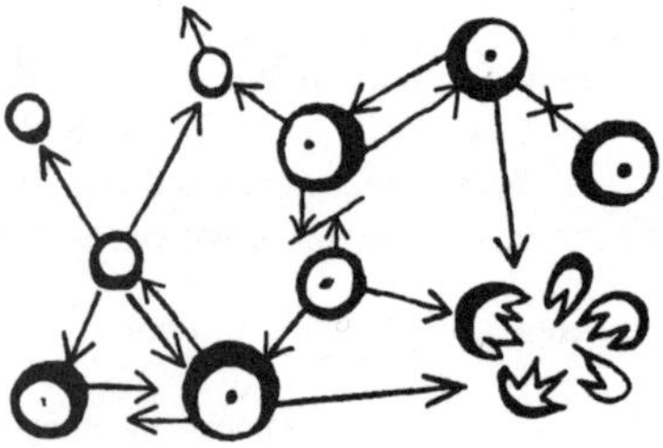

Synergie als Zusammenspiel der Kräfte ist offen für den anderen, empfängt, nimmt auf, verwandelt und gibt weiter; aus dem Zusammenspiel kommt ein Neues und Größeres zum Gewinn beider:

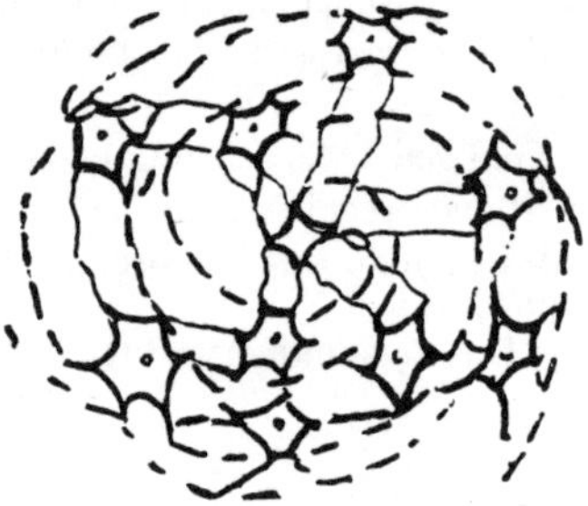

Drastisches Beispiel für das Gegeneinander der Kräfte ist der Krieg zwischen den Völkern oder zwischen Mensch und Natur. Schönstes Beispiel für Synergie ist beglückende Liebe zwischen Mann und Frau oder das Zusammenspiel vieler in einem Orchester. Aufgabe des Menschen ist es, sich wieder in die Synergie des Lebens einzubringen. Dazu bedarf es einer großen Sensitivität für anderes Leben. Dies gibt es aber nicht ohne das Leid. Darum:

3. Leid als Kraft der Verbundenheit und der Veränderung: „Wachstums- und Verwandlungsprozesse sind immer mit Leiden verbunden.“[102] Leid und auch Sterben in der Natur zeigt an, daß etwas neu werden will. Darum ist Abschottung oder Verdrängen von Leid lebensgefährlich, denn es führt in Stagnation und Isolation. Nur *„wenn wir den Schmerz um die Welt (in uns) zulas-*

[102] J. Macy „Mut in der Bedrohung“ S. 48.

sen, können wir unser Verbundenheit mit allem Lebendigen wieder spüren."[103]

Die bewußte und positive Wahrnehmung von Leid setzt in mir ungeheure Kräfte frei – Kräfte des Widerstandes gegen Unrecht und Kräfte der Sympathie (wörtlich: Mitleiden) und der Solidarität (wörtlich: sich selbst drangeben) mit anderen Leidenden. Darum kann eine Transformation des Menschen zu einer neuen Integration mit dem Leben nicht ohne bejahtes und aktivierendes Leid geschehen – als ein Leiden an sich selbst und am Leid in der Welt.

4. Lernen im tiefenökologischen Sinne gelingt nur ganzheitlich: Die rationale Erkenntnis der Zusammenhänge ist das eine Notwendige. Hinzukommen muß aber das emotionale, leibliche und spirituelle Lernen, denn es geht ja um ein Wieder-Hineinfinden in das „Gewebe des Lebens" und in die Synergie der Kräfte allen Seins. Das muß ich erfahren und erfühlen. Die Mystiker zu allen Zeiten und in allen Religionen und die Naturvölker (die nicht die primitiven, sondern eher die zivilisierten Menschen geblieben sind, weil sie der Entfremdung gegenüber der Natur widerstanden!) haben uns hier den Weg bereitet. Für uns heute sind das Zulassen von Gefühlen, emotionale und körperliche Übungen, Meditationen und Rituale vordringliche Formen tiefenökologischen Lernens.[104] Joanna Macy legt darum in ihren Seminaren mehr Wert auf ganzheitliche, oft auch schmerzliche Übungen und Rituale als auf bloße Vermittlung von Theorien.

Es ist zu sehen, daß tiefenökologisches Denken, zum Teil unbewußt und ohne diesen Begriff zu benutzen, hinter einer breiten Palette tieferen ökologischen Suchens und Empfindens bei vielen Menschen und Gruppen steht. Auch dies ist wieder ein Anzeichen, daß ein Paradigmawechsel in gleichen Grundgedanken an vielen Orten unabhängig von einander im Kommen ist.[105]

Die „Gaia-Hypothese"

Die „Gaia-Hypothese" ist eine besondere Ausprägung der Tiefenökologie. Sie ist von dem englischen Klimaforscher Jim Lovelock und dem amerikanischen Mikrobiologen Lynn Margulis entwickelt worden und wird zunehmend mindestens in ihrer einfachen Form von der breiten Wissenschaft anerkannt. Der englische Wissenschaftspublizist Peter Russell hat die Gaia-Hypothese in seinem Buch „Die erwachende Erde – unser nächster Evolutionssprung" in anschaulicher Weise dargestellt. Ich will sie in ihrer einfachen und in ihrer weiterentwickelten Variante kurz skizzieren.

[103] J. Macy a. a. O. S. 41.

[104] Vgl. die exemplarischen Übungen in IV. 3., bes. die Übungen S. 309 und 314.

[105] Besonders deutlich in der feministischen Bewegung, in der Befreiungstheologie und in vielen ökologisch orientierten Gruppen und Kommunitäten.

Die „Gaia-Hypothese“ besagt, daß unsere Erde ein lebendiges, sich selbst organisierendes und steuerndes System ist.[106] Alle Merkmale eines lebendigen Systems, wie unter anderem Stoffwechsel, Energieumwandlung, Informationsspeicherung und -verarbeitung, kybernetische Selbstregulierung treffen auch auf die Erde zu, außer der Fähigkeit der Reproduktion ihrer selbst. Das auffälligste Merkmal ist ihre Fähigkeit, homöostatische Gleichgewichtszustände herzustellen, die für das Leben auf der Erde unabdingbar sind wie das durchschnittliche Temperaturgleichgewicht, das Gleichgewicht des Sauerstoffgehaltes der Atmosphäre, des Salzgehaltes der Weltmeere und anderes. Sie können nicht durch mechanistische Kausalitäten erklärt werden, sondern setzen eine Selbststeuerung voraus, die eindeutig zielorientiert auf die Optimierung des Lebens hin gerichtet ist – eine Fähigkeit alles höherentwickelten Lebens. Entscheidend für den Menschen ist die Erkenntnis, daß er die lebenserhaltende Selbststeuerung des hochkomplizierten Lebewesens Erde nicht wie einen Krankheitserreger zerstören darf. Soweit die einfache Form der Gaia-Hypothese, die inzwischen unumstritten ist.[107]
Die weitergeführte Form der Gaia-Hypothese ist spekulativer: die Erde habe durchaus so etwas wie eine Weltseele und ein (instinkthaftes) Bewußtsein. Sie spüre ihre Erkrankung in einem ihrer am höchsten entwickelten Organe, dem Menschen; sie versuche dieses Organ durch eine Höherentwicklung des Menschen in dem heute anstehenden Paradigmawechsel, einem Evolutionssprung gleich, zu heilen oder ihn wie ein Krebsgeschwür operativ zu entfernen, um ohne dies tödlich gewordene Teilorgan weiter leben zu können. Eine weitere Variante besagt, daß die „Gaia“ in dem kommenden transpersonalen Bewußtsein des Menschen zu ihrer eigenen Bewußtheit kommen könnte.[108]

Auch wenn man so weitgehende Überlegungen nicht mitgeht, ist doch der spirituelle Charakter der ökologischen Suchbewegungen insgesamt mindestens in fünf Punkten deutlich zu sehen.

1. Im Motiv ökologischen Engagements: es ist bei näherem Hinsehen selten nur egozentrisch um des eigenen Überlebens willen gegeben, sondern meist tief bewegt um des Überlebens allen Lebens willen; es ist in vielen Menschen oft ganz unabhängig von einander wie ein „Über-uns-Kommen“ oder als ein „inneres Muß“ aufgestiegen.[109]

2. Im Grundverständnis des Lebens als ein „Empfangen“: Leben ist

[106] Der Name „Gaia-Hypothese“ ist eine Anlehnung an die Vorstellung des griechischen Mythos von der Erde als ein lebendiges Wesen, die Göttin „Gaia“.

[107] P. Russell „Die erwachende Erde“ S. 23–32.

[108] P. Russell S. 173 ff., 198 ff., 245 ff.; vgl. zur Gaia-Hypothese auch F. Capra „Wendezeit“ S. 314 f., S. 15ff.; G. Breidenstein „Hoffen“ S. 190 ff. Vorläufer der Gaia-Hypothese sind die Gedankengebäude des Jesuitenpaters Pierre Teilhard de Chardin und des Anthroposophen Rudolf Steiner oder auch schon Friedrich Hegels!

[109] Vgl. zum Beispiel das Gorbatschow-Zitat auf S. 65.

allem Tun, aller Leistung und allem Kämpfenmüssen als Gabe vorgegeben und weist so auf eine Transzendenz hin; dies ist ein zutiefst religiöser Grundgedanke, der gerade im christlichen Glauben – wie wir noch genauer sehen werden – ein zentrales Anliegen ist.

3. In der Wertefrage: Sie wird hier nicht mehr nur anthropozentrisch gestellt und beantwortet, sondern im Kontext allen Mitlebens: Was ist mein Leben im Zusammenspiel allen Lebens? Was trägt und leitet mich, damit ich lebensförderlich lebe? Wohin entwickelt sich die große Sinfonie des Lebens und wie bekomme ich Anteil an ihr?

4. In der ganzheitlichen Erkenntnis: Indem neben die rationale die intuitive und spirituelle Erkenntnis tritt, öffnet sich der Mensch auch der transzendenten Inspiration.

5. Im Glauben an die mystische Verbundenheit allen Lebens: Hier wird in den tiefergehenden Ökologiebewegungen an die Natur- und Kosmosvorstellungen der Naturreligionen angeknüpft, zum Beispiel mit häufig benutzten Worten, die dem Indianerhäuptling Seattle zugesprochen werden:

„*Lehrt Eure Kinder, was wir unsere Kinder lehren: Die Erde ist unsere Mutter. Was die Erde befällt, befällt auch die Söhne der Erde... Alles ist miteinander verbunden, wie das Blut, das eine Familie eint... Der Mensch schuf nicht das Gewebe des Lebens, er ist darin nur eine Faser. Was immer Ihr dem Gewebe antut, das tut Ihr Euch selber an.*“ [110]

Tiefer hat es schon Albert Schweitzer in seiner Lehre von der „Ehrfurcht vor dem Leben“ begründet:

„*Als tätiges Wesen kommt er (der Mensch) in ein geistiges Verhältnis zur Welt dadurch, daß er sein Leben nicht für sich lebt, sondern sich mit allem Leben, das in seinen Bereich kommt, eins weiß... Tiefe Weltanschauung ist Mystik insofern, als sie den Menschen in ein geistiges Verhältnis zum Unendlichen bringt. Die Weltanschauung der Ehrfurcht vor dem Leben ist ethische Mystik.*“ [111]

Sehr häufig und in verschiedenen Varianten wird der Satz von Albert Schweitzer zitiert: „*Versteh' dich als Leben inmitten von Leben, das leben will wie du!*“

Deutlich ist, daß auch die ökologische Spiritualität geleitet wird von den beiden Grundmerkmalen jeder Spiritualität: durch unbedingte, nicht ableitbare Werte und durch die Öffnung zur Transzendenz.

[110] Die Rede ist in diesem Wortlaut nicht historisch, sondern eine freie Nachdichtung; vgl. R. Kaiser „Die Erde ist uns heilig“ S. 62 ff.; siehe auch J. Seed, J. Macy „Denken wie ein Berg“ S. 87 ff. Zitat S. 91 f.

[111] A. Schweitzer „Aus meinem Leben und Denken“ S. 191 und 195.

3. Spiritualität und Lebensstilbewegung

Anstöße und Erkenntnisse

Als wir uns Mitte der siebziger Jahre in Gemeindeseminaren und Hauskreisen der ökologischen Krise stellten, standen wir vor einer deprimierenden Erkenntnis: Wir können als Einzelne und unter dem autoritären Regime der DDR die politischen, wirtschaftlichen und technologischen Bedingungen ja doch nicht zu Gunsten einer ökologischen Überlebensstrategie ändern! Dann aber stießen wir beim Fragen nach den tieferen Wurzeln der ökosozialen Krise auf die Frage nach dem eigenen Lebensstil und kamen zu der Schlüsselerkenntnis: Wir selbst sind mit unserer Lebensart und in unseren Wertvorstellungen ganz entscheidend mit beteiligt an der Ausplünderung und Zerstörung unserer Erde.

Wir erkannten das Wechselspiel zwischen den Bedürfnissen des Einzelnen, die er an die Gesellschaft signalisiert, und den Angeboten der Gesellschaft, deren Erfüllung die ökologische Krise verschärfen.

Die Wechselwirkung zwischen dem Lebensstil des Einzelnen und der gesellschaftlichen Entwicklung:

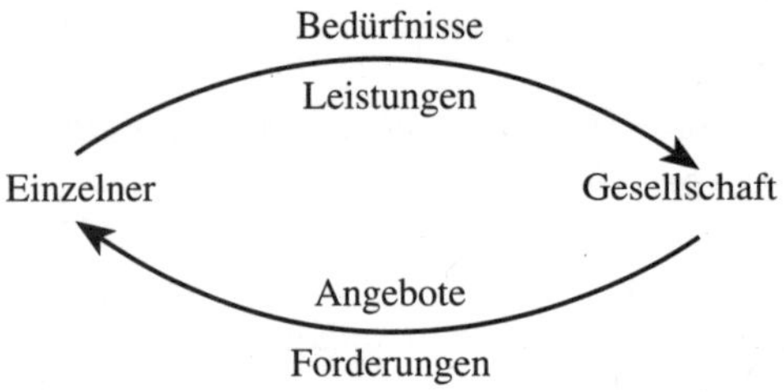

Die materiellen Bedürfnisse des Einzelnen wirken auf die Gesellschaft ein;
die Gesellschaft reagiert mit entsprechenden Angeboten und Forderungen;
der Einzelne erfüllt sie mit entsprechenden Leistungen und Anpassungen...

Exemplarisches Beispiel war damals der immer höhere Fleischkonsum pro Kopf der Bevölkerung als Wertmaßstab für einen immer höheren Lebensstandard – so von den Bürgern gesehen und so vom Staat propagiert – mit verheerenden Auswirkungen in der Industrialisierung der Landwirtschaft. Die Veränderung von Eßgewohnheiten bei einer wachsenden Minderheit in der DDR und Erkenntnisse des Ernährungswissenschaftlichen Institutes Rehbrücke veranlaßte nach etwa 5 Jahren die Regierung, den immer höheren Fleischkonsum nicht mehr zu propagieren, dafür aber bessere Vollkornbrote in den Handel zu bringen –

für uns ein positives Beispiel für das Zusammenwirken von Lebensstilveränderung von unten und strukturellen Maßnahmen von oben.

Es wuchs die ermutigende Erkenntnis: mindestens durch die Änderung unserer Lebensweise können wir etwas zur Erhaltung unserer Umwelt beitragen – und dies nicht nur im materiellen Sinne wie durch einen anderen Umgang mit Naturressourcen, sondern auch im geistigen Sinne wie durch ein inneres Freibleiben von kollektiven Trends und im Leben anderer Lebenswerte und Lebensformen. „Anders leben" oder Suche nach einem „alternativen Lebensstil" wurden zunehmend zu Leitmotiven vieler Gruppen und Einzelner. Konkrete Gestalt nahm das zum Beispiel darin an, daß sich aus drei Erfurter Neubaugemeinden eine Initiativgruppe zum Ausbau eines Gemeindeheimes auf dem Land bildete, in dem Gruppen miteinander andere Lebensformen leben konnten. Unter primitivsten Bedingungen wurde in dem Dorf Reinsfeld bei Erfurt ein halb zerfallenes Pfarrhaus in Eigenleistung ausgebaut. Familien zogen an Wochenenden und Ferientagen gemeinsam hinaus und erlebten im gemeinsamen Bauen, im gemeinsamen Kochen, Feiern, Wandern, Spielen, Diskutieren, Singen und Beten die befreiende und inspirierende Kraft einer tragenden Gemeinschaft und einer freieren und ganzheitlichen, naturnahen, kommunitären und elementaren Lebensweise.

Aus diesen Erfahrungen heraus zogen wir mit Freunden 1981 von Erfurt in das südthüringische Dorf Bischofrod und bauten dort das „Evangelische Einkehrhaus Bischofrod" auf, in dem wir mit Gruppen die Fragen der Schöpfungsbewahrung, der Gerechtigkeit und der Friedensfindung auf der Ebene des Lebensstiles und einer erneuerten Wertorientierung umzusetzen suchten. In den kommunitär und ganzheitlich gestalteten Freizeiten und Seminaren machten wir die Erfahrung, daß hier wirklich Elemente einer anderen Lebensart entdeckt, geübt und entwickelt werden könnten, wie es in der Kleinfamilie, in den üblichen Gemeindezusammenkünften und sonstigen Räumen der Gesellschaft nicht möglich war.

Folgende praktische Übungsfelder eines verträglichen und zugleich erfüllteren Lebens wurden gefunden:

- *einfacher leben:* auf Konsum, Wohlstand und Technik verzichten, wenn sie anderes Leben übermäßig belasten und mein eigenes Leben entstellen;
- *naturverbundener leben:* mehr mit und in der Natur leben und von ihr lernen, naturgemäßer und natürlicher zu leben;
- *solidarischer leben:* mich anderem Leben mehr öffnen, anteilnehmen, mitleiden und das Meine mit anderen teilen;

- *ganzheitlicher leben:* aus der Dominanz des nur Rationalen aussteigen, mehr emotionale und leibliche Empfindsamkeit, Phantasie und Kreativität entwickeln;
- *spiritueller leben:* sich der Transzendenz öffnen, mehr aus dem inneren Hören und der Meditation, aus religiösen Symbolen und Rhythmen leben;
- *politisch verantwortlicher leben:* sich im eigenen Lebensbereich mehr in die politischen und sozialen Prozesse einmischen und Meinungsbildung fördern.

Wir erkannten, daß nicht eine „hundertprozentige Erfüllung" dieser Möglichkeiten wichtig ist, sondern daß ein Anfang auch nur an wenigen Stellen schon einen wichtigen Änderungsprozeß im Einzelnen auslöst. Hierbei wird auch erfahren, wie die verschiedenen Ebenen zusammenhängen und einander fördern.

Neben dem „Evangelischen Einkehrhaus Bischofrod" bemühte sich im ehemaligen DDR-Bereich besonders das INKOTA-Netzwerk[112] um die Frage des Lebensstils, so in der Initiative „Aktion verantwortlich leben", die von der Ökumenischen Werkstatt in Struth ausgeht und besonders durch die „Dritte-Welt-Arbeit" motiviert ist. Eine ähnliche Motivation und Bewegung geht schon seit 1976 von der „Ökumenischen Initiative Eine Welt" (ÖIEW) in Wethen aus, in der vier Stichworte für eine persönliche und konkrete Selbstverpflichtung vorgegeben werden: *„einfacher leben, gesprächsbereiter leben, umweltgerechter leben, solidarischer leben"*.[113] In die Beratungen und Ergebnisse der „Ökumenischen Versammlungen" von Magdeburg und Dresden 1989 sind die wichtigsten Erkenntnisse der Lebensstilbewegung durch die Bildung einer besonderen Arbeitsgruppe „Auf der Suche nach einer neuen Lebensweise in der bedrohten Schöpfung" eingeflossen.[114]

Betätigungsfelder und Erfahrungen

Für die Praxis eines veränderten Lebensstiles entwickelten sich bei vielen Einzelnen und in verschiedensten Gruppierungen vor allem fünf Handlungsfelder:

1. Umweltbewußter Ressourcenumgang: zum Beispiel Umstieg auf eine na-

[112] INKOTA ist die Abkürzung für „Information, Koordination, Tagungen zu Problemen der Zweidrittelwelt" Netzwerk e. V.

[113] Eine ausführliche Darstellung westlichen Lebensstilbewegung und der ÖIEW ist zu lesen in Reinhard Voss „Lebe so, daß man dich fragt", S. 51 ff. bes. S. 53 ff.

[114] Siehe EKD Texte 38 „Ökumenische Versammlung..." Dresden, Magdeburg, S. 83 ff.

turnahe Vollkosternährung oder mindestens Reduzierung des Fleischkonsums; Vermeiden von Müll, Müllsortierung und Wiederverwertung, konsumkritisches und ökologisch orientiertes Einkaufen und Einrichten der Wohnung, ökologischer Gartenbau, sparsamer Umgang mit Energie, alternative Energiegewinnung (Sonnenkollektoren u. ä.)...
Ziel dieser Bemühungen ist es, den Material- und Energieumsatz auf unserer Erde mindestens zeichenhaft und bewußtseinsbildend zu reduzieren und dabei selbst andere Lebensqualität zu entdecken.

2. Alternative Lebensgestaltung in Freizeit und Familie: zum Beispiel weniger Autofahren, mehr gemeinsam wandern, radfahren u. ä., partnerschaftliche Erziehung der Kinder, Entwickeln einer neuen Mann-Frau-Beziehung und neuer Rollenfindung (Feminismus)...
Ziel dieses Suchens ist, auch in den Partnerschaftsbeziehungen „vom Haben zum Sein" zu kommen, das heißt, aus Herrschafts- und Rollenzwängen zur synergetischen Partnerschaft[115] zu finden.
3. Gesellschaftliches Wirken: zum Beispiel bei Bürgerinitiativen, in öffentlicher Meinungsbildung (Leserbriefe, in DDR-Zeiten Eingaben schreiben); Mitarbeit in „Dritte-Welt-Läden" und in anderen ökologischen oder sozialen Projekten; Abzweigen eigener Einkünfte für bestimmte Projekte...
Ziel dabei ist, alternative Ansätze in Gesellschaft und Politik anzustoßen und sich dabei selbst als aktive, „gesundheitsfördernde Zelle" zu erleben.
4. Fragen nach kommunitären Lebensformen als Alternative oder Ergänzung zum üblichen, zu eng empfundenen und isolierten Leben (dazu unten mehr).
5. Frage nach Meditation, Ganzheitlichkeit und tragender Spiritualität (dazu ausführlich im nächsten Abschnitt).

Als die wichtigsten Lernerfahrungen in diesen Handlungsmöglichkeiten sind vor allem deutlich geworden:

1. Das Erleben von Werten verändert sich: Die üblichen Werte wie materieller Wohlstand, Anerkennung nach Verdienst und Einkommensstufe, Stand und hierarchische Dominanz werden relativiert oder als schädlich erkannt; dafür werden Werte wie Kreativität und Gemeinschaft, Einfachheit und Naturnähe, Sinnfindung und Verantwortung, Ganzheitlichkeit und Spiritualität u. ä. viel deutlicher und als viel wertvoller und befriedigender wahrgenommen. Diese Erfahrung wird als befreiende Kraft erlebt: der „Materialistische Grundirrtum" verliert seine zwingende Kraft.[116]

[115] „Synergetische Partnerschaft" meint ein Zusammenwirken der inneren Kräfte und Gaben, in dem der eine von den Kräften und Gaben des anderen nicht weggedrückt, sondern so gefördert wird, daß aus dem Zusammenspiel etwas Neues, Schöpferisches, Größeres wird, als jeder für sich finden könnte.

[116] Vgl. die Übung unter IV. 3. auf S. 312 f.

2. Die Kraft der Spiritualität wird erfahren (auch wenn das einzelne Menschen nicht so benennen): Es erwacht das Gespür, daß Leben vor allem Gabe ist und daß es Kräfte gibt, die nicht aus dem Üblichen dieser Welt kommen, die aber mehr geben und tragen als alles andere und die mich in eine tiefe Verbundenheit und Übereinstimmung mit dem Leben als Ganzes bringen.
3. Die eigenen kleinen Handlungen haben eine politische Wirkung: Wenn auch oft nur indirekt, haben sie doch mindestens eine zeichenhafte, impulsgebende und bewußtseinsbildende Wirkung; das aber verändert den unterbewußten Unterbau und das Stimulans aller politischen Entwicklung.

Kommunitäres Lebens

Kommunitäre Lebensformen haben in der Suche nach einer alternativen Lebensgestaltung schon seit Urzeiten (z. B. im Mönchstum aller Religionen) eine besondere Bedeutung. Es ist erstaunlich, wie besonders junge Menschen auch heute immer wieder nach kommunitären Lebensformen fragen. In diesem Suchen drückt sich vielleicht am stärksten die verborgene Sehnsucht nach einer anderen Lebensweise aus. Die Motive, die hinter dem Suchen nach kommunitären Lebensformen stehen, haben zwei Seiten: einmal sind es erfahrene Nöte und Defizite im üblichen Leben, zum anderen sind es Sehnsüchte nach Lebensdimensionen, die im sonstigen Leben nicht gestillt werden.

Folgende Motive lassen sich hinter diesem Suchen erkennen:

- das Leiden an der Vereinzelung und Funktionalisierung des Einzelnen in der Masse und das Verlangen, als individuelle Person in einer überschaubaren und tragenden Gemeinschaft Anerkennung, Entfaltung und Geborgenheit zu finden;
- der Wunsch, aus den engen Rollen und dem begrenzten Leben in der Kleinfamilie herauszukommen und im weiteren Feld einer größeren Gemeinschaft ein freieres, beziehungsreicheres und inspirierenderes Leben zu finden;
- die Hoffnung, nicht mehr ganz so ohnmächtig den Zwängen des Zeitgeschehens ausgeliefert zu sein, sondern mit anderen konsequenter andere Lebensformen zu leben und wirksamer in die Welt hineinwirken zu können.

Beim Suchen nach kommunitärem Leben ist nicht nur an das Zusammenleben in engen Kommunitäten zu denken, sondern an die verschiedensten gemeinschaftlichen Lebensformen von bestimmten Freundes- und Freizeitgruppen über Projekt- und Nachbarschaftskommunen bis hin zu Wohn- und Lebensgemeinschaften, Kommunitäten und geistlichen Bruderschaften.[117] Kommunitäre Lebensformen unterscheiden sich von den anderen üblichen Lebensformen durch folgende Grundmerkmale:

1. freier Zusammenschluß zu einer Gemeinschaft über die natürlichen oder rein funktionalen Bindungen (Familie, Verwandtschaft, Arbeitskollektiv u. a.) hinaus;
2. Gemeinschaft in elementaren Lebensvollzügen wenigstens auf einem oder einigen Gebieten (z. B. gemeinsames Essen, gemeinsame Freizeit oder gemeinsame geistliche Tagesgestaltung, gemeinsame Kindererziehung, gemeinsames Arbeiten und Feiern u. ä.);
3. gemeinsames Engagement in einem Geist, in einem Anliegen, in bestimmten Aufgaben und spirituellen Orientierungen.

Im Folgenden will ich zwei Formen kommunitären Lebens vorstellen, die mir in der Lebensstilbewegung besonders wichtig erscheinen.

Kommunitäres Leben auf Zeit: Chancen und Erfahrungen bei Freizeiten

Es gibt eine bestimmte Form kommunitären Lebens, die zwar relativ häufig praktiziert wird, aber in ihrem Wert und in ihren Chancen bisher zu wenig erkannt und entsprechend gestaltet wird. Es sind mehrtägige Freizeiten, zu denen Einzelne oder / und Familien an einen anderen Ort fahren, dort gemeinsam leben und dieses Leben oft unter ein bestimmtes Thema oder unter bestimmte Gestaltungsmöglichkeiten stellen. Selbst dort, wo kein Thema und keine bestimmte Gestaltung vorbereitet wird, geschieht unbewußt etwas, was jeden Einzelnen und die Gruppe über Bisheriges hinaus bewegt und kommunitär prägt. In der folgenden Beschreibung gehe ich von zwanzigjährigen Erfahrungen aus, die ich mit Gemeindegruppen bei Familienfreizeiten in verschiedenen Häusern der Kirche, in der Arbeit im Evangelischen Einkehrhaus Bischofrod sowie in der Familienerholungs- und Begegnungsstätte Burg Bodenstein sammeln konnte.
Konzeptionell geht es hier um folgende Möglichkeiten:

[117] Einen guten Überblick über Zahl, Charakter und Geschichte der verschiedensten Kommunitäten in Deutschland und Europa gibt Ingrid Reimer in „Verbindlich leben in Bruderschaften". Ein Überblick über die verschiedensten alternativen Gemeinschaften findet sich im „Ökodorf e. V." zu bestellen in: Ökodorf e. V., 31595 Steyerberg, oder in: Netzwerk Ökodorf e. V., Wilhelm-Pieck-Straße 72, 10119 Berlin.

- Es geht um kommunitäres Leben auf Zeit, also um eine zeitlich begrenzte Form gemeinschaftlichen und gemeinsam gestalteten Lebens (optimale Dauer 7 bis 14 Tage, aber schon ein verlängertes Wochenende kann eine intensive und verändernde Wirkung haben).
- Es geht um die Verbindung von Urlaub und Bildung, Bildung im klassischen Sinne durch Themen, die angeboten werden, Bildung im weiteren Sinne durch bildende Elemente, die schon in der Begegnung mit anderen Menschen und im gemeinsamen Gestalten der Freizeit liegen; gerade für Familien mit kleineren Kindern ist diese Form oft die einzige Gelegenheit, Urlaub mit Bildung zu verbinden; ansonsten ist für sie meist nur das eine oder das andere und in Trennung von der Familie möglich (z. B. bei Akademietagungen).
- Es geht um ein Zusammenleben in elementaren Lebensvollzügen, das meist schon durch die Beteiligung der Kinder gegeben ist und sich neben thematischer Arbeit auch in praktischen Arbeiten, im Wandern, Spielen und Feiern gut finden läßt und das mit einem Suchen nach einem gemeinsamen Anliegen, nach einem gemeinsamen Geist oder Engagement verbunden werden kann.

Wichtig für das Gelingen solcher Freizeiten sind drei Faktoren:

1. daß die Strukturen diesen Möglichkeiten entsprechen, vor allem daß das Gleichgewicht zwischen Freizeit und Spontaneität einerseits und Planung und Strukturierung andererseits gehalten wird;
2. daß die thematische Arbeitsweise nicht nur seminaristisch verkopft, sondern ganzheitlich und erlebnishaft gestaltet wird und die Kinder weitgehend mit einbezogen werden;
3. daß ein partnerschaftlicher Leitungsstil mit der Gruppe gesucht, also die Gruppe an der Leitung der Freizeit beteiligt wird.

Die vielfältigen Erfahrungen bei Familienfreizeiten zeigen, daß die Verbindung von Urlaub und thematischen, gemeinschaftlich und geistlich gestalteten Freizeiten gut möglich ist und besonders von Familien mit kleineren Kindern zunehmend gefragt wird.[118] Es ist erstaunlich, wie sich die Teilnehmer in solchen Tagen öffnen, bisherige Gewohnheiten und Lebenshaltungen infrage stellen lassen, aus eingespielten Rollen und Beziehungsgefügen aussteigen, neue Impulse und Anregungen aufnehmen, Kreativität und Ganzheitlichkeit in sich entdecken und – auch als kirchlich Fernstehende – geistliche Angebote neu annehmen und viel bewußter nach neuer Lebensgestaltung fragen. Oft

[118] Vgl. die Ergebnisse einer Umfrage des Studienkreises für Tourismus Starnberg zu den Urlaubsbedürfnissen in Deutschland in epd 45/1993 S. 8.

laufen solche Freizeiten nahezu euphorisch und die Übertragung in den Alltag kann als schwierig empfunden werden. Dennoch sind die Rückmeldungen überwiegend positiv, noch jahrelang zehren Erwachsene und Kinder von solchen Tagen. Für den Staat haben solche Freizeiten einen hohen direkten und präventiven sozialpolitischen Wert, denn hier werden soziale und psychosoziale Spannungen aufgefangen und bei entsprechender sozialpädagogischer Begleitung auch verarbeitet. Sie tragen zur Stabilisierung, gesellschaftlichen Aktivierung und Integration des Einzelnen und so zur Gesundung der Gesellschaft bei. Für die Kirche haben diese Freizeiten – mindestens indirekt – einen starken missionarischen und gemeindeaufbauenden Wert, wenn hier die Inhalte und die Gestaltungskräfte des Glaubens wie auch die kirchlichen Optionen für „Frieden, Gerechtigkeit und Bewahrung der Schöpfung" aktuell und konkret auf die Ebene der Lebensgestaltung umgesetzt werden.

Leben in Kommunitäten

In der Alternativbewegung Ende der sechziger Jahre machten die Aussteigerkommunen und Wohngemeinschaften viel von sich reden.[119] Inzwischen sind die spektakulären Formen kommunitären Lebens den nüchternen und selbstverständlicheren Formen gewichen, und diese sind zahlreicher und bedeutsamer, als es die Öffentlichkeit heute wahrnimmt. Die großen und bekanntesten kommunitären Gemeinschaften in Europa sind die Ökumenische Kommunität in Taizé und die „Arche-Gemeinschaft" in Frankreich, die interreligiöse Kommunität Findhorn in Schottland u. a. Ich selbst habe durch Besuche verschiedene Gemeinschaften kennengelernt, u. a. die Kommunität in Taizé, die interreligiöse Kommunität auf der Schweibenalp „Zentrum der Einheit" in der Schweiz, die Beringhofgemeinschaft bei Wickede / Ruhr, den Laurentiushof in Bosenholz und die Kommunität Imshausen. Mit meiner Frau und unseren Kindern habe ich von 1981 bis 1991 in der Wohn-, Lebens- und Arbeitsgemeinschaft des Evangelischen Einkehrhauses Bischofrod gelebt. Während ich an dieser Studie arbeite, lebe ich für ein halbes Jahr in der Ökumenischen Basisgemeinschaft in Wethen.

Ich möchte aus diesen Erfahrungen, aus vielen Gesprächen und bereichert durch Literatur[120] einige wichtige Erkenntnisse über das Leben

[119] Vgl. die Berichte von „Kommune 1 und 2", den ersten Landkommunen und anderen Experimenten zwischen 1968 und 1978 in J. A. Schülein „Kommunen und Wohngemeinschaften. Der Familie entkommen?"

[120] Besonders wichtige Literatur war für mich: D. Bonhoeffer „Gemeinsames Leben" von

in Kommunitäten zusammenstellen, da sie in besonderer Weise Chancen und Grenzen in der Lebensstilbewegung aufzeigen.[121]

Die häufigsten Motive für ein Leben in einer Kommunität sind über das oben gesagte hinaus:

- der Wunsch, verbindlicher und auf längere Zeit in einer Gemeinschaft zu leben; das muß keine Verpflichtung zum lebenslänglichen Zusammenleben sein, oft wird auch ein zeitlicher Vorbehalt ausgesprochen (z. B. für eine bestimmte Lebensphase);
- die Hoffnung, in einer Lebensgemeinschaft deutlicher einen alternativen Lebensstil zu finden, gestalten und leben zu können (z. B. vom Geld und Privatbesitz freier zu werden, die Kinder anders zu erziehen, sich anders zu ernähren, spiritueller zu leben u. ä.);
- der Wunsch, deutlicher und wirksamer in und für eine gemeinsame Aufgabe zu leben (fast hinter allen neueren kommunitären Gruppen steht das z. T. verborgene Motiv, mit dem eigenen Leben und in Gemeinschaft mit anderen etwas zur Heilung der Welt beizutragen).

Die Strukturelemente sind in den einzelnen Kommunitäten relativ verschieden. Es gibt jedoch Grundstrukturen, die sich in Varianten in allen Gemeinschaften finden:

- gemeinsames Wohnen: der Einzelne oder die einzelne Familie behält zwar eine eigene Wohnmöglichkeit, aber darüber hinaus gibt es gemeinsame Räume, in der Regel auch gemeinsames Essen wenigstens bei einer Hauptmahlzeit, teilweise auch gemeinsame Kindererziehung; zum gemeinsamen Leben gehört immer auch ein Teil gemeinsamer Arbeit zum Beispiel in der Hauswirtschaft, im Garten, manchmal auch in gemeinsamen Werkstätten, Landbau u. ä. auch dann, wenn einzelne Berufe außer Haus ausgeübt werden;
- gemeinsames Besitzen: die gemeinsamen Wohnräume, Häuser, Einrichtungen, Nutzgegenstände (auch Auto) werden gemeinsam angeschafft und genutzt; die finanziellen Einkünfte werden ganz oder zum Teil zusammengelegt; das reicht von voller Einkommensgemeinschaft mit Auszahlung eines Taschengeldes bis zur Abgabe nur eines kleineren Beitrages für gemeinsame Ausgaben;
- gemeinsames geistliches Leben: regelmäßige, meist tägliche An-

1935; J. A. Schülein „Kommunen und Wohngemeinschaften“ 1978; C. Eurich „Aufruf zu einem neuen Orden“ 1993; R. Bahro „Über kommunitäre Subsistenzwirtschaft“ hektographiert 1992; G. Breidenstein „Gemeinschaft und Spiritualität“ 1993.

[121] Ich gehe hier nicht auf die Erfahrungen der zahlreichen klassischen kirchlichen Gemeinschaften und Orden ein, sondern beschränke mich auf die benannten neueren kommunitären Bewegungen.

dachten, Gebetszeiten und besondere Gottesdienste werden in der Gruppe gemeinsam gestaltet;

- gemeinsame Entscheidungsfindung und Leitung: die ganze Gruppe wird beteiligt, wobei die Varianten hier relativ groß sind; sie reichen von der Leitung durch einzelne Gründer- bzw. Führungspersonen bis hin zur Basisdemokratie mit Konsensentscheidung;
- gemeinsames Pflegen und Aufarbeiten des Gruppenprozesses: es gibt regelmäßige Treffen zum Besprechen und Bearbeiten gruppeninterner Prozesse, Probleme und Beziehungen – dies oft verbunden mit gemeinsamer Entscheidungsfindung und Leitung, auch verbunden mit Festen, Feiern und geistlicher Gestaltung.

Die positiven Erfahrungen laufen insgesamt darauf hinaus, daß das Leben in einer kommunitären Gemeinschaft als reicher, intensiver, getragener und wirksamer nach außen empfunden wird als das Leben allein oder in der Kleinfamilie – vorausgesetzt, daß die Grenz- und Konfliktpunkte nicht übermächtig werden. Im Einzelnen gibt es etwa folgende bereichernde Erfahrungen:

- Das ganze Erleben wird stärker, dynamischer und vielfältiger; Freude und Leid, Trost und Ermutigung werden gemeinsam stärker erlebt; verborgene Gaben und Kräfte im Einzelnen werden stärker geweckt; die eigene Selbstfindung in der Gruppe wird gefördert...
- Begegnungen und Beziehungsgefüge werden vielfältiger und reicher; Rollen und Verhaltensweisen brechen auf und werden verändert; das Aushalten von Infragestellung und das gegenseitige Annehmen wird trainiert; verhärtete Konflikt-, Paar- oder andere Teilbeziehungen kommen in Bewegung, werden relativiert, zum Teil aufgebrochen und verändert...
- Die Trennung der Generationen wird relativiert, Kinder leben in größerer Gemeinschaft mit anderen Kindern und haben unter den Erwachsenen mehrere Bezugspersonen (was positiv wirkt, solange die Erstbeziehung zu den eigenen Eltern klar bleibt); alte Menschen und Alleinstehende, auch Gäste können leichter integriert werden...
- Privatbesitz und die Abhängigkeit von materiellen Dingen wird relativiert, egoistisches Besitzdenken wird weitgehend überwunden; die Möglichkeit, nicht alles selbst verdienen und erarbeiten zu müssen, sondern von anderen geschenkt oder verliehen zu bekommen, wird erfahrbar; die Verantwortung für gemeinsamen Besitz wird gefördert...
- Die tragende Kraft geistlichen Lebens und die eigene spirituelle Kreativität wird stärker erfahren...

- Die Kräfte und Wirkung des Einzelnen nach außen potenzieren sich durch das Zusammenwirken mit anderen.

Trotz der reichen positiven Erfahrungen gibt es in allen kommunitären Gruppen massive Konflikte, Grenzerfahrungen und oft auch ein Scheitern. Im Folgenden sollen die häufigsten Konflikte und Grenzerfahrungen benannt und auf bewährte Kriterien und Möglichkeiten der Bewältigung hingewiesen werden:

- Die starke Dynamik der Gruppe fordert einen hohen psychischen Kräfteeinsatz des Einzelnen; das kann zu Überforderungen und Erschöpfung führen. Nötig ist das Wissen davon, das zeitweise bewußte Runterfahren der Dynamik und Einrichten von Ruhephasen, die Möglichkeit, in einen größeren Abstand zu gehen oder auch das Leben in der Gemeinschaft zu beenden.
- Die Bedürfnisse nach Distanz und Nähe sind unterschiedlich; der eine will mehr Abstand, der andere mehr Nähe. Nötig ist das Akzeptieren unterschiedlicher Bedürfnisse und das Wissen: „*Nur wer gut allein sein kann, kann auch gut gemeinsam sein*"; das Bedürfnis nach Gemeinschaft soll einladend und verlockend, nicht fordernd artikuliert werden.
- Es kommt zur Spannung zwischen der nötigen Rücksicht und Verbindlichkeit in der Gemeinschaft einerseits und dem Bedürfnis nach Spontaneität, Freiheit und individueller Entfaltung andrerseits. Nötig sind einerseits klare Strukturen und Absprachen in allen Rahmenbedingungen wie Besitzverhältnisse, Nutzungsrechte, Geldfragen, Aufteilung der Arbeiten, gemeinsame Zeiten u. ä. – und andrerseits Schutz der Freiräume für Ungeplantes, für Spontaneität und eigene Entfaltung.
- Eigene innere Schwierigkeiten, Widersprüche und ungelebte Wünsche werden unbewußt auf andere projiziert. Notwendig ist die eigene Selbsterkenntnis und in schwierigen Fällen therapeutische Beratung.
- Es kommt im engen Zusammenleben häufig zu Allergien gegen bestimmte Eigenarten und Verhaltensweisen des anderen. Nützlich ist ein größerer Abstand, das Bejahen der Andersartigkeit des anderen und die Bereitschaft, im Anderssein des anderen auch Gaben und Bereicherungen zu sehen.
- Es gibt in jeder Gruppe unterschiedliche Sympathien und Antipathien und daraus kommen oft Affekte von Eifersucht, Minderwertigkeitsgefühlen und Rivalitäten. Hilfreich ist, daß man sich das selbst und dem anderen zugesteht, es relativiert und nicht zu sehr verstek-

ken muß. Nötig ist die Entdeckung und Pflege des Eigenwertes sowie ein neues einladendes Zugehen auf den anderen.

- In jeder Gruppe gibt es Dominanzen, also ein stärkeres Wirken und Auftreten Einzelner. Oft gibt es unbewußtes Dominanzverhalten und Dominanzverdächtigungen (meist aus verdrängten eigenen Dominanzbedürfnissen). Nötig ist die Einsicht, daß es keine Gruppe ohne Dominanzen gibt, daß es erst bei einseitiger Dominanz und Unterdrückung gefährlich wird und daß jeder Bereiche eigener Dominanz finden und ein Wechsel der Dominanzen ermöglicht werden sollte.
- In jeder Gruppe gibt es Spannungen zwischen Innenfunktionen und Außenfunktionen. Ohne ein Engagement nach außen erliegt die Gruppe leicht der Gefahr der Introvertiertheit, interne Konflikte werden übergroß; bei zu starkem Außenengagement fehlen die Kräfte für das Innenleben, das Verbindende kann verloren gehen und die Gruppe sich verlieren. Notwendig sind das Zusammenhalten und Ausbalancieren von Außenengagement und Innenfunktionen sowohl bei Einzelnen als auch für die Gruppe als Ganzes.
- Konflikte und Gruppenprozesse müssen ständig bearbeitet werden; dabei kann es zum Kollusionsclinch mit einer negativen Sogwirkung kommen, der im extremen Fall zu Selbstzerfleischung und Scheitern der Gruppe führt. Nötig ist das Abbrechen und Sich-loslassen-können, vor allem aber die Erinnerung, Pflege und Förderung positiver Erfahrungen. In schwierigen Situationen kann eine Supervision und Beratung von außen hilfreich sein.

So nützlich die benannten Bemühungen auch sind, sie können das Entscheidende nicht einfach herstellen. Das Entscheidende ist ein tragender, immer wieder neu belebender und versöhnender Gruppengeist. Jeder, der länger und aufmerksam in Kommunitäten gelebt hat, hat erfahren: dieser Gruppengeist hat „transzendenten" Charakter, das heißt, er ist letztlich ein Widerfahrnis oder ein Geschenk von außerhalb unserer eigenen Möglichkeit.[122] Darum ist Spiritualität, in welcher Form auch immer, für die Stabilität und Reifung einer Kommunität von besonderer Bedeutung.[123] Die tragenden und heilenden Kräfte der Spiritualität in Gruppen sind etwa folgende:

- Spiritualität vermittelt eine Kraft, die „von außen her", also unab-

[122] Es ist das besondere Anliegen von D. Bonhoeffer, in seiner Schrift „Gemeinsames Leben" den von Gott gegeben Gnadencharakter jeder geistlichen Gemeinschaft hervorzuheben; bes. S. 9, 14 u. a.

[123] G. Breidenstein schreibt in seinem Aufsatz „Gemeinschaftsleben und Spiritualität": „Ich möchte behaupten, daß eine offene, in die Zukunft gewandte Spiritualität in der Lage

hängig von den anderen und von der menschlichen Qualität der Gruppe trägt;

- Spiritualität fängt mich auf, wenn ich selbst am Ende bin; sie schenkt Ruhe und die Erfahrung einer transzendenten Geborgenheit, in die ich mich fallen lassen kann und von der ich angenommen werde, wie ich bin;
- Spiritualität stärkt in mir die Kraft der Achtsamkeit und Wachheit für hintergründiges Geschehen und für das Verborgene und Liebenswerte im anderen;
- Spiritualität hilft zur neuen Annahme des anderen, zur Vergebung und Versöhnung, auch dort, wo eine Lösung der Probleme nicht möglich ist.

Diese Gaben der Spiritualität entfalten sich in der Gruppe aber nur dann, wenn sie bewußt gesucht und gepflegt werden. Regelmäßigkeit, Beteiligung und Mitgestaltung aller, Hineinnehmen des Alltags in spirituelle Formen (auch seiner Konflikte, ohne sie z. B. in einer Andacht gegeneinander auszufechten!) und das Hinaustragen der Spiritualität in den Alltag (z. B. geistliche Besinnung bei Arbeitsbesprechungen u. ä.) sind nur einige notwendige Möglichkeiten spiritueller Gestaltung. Das Dilemma besteht allerdings oft darin, daß eine schwere Konfliktsituation oder eine schon krank gewordene Atmosphäre das Suchen und Pflegen der eigentlich von allen gewollten Spiritualität manchmal unmöglich macht. In solchen Situationen ist eine Zäsur und neue Übereinstimmung zu suchen.

Es gibt wohl keine Form menschlichen Zusammenlebens, die in ihrem Lernprozeß so herausfordernd und intensiv ist und so nahe an die Schwelle zu einer von sich selbst freien, bewußten und geschwisterlichen Lebensweise führt, wie das Leben in verbindlichen, geistlich getragenen und in gemeinsamen Aufgaben engagierten Gemeinschaften.

Das Fragen nach Gruppen, die Visionen einer anderen Lebensweise entwickeln und modellhaft für die Zukunft der Menschheit in ihren Gemeinschaften leben, wird auch dort laut, wo man sie nicht erwartet, zum Beispiel bei den Verfassern des zweiten Berichtes des Club of Rome „Die neuen Grenzen des Wachstums". Sie sprechen am Schluß ihrer Analyse von *„fünf anderen Instrumenten"* zur *„friedlichen Umstrukturierung des Systems"*, die Ökonomen und Wissenschaftler sich

sein wird, uns zu tragen, wenn alles andere wankt und fällt. Ich kann mir für eine Gemeinschaft keine stärkere Bindekraft vorstellen als eine Spiritualität, sofern sie einigermaßen klar ist in ihrem Inhalt und verwurzelt in alltäglicher Praxis." (S. 3) in der Regel scheuen, zu nennen: „*Es handelt sich um Visionen, um Zusammenarbeit, um Wahrheitsliebe, um Lust am Lernen und um brüderlichen Umgang miteinander*".[124] Rudolf Bahro spricht in seinen Zukunftsentwürfen den kommunitären Gruppen eine Schlüsselfunktion zu: sie seien die „*Keimzellen des Neuen*", in denen Überlebensmodelle der Menschheit, nämlich kleine Einheiten „*ökologischer Subsistenzwirtschaft*" und gerechten Teilens praktiziert und entwickelt werden können. Durch seine Vermittlung und in Absprache mit dem Sächsischen Ministerpräsidenten Kurt Biedenkopf ist in Pommritz (Sachsen) 1993 ein größeres kommunitäres Projekt „Neue Lebensformen e. V." entstanden – einer von vielen ähnlichen Versuchen in den neuen Bundesländern. Auch Rudolf Bahro betont immer wieder, daß die tragende Basis kommunitärer Gruppen ein „*spiritueller Konsens*" und eine „*spirituelle Praxis*" sei.[125]

Am weitgehendsten formuliert der Kommunikationswissenschaftler Claus Eurich die These, daß geistliche Gemeinschaften die Gruppen sind, in denen am ehesten dem selbstmörderischen Lauf der Menschheit eine heilende Lebensweise entgegengestellt werden kann. Er schreibt in seinem Buch „Aufruf zu einem neuen Orden – gemeinsam für die Schöpfung gegen Ohnmacht und Resignation": „*Überall wächst zaghaft, doch unübersehbar der Wunsch, unter den Menschen gegenwärtig zu sein in evangelischer Radikalität und als Zelle größerer Gemeinschaft. Kommunitäres Leben... erweist sich als die angemessene Lebensform zur Freisetzung der Kräfte, die erforderlich sind, um im schlimmsten Leid zu heilen und zu trösten. Nur in Gemeinschaft werden wir die Freiheit gewinnen, die es heute möglich macht, an einem menschenwürdigen und schöpfungsbezogenen Morgen zu bauen.*" [126]

[124] D. Meadows „Die neuen Grenzen des Wachstums" S. 266 und die folgenden Abschnitte.

[125] R. Bahro in einem Arbeitspapier von 1992 „Über kommunitäre Subsistenzwirtschaft und ihre Startbedingungen in den neuen Bundesländern", hektographiert S. 3, 7, 10; vgl. „Apokalypse oder Geist einer neuen Zeit" S. 67 ff. und 135 ff.; so auch schon in „Logik der Rettung" S. 439 ff.

[126] C. Eurich a. a. O. S. 144, 143, 81.

4. Meditative, ganzheitliche und therapeutische Spiritualität

Worum es geht

Als Anfang der achtziger Jahre die ersten Umwelt- und Friedensgruppen zu uns in das Evangelische Einkehrhaus Bischofrod kamen, waren das – jedenfalls in der damaligen DDR-Situation – Aktivisten der ersten Stunde. Sie arbeiteten ziemlich kämpferisch durch Information, Reflexion, Aufklärung und Postulate. Als wir ihnen damals so etwas ähnliches wie Meditation und Selbsterfahrungsübungen anboten, lehnten sie lächelnd ab mit der Bemerkung: *„Für so etwas haben wir keine Zeit. Durch Meditation den Menschen erst verändern wollen, dauert viel zu lange!“* Nach zwei Jahren kamen einzelne wieder und sagten: *„Genau das brauchen wir. Wir sind ausgepulvert, wiederholen uns und laufen politisch gegen Wände. Wir müssen tiefer und grundlegender arbeiten, bei uns selber anfangen und etwas finden, was uns durchhalten läßt.“* Wir prägten damals den Doppelsatz: *„Wer nach außen gehen will, muß zuerst nach innen gehen.“ Und: „Wer nach innen geht, muß wieder nach außen gehen.“*

Damit ist die Bewegung umschrieben, die jede echte Spiritualität geht: aus dem Getrieben- und Gerufensein für eine heilende Veränderung in dieser Welt fallen wir auf uns selbst zurück oder besser auf das, was uns selbst fehlt und an den Krankheitssymptomen unserer Zeit Anteil haben läßt; und zugleich erhebt sich in uns die Frage nach dem, was uns im Innersten leitet, erneuert, trägt und Kraft gibt; und wer hier etwas findet, wird es nur bewahren, wenn er sich damit wieder den Herausforderungen seiner Zeit stellt.

Diese Bewegung ist deutlich in vielen spirituellen Suchbewegungen unserer Zeit zu sehen, auch in den politisch motivierten: das Fragen nach Meditation, nach Selbsterfahrung und Ganzwerden, nach einer spirituellen Therapie, die an den Wurzeln ansetzt.

Im Folgenden will ich diese Bewegung – zum Teil wieder aus meinem persönlichen Erfahrungshorizont heraus – in ihren wichtigsten Schritten und Schwerpunkten schildern.

Meditative und ganzheitliche Spiritualität

Das persönliche Gebet spielt in meinem Leben von Kindheit an eine zentrale Rolle. Es war immer wieder ein inneres Gespräch, ein Fragen und Suchen nach Gott – allerdings vor allem durch Gedanken und in betender Reflexion, wie ich es in Andachten und Gottesdiensten der evangelischen Kirche gelernt hatte. Unbewußt spürte ich, daß ich damit an der Oberfläche und oft genug im Selbstgespräch blieb.

Als wir in der progressiven Aufbruchsphase des „missionarischen Gemeindeaufbaus" Anfang der siebziger Jahre in der Martinigemeinde in Erfurt das zweite Mal einen alternativen Weihnachtsgottesdienst, nämlich einen mitternächtlichen Heiligabendgottesdienst „ohne Weihnachtsstimmung", aber mit harten Bezügen zur Welt gestaltet hatten, stellte sich bei den anfangs Begeisterten eine merkwürdige Erschöpfung ein: Wir erkannten, daß wir ohne emotionale Feier in Agitation stecken geblieben waren, die uns erschöpfte und leer machte. In neuer Weise fragten wir nach Besinnung und nach „Feierlichkeit", die nicht zum Narkotikum wird, sondern in die Tiefe führt, auch Schmerzen anrührt, dann aber neu motiviert und Kraft gibt. Ein entscheidendes Ge-staltungselement wurde die Meditation: Meditation durch Bilder und bildhafte Texte, durch Stille, Musik und fragende, nicht agitierende Verkündigung. Das sammelte neu Menschen, auch Menschen, die der Kirche entfremdet waren und ein „anderes Weihnachten" suchten, als es in den Familien und in den Kirchen üblich war. Die Meditation wurde ein Weg neuer Spiritualität.

Was ist Meditation?

Das Wort „Meditation" kommt von dem lateinischen „*meditari*", was wörtlich übersetzt heißt: „zur Mitte hin gegangen werden". Also schon vom Wort her wird angedeutet, daß hier etwas an uns (passivisch!) geschieht, was uns in eine innere Mitte führt. Darüber hinausgehend kann man das Wesen der Meditation etwa so umschreiben:

> Meditation ist eine geistig-körperlich-seelische Haltung, in der der Mensch aus seinem vordergründigen Bewußtsein aussteigt und seine intuitive Sensibilität so in sich kommen läßt, daß er auch der verborgenen Wesens- und Tiefenkräfte teilhaftig wird.[127]

[127] Hilfreich für das Verständnis der Meditation sind: R. Bleistein, H. Lubkoll, R. Pfützner „Türen nach innen – Wege zur Meditation" (Grundlagen-, Arbeits- u. Übungsbuch); J. Kleiner „Meditation. Das Innen ist offen nach außen" (beide Bücher verbinden die christliche mit der fernöstlichen Meditationspraxis!); L. Schwäbisch, M. Siems „Selbstentfaltung durch Meditation" (Verbindung von Meditation und Psychotherapie).

Deutlicher beschreibt es folgendes Schema:

Meditation – ein Weg in die Tiefe

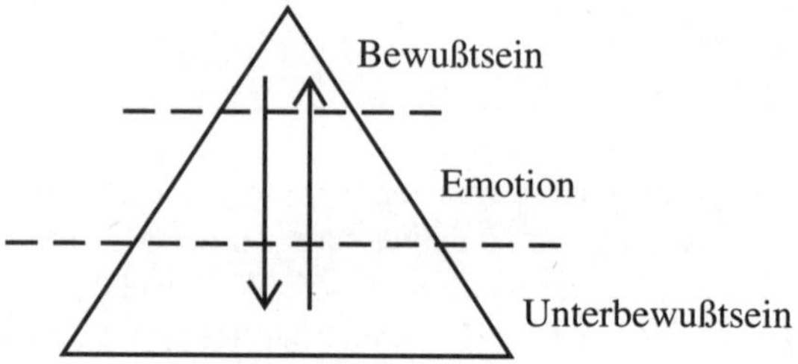

Das sensitive Sein des Menschen ist mit einer Pyramide vergleichbar: nur die obere Spitze, also ein kleiner Teil, ist das Bewußtsein; darunter liegt die breite Schicht der Gefühle, der Emotionen, die mir nur zum Teil bewußt sind. Unter diesen liegt der große Bereich des Unterbewußten, zu dem ich normalerweise keinen Zugang habe.
Zwischen den drei Bereichen liegen Sperrschichten, die mehr oder weniger die drei Bereiche trennen.

Meditation versucht, die Sperrschichten zwischen den drei Bereichen durchlässiger zu machen, in die Tiefe zu hören und Kräfte aus der Tiefe ins Bewußtsein oder besser in das bewußte Sein aufsteigen zu lassen. Im Meditieren kehrt der Mensch in sich selbst ein und wird zugleich empfänglicher für Sinn, Wesenhaftes und Transzendenz.

Eine andere Verstehenshilfe bietet uns die Gehirnforschung. Vor etwa 300.000 Jahren hat sich im Hirn des Menschen eine Spaltung vollzogen, die es so im Tierreich nicht gibt: eine Spaltung in die linke und in die rechte Gehirnhälfte. Die Aktivitäten beider Hirnhälften werden etwa so unterschieden:

Linke Gehirnhälfte:	**Rechte Gehirnhälfte:**
Zeitwahrnehmung	Raumwahrnehmung
Sprachsteuerung	Bildwahrnehmung
Rationalität	Intuition und Emotion
analytisches Denken	ganzheitliches Denken
abstraktes Denken	existentielles Empfinden
praktisches Handeln	spirituelles Suchen
mehr aktiv männlich	mehr empfangend weiblich
...	...

Der abendländische Mensch der Neuzeit hat vor allem die linke Gehirnhälfte trainiert und die rechte verkümmern lassen. Das hat ihn nicht nur in sich gespalten, sondern hat ihm auch eine wichtige Wahrnehmungsfähigkeit für Wirklichkeiten geraubt, die besser intuitiv-ganzheitlich als rational-analytisch wahrgenommen werden, wie zum Beispiel alles Emotional-Personale und das Wesenhafte, Sinnhafte und Transzendente, das hinter allen Erscheinungen steckt. Das brachte ihm zwar die enormen „Siege" der Neuzeit über die Natur, zugleich führte es ihn aber in eine tiefe Trennung von der Ganzheit des Seins und damit in eine Unfähigkeit, lebenserhaltend mit der gesamten Umwelt und mit sich selbst umzugehen.

Meditation wird nun als ein Weg beschrieben, die rechte Gehirnhälfte zu aktivieren und zu stärken und so wieder in die eigene Ganzheit und in die ganzheitliche Wirklichkeitswahrnehmung hineinzukommen – wobei unter Wirklichkeit immer mehr als nur eine äußere, nur gegenständliche Wirklichkeit verstanden wird, vielmehr sind in die Wirklichkeit auch alle personalen, geistigen, seelischen, ethischen und spirituellen Dimensionen einbezogen.[128]

Dem entspricht sehr hilfreich und erhellend die alte chinesische Vorstellung vom Zusammenspiel des Yin und Yang, zwei polare Energien, in denen alles Leben und der ganze Kosmos schwingt und „tanzt".

Yin und Yang – die Polaritäten des Lebens

Yang
hell
hart
gebend
männlich
nach außen gehend
aktiv
dominant
linke Hirnhälfte
Himmel
...

Yin
dunkel
weich
empfangend
weiblich
nach innen gehend
passiv
nachfolgend
rechte Hirnhälfte
Erde
...

Entscheidend ist das Zusammenspiel beider Polaritäten, ihr immerwährender Tanz miteinander und ihre gegenseitige Anteiligkeit: in je-

[128] Eine kurze Zusammenfassung der Erkenntnisse aus der Gehirnforschung in J. v. Buttlar „Gottes Würfel" S. 90 f., ähnlich in M. Fox „Kosmischer Christus" S. 33 f.; 83 f., vgl. auch Schwäbisch/Siems a. a. O. über Messungen der Gehirnwellenfrequenzen (Alpha – Rhythmus) im Meditationszustand S. 14 f., 43 f.

dem ist etwas von der anderen Seite mit enthalten (der Punkt in jeder Fischblasenfigur). Und entscheidend für den Menschen ist es, aus der Einseitigkeit nur einer Polarität herauszukommen und beide Seiten in sich zu entdecken und zu leben – nicht in Form einer Auflösung oder Neutralisierung der Spannung, sondern in der Weise des Wechsels und des spielenden Tanzes.[129]

Es ist deutlich, daß jede Meditation von ihrem Wesen her ganzheitlich ist, da sie, wie gesagt, gerade auch die Tiefenschichten des Menschen einbezieht und weit über das Rationale hinausgeht. Die westliche Meditationspraxis bleibt dabei mehr auf der geistigen Ebene. Die fernöstliche Meditationspraxis bezieht wesentlich stärker die körperliche Ebene ein.

Wieviel mehr die auch den Körper einbeziehende Meditation auslösen und geben kann, habe ich wieder in einem Schlüsselerlebnis erfahren: 1985 in einer ersten Teilnahme an einem Yogakurs im Kirchlichen Weiterbildungsseminar Halberstadt. Der Yogakurs stand unter dem Thema: „Die eigene Mitte finden" und versuchte insbesondere durch körperliche Übungen aus dem Yoga, durch Atemübungen und Übungen zur Selbstwahrnehmung ein Empfinden für eine eigene innere Mitte zu wecken. Ich empfand diese Übungen äußerst wohltuend und bekam von Tag zu Tag mehr das Gefühl, in ein inneres Gleichgewicht zu kommen, das mir zwar im Inneren schon vorgegeben war, in das ich mich aber vorher zu wenig hineingegeben hatte. An einem Morgen führte uns unsere Yogalehrerin, Inge Adams aus Westdeutschland, in den Garten und zeigte uns in der aufgehenden Sonne die Meditationsübung „Japanischer Gruß an die Morgenröte". Es war eine einfache Atem-Streckübung mit symbolisch empfangenden Bewegungen der Arme und Hände der Sonne entgegen. Nach der Anleitung wurde es still und jeder konnte in seinen eigenen inneren Rhythmus hineinfinden. In diese Stille hinein las Inge Adams eine einfache Gebetsmeditation. Und plötzlich spürte ich in diesem Zusammenklang von Wort, Atem, Bewegung und Licht, wie aus meiner Mitte heraus etwas in mir zu beten begann, dem aufsteigenden Licht der Sonne entgegen, dem Licht Gottes entgegen. Es betete etwas in mir und ganz aus meiner innersten Mitte heraus so tief und klar, wie ich es selten in meinem Leben erlebt hatte. Es war, als bete Christus oder Gott selbst in mir.[130] Im Nachhinein bedachte ich dieses Erlebnis immer wieder und begriff, daß ein nur gedankliches Beten viel mehr an der

[129] Zur Erfahrung und Einübung dieser Ganzheitlichkeit gibt es einen sehr schönen meditativen Selbsterfahrungstanz, den „Yin- und Yangtanz". In ihm tanzt zunächst jeder für sich in freien Bewegungen das Yinelement und das Yangelement und spürt nach, ob und wie beide Seiten in ihm zum Tanzen kommen. Dann kann Yin und Yang auch mit einem Partner getanzt werden: der eine Yin, der andere Yang im spontanen Wechsel.

[130] Vielleicht ist dieses Beten am ehesten dem „Beten im Geist und in der Wahrheit" nahe, wie es Jesus nach Joh. 4,24 und Joh. 16,13 andeutet.

Oberfläche und im Selbstgespräch bleibt als ein Beten, das den Körper und den Grundrhythmus des Atems und die Wahrnehmung elementarer, uns umgebender Lebensströme (hier das Licht der aufgehenden Sonne) mit einbezieht.

Das Anliegen der „ganzheitlichen Meditation" ist genau dies: aus einer nur gedanklichen Meditation hinausführen, den Körper und seinen Grundrhythmus, den Atem, sowie die intuitive und emotionale Tiefenschicht des Menschen in die Meditation einbeziehen. Wenn in der Meditation der Leib (der Atem, Gesten und Haltung), der Geist (das Denken und Verstehen) und die Seele (das Fühlen, die Emotion und Intuition) eins werden, bin ich ganz in mir, nehme wahr, was wirklich in mir ist und aus der Tiefe aufsteigen will. Erst so meditiere, bete, und empfange ich ganz aus meiner innersten Mitte und werde sensibel für das Wesenhafte allen Seins. (vgl. Schema und Ausführungen zur Ganzheitlichkeit auf S. 51 f.)

Nicht nur in uns Menschen ist die Wirklichkeit mehr als eine äußere oder eine nur gedankliche Erscheinung; auch in der Natur, in einem Baum zum Beispiel, in einer Blume, in einer Landschaft oder in einer bestimmten Situation ist die Wirklichkeit ein Ganzes, hat etwas Wesenhaftes und Hintergründiges. Ja, vielleicht kann man sogar sagen, daß alles, nicht nur wir Menschen und die Tiere, sondern auch alle anderen Erscheinungen in der Natur – z. B. die Pflanzen, Bäume, Steine, Berge, Täler – so etwas wie ein Zusammenspiel von „Leib, Seele und Geist" sind und so eine innere Mitte haben, die ihr Wesen erst ausmachen. Dies nehme ich erst wahr, wenn ich aus meiner inneren Mitte heraus der Wirklichkeit begegne.[131]

Auch mein aktives Reagieren und Agieren der Wirklichkeit gegenüber entspricht ihr nur, wenn meine Aktivität aus der ganzheitlichen Wahrnehmung der Wirklichkeit kommt. Ansonsten kommt es immer zu einer Verfehlung oder zu einer Art Vergewaltigung der Wirklichkeit – jeder erfährt das an seinem Umgang mit sich selbst und in seinen zwischenmenschlichen Beziehungen, und wir erleben es heute als Einzelne und als kollektive Menschheit in unserem Handeln an der Natur.

Im besonderen Maße gilt das auch für den spirituellen oder religiösen Bereich. Die Transzendenz hinter allen Dingen und Ereignissen spricht durch das Wesenhafte und Hintergründige der Erscheinungen, aus ihrer „Mitte".

Ganzheitliche Meditation führt in die eigene innere Mitte, aus ihr heraus werde ich empfänglich für das Hintergründige und Transzen-

[131] Vgl. die 1. Übung unter IV. 3. S. 309 f.

dente in allen Dingen, das aus der Tiefe und Mitte allen Seins zu mir sprechen will.[132]

Transzendenz in der Mitte ganzheitlicher Begegnung

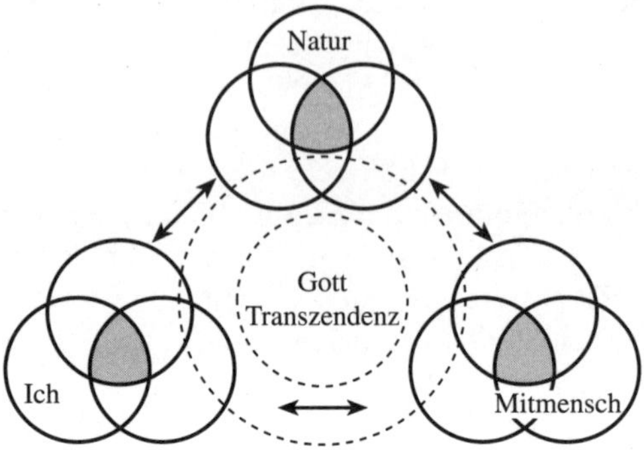

Zur Praxis ganzheitlicher Meditation

Es liegt im Wesen der Meditation, daß sie sich weniger begrifflich und umschreibend, eher aus dem Erleben und Üben verstehen läßt. Darum sollen hier die wichtigsten Hinweise für die Praxis ganzheitlicher Meditation – für ihre praktische Grundübung – gegeben werden, bevor dann die verschiedenen Formen der Meditation skizziert werden.

In allen Varianten der Meditation geht es um die Zurücknahme des aktiven analytischen und rationalen Denkens und das Hineingehen in eine mehr intuitiv betrachtende und empfangende Haltung.

Viele Menschen nehmen unbewußt eine meditative Haltung ein, zum Beispiel ein Kind beim selbstvergessenen Spiel, ein Künstler im inneren Schauen und Gestalten, wir alle im Hören von Musik, im betrachtenden Wandern in der Natur, in der Liebe, im Träumen, Tanzen... Der erwachsene Mensch, hier wieder mehr der Mann, ist am meisten rational vereinseitigt und einer meditativen Lebensweise fern. Im Alter wächst wieder die intuitive Fähigkeit und das unbewußte Meditieren.

Die Grundhaltung jeder ganzheitlichen Meditationsübung ist eine bestimmte Körperhaltung, ein Atmen aus der Leibmitte heraus und das

[132] Siehe die Übung „Empfangen und Geben" unter IV. 3. S. 314 f. Eine gute Einführung in Körperwahrnehmung und ganzheitliche Meditation im christlichen Sinne gibt A. de Mello in „Meditieren mit Leib und Seele".

Ruhigstellen der Gedanken. Auf dieser Grundhaltung – gewissermaßen als Einstieg in die Meditation – lassen sich alle anderen Meditationsweisen aufbauen.

Wer länger ganzheitlich meditiert, erfährt, daß sich fast von allein fünf Stufen ganzheitlicher Meditation entwickeln: 1. ruhig werden, sich selbst wahrnehmen..., 2. der eigenen Mitte nachspüren, sich in der eigenen Mitte sammeln..., 3. loslassen, leerwerden..., 4. wahrnehmen, was kommt, inneres hören, empfangen, beten (innere Begegnung)..., 5. der Wirklichkeit neu begegnen (meditative Haltung im Alltag, äußere Begegnung)...

Als die wohl wichtigsten Regeln und Erfahrungen ganzheitlicher Meditation haben sich herausgestellt:

1. Bringe dich durch Körperhaltung und Atmung in eine konzentrierte Ruhestellung und fühle dich auch mit deinen Gedanken in die Mitte deines Leibes und in den Rhythmus deines Atmens hinein.
2. Laß das begriffliche, aktive und zerpflückende Denken zurück, indem du dich immer wieder in deinen Körper, in dein Atmen hineinfühlst.
3. Hilfreich kann ein Medium sein: ein meditativer Text, ein Bild, eine Kerze, ein Symbol, ein Naturgegenstand, eine Mantrasilbe, ein Gebet... Untersuche es nicht mit dem Verstand, laß es auf deine emotionale, bildhafte und körperliche Empfänglichkeit einwirken.
4. Laß kommen, was kommt (Bilder, Gedanken, Gefühle, Leere). Erzwinge nichts. „Störungen", äußere und innere Unruhen kommen immer wieder. Laß sie kommen, schau sie an und laß sie gehen, indem du immer wieder in das Fühlen deines Körpers, seines Atmens, seines Mediums zurückgehst.
5. Empfindest du etwas von Lösung, innerer Schwingung oder Leere, ein Ganzsein und Einswerden mit dir selbst oder mit dem, was dir begegnet, bist du auf dem Weg der Meditation.
6. Meditation gelingt nicht auf Anhieb. Sie entwickelt sich durch Wiederholung und Übung und bringt meist erst langzeitig heilende Wirkung. Suche dir eine Meditationsform, die du täglich übst. Schon 15 Minuten bringen etwas.
7. Meditation erlernt sich leichter durch Anleitung von außen und im Austausch mit anderen, soweit Anleitung und Austausch in Freiheit angenommen werden können und nichts Zwanghaftes haben.
8. Treten bei Meditationen massive psychische Störungen auf (Aufbrechen verdrängter Krisen), ist eine Gesprächsbegleitung oder Therapie aufzusuchen.

Verschiedene Formen der Gebets-Meditation

Es gibt eine große Vielfalt und Fülle von Meditationsformen. Sie reichen von der Wort- und Gebetsmeditation über die Bild- und Symbolmeditation, Musikmeditation, Naturmeditation bis hin zu Yoga, Zenmeditation und Mantrameditation und zum autogenen Training, zur Eutonie und vielem anderen.[133]

Im westlichen Abendland ist mehr die geistige Meditation gepflegt worden, zum Beispiel die christliche Kontemplation. Die christliche Kontemplation ist eine inhaltlich an ein Bibelwort oder Gebetswort oder an ein christliches Symbol gebundene Meditation. Sie will nicht durch rationales Erfassen des Wortsinnes die Wahrheit ergründen, sondern durch intuitive Versenkung und bildhafte Betrachtung der hintergründigen Wirklichkeit des Wortes teilhaftig werden und darin Gott oder Christus begegnen. Das wiederholende Betrachten oder das wiederholende Beten von Psalmen und kurzen Gebetsformeln ist die wesentliche Übung dieser Kontemplation – so über die Jahrhunderte der Christenheit praktiziert und in den zwanziger und dreißiger Jahren durch den Berneuchner Kreis und die Michaelsbruderschaft (Wilhelm Stählin, Karl Bernhard Ritter, Carl Happich) wieder stärker in die evangelische Kirche hineingebracht.[134] Heute findet die christliche Wort- und Gebetsmeditation zum Beispiel in den weit verbreiteten Texten von Jörg Zink oder Ulrich Schaffer einen tiefen und die Menschen stark ansprechenden Ausdruck. In vielen Gemeinden, Kommunitäten, Gruppen, bei Kirchentagen und in geistlich orientierten Tagungshäusern wird heute zunehmend diese meditative Art des Gebetes und der Andacht gestaltet. Immer wieder ist zu beobachten: wo das in einer das Tiefgründige der Welt und des Menschen ansprechenden Weise geschieht, öffnet es sich auch dem den äußeren Religionen entfremdeten Menschen.

Wie tief die Gebetsmeditation führen kann, habe ich wie viele Menschen in der ökumenischen Kommunität von Taizé erfahren. Diese 1949 von Roger Schütz in Frankreich gegründete Bruderschaft entwickelte eine besondere Art von Gebetsgottesdiensten, die eine starke Anziehungskraft ausüben. Besonders in den Sommermonaten reisen tausende Menschen aus aller Welt in diese Kommunität und versammeln sich dort täglich zu drei großen Gebetsgottesdiensten in der Versöhnungskirche. Das Geheimnis der großen spirituel-

[133] Einen guten Überblick über die verschiedenen Meditationsarten und ihre christliche Anwendung gibt auch J. R. Kleiner in „Meditation. Das Innen ist offen nach außen".

[134] Vgl. Bleistein „Türen nach innen" S. 98 ff., bes. S. 122.

len Kraft, die von diesen Gottesdiensten ausgeht, liegt wohl in der Verbindung einer einfachen, elementaren Gebetssprache mit einer stillen Zeit und mantren-ähnlichen Gesängen, die auch mehrstimmig leicht nachgesungen werden können. Die kurzen Bibellesungen werden weniger durch Auslegung, mehr durch aufnehmende Gebete in die Situation hineingetragen. Die Gottesdienste sind eingebettet in Begegnung und Austausch der Menschen aus aller Welt über ihre politische Situation und ihre spirituellen Erfahrungen – Taizé ist eine sehr innerliche meditative Spiritualität mit zugleich sehr existentiellem und politischem Bezug.[135]

Schauen wir im Folgenden die fernöstlichen Meditationspraktiken an, die die inhaltlich gebundene Meditation zurückstellen und wesentlich stärker den Körper in die Meditation einbeziehen. Sie stammen aus dem Kulturkreis des Hinduismus, des Buddhismus und des Taoismus. In ihrer Entstehung und Geschichte sind sie zwar mit den Vorstellungen dieser Religionen und Philosophien (der Buddhismus ist wie der Taoismus eher eine Philosophie und Lebenshaltung als eine Religion!) eng verbunden, aber sie sind nicht unabdingbar an sie gebunden. Sie verstehen sich selbst vielmehr als Methoden und „Werkzeuge“, die mit den verschiedensten geistigen oder religiösen Haltungen verbunden werden können. Wer genau hinschaut, erkennt in den fernöstlichen Meditationspraktiken Elemente, die in den meisten anderen Religionen ebenfalls vorkommen, auch in den abendländischen und christlichen Meditationstraditionen.[136]

Von den vielen verschiedenen Formen ganzheitlicher Meditation will ich die wichtigsten und am häufigsten gebrauchten hier nur so weit umschreiben, daß ihre entscheidenden Merkmale erkannt werden:

Yoga-Meditation

„Yoga“ bedeutet im ursprünglichen Wortsinn so viel wie „unters Joch spannen“, „zusammenhalten“, „konzentrieren“ und meint in der Praxis eine körperlich-geistige Haltung und entsprechende Übungen, die Entspannung, Lösung und zugleich ganzheitliche Wahrnehmung und meditative Konzentration ermöglichen. Yoga entstammt uralten indisch-hinduistischen Meditationspraktiken und hat die verschiedensten Ausprägungen und Stufen vom Hatha-Yoga, vor allem Bewegungs- und Atemübungen, bis hin zur

[135] Vgl. die vom Christophorus-Verlag Freiburg i. Br. herausgegebenen Gebete von Taizé; auch Frére Roger: „Der Weg der Versöhnung, Texte zur Orientierung“, Gütersloher Verlagshaus Gerd Mohn.

[136] Ich teile nicht die apologetische (abwehrende) Meinung mancher christlicher Meditationslehrer, daß fernöstliche Meditationspraktiken nur mit der Übernahme deren „heidnischer“ Religion angewandt werden können. Vgl. zum Ganzen „Türen nach innen“ S. 79 ff.; „Meditationsmethoden in Ost und West“.

Chakra-Meditation im Kundalini-Yoga, eine Meditation der sieben Energiezentren im menschlichen Körper.

Das wesentliche Unterscheidungsmerkmal zu den anderen ganzheitlichen Meditationspraktiken ist die Kombination von meditativen Bewegungen und Atemmeditation. Yogaähnliche Elemente der Meditation finden sich in der frühchristlichen Meditationsanleitung des hl. Gregor von Sinai, in den Exerzitien des Ignatius von Loyola und in der aus der orthodoxen Kirche stammenden „Meditation des Herzens“.[137]

Zen-Meditation

Die Zen-Meditation kommt aus dem Buddhismus und ist vor allem eine Übung zum inneren Leerwerden, um Lösung, Befreiung und „Erleuchtung“ zu erlangen. Es ist eine gegenstandslose Meditation, deren Hauptmerkmal in der Kombination einer bestimmten Sitzhaltung (Lotos- oder Fersensitz) mit einem inneren Loslassen und dem Schweigen besteht. Ihre Hauptübung ist das „Zazen“ (wörtlich das „Sitzen“), das oft stundenlange und regelmäßige Sitzen in der Versenkung des Schweigens und des Nichtdenkens.

Dem Zen ähnliche Meditationsübungen, vor allem die schweigende Versenkung, gab es immer auch in der abendländischen und christlichen Meditationspraxis, besonders bei den christlichen Mystikern aller Zeiten, auch in den Exerzitien des Ignatius.[138]

Mantra-Meditation

Die Mantra-Meditation stammt aus der hinduistischen und buddhistischen Meditationspraxis. In ihr wird ein „Mantra“ meditiert, ursprüngliche eine bestimmte Silbe, die wohl keinen vordergründigen Sinn hat, wohl aber einen Symbolwert haben kann. In einigen Mantra-Übungen wird auch die ständige Wiederholung des Gottesnamens gepflegt. Das Entscheidende ist der Zusammenklang des Mantra mit dem Atemrhythmus, deutlich zum Beispiel in dem klassischen Mantra „Om-Ah-Hum“: beim Einatmen wird „Om“, beim Ausatmen „Ah“, am Endpunkt zwischen Aus- und Einatmen wird „Hum“ innerlich, also nicht laut, gesprochen und meditiert. Die Wirkungsweise der Mantra-Meditation besteht darin, daß sie erstens das ständige Flackern der Gedanken zur Ruhe bringt; zweitens, daß es zur inneren harmonisierenden Schwingung zwischen Atem und innerer Verfassung führt und drittens so zur Lösung, Versenkung und zu einem Einschwingen auf Transzendenz führen kann.

In der abendländischen und christlichen Meditationspraxis hat es immer Mantra-Meditationen gegeben, meist allerdings mit inhaltlich gefüllten Mantras. So ist das wiederholte „Amen“, das „Halleluja“, das „Kyrieeleison“ uraltes christliches Mantra, ebenso das Herz-Jesu-Gebet, in dem fortwährend die Bitte „Herr Jesus Christus, erbarme dich meiner!“ oder auch nur das „Komm, Herr Jesus“ oder nur „Herr Jesus“ laut oder leise gesprochen und meditiert

[137] Vgl. „Türen nach innen“ S. 98 f., 101 ff., 109.

[138] Vgl. „Türen nach innen“ S. 98 f., 113 ff.

wird. In diesen inhaltlich gebundenen Mantra-Meditationen wird über das innere Freiwerden von eigenen Gedanken ein Einschwingen und Einswerden mit dem Inhalt des Mantras angestrebt.[139]

Meditatives Tanzen

Meditatives Tanzen ist eine Form ganzheitlicher Spiritualität, die in den letzten Jahren in einer erstaunlichen Beliebtheit um sich greift. Junge und alte Menschen fragen danach und es gibt kaum ein Meditationszentrum, ein Tagungshaus oder eine Akademie, in der nicht meditative Tanzkurse angeboten werden. Auch in Kirchgemeinden wird der meditative Tanz in Form von einfachen Kanontänzen zunehmend aufgenommen.

Das meditative oder spirituelle Tanzen ist eine uralte Form ganzheitlicher Religiosität und findet sich in allen ursprünglichen Religionen, auch in der Bibel![140] Am ausgeprägtesten ist der spirituelle Tanz in der Sufi-Tradition des Islam überliefert und gepflegt worden. Die Sufis sind die Mystiker im Islam. Durch meditative und zum Teil auch ekstatische Tänze im Rund einer Gruppe wird ein Stück Selbstaufgabe und Einswerden mit dem göttlichen Sein gesucht und mystisch erlebt.

Die charakteristischen Elemente meditativen Tanzes sind heute: einfache Schrittbewegungen in der Gruppe (Reigentanz), symbolische (Gebets-) Bewegungen mit den Armen und Händen (Gebärdensprache), das Singen und Tanzen nach teilweise mantraähnlichen Wiederholungsworten. Nach meinem eigenen Empfinden ist das meditative Tanzen die Form der ganzheitlichen Übungen, die am intensivsten, schnellsten und schönsten in das bewegte Zusammenspiel von Leib, Seele und Geist und in eine gemeinsam erlebte spirituelle Bewegtheit führt und darin zugleich eine spürbare therapeutische Wirkung hat.[141]

Klangmeditation

Zunehmend wird auch wieder die alte (fernöstliche) Tradition der Klangmeditation aufgenommen. Hier geht es um Klänge, die durch ihr langes Schwingen und durch ihre große Obertonfülle eine starke psychisch-meditative Wirkung auf den Menschen ausüben. Diese Klänge werden durch Klangschalen, Klangstäbe, Gongs, den Monochord und andere Instrumente dieser Art erzeugt. Die Wirkung ist äußerst ganzheitlich, das heißt, sie spricht sowohl

[139] Vgl. „Türen nach innen" S. 83 f., 92 f.; eine ausführliche Darstellung der psychotherapeutischen Mantra-Meditation in Schwäbisch/Siems „Selbstentfaltung und Meditation" S. 59 ff.

[140] Vgl. Davids Tanz vor der Bundeslade, 2. Sam. 6,4 f., 13f f.; Miriams Tanzen nach dem Durchzug durch das Rote Meer, 2. Mose 15, 20 f.; vgl. auch die häufigen Hinweise in den Psalmen auf das Tanzen und Singen vor Gott, z. B. Ps. 30, 10; 149,3; Jer. 31,12.

[141] Aus der Fülle von Büchern zum meditativen oder spirituellen Tanzen sei hier hingewiesen auf: M.-G. Wosien „Tanz als Gebet. Feiert Gottes Namen beim Reigen"; H. M. Lander und M.-R. Zohner „Meditatives Tanzen"; A. Stüttgen „Dich erfahren. Meditationen und Tänze zu Gesängen aus Taizé".

körperliche Regionen wie auch die psychischen und geistige Bereiche an (starke Chakrenwirkung), weckt innere Bilder, starke Gefühle und läßt auch verdeckte körperliche Schwierigkeiten wahrnehmen. Klangmeditationen können in eine erstaunliche Tiefe führen und werden auch zur ganzheitlichen Therapie angewandt (siehe unten).[142]

Deutlich ist, daß sich heute weltweit die verschiedensten Meditationsformen verbinden, wobei die Aufnahme fernöstlicher Meditationsweisen im westlichen Kulturkreis besonders auffällig ist. Dies signalisiert einen Prozeß, in dem das abendländische Denken hier seine überzogene Rationalität ausgleicht und stärker in die Ganzheitlichkeit zurückfindet.[143]

Therapie und Spiritualität

Auch von einer zunächst ganz säkularen Seite ist eine neue Hinwendung zur ganzheitlichen Spiritualität im Kommen, nämlich von der Psychotherapie her.

Der psychotherapeutische Aufbruch in den sechziger Jahren („Psychoboom“ in vielen Psychotherapieformen und Selbsterfahrungsgruppen) scheint heute in einen spirituellen Aufbruch, mindestens in ein spirituelles Fragen zu münden. Die verschiedensten neueren psychotherapeutischen Methoden suchen immer mehr nach einer ganzheitlichen Heilung des Menschen und nicht nur nach einer psychoanalytischen Aufdeckung seiner Deformationen, wie es vor allem in der Schule von Sigmund Freud üblich wurde. Der Weg führt über körpereinbeziehende Therapieformen zu ganzheitlichen Meditationsformen. Somit ist auch die Entwicklung in der Psychotherapie ein Bereich, in dem ein Paradigmenwechsel in unserer Zeit deutlich zu erkennen ist. Aus der Fülle dieser Suchbewegungen sei hier nur auf einige Beispiele hingewiesen.

Schon in den siebziger Jahren kamen die Psychologen und Therapeuten Lutz Schwäbisch und Martin Siems von ihrer bisherigen rein psychologischen und gruppendynamischen Arbeit[144] zur therapeuti-

[142] Siehe J. Heimrath „Das Sonogramm der Persönlichkeit. Gongs als Modulatoren der Körperenergie“; H. Petzold (Hrsg.) „Heilende Klänge. Der Gong in Therapie, Meditation und Sound Healing“.

[143] Vgl. die „Gestaltung einer ganzheitlichen Morgenmeditation“ unter IV. 3. S. 319 f.

[144] Vgl. „Anleitung zum sozialen Lernen für Paare, Gruppen und Erzieher“ Rowohlt Verlag 1974.

schen Möglichkeit der Meditation. In ihrem Buch „Selbstentfaltung durch Meditation" legen sie ein beeindruckendes Beispiel für die Verbindung von Psychotherapie und Meditation vor. Ihre Grundthese ist die: Das, was die Psychotherapie in oft jahrelangen Sitzungen (z. T. vergeblich) versucht, wird durch Meditation wesentlich effektiver erreicht, nämlich die Entstressung des Menschen und die Stärkung bzw. die Wiedergewinnung seines Grundvertrauens.[145] Ihr Vorschlag und ihre Praxis ist die Begleitung therapeutischer Sitzungen mit Meditationsübungen. Die von ihnen bevorzugte Meditationsform ist die Verbindung der Atem- und Entspannungsmeditation mit der Mantra-Meditation „Oh-Ah-Hum".[146] Auch für die gruppendynamische Arbeit in Seminaren und Tagungen und in Selbsterfahrungsgruppen haben sich meditative Arbeitsformen bewährt.[147]

Der Musikwissenschaftler und Meditationslehrer Joachim-Ernst Berendt sieht einen natürlichen und notwendigen Weg von jeder tiefer ansetzenden Therapie zur Spiritualität. In seinen inzwischen von vielen tausend Menschen bei Workshops und zu Hause mit Tonbandkassetten geübten Meditationen der Urklänge geschieht beides: eine innere Öffnung für Transzendenz, eine „All-Eins-Erfahrung" mit dem Göttlichen im Kosmos und zugleich eine deutliche therapeutisch entstressende und heilende Wirkung.[148] Inzwischen wird an vielen Orten Spirituelle Musiktherapie von vielen Künstlern und Therapeuten geübt und angeboten.

Die amerikanischen Psychologen Abraham Maslow und Stanislav und Christina Grof haben die „Transpersonale Psychologie" entwickelt, die vor allem mit Hilfe meditativer Methoden zu einem ich-entgrenzten Bewußtsein und zu mystischen Transzendenzerfahrungen sowie zu kosmischen „All-Eins-Erfahrungen" zu führen versucht.[149]

Das Geheimnis der therapeutischen Wirkung ganzheitlicher Meditation ist mir in der praktischen Erprobung der alten chinesischen Chakren-Lehre aufgegangen. Chakren sind innere Energiezentren des Menschen, in denen die geistigen, emotionalen und körperlichen

[145] Schwäbisch/Siems „Selbstentfaltung durch Meditation" S. 53 und 52.

[146] Siehe auch Bettina Hausmann in „Meditation und Therapie", Zeitschrift „Meditation – Anstöße für den christlichen Vollzug", 3/1991 S. 89 ff.

[147] Vgl. die Ausführungen zu „Meditative Selbsterfahrung und Gruppendynamik" von A. Heimler in „Türen nach innen" S. 146 ff.

[148] Siehe J.-E. Berendt „Ich höre, also bin ich" S. 33 ff.

[149] Vgl. G. Breidenstein „Hoffen" S. 149 ff. und J.-E. Berendt „Ich höre" S. 36 f. Vgl. auch F. Capra „Wendezeit" S. 330 f., 392 f., 424 f.

Kräfte zusammenfließen. Gibt es in einem oder mehreren Chakren einen Stau oder eine Blockade der geistigen, der emotionalen oder der physischen Kräfte, kommt es zur Verkümmerung oder abgekoppelten Wirkung der jeweiligen Energien – typisch z. B. eine von emotionaler Empfindsamkeit gelöste Rationalität oder eine ungesteuerte Emotionalität oder die Verkümmerung oder auch Veräußerlichung der Sexualität. Entscheidendes für ganzheitliche Gesundheit, Leistungsfähigkeit und Sensibilität liegt im fließenden Zusammenspiel der physischen, emotionalen und geistigen Energien in jedem Chakra und in ihrer Gelöstheit und Offenheit.[150] Es hat sich gezeigt, daß Yogaübungen, Atembewegungs-, Tanz- und Klangmeditationen ausgezeichnete Hilfen sind, Blockaden in den Chakren zu lösen und den inneren Energiefluß zu fördern.[151]

Zum Zusammenhang von Meditation, Mystik, Wissenschaft und Politik

Im Betrachten wie in der Erfahrung der Meditation wird ihre Nähe zur Mystik klar erkennbar. Der Begriff Mystik meint ein Ergriffenwerden von den Urgeheimnissen allen Seins, in dem Gott und die Natur, ich und alle Geschöpfe und der ganze Kosmos in einer holistischen Verbundenheit gesehen und innerlich erlebt werden.

Als ein klassisches Zeugnis für eine holistisch-mystische Weltsicht sei hier die Mystikerin des Mittelalters Hildegard von Bingen zitiert: *„Du* (Gott) *mächtiger Weg, der alles durchzieht in Höhen, auf Erden, in allen Abgründen, du fügst und schließt ja alles ein.“* [152]

Es gibt in allen Religionen eine stark mystische Linie. Und überall dort, wo heute zu einer meditativen und ganzheitlichen Frömmigkeit zurückgefunden wird, wird eine mystische Erlebnisweise und Sprache sichtbar, so zum Beispiel in Texten von Roger Schütz, Prior von Taizé: *„Der Mensch ist unergründlich. Sein Abgrund ruft nach dem Abgrund Gottes. In der eigenen Tiefe wird der Mensch bereits von Gott erwartet. Dort entspringt eine Quelle, die schöpferische Kraft spendet.“* [153]

[150] Eine gute Einführung in die Chakrenlehre bei S. Sharamon und B. J. Baginski „Das große Chakra-Handbuch“.

[151] Vgl. auch J. Heimrath „Das Sonogramm der Persönlichkeit. Gongs als Modulatoren der Körperenergie“, bes. S. 84 ff.; vgl. M. Bischof „Biophotonen“ S. 45 und 49.

[152] Zitiert nach M. Fox „Kosmischer Christus“ S. 35.

[153] Frère Roger, Taizé „Brief aus Madras“, Selbstverlag Taizé 1987 S. 9.

In der christlichen Theologie ist die Mystik oft verdächtigt und hinausgedrängt worden. Es erhebt sich heute allerdings die Frage, ob nicht die Mystik in der sonst so rationalisierten Theologie des Abendlandes das Wissen von der Ganzheitlichkeit des Lebens bewahrt hat, wie diese heute von modernen Naturwissenschaftlern wieder neu gesehen wird. Fast alle Naturwissenschaftler, die den oben beschriebenen Paradigmenwechsel in ihrer Wissenschaft eingeleitet haben, bekennen von sich, daß sie im naturwissenschaftlichen Fragen auf die Erkenntnisse der Mystiker gestoßen sind – dies nicht nur in der Art, daß die holistische Weltsicht der Mystiker für ihre neue Weltsicht bessere Vorstellungskategorien als das mechanistische Weltbild liefert, sondern auch im Sinne von umfassender Wahrheitsfindung.[154] Um das deutlich zu machen, unterscheidet Albert Einstein drei Stufen der Religionen: die „Furcht-Religionen", die in den primitiven Kulturen aus Angst vor dem Übermächtigen in der Natur entstanden sind, die „moralischen Religionen", die ihre Ethik und Moral in einer strafenden oder lohnenden Vatergottheit begründen (dazu rechnet er das Judentum, das Christentum und den Islam) und die „kosmische Religiosität". Die kosmische Religiosität ist das Erahnen und die tiefe Ehrfurcht vor dem „Göttlichen" hinter allem Sein, auf das der ernsthaft suchende Wissenschaftler wie auch der wirklich religiöse Mensch stoßen. In der kosmischen Religiosität, die besonders im Buddhismus vorgeprägt ist, können sich heute Naturwissenschaft und Religion wieder zusammenfinden.[155] So schreibt Albert Einstein: *„Das tiefste und erhabenste Gefühl, dessen wir fähig sind, ist das Erlebnis des Mystischen. Aus ihm allein kommt wahre Wissenschaft. Wem dieses Gefühl fremd ist und wer sich nicht mehr wundern und in Ehrfurcht verlieren kann, der ist seelisch bereits tot."* [156] Was dem suchenden Wissenschaftler widerfährt, beschreibt anschaulich der NASA-Physiker Robert Jastrow: *„Der Wissenschaftler hat die Berge der Unwissenheit mühsam und fleißig erklommen. Er ist dabei, den Gipfel zu erobern, doch als er sich über den letzten Grat hinwegzieht, wird er von einer Gruppe von Mystikern und Religions-*

[154] Vgl. die Ausführungen oben unter „Paradigmenwechsel in den Natur- und Geisteswissenschaften" S. 44 f.

[155] A. Einstein in seinen Aufsätzen „Religion und Wissenschaft" und „Naturwissenschaft und Religion", nachzulesen in H.-P. Dürr „Physik und Transzendenz" S. 67 ff und S. 71 ff.

[156] In H. J. Störig „Kleine Weltgeschichte der Philosophie" Fischer Verlag 1971; hier zitiert nach „Türen nach innen" S. 172. Eine ausführliche Darstellung der Beziehung von Meditation, Mystik und der neueren Physik ist gut zu lesen in J. v. Buttlar „Gottes Würfel" S. 65 ff. Ähnlich M. Fox „Kosmischer Christus" S. 33 ff.

stiftern begrüßt, die dort seit Jahrtausenden auf ihn warten." [157] Der Atomphysiker und Philosoph Carl Friedrich von Weizsäcker beschreibt in seinen Büchern mehrfach die meditative Wahrnehmung und den *„seelisch-mystischen Weg"*, die weit über den rational-verobjektivierenden Weg zur *„höheren Erkenntnis"* führen.[158]

An dieser Stelle bedenken wir noch einmal die Frage und den alten Vorwurf, ob die Hinwendung zur Meditation und Mystik nicht das Engagement in und für die Welt aufgibt. Das naturwissenschaftliche wie das spirituelle Engagement der benannten Wissenschaftler beweist das Gegenteil. Albert Einstein schrieb, *„daß die kosmische Religiosität die stärkste und edelste Triebfeder wissenschaftlicher Forschung ist."* Und: *„Naturwissenschaft ohne Religion ist lahm, Religion ohne Naturwissenschaft ist blind.*" [159]

Das gleiche gilt für das politische Engagement. Schon die klassischen Begriffspaare drücken es aus: „*Ora et labora*" („Bete und arbeite") und: „Kampf und Kontemplation" – also um heil und heilend in der Welt zu leben und politisch zu wirken, ist die Tiefenanbindung durch Kontemplation und Meditation lebenswichtig; und wer in der Tiefe der Wahrheit begegnet, muß sich unweigerlich mit neuer Leidenschaft der Welt zuwenden. Die Verbindung der spirituellen Praxis mit dem sozialen Einsatz, wie sie in bzw. durch Taizé und viele andere Kommunitäten geübt wird, gibt davon Zeugnis. Und ebenso ist es eine elementare Erfahrung in den großen politischen Wendeereignissen der Menschheit gewesen: ihre Kraft kam, wenn auch oft unbewußt, aus einer politischen Spiritualität, wie sie oben beschrieben wurde.

In diesem Prozeß scheint das Suchen nach einem erneuerten und tieferen Lebensstil so etwas wie eine Brücke oder ein Bindeglied zwischen Spiritualität und politischem Engagement zu sein. Denn es besteht ein enger innerer Zusammenhang zwischen Kontemplation, nach außen gewandter Aktion und der Veränderung der eigenen Lebensweise. Das Aufeinandereinwirken aller drei Komponenten geschieht jeweils befördernd und rückwirkend wie in einem Regelkreis.

[157] Zitiert nach J. v. Buttlar S. 1. Der französische Paläontologe und Theologe (Jesuit) Teilhard de Chardin hat schon in den vierziger Jahren eine naturwissenschaftlich-mystische Gesamtschau unseres Kosmos entwickelt, die von der katholischen Kirche verworfen wurde, aber heute z. T. neu aufgenommen wird, vgl. G. Schiwy „Der kosmische Christus". Kösel 1990.

[158] C. F. v. Weizsäcker „Der Mensch in seiner Geschichte" S. 194 ff.; S. 205 ff. und in „Zum Weltbilde der Physik"; vgl. „Türen nach innen" S. 176 ff.

[159] In seinen Aufsätzen „Religion und Wissenschaft" und „Naturwissenschaft und Religion" in H. P. Dürr „Physik und Transzendenz" S. 70 und 75.

Das eine kann ohne das andere nicht wirklich gefunden oder bewahrt werden; es wird sonst weltflüchtig, orientierungslos oder kraftlos.

Konkret: wirklich not-wendende und klärende Politik braucht spirituelle Orientierung und Kraft; und ethisch glaubwürdig und wirksam können Politiker nur sein, wenn es in ihrer eigenen Lebensweise Revisionen und alternative (Denk-) Ansätze gibt. Oder: Einzelne, Familien und Gruppen, die einen erneuerten Lebensstil suchen, stoßen auf das, was sie im Innersten leitet (spirituelle Frage) und werden, wenn es tiefer geht, unweigerlich in politisches und soziales Wirken geführt. Die Gesundung des Einzelnen und unserer Gesellschaft hängt wirklich im Entscheidenden von dem Zusammenwirken dieser drei Faktoren ab.

Folgendes Schema mag es verdeutlichen:

Zusammenhang von Kontemplation, Aktion und Revision

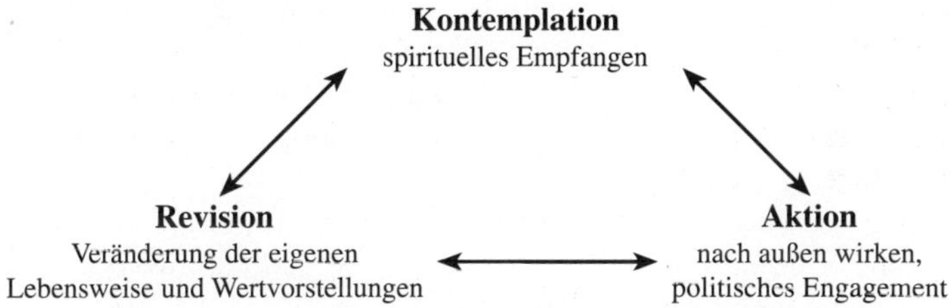

Worum es letztlich geht, umschrieb Joanna Macy etwa so: Wir sind heute an das Ende der seit der Aufklärung vorherrschenden individualistischen und die Welt verobjektivierenden Entwicklung der Menschheit gekommen. Jetzt geht es um eine Heimkehr in die *„mystische Partizipation“* mit allem Sein. Diese Heimkehr ist allerdings nicht eine Rückkehr in die Unschuld des mythisch eingebundenen Menschen der Frühzeit, sondern es ist eine Heimkehr des erwachsenen, schuldig gewordenen, aber nun wissenden und mündigen Menschen. Nur als solche werden wir eine Zukunft haben.[160] Von dem Jesuiten-Pater und Zen-Meditationslehrer Hugo Enomiya Lassalle wird der Satz überliefert: *„Der Mensch der Zukunft wird Mystiker sein – oder er wird nicht sein.“* [161]

[160] Siehe das unter IV. 2. S. 278 ff. wiedergegebene Gespräch mit J. Macy vom 14.9.1993.

[161] So in J. v. Buttlar a. a. O. S. 95. Dieser Satz wird oft in der Literatur ohne exakte Quellenangabe zitiert; bei C. Eurich in „Aufruf“ S. 16 übrigens als eine Aussage von K. Rahner.

5. Weitere spirituelle Phänomene

Das neuere spirituelle Suchen ist durch weitere Entwicklungstendenzen und Begleiterscheinungen geprägt. Es sind die Phänomene einer neuen Interreligiosität, einer neuen Zuwendung zur Esoterik, die breite Strömung der „New-Age-Bewegung" und die Entstehung neuer Sekten und okkulter Praktiken.

So differenziert diese Erscheinungen auch betrachtet und gewertet werden müssen, gemeinsam ist ihnen, daß sie vordergründig weniger politisch orientiert sind als die bisher betrachteten Phänomene des neueren spirituellen Suchens, daß sie aber dennoch – wenn auch oft unbewußt – vom politischen Geschehen, von den ökosozialen Krisen und dem beginnenden Paradigmenwechsel unserer Zeit geprägt sind.

Im Folgenden will ich in diesem Zusammenhang diese Phänomene spirituellen Suchens befragen und in ihren wichtigsten Merkmalen skizzieren, ohne sie schon zu werten. Es geht zunächst um ein offenes Hinschauen, ohne das eine den Menschen gerecht werdende Auseinandersetzung nicht gelingen kann. Der kritische Dialog wird im IV. Kapitel dieser Studie gesucht.

Um der besseren Übersichtlichkeit willen werden hier die verschiedenen Phänomene abschnittweise getrennt dargestellt, obwohl sie in der Praxis meist vermischt auftreten.

Interreligiöse Spiritualität

Interreligiöses Suchen und interreligiöse Aufbrüche gab es schon seit jeher. Das Christentum selbst war in seiner Entstehungsphase solch ein Aufbruch: als kleine Sekten aus dem Judentum geboren, nahm es vorderasiatische, hellenistische und römische Religiosität in breitem Maße auf und war am Anfang wirklich so etwas wie eine neue synkretistische Religion, allerdings in einer starken christologischen Zentrierung. Erst mit dem Konstantinischen Zeitalter (beginnendes Staatskirchentum nach 325) trat eine Dogmatisierung und verschärfte Abgrenzung des Christentums ein. Die fernöstlichen Religionen haben sich nie so wie das spätere Christentum abgegrenzt, sondern verstanden sich immer mehr als eine religiöse Weltsicht und spirituelle Lebenspraxis, die sich auch mit anderen Religionen verbinden konnte.[162]

Heute hat das interreligiöse Suchen ein neues Ausmaß und eine neue

Qualität erreicht: erstens ist es weltumspannend geworden, zweitens ist es selbstverständlich geworden, drittens ist es prägend für eine neue Art der Spiritualität geworden. Das hat vor allem zwei Gründe:

Der erste Grund ist der, daß unsere Welt durch Verkehr, Medien und Bevölkerungsfluktuation so klein geworden ist, daß sich die verschiedenen Kulturen und Religionen wie selbstverständlich begegnen, beeinflussen und zum Teil durchdringen. Bekannte Beispiele hierfür sind interreligiöse Gottesdienste bei Kirchentagen oder interreligiösen Kongressen; oder: in ihrem Engagement für die bedrohten Ausländer in unserem Land kommen in regionalen Gemeinden Christen und zugewanderte Moslime zu „ökumenischen Gottesdiensten“ zusammen.

Der zweite Grund ist der, daß angesichts der veränderten Weltsituation, der neuen Fragen und Denknotwendigkeiten für das Überleben der Menschheit spezielle Einzelaussagen der Religionen, die nur aus ihrer Geschichte zu verstehen sind, zurücktreten, während mehr die grundlegenden und gemeinsamen Aussagen und Angebote in den Vordergrund treten, weil sie offensichtlich deutlicher Antworten auf die Grundfragen unserer Zeit geben. Beispiele sind die bereits beschriebenen Erkenntnisse der Wissenschaftler, die sich dem religiösen Fragen neu zuwenden: ihre Spiritualität oder „Religion“ ist eindeutig interreligiös und eine Synthese zwischen neuer naturwissenschaftlicher Weltsicht und spirituellen Erkenntnissen aus den verschiedensten Religionen.

Als übergreifende Merkmale einer neuen interreligiösen Spiritualität lassen sich erkennen:

1. Die interreligiöse Spiritualität nimmt die heutige Weltsituation mit ihren Überlebensfragen auf und ist in ihrer Grundhaltung politisch motiviert.
2. Sie geht von der Erkenntnis aus, daß religiöse Formen und Dogmen immer nur Bilder für das „Unsagbare“ sind, die sich wandeln können und keinen absoluten Charakter haben.
3. Sie ist weniger dogmatisch-lehrhaft, dafür mehr ganzheitlich-erlebnishaft geprägt; sie sucht mehr die Leiblichkeit des Glaubens, eigene Erfahrungen und Riten, bindet sich aber kaum in religiöse Institutionen.
4. Sie nimmt Erkenntnisse aus dem naturwissenschaftlichen Paradigmenwechsel auf, zum Beispiel Vorstellungen der Evolution, Er-

[162] Vgl. Dalai Lama „Interreligiöser Dialog“ in „Der Weg des Herzens“ S. 25 ff.; E. Drewermann „Christentum und Buddhismus“ ebenda S. 49 ff.

kenntnisse der Systemtheorie, die ökologische und holistische Weltsicht, das Verständnis von Synergie u. a.

5. Interreligiöse Spiritualität hat oft einen esoterischen Charakter (siehe unten).
6. Sie weiß von einer göttlichen Kraft über allem und von einer geistlichen Bestimmung und Aufgabe des Menschen.
7. Ihre spirituelle Grundintention ist immer eine doppelte: an der göttlichen Kraft teilhaftig werden und so zum Mitempfinden, zur Liebe mit allen Mitgeschöpfen und zum Frieden gelangen.[163]

Die weitgehendste Form einer interreligiösen Spiritualität habe ich in dem interreligiösen „Zentrum der Einheit“ auf der Schweibenalp in der Schweiz erlebt. Hier werden zahlreiche Seminare, Kurse, Workshops und Feste zu allen möglichen spirituellen Themen durchgeführt, meist von Lehrern der verschiedensten Religionen und spirituellen, auch esoterischen Bewegungen aus aller Welt mit einer großen Zahl von Teilnehmern. Im August 1993 nahm ich am „Festival spiritueller Musik“ teil, das der Musikwissenschaftler und Meditationslehrer Joachim-Ernst Berendt mit vielen Künstlern und spirituellen Lehrern leitete. Hier wurden ganz bewußt durch Vertreter der verschiedensten Religionen Gottesdienste, Andachten, Meditationen, Gesänge, spirituelle Tänze aus verschiedenen religiösen Überlieferungen gestaltet, aber auch vereint in einem großen „Universellen Abschlußgottesdienst“. Ich spürte in mir zunächst abwehrende Gefühle und kritische Reflexionen, besonders bei der Teilnahme an einer Babaji-Andacht. Zugleich war ich – besonders auch durch die Inspiration unter der großen Zahl der Teilnehmer – zunehmend beeindruckt von der Offenheit und der Ausstrahlungskraft und Tiefe dieser interreligiösen Spiritualität. Ich begriff mehr denn je, welcher Reichtum in der Vielfalt religiöser Formen liegt, wieviel hintergründig Gemeinsames in dem unterschiedlichen spirituellen Suchen zu entdecken ist und daß hier etwas Neues im Entstehen ist – eben eine interreligiöse Spiritualität jenseits der üblichen Religionen.

Es bleibt die oft gestellte Frage, ob sich hier nicht ein gefährlicher Synkretismus anbahne, gefährlich, weil er die Unterschiede der Religionen verwische und dem Christen seine Bindung an Christus nehmen könnte. Diese Frage läßt sich theoretisch-dogmatisch, also abwehrend und verurteilend beantworten, oder man hält sie bewußt offen und überläßt ihre Beantwortung, theologisch gesprochen, dem „Heiligen Geist“: in der Begegnung und im Austausch wird sich zeigen, was wirklich geistliche Kraft, was das mögliche Gemeinsame und was das notwendige

[163] Vgl. Dalai Lama a. a. O. S. 28 ff.; die oben benannten Wissenschaftler wie A. Einstein, A. Schweitzer u. a. und das ganze Buch von C. F. v. Weizsäcker „Der Mensch in seiner Geschichte“ spiegeln etwas von diesen Merkmalen wieder.

Unterscheidende ist.[164] Immer wieder bezeugen viele ursprüngliche Kirchenchristen, die zu „Wanderern zwischen den Religionen" geworden sind, daß sie erst im Weggehen von ihrer eigenen christlichen Herkunft und in der Zuwendung zu ganz anderen Religiositäten den eigentlichen Wert und die tiefere Wahrheit des christlichen Glaubens entdeckt haben – so zum Beispiel Eugen Drewermann, Joanna Macy, Joachim-Ernst Berendt, auch Carl Friedrich von Weizsäcker u. a.[165]

Esoterik, Okkultismus, Spiritismus und Parapsychologie [166]

Man spricht heute von einer neuen esoterischen Welle. Das Fragen vieler, oft hochgebildeter Menschen, nach geist-seelischer Heilung, das Angebot einer Fülle von esoterischer Literatur, von Seminaren und Workshops esoterischer Inhalte in allen größeren Städten geben davon Zeugnis. Verbunden ist das häufig mit den Nachfragen und den Angeboten okkulter Praktiken wie Tarot (Kartenlegen), Handlesen, Pendeln, Kristall- und Edelsteinheilung, Astrologie u. ä. Das Bemerkenswerte in der heutigen Entwicklung ist die offenkundige Tatsache, daß Elemente der neuen Spiritualität und der neueren naturwissenschaftlichen Weltsicht den esoterischen und okkultischen Denk- und Handlungsmöglichkeiten nahe kommen und sich mit diesen verbinden, so zum Beispiel in der neuen Sicht, daß Geist, Energie und Materie eng zusammenwirken und nicht mehr getrennt gesehen werden können.[167] Andererseits gibt es viele Berührungsängste und pauschale Diffamierung allem Esoterischen und Okkultischen gegenüber. Es gibt Entartungen, Betrug und Verführung bis hin zur Schwarzen Magie und zu Satanskulten. Um

[164] Eine sich nur abgrenzende Religiosität führt heute – wie an vielen Stellen sichtbar – unweigerlich zum innerkonfessionellen und sektenhaften Fundamentalismus, der sich außerhalb des progressiven Suchens unserer Zeit bewegt.

[165] E. Drewermann „Christentum und Buddhismus", „Meine Bekehrung zum Buddhismus" in „Der Weg des Herzens" S. 49 ff.; C. F. v. Weizsäcker „Der Mensch in seiner Geschichte" an verschiedenen Stellen in Andeutungen; Joanna Macy und J.-E. Berendt siehe die Gespräche auf S. 278 ff. und 287 ff.

[166] Vgl. zu diesem Abschnitt T. Dethlefsen, ein führender zeitgenössischer Lehrer der Esoterik; in „Schicksal als Chance, das Urwissen zur Vollkommenheit des Menschen" gibt er eine umfassende Darstellung der Esoterik; vgl. dazu von kritischer Position her U. Rausch und E. Türk „Geister- Glaube, Arbeitshilfe zu Fragen des Okkultismus".

[167] Die Anthroposophie von R. Steiner ist ein erster großer neuzeitlicher Entwurf, die alte Esoterik in eine ganzheitliche naturwissenschaftliche Weltsicht einzubringen. Goethe hat dafür entscheidende Anstöße gegeben.

so wichtiger ist ein genaueres Hinsehen und Unterscheidenkönnen. Darum versuche ich im Folgenden eine Klärung der Begriffe und der wichtigsten geistigen Inhalte der esoterischen Bewegung.

Esoterik meint vom griechischen Wortsinn her (esoteros) das Innere, Verborgene, dann in der Anwendung des Begriffes die geistigen, ursprünglich auch geheimgehaltenen Weisheiten über die Welt und die Seele des Menschen.[168] „Stammvater" der klassischen Esoterik ist der sagenumwobene ägyptische Priester Hermes Trismegistos (vermutlich 2. Jh. n. Chr.), der auf verschollenen Smaragdtafeln die esoterische Grundphilosophie aufgeschrieben hat, die in vielem an gnostische und altchinesische (taoistische?) Weisheitslehren erinnert.

Erster Kerngedanke der klassischen Esoterik ist die Erkenntnis „Wie oben, so unten", das heißt: alles, was im Makrokosmos geschieht, spiegelt sich auch im Mikrokosmos und alles, was im Mikrokosmos wirkt, hat seine Entsprechung im Makrokosmos – eine Erkenntnis, die der holistischen Weltsicht moderner Naturwissenschaft sehr nahe kommt.

Zweiter Kerngedanke der klassischen Esoterik ist die Polarität und Rhythmik alles Seins zum Beispiel im Gegenüber und Wechselspiel von Himmel und Erde, Geist und Materie, Leib und Seele, Licht und Finsternis, Yin und Yang, Mann und Frau usw. – auch das ist ein Gedanke, der heute zunehmend Grunderkenntnis vieler Wissenschaften ist.

Von daher und darüber hinaus gehören zu den esoterischen Grundanschauungen:

- die Astrologie: die Meinung, daß es durch die Konstellation der Gestirne bei der Zeugung und Geburt eines Lebewesens in dessen Charakter und Lebenslauf bestimmte Prägungen gibt;
- die Reinkarnationslehre: der Glaube, daß das Innerste, die Seele des Menschen unsterblich ist und daß jedes Lebewesen immer wieder geboren wird – je nach seinem „Karma" (sein irdisches Schicksal und das, was er aus seinem Leben macht) in eine höhere oder niedrigere Lebensform;[169]
- die Anschauung von einer die Welt durchziehenden kosmischen Energie geistiger Art, die Leben und Sein genauso bestimmt wie Materie und materielle Energie;
- die Aufgabe des Menschen, sich mit dieser Energie zu verbinden und

[168] Bekanntestes Beispiel ist die heute wiederentdeckte Weisheit des „Enneagrammes". Eine Typenlehre über die Charaktere des Menschen aus der Antike, die heute eine erstaunliche Entsprechung in der modernen Psychologie findet. Vgl. H. Palmer „Das Enneagramm"; R. Rohr/A. Ebert „Das Enneagramm – Die Seele der neun Gesichter aus christlicher Sicht".

[169] Der Reinkarnationsglaube im weiteren Sinne als Glaube an ein Hinüberschreiten in eine andere Lebensweise findet heute besonders durch die Nachtoderinnerungen klinisch Gestorbener und ins Leben Zurückgeholter große Verbreitung; vgl. die Bücher von Kübler-Ross und R. A. Moody.

Anteil am göttlichen Licht und an der Erlösung zu gewinnen; Schuld und Krankheit sind Herausfallen aus dieser kosmischen Kraft (z. T. auch Liebe genannt); Heilung aller Krankheiten und sozialen Mißstände ist ein Zurückfinden in die kosmische und göttliche Harmonie und Liebe.

Okkultismus ist im Grunde nur eine bestimmte praktische Form der Esoterik. Das Wort kommt aus dem lateinischen „occultus" und meint eine verborgene und auch geheimgehaltene Lehre und Heilpraxis. Mit okkulten Praktiken wie Kartenlegen, Hellsehen, aus den Händen lesen, Hände auflegen, Pendeln, Tischerücken usw. meint man die nichtmateriellen Wirkkräfte im Kosmos und im Leben zum Teil erkennen und beeinflussen zu können.

Spiritismus (vom lateinischen „spiritus" = Geist) ist eine spezielle Form der Esoterik und der okkulten Praxis. Sein Kerngedanke ist die Meinung, daß es neben der „grobstofflichen" Materie, die wir sehen und äußerlich handhaben können, auch eine „feinstoffliche" unsichtbare Geistmaterie gibt, die zum Beispiel die Aura oder die Chakrazentren eines Menschen ausmacht und den Kosmos und alles Sein durchzieht. Der gestorbene Mensch bleibt in seinem „Geistleib" erhalten und lebt in einer jenseitigen Welt; mit ihm kann durch verschiedene Praktiken (Stimmenhören, Channeling, Tischerücken u. a.) Kontakt aufgenommen werden, der Auskunft über das eigene Leben oder die Zukunft geben kann.

Parapsychologische Phänomene (auch „Psi-Phänomene" genannt) sind empirisch vorhandene Erscheinungen, werden aber von okkulten und spiritistischen Praktiken sehr spekulativ benutzt. Beispiele sind: Telepathie, Hellsehen, vor-geburtliche Erinnerungen, Nachtoderinnerungen, Präkognition (Voraus-wahr-nehmung), Psychokinese (Bewegung von Objekten ohne sichtbare äußere Beeinflussung) u. a. Die Parapsychologie versucht durch überprüfbare Forschungen und Experimente, diesen Erscheinungen auf die Spur zu kommen, findet aber bislang keine Erklärungen in alten wissenschaftlichen Kategorien.

In der Begegnung mit esoterisch geprägten Menschen und esoterischen Gruppen sowie in der Literatur sind mir insgesamt folgende Merkmale der neueren Esoterik aufgefallen, die ihre zunehmende Verbreitung in unserer Zeit zum Teil verständlich machen:

- „Esoterik" oder „esoterisch" wird heute nicht mehr primär als etwas geheim zu haltendes verstanden, sondern – entsprechend des griechischen Grundwortes „eso", das Innerliche – als eine besondere Art des nach innen Gehens, sich den innersten und verborgenen geistig-kosmischen Vorgängen öffnen.
- Hinter dem esoterischen Suchen steht ein allgemeines Gespür dafür, daß das überwiegend materialistisch und veräußerlichte Leben zu wenig gibt und innerlich zerstört.
- Indem die heutige Esoterik ihre klassischen Anschauungen mit

neueren Erkenntnissen der Naturwissenschaften und der Psychologie verbindet, bietet sie eine in sich stimmige zeitgemäße Weltsicht und zugleich einen inneren, jedem Menschen zugänglichen Weg zur Gesundung und zur Hoffnung auf Erlösung.

- Eine ganzheitliche und spirituelle Betrachtungsweise des Lebens und eine interreligiöse oder überreligiöse Haltung sind selbstverständlich.
- Manche Esoteriker nutzen okkulte Methoden für ihre esoterische Praxis, andere lehnen den Okkultismus als primitiv und abergläubisch ab und halten sich nur an die Astrologie, Traumdeutung, Hypnose und Reinkarnationstherapie (Therapie durch Erinnerung an frühere Leben).
- Meditation in den verschiedensten Formen wird von allen Esoterikern praktiziert; ganzheitliche und spirituelle Therapieformen stehen im Mittelpunkt des Suchens.
- Unter den Esoterikern finden sich viele geistig gebildete, sehr feinfühlige Menschen mit starker persönlicher Ausprägung und Ausstrahlungskraft.
- Es entstehen immer mehr esoterische Zirkel, Gemeinschaften und Gruppen; führend unter ihnen sind oft besonders begabte „HeilerInnen“ und „SeherInnen“; der Zulauf zu diesen Gruppen und Persönlichkeiten ist beträchtlich.[170]
- Es gibt Esoteriker, die scheinbar vollkommen apolitisch sind, nur ihre individuelle Vervollkommnung suchen und das politische Geschehen kritiklos den Politikern oder/und den kosmischen Kräften überlassen; diese sind aber eine Ausnahme. Bei den meisten ist eine politische Grundmotivation spürbar: die Sorge um die großen Krisenerscheinungen unserer Zeit, zum Teil eine große Weltangst (kommende Weltzerstörung). Sie wird zwar selten in ein direktes politisches Engagement umgesetzt, aber meist in die Suche nach Heilung und Veränderung des eigenen Lebensstiles mit aufgenommen: die spirituelle Heilung und heilende Kraft des Einzelnen wird als Wurzel einer politischen Heilung gesehen.[171]

[170] Ich lernte das „Zentrum für Lebensenergie“ in Kassel kennen, das von der spirituellen Lehrerin und Heilerin Ursa Paul geleitet wird. Dieses Zentrum wird von einer größeren Lebensgemeinschaft vorwiegend jüngerer Familien getragen; es finden in ihm die verschiedensten Kurse zur Lebenshilfe und ganzheitlichen Spiritualität statt. Kerngedanke von Ursa Paul ist die Rückführung zur heilenden Kraft der kosmischen Liebe, die hinter allem und in allem ist.

[171] Beeindruckend war für mich, wie bei einem „Kaminabend“ (Gesprächsabend) im Kasse-

- In einigen Ausformungen weitet sich das esoterische und okkulte Suchen durch Aufnahme neuerer naturwissenschaftlicher Erkenntnisse und aktueller Weltängste in grenzenlose Spekulation aus, zum Beispiel in Weltuntergangsszenarien mit Ufo-Rettungsaktionen u. ä.[172]
- Dennoch ist der Mißbrauch und die Entartung esoterischer und okkulter Praktiken viel geringer als oft in kirchlichen Kreisen behauptet wird.

Anmerkungen zur „New-Age-Bewegung"

„New-Age" ist ein äußerst schillernder und mißbrauchter Begriff. Er wird entweder verflacht und vermarktend im Sinne einer vermeintlichen geistigen Modeerscheinung mißbraucht oder polemisch verdächtigend gegen alle möglichen spirituellen und geistigen Aufbruchsbewegungen eingesetzt. Menschen, die dem New-Age-Denken wirklich nahe stehen, distanzieren sich immer häufiger von diesem Begriff, so auch Fritjof Capra und viele andere. Im Folgenden versuche ich kurz darzustellen, was mit dem Begriff „New-Age" und der „New-Age-Bewegung" gemeint ist und welches Denken dahinter steht.[173]

„New-Age" heißt wörtlich „Neues Zeitalter". Gemeint ist, daß wir heute in einem Übergang in eine neue Zeitepoche leben, wie es ihn oft in der Kulturgeschichte der Menschheit gab und wie er oben mit dem sich entwickelnden Paradigmawechsel schon umschrieben wurde. Insofern sind die geistigen Väter dieses Denkens all die großen Geistes- und Naturwissenschaftler unseres Jahrhunderts, die den Paradigmawechsel unserer Zeit ansagten und heraufführten. Sie alle sagten in den verschiedensten Varianten an, daß das „Alte Denken", das mechanistische und partikulare Machtdenken der letzten Jahrhunderte, in die Sackgasse und in den Untergang der Menschheit führt, daß ein „Neues Denken", ein neues ganzheitliches und spirituelles Verstehen der Welt und ein neues

ler „Zentrum für Lebensenergie" am 9.11.93 Ursa Paul und die Gruppe meine Frage nach dem Krieg in Bosnien aufnahm: sie wurde in dem oben benannten Sinn in das Suchen nach Heilung integriert, blieb Thema des ganzen Abends und wurde in die Abschlußmeditation des Abends mit hineingenommen.

[172] So z. B. in einer Schweizer Broschüre „Aufruf an die Erdbewohner. Erklärung zur Umwandlung des Planeten Erde und seiner Menschheit in der Endzeit", Gauch-Keller-Selbstverlag.

[173] Vgl. zum Ganzen vor allem G. Breidenstein „Hoffen" S. 165 ff.; E. Gruber „Was ist New Age?"; aus kritischer Position U. Rausch, E. Türk „Geisterglaube" S. 12 f.

ethisches und politisches Handeln nötig und im Entstehen ist. Selbst die nüchternen Studien des Club of Rome sprechen von einer anstehenden „*geistigen Umwälzung kopernikanischen Ausmaßes*".[174] Im spezielleren Sinne sind die Begründer des „New-Age-Denkens" vor allem folgende Geisteswissenschaftler unserer Zeit[175]:

- Jan Gebser (Kulturhistoriker) mit seinem Buch „Ursprung und Gegenwart" (1949/53), in dem er die Bewußtseinsevolution in der menschlichen Kulturgeschichte nachzeichnet: nach den archaischen, magischen, mythischen und mentalen (rationalen) Bewußtseinsstufen gehen wir heute in ein „diaphanes" (durchscheinendes) Bewußtsein oder „Ganzheitsbewußtsein" über, das die Ich-Bindung des Menschen entgrenzt und ihn mit dem Kosmos versöhnt.
- Hugo M. Enomiya-Lassalle (Jesuitenpater und christlicher Zen-Meister) in seinem Buch „Am Morgen einer besseren Welt, der Mensch im Durchbruch zu einem neuen Bewußtsein" (1981), der von einem spirituellen Bewußtsein spricht, das transpersonalen und transrationalen Charakter hat und durch eine evolutionäre Geistentwicklung (Gottes?) im Kommen ist.
- Ken Wilber (amerikanischer Kulturhistoriker und Philosoph) in seinem Buch „Halbzeit der Evolution" (1984), in dem er von einer neuen anstehenden „Bewußtseinsevolution" spricht, in der sich der Mensch aus einem ich-haften zu einem transpersonalen Bewußtsein hin entwickelt.
- Jim Lovelock, Lynn Margulis und Peter Russel, die die „Gaia-Hypothese" entwickelt haben, nach der sich die Erde als ein lebendiges, sich selbst entwickelndes System in einem Bewußtseinssprung im Menschen weiterentwickelt.

Der Grundgedanke ist klar: durch die neue ganzheitliche Sicht der Welt und die Verbindung neuerer naturwissenschaftlicher Erkenntnisse mit philosophischen und spirituellen Einsichten wird die gegenwärtige Weltepoche in ihren ökosozialen Krisen nicht als zerstörerisches Ende gesehen, sondern als Übergang oder „schmerzliche Geburt" einer neuen Zeitepoche auf höherem geistigen Niveau – entsprechend der alten chinesischen Denkweise, nach der „Krise" (das alte chinesische Zeichen „wei-ji") nicht nur „Gefahr", sondern vor allem „Chance" und Durchgangsstufe zu Höherem ist.[176]

Fritjof Capra wird fälschlicherweise oft als Begründer und „Ober-Guru" der New-Age-Bewegung angesehen. Er hat lediglich das Verdienst, die Fülle des Denkens im neuen Paradigma gesammelt

[174] „Die Grenzen des Wachstums" S. 175.
[175] Vgl. zum Folgenden bei E. Gruber „Was ist New Age?" S. 14 ff.; 32 f.; G. Breidenstein „Hoffen" S. 167 f., 185 ff.
[176] Vgl. F. Capra „Wendezeit" S. 21 f.

und komprimiert in seinem Buch „Wendezeit – Bausteine für ein neues Weltbild“ dargestellt zu haben.[177]

Eine esoterische Ausprägung hat das New-Age-Denken besonders durch seine astrologische Deutung mit der Vorstellung des „Wassermannzeitalters“ erfahren. Gemeint ist damit die Tatsache, daß sich der Winkel zwischen Erdachse und Sonnenumlaufbahn in Jahrtausenden leicht verändert und in seiner Verlängerung verschiedene Sternenbilder durchschreitet. In den nächsten Jahrzehnten geschieht dieses Durchschreiten aus dem Sternenbild des Fisches in das des Wassermannes. Nach alten astrologischen Vorstellungen bedeutet das Sternzeichen des Fisches Dunkelheit und Gewalt, das Sternzeichen des Wassermannes Licht, Liebe und Wahrheit. So soll nach dem über 2.000 Jahre herrschenden „Fischzeitalter“ jetzt das befreiende und erleuchtete „Wassermannzeitalter“ beginnen.[178] Zu einer Bewegung wurde „New-Age“ seit den siebziger Jahren hauptsächlich in den USA.

Betrachtet man die New-Age-Bewegung insgesamt, wird man trotz kritischer Vorbehalte viele Vorurteile und Diffamierungen ablegen müssen. Sie ist eindeutig ein geistiges Kind der für das hintergründige Geschehen in unserer Zeit hoch sensiblen spirituellen Suchbewegung.

Anmerkungen zu neuen Sektenbildungen

Überall in der Welt kommt es zu neuen Sekten- und Kirchenbildungen. Man sollte das nicht von vornherein negativ beurteilen, sondern sich an die alte kirchengeschichtliche Grunderkenntnis erinnern, daß neue Sekten immer auch aus Fehlfeldern, Fehlentwicklungen und Vereinseitigungen der Großkirchen und der gesamtgesellschaftlichen Entwicklung – gewissermaßen als Gegenreaktion – entstehen. Auch das Christentum war anfangs innerhalb des Judentums und des Römischen Reiches eine nicht verstandene und diffamierte Sekte! Die erste Frage beim Betrachten von neuen Sekten und Kirchenbildungen sollte darum immer sein: Welche Fehlentwicklung in den sonstigen Kirchen und in

[177] Ich beobachte immer wieder eine höchste Abwehr und Verdächtigung (Angst) gegenüber F. Capra bei bestimmten Kirchenvertretern, die ihn nie gelesen haben, während ich auch bei kritischen Menschen nach deren Lektüre von Capra überwiegend Anerkennung heraushöre. Zu beachten ist Capras kritische Weiterentwicklung, sichtbar in dem Dialogbuch von F. Capra und D. Steidl-Rast „Wendezeit im Christentum. Perspektiven für eine aufgeklärte Theologie“.

[178] Vgl. G. Breidenstein a. a. O. S. 167 und E. Gruber a. a. O. S. 15.

der sonstigen Gesellschaft zeigen sie an? Welche Wahrheitsmomente sind in ihnen verborgen? Und: Warum wenden sich heute gerade junge Menschen neuen Sekten und religiösen Strömungen zu?

Bezeichnend für alle heutigen Sektenbildungen ist wieder das Aufnehmen und Vermischen von besonderen, oft sehr speziellen religiösen Anliegen, aktuellen Weltängsten, psychischen Nöten und (pseudo-) wissenschaftlichen Erkenntnissen.

Für das Beurteilen von neuen Sekten und Kirchenbildungen können folgende negative Kriterien angesetzt werden: 1. ein dogmatisch-exklusiver Anspruch: allein ihre Wahrheit und Methoden seien richtig; alle, die sich dem nicht anschließen, seien verloren; 2. eine stark hierarchisch-autoritäre Struktur: von oben nach unten gestufte Führer, Meister und Lehrer; Unterwerfung und Gehorsam seien nötig; 3. ein stark abgaben- und geschäftsorientiertes Finanzwesen: die Mitglieder müssen viel Geld abgeben und sammeln, es wird „gewinnträchtig" angelegt bzw. von der Führungsschicht undurchsichtig eingesetzt oder verbraucht. Meines Erachtens sind die Scientology Church und die Mun-Sekte von hierher kritisch einzuschätzen.

Positive Kriterien wären: 1. eine offene, dialogfähige spirituelle Suchhaltung; 2. eine Förderung der Freiheit, Eigenverantwortung und Emanzipation des Einzelnen; 3. eine politische Sensibilität und Grundmotivation; 4. keine gewinnträchtigen Bestrebungen, Durchschaubarkeit im Finanzwesen.

Auf jeden Fall sind die neuen Sekten- und Kirchenbildungen als Symptome einer spirituellen Unruhe und eines spirituellen Suchens unserer Zeit ernstzunehmen.

Zweite Zwischenüberlegung

Spiritualität, Paradigmenwechsel und die Frage nach der Kirche

Aus dem bisher Erkannten läßt sich sagen: Spiritualität hat offensichtlich eine Schlüsselfunktion im möglichen Paradigmenwechsel unserer Zeit. Sie zieht sich als ein mehr oder weniger bewußtes Suchen, Fragen und Berührtsein wie ein „Roter Faden" durch nahezu alle geistigen Aufbrüche unserer Tage: im politischen und ökologischen Engagement, oft im Suchen nach psychotherapeutischem Heilwerden bis hin zur neuen ganzheitlichen Weltsicht der Naturwissenschaften – mal mehr in säkularer Form, mal mehr in einer neuen religiösen, esoterischen und naturmystischen Form. Wie wir sehen, ist die neue Spiritualität gekennzeichnet durch ihre Ganzheitlichkeit in der Weltsicht und in der eigenen Lebensgestaltung, durch ihre Öffnung und Sensibilität für Transzendenz und durch ihr alternatives Denken und Empfinden gegenüber den Paradigmen des mechanistischen und materialistischen Weltbildes. Insofern könnte diese Spiritualität eine Kraft sein, nach der wir in der ersten Zwischenüberlegung gefragt haben: die Kraft, die aus den Zwängen des materialistischen Grundirrtums unserer Zeit befreit. Denn das Leben in dieser Spiritualität läßt Werte, Wahrheiten und Kräfte erfahren, die eine rein materielle Befriedigung weit hinter sich lassen. Aus dieser Umkehr in der Denk- und Lebensart der Menschen könnte der notwendige Paradigmenwechsel unserer Zeit und somit die Rettung und Weiterentwicklung der menschlichen Zivilisation kommen.

Freilich gibt es bekannte und berechtigte Einwände gegen diese hohe Wertung der Spiritualität. Die häufigsten sind:

- Ist das Geschilderte nicht doch eine Minderheits- und Außenseiterbewegung? Es sind doch vor allem einige der Intellektuellen, die Sensiblen, Idealisten, die von der spirituellen Suchbewegung unserer Zeit erfaßt sind – eine spirituelle Elite, längst nicht die breite Masse. Diese läuft noch ganz und, so scheint es, immer massiver und getriebener in die alte Richtung der Veräußerlichung und der Ausplünderung des Lebens.
- Ist nicht doch das Äußere und Faktische, die Quantität und das Machbare entscheidend für den weiteren Fortgang der Entwicklung? Was nützen spirituelle Gipfelerlebnisse Einzelner, Meditationsübungen und Gebete einiger Hundert, spirituelle Festivals, Tagun-

gen und Kongresse, in denen ein neuer Geist spürbar ist? Was bewirkt die Fülle von Berichten, Studien und Büchern zur neuen Spiritualität und zum möglichen Paradigmenwechsel, wenn doch zur selben Zeit die Macher in Wirtschaft, Politik und Werbung ganz andere Fakten setzen: weiteres expansives Wirtschaftswachstum, Verführung zu immer höherem Konsum, Ausplünderung der Natur, Ausbeutung der armgehaltenen Völker, Produzieren und Verkaufen von irrsinnigen Waffen usw.? Wird die Geschichte nicht doch viel mehr von diesen Fakten geschrieben als von dem ideellen Anderen?

- Liegt in dem, was als spirituelle Suchbewegung zu erkennen ist, nicht doch zu viel Wunschdenken und Spekulation? Weil man es gerne möchte, sieht man die Dinge so und postuliert Wirklichkeiten und Zusammenhänge, die „objektiv", das heißt unabhängig von der eigenen Idee, gar nicht gegeben sind. Verdächtig gar, wenn ganze Ideologien und Systeme entwickelt werden, die für alles eine Patentlösung anbieten, missionarisch aufeinander einreden und sich gegenseitig bekämpfen. Sicher ist die christliche Warnung vor jeder Form von Selbsterlösungsversuchen ernst zu nehmen, nämlich daß der Mensch immer wieder unbewußt der Versuchung erliegt, sich besonders in Krisensituationen Erlösungswege selbst zusammenzubasteln, die nicht nur an der Realität, sondern auch an wirklicher Transzendenzerfahrung vorbeigehen und Gott zum Abgott machen.

Es ist gut, die eigenen Erkenntnisse und Intuitionen immer wieder an diesen kritischen Fragen zu prüfen. Letztlich läßt sich die Frage, ob die in dieser Studie skizzierte Spiritualität und der angesagte Paradigmenwechsel wirklich diese geschichtliche, zeitwendende Bedeutung hat, vorweg nicht beantworten. Die weitere Geschichte wird es zeigen.

Aber zu bedenken ist zweierlei: Erstens, daß angesichts der sich zuspitzenden Entwicklung in unserer Welt der Frage- und Handlungsdruck in Richtung einer notwendigen geistigen und ethischen Erneuerung von Tag zu Tag bei immer mehr Menschen wächst. Zum Beispiel wird auch in den offiziellen Materialien und Beschlüssen der Weltumweltkonferenz von Rio 1992 und der Weltklimakonferenz 1995 in Berlin deutlich, daß auch die Vertreter aus Politik und Wirtschaft die Sackgasse der bisherigen Entwicklung sehen und die Richtung eines Ausweges zunehmend in einer einschneidenden Korrektur in der Wirtschafts- und Lebensweise und damit notwendig in der Wertorientierung der Menschen sehen.[179]

[179] Siehe „Erdgipfel 1992. Agenda für eine nachhaltige Entwicklung", bes. die Einleitung.

Zum anderen ist deutlich zu erkennen, daß Anfänge von Veränderungen immer mit Minderheiten und Außenseiterbewegungen begannen. Dabei war alles Neue immer auch mit Irrtümern und Widersprüchen verbunden – eben weil auch in den Avantgardisten die Widersprüche zwischen dem Alten und Neuen liegen. Das sagt aber nicht, daß die Richtung nicht stimmen kann. Die Evolutionsgeschichte, die Physik und Chemie zeigen das, was auch in der Menschheitsgeschichte ablesbar ist: den großen qualitativen Veränderungen und Sprüngen gehen immer meist sehr kleine, oft nur spurenhafte Veränderungen voraus. Viele qualitative Änderungen können sich wieder verlieren. Unter bestimmten Voraussetzungen läßt sich vielleicht im Reagenzglas ein qualitativer Sprung voraus berechnen, in der zivilisatorischen Entwicklung der Menschheit aber nicht. Auch das, was z. B. Luthers Thesenanschlag an der Schloßkirche in Wittenberg an tiefgreifenden und die ganze damalige Welt verändernden Umbrüchen auslöste, ließ sich im Oktober 1517 nicht vorhersagen. Ebenso wenig war vorweg berechenbar, was Gorbatschows Perestroika in Gang brachte oder wie es zur Wende in der DDR kam. Vorhergesehen, oder besser vorausgefühlt, haben diese Ereignisse wohl einige Menschen, die hochsensiblen, eher charismatisch veranlagten Sucher, nicht aber die Politik-, Sozial- und Wirtschaftswissenschaftler. Uns bleibt nichts anderes, als äußerst sensibel, wach und bereit zu sein und dem nachzuspüren, was da an Neuem, an Herausforderungen und Chancen zu einer Wende heute im Kommen ist. Daß es ungeheuer viel ist, ist deutlich geworden. Darin sind sich die meisten Zeitanalytiker und Zukunftsforscher einig.

Am sensibelsten und wachsten für eine neue aufbrechende Veränderung müßten eigentlich die christlichen Kirchen sein, in deren Botschaft der Gedanke des aus der Zukunft einbrechenden Neuen zentraler Inhalt ist.

Doch wo stehen die Kirchen in den Bewegungen und spirituellen Aufbrüchen unserer Zeit wirklich?

Es gibt viele Anzeichen und Kräfte eines neuen spirituellen Suchens und eines Paradigmenwechsels auch in den Kirchen. Die Bewegung in den beschriebenen christlichen Umwelt-, Friedens- und Gerechtigkeitsgruppen, der ganze Konziliare Prozeß der Kirche sind deutliche Zeichen dafür. Ebenso das, was in den großen Kirchentagen spürbar wird: ein ganz lebendiges, verlangendes und grenzüberschreitendes Suchen nach den Aufbrüchen Gottes in unserer Zeit. Wie sehr die Ökumenische Bewegung im Zeichen des weltweiten Paradigmenwechsels steht, bezeugt z. B. das Buch des derzeitigen Generalsekretärs des Weltkirchenrates Konrad Raiser „Ökumene im Übergang – Paradigmenwechsel in der ökumenischen Bewegung".[180] Die theologischen Herausforderungen und neuen Denkmöglichkeiten des neuen spirituellen Suchens und des heutigen Paradigmenwechsels haben Theologen wie Matthew Fox, Eugen Drewermann, Jörg Zink, David Steindl-Rast in seinen Gesprächen mit Fritjof Capra, z. T. auch Hans Küng, Jürgen Moltmann und andere aufgenommen. Eine faszinierende Gesamtschau und praktische Verbindung von neuen naturwissenschaftlichen Erkenntnissen, fernöstlichen Meditationspraktiken, alter christlicher Mystik und zeitgemäßer Theologie hat der Benediktinerpater Willigis Jäger und vor ihm schon der Jesuitenpater Hugo M. Enomiya Lassalle entwickelt.[181] Ulrich Duchrow hat in seinen Büchern am eindringlichsten die ökologische und soziale Herausforderung unserer Weltsituation für die Kirchen herausgearbeitet.[182]

Aber aufs Ganze gesehen sind diese Theologen und Bewegungen eher Ausnahmeerscheinungen in den etablierten Kirchen. Sie werden oft genug verdächtigt und diffamiert und auf katholischer Seite mit Lehrverbot und Verlust ihres Amtes ausgegrenzt. Insgesamt gibt es in den Kirchen wie auch an den theologischen Fakultäten eine weitverbreitete erschreckende Ignoranz und Abwehrhaltung voller Vorurteile und Verdächtigungen gegenüber einer neuen Spiritualität. Sicher sind viele kritische Einwände berechtigt, aber meist wird gar nicht hingesehen, sondern von vornherein der Stempel „Sekte", „New Age", „Synkretismus", „Neuheidentum" u. ä. draufgesetzt. Die offiziell mit diesen Fragen beauftragten „Sektenbeauftragten" der Kirchenleitungen sind oft ängstliche Apologeten, die meinen, mit bloßer Abwehr die Kirche überlebensfähig zu halten. Dabei gibt es, wenn man genau hinschaut, auch in den Gemeinden und am Rande der Kirchen noch relativ viele Menschen, die in den Kirchen ein Aufbrechen zu neuen Ufern erwarten. Aber diese werden immer weniger. Für mich ist es sehr schmerzlich, wenn ich in Begegnungen und Gesprächen mit den sensibelsten, suchendsten, klügsten und frömmsten Menschen immer häufiger hören

[180] Siehe hier und bei den folgenden Angaben das Literaturverzeichnis.

[181] Siehe „Suche nach dem Sinn des Lebens – Bewußtseinswandel durch den Weg nach innen". Die katholische Kirche scheint überhaupt eine größere Toleranz gegenüber einer interreligiösen Offenheit zu praktizieren, solange sie nicht ihre Dogmen und Vormachtstellung in Frage stellt.

[182] Siehe besonders sein leidenschaftliches, von den Kirchen leider weitgehend abgelehntes Buch „Weltwirtschaft heute. Ein Feld für Bekennende Kirche".

muß, daß sie, obwohl Jesus und die Bibel für sie höchsten Wert haben, die Kirche enttäuscht und verbittert hinter sich lassen, weil sie sie immer mehr als geistlich ausgetrocknet, viel zu eng und ohne Antwort auf ihr Suchen erlebt haben.

Worin liegen die Gründe für die Ignoranz und Abwehrhaltung eines großen Teils der Kirche?

Ich sehe vier Gründe:

1. Die tatsächlichen Fehlentwicklungen und Mißbräuche am Rand der neuen spirituellen Entwicklungen, die aber wegen ihrer mehr sekundären Bedeutung und neben den viel zahlreicheren ernsthaften und glaubwürdigen Aufbrüchen nicht der entscheidende Grund zur Abwehr sein können.
2. Der unbewußte Fremdenabwehrreflex („Rassismus- und Konkurrenzreflex") gegenüber allem Fremdartigen, besonders wenn es dem Eigenen ähnlich oder verwandt ist, aber anders und unabhängig von mir auftritt und so in dem vermeintlich eigenen Terrain mein Wahrheits- oder Einflußmonopol in Frage stellt. Jeder kennt diese Reflexe in sich selbst. In den Kirchen ist dieser Reflex enorm hoch, angefangen bei kleinen unterschiedlichen Frömmigkeitsgruppierungen bis hin zu den großen konfessionellen Streitigkeiten.
3. Die weitgehende Gefangenschaft der Kircheninstitutionen und der traditionellen theologischen Schulen in den mechanistischen und materialistischen Denkmustern des 19. und 20. Jahrhunderts. Es ist paradox, daß das mechanistische und materialistische Weltbild, das der Kirche mit Beginn der Aufklärung am meisten zu schaffen gemacht hat, von Kirche und Theologie inzwischen so integriert wurde, daß ihnen ein Denken darüber hinaus scheinbar nicht mehr gelingen kann. Beispielhaft sei hier die weitgehende Verkopfung der Theologie besonders im evangelischen Bereich genannt oder eine aufklärerische Theologie, die die Bibel und alle Glaubenserfahrungen nur rationalistisch erklären will oder ein Wirtschaftsgebaren der Kirche, das zuerst an die Macht des Geldes glaubt und auch die Kirche nach den Denkmustern eines kapitalistischen Wirtschaftsunternehmens aufbaut, um ihre Wohlstandsprivilegien zu sichern.
4. Die vermeintlichen oder tatsächlichen Vorbehalte der Bibel gegenüber einer universalen, mystischen oder leiblichen Spiritualität.

Da das letzte wohl der gewichtigste Einwand und bei den meisten Theologen der vorgegebene Hauptgrund für alle Vorbehalte ist, soll in dem III. Teil dieser Studie nach der der Bibel eigenen Spiritualität und Ganzheitlichkeit gefragt werden.

Kapitel III

Spiritualität und Ganzheitlichkeit in der Bibel

Zur Einführung: Den spirituellen Erfahrungen hinter den Texten nachspüren

Spiritualität und Ganzheitlichkeit in der Bibel? Ist mit der herkömmlichen theologischen Auslegung der Bibel nicht schon alles gesagt?

Ich meine nicht. Denn die übliche Auslegung biblischer Texte fragt meist nur nach dem, was der Text zum Ausdruck bringen will. Sie fragt zu wenig nach dem, was an spirituellen Anstößen, Erfahrungen und inneren Bewegungen den schriftlich fixierten Aussagen vorausgegangen ist und ihnen zu Grunde liegt. Dabei bleibt man oft in einer begrifflichen Textanalyse hängen, es kommt zu einer einseitig verkopften und dogmatisierenden Auslegung des Textes, die dann oft im Widerspruch zu anderen Texten steht.

Ich versuche hier, den spirituellen Vorerfahrungen und Bewegungen der Bibel nachzuspüren – also dem, was vor und hinter den Textaussagen an Begegnung mit dem Transzendenten und ihrem folgenden Bewegtsein erkennbar wird. Dabei gehe ich wie auch sonst in der Studie phänomenologisch vor und sehe in einzelnen Abschnitten die inhaltlichen Zusammenhänge der biblischen Bücher durch. Auf die formgeschichtlichen, traditions- und redaktionsgeschichtlichen Zusammenhänge gehe ich dort ein, wo sie etwas von dem geschichtlich-spirituellen Prozeß erkennen lassen.

Ich setze die Kenntnis der wichtigsten biblischen Inhalte voraus, bemühe mich aber so zu schreiben, daß auch Nichttheologen die Ausführungen verstehen und sich ein eigenes Bild machen können. Die Texte zitiere ich teilweise bewußt in einer freien, neuen Übersetzung, um deutlicher das Außergewöhnliche der Aussage hervorzuheben, die in den so oft gehörten Bibelübersetzungen schon zu gewöhnlich erscheint. Bibelstellen gebe ich im Text oder in den Anmerkungen nur dort an, wo sie für das Verstehen der Aussage besonders wichtig sind.

Der aufmerksame Leser wird spüren, daß in den biblischen Betrachtungen indirekt die Fragestellungen aus dem heutigen spirituellen Suchen mitschwingen. Dennoch bemühe ich mich, die biblischen Texte und Intuitionen in ihrem je eigenen Sinn zu erfassen. Zu einer direkten kritischen Gegenüberstellung der biblischen und der heutigen neueren Spiritualität komme ich im Schlußkapitel dieser Studie.

1. Allgemeine spirituelle Phänomene in der Bibel

In diesem Abschnitt frage ich zunächst nach den allgemeinen spirituellen Phänomenen in der Bibel, wie sie vor ihrer Differenzierung erkennbar sind und wie sie weitgehend mit vergleichbaren Erscheinungen in der sonstigen Religiosität übereinstimmen. Es wird sich zeigen, daß gerade auf dem Hintergrund der übergreifenden allgemeinen religiösen Spiritualität, von der ganz selbstverständlich die Bibel ausgeht, das Besondere der biblischen Spiritualität zu erkennen ist.

Spirituelle Grund- und Transzendenzerfahrungen

Will man die Religiosität der Bibel verstehen, ist es gut, sich nicht zu schnell im Einzelnen und Konkreten zu verlieren, sondern zunächst nach den tieferen Schichten biblischer Spiritualität zu fragen. Hier sind religiöse Grund- oder Urerfahrungen zu erkennen, auf denen alle weiteren spirituellen Erfahrungen aufbauen oder sich auf diese beziehen. Ihre wichtigsten Inhalte sind etwa folgende:

- Der Mensch erfährt sich selbst, das Leben und seine ihn umgebende Wirklichkeit nicht als etwas, was er sich selbst gegeben oder gemacht hat, sondern was ihm gegeben und in das er hineinversetzt worden ist.
- Dies erfährt er als von oder aus einer Transzendenz gegeben, die jenseits seiner von ihm einsehbaren und manipulierbaren Wirklichkeit liegt, die ihm „über" ist und die er darum meist im „Himmel" als Ausdruck des Jenseitigen und den ganzen Kosmos Umfassenden ansiedelt; dieses Jenseitige begegnet ihm als etwas „Heiliges", absolut Gutes und Unnahbares.
- Er spürt, daß er eigentlich zu diesem „Heiligen" gehört, aber von ihm abgespalten, getrennt ist, und daß er ihm nicht genügt, sondern an ihm schuldig wird („Sünde").
- Zugleich erfährt er eine Anrede aus dieser Transzendenz, die ihn tief erschüttert und infrage stellt, aber auch begnadet, Wahrheit offenbart und befreit.
- In dieser Begegnung spürt und erfährt er, daß eine „Erlösung" nötig und möglich ist, die ihn wieder mit dem „Heiligen" verbindet; das Verlangen danach oder die Berufung dazu können ihm Sinn, Auftrag und Ziel seines Lebens werden.

Diese spirituellen Grund- oder Urerfahrungen finden sich mit Unterschieden in allen Religionen der Menschheit und sind auch im heutigen spirituellen Suchen vielfach wahrzunehmen. Insofern ist die Bibel zunächst ein Teil des allgemeinen menschlichen spirituellen Suchens und Erfahrens.[183]

Auch in der Weise der Transzendenzerfahrungen gibt es zunächst eine große Ähnlichkeit zwischen der Bibel und anderen Religionen. Fast alle besonderen Offenbarungen Gottes beginnen in der Bibel mit Visionen, Erscheinungen und anderen Medien, in denen sich ein „Jenseits" dem Menschen erschließen will. Die häufigsten Medien von Transzendenzerfahrungen sind Lichterscheinungen, oft verbunden mit besonderen Engelerscheinungen, das Sehen von mystischen Einzelbildern oder Symbolhandlungen. Oft beginnen Offenbarungen mit außergewöhnlichen Naturerscheinungen, auch als naturmystische Erfahrungen. Bemerkenswert ist, daß auch in der Bibel die Höhe des Berges ein sehr häufig benannter Ort der Offenbarung ist. Häufig ist der Schlaf und der Traum das Medium von Visionen, Erscheinungen und besonderen Anreden.

Einen ersten Unterschied zu den Offenbarungsschilderungen in sonstigen Religionen gibt es bei den Umschreibungen der Erscheinungen Gottes selbst. Sie werden entweder nur angedeutet („*Gott erschien ihm*") oder auch in massiven Bildern umschrieben, wobei allerdings Gott selbst nie direkt gesehen wird – eben weil Gott in der Bibel als so heilig, unnahbar und übermächtig empfunden wird, daß ein direktes Sehen zum Tode führen würde.[184]

Eine weitere biblische Besonderheit liegt in der Tatsache, daß Offenbarungen und Transzendenzerfahrungen immer mit Auditionen verbunden sind, also mit dem Hören von Worten oder Botschaften Gottes. Sie geben den Visionen erst ihre Deutung und Dringlichkeit. Manchmal wird auch nur vom „*Reden Gottes*" oder vom „*Ergehen*" oder „*Geschehen des Herren Wort*" gesprochen, ohne daß Erscheinungen, Träume oder sonstige Medien erwähnt werden. In der Betonung des

[183] Vgl. W. Grundmann „Umwelt des Urchristentums", S. 429 ff.; G. Mensching, Th. c. Vriezen, K. Stendal „Sünde und Schuld, religionsgeschichtlich, im AT, im NT", in RGG VI. Band Sp. 476–487; F. Bammel, H.-J. Kraus, P. Vielhauer „Erlösung, religionsgeschichtlich, im AT, im NT" in RGG II. Band Sp. 584–590; vgl. was unter II. 1. zu spirituellen Grunderfahrungen gesagt ist und im ganzen Kapitel II zum Ausdruck kommt.

[184] Vgl. 2. Mose 33,20; Richter 13,22; 1. Kön. 19,12 f.; mehr dazu unter „Bilderverbot" S. 178 f.

Offenbarungswortes liegt wohl ein Hauptgrund dafür, daß die biblische Religion im Unterschied zu anderen Religionen vor allem eine Wortreligion und im geringeren Maß eine Kultreligion wurde.

Zur Frage nach der historischen Wahrheit von Erscheinungsschilderungen und Auditionen sei hier summarisch das gesagt, was für alle biblischen wie für alle Texte des Altertums gilt: durch die Traditions- und Redaktionsgeschichte sind die geschilderten Szenen mit mythologischen Elementen und Stilmitteln der damaligen Zeit ausgemalt und stilisiert worden – meist mit einem bestimmten theologischen Anliegen. Dennoch ist davon auszugehen, daß der historische Kern dieser Erfahrungen mindestens innere Visionen und Auditionen waren, die eine entscheidende Wirkung auf die Menschen hatten. So ist z. B. in der Forschung relativ unumstritten, daß der Anfang des Glaubens an die Auferstehung Jesu tatsächliche Visionen des lebendigen Christus in und unter den Jüngern waren; Ausschmückungen und Erzählungen vom leeren Grab u. a. kamen später dazu.[185]

Neben den außerordentlichen Transzendenzerfahrungen in Erscheinungen und Offenbarungen ist die Bibel voll von spirituellen Erfahrungen im Gebet und im religiösen Kult.

Das Gebet ist die Form des inneren Gespräches mit Gott, in dem der Mensch sich Gott zuwendet und sich ihm öffnet und in dem er Gottes Gegenwart spürt und seine Anrede vernimmt. Oft sind die Gebete der Ort oder der Anfang für ein „*Wort des Herrn*", das im Gebet an den Menschen „*ergeht*". Im Gebet wird die aktive und die passive Seite des Glaubens am ehesten eins: es ist vertrauende Hinwendung zu Gott und empfangende Anteilhabe an seiner erlösenden Kraft. Das Gebet kann ein Ringen und Klagen und Bitten sein. Es kann ein Danken, Loben und Bekennen sein. Es kann sich zu Hymnen und Liedern aufschwingen. Oft haben die Gebete der Bibel einen ausgesprochen meditativen Charakter.[186]

Der Kult mit seinen verschiedenen Riten und Festen hat im Alten Testament die Funktion, daß der Mensch in ihm durch bestimmte rituelle Handlungen (zum Beispiel durch Segenshandlungen, Reinigungen, Opfer u. ä.) und durch kultische Symbole (z. B. durch die Bundeslade, das Passahmahl, Brot und Wein im Abendmahl u. ä.) Anteil gewinnt an dem heiligen Geschehen oder an der heiligenden und heilenden Kraft Gottes. Es gibt einmal Riten und Feste, die den natürli-

[185] Vgl. z. B. Hans Grass „Ostergeschehen und Osterberichte" S. 183 ff., 233 ff.

[186] Meditative Gebete z. B. die Psalmen 18; 22; 31; 36; 39; 49; 51; 73; 139 u. a.

chen Rhythmen des Lebens und der Jahreszeiten entsprechen, z. B. Feste zur Beschneidung des Knaben, zur Entwöhnung des Kindes, zur Hochzeit, zum Begräbnis; den Sabbat, das Neujahrsfest, verschiedene Erntefeste wie das Laubhüttenfest u. a. Viele dieser Feste sind in Israel von den kanaanäischen Ureinwohnern und deren Naturreligion übernommen worden. Bedeutsamer wurden in Israel Feste und Kulte, die das Heilsgeschehen erinnern und vergegenwärtigen sollten, z. B. das Passahfest, das Massotfest (Fest der ungesäuerten Brote), das Purimfest (Befreiung aus persischer Fremdherrschaft), das Tempelweihfest, das Versöhnungsfest. Verschiedene natürliche Feste, die von der Umwelt aufgenommen wurden, bekamen später eine Umdeutung im Sinne der Israelitischen Heilsgeschichte.[187] Hier zeigt sich die kultkritische Tendenz in der Bibel an, der wir im 2. Abschnitt weiter nachgehen.

Im Neuen Testament findet sich einerseits ein selbstverständliches Eingebundensein in jüdische und auch hellenistische Feste, Riten und Kulte, andererseits aber schon bei Jesus und deutlicher bei Paulus eine Relativierung und kritische Auseinandersetzung mit überkommenen Kulten und Festen. Urchristliche Hauptriten und Feste werden das Abendmahl und die Taufe und die Herausbildung des *„Herrentages“* als späterer Sonntag.[188]

Ganzheitlichkeit des Glaubens und der Vorlauf spiritueller Erfahrungen vor deren Fixierung

Glaube und Spiritualität werden in der Bibel ganz und gar ganzheitlich gesehen und gelebt, also ganz selbstverständlich aus leiblichen, gefühlshaften und intuitiven Erfahrungen heraus. Schon die Sprache und Begrifflichkeit der Bibel ist nie nur rational und nie abstrakt, sondern immer auf leibliche und seelische Erfahrungen bezogen. Besonders im Alten Testament wird der Leib und die Gestalt des Menschen als eine gute Gabe Gottes und als etwas Schönes gewertet, in die Gott unmittelbar hineinwirkt. Mit Leib und Seele soll sich der Mensch Gottes freuen. Im Neuen Testament wird der Leib des Menschen als *„Tempel Gottes“* angesehen und das Bild vom Leib wird als Bild für Christus und seine Gemeinde benutzt.[189]

[187] Vgl. zum Ganzen E. Kutsch „Feste und Feiern in Israel“ in RGG II. Band Sp. 910 ff.

[188] Vgl. H.-D. Wendland „Feste und Feiern im Urchristentum“ in RGG II. Band Sp. 117 ff.

[189] Leib als Tempel Gottes in 1. Kor. 6,19; vgl. Phil. 1,20; Leib als Bild für Gemeinde und Christus Röm. 12,5; 1. Kor. 12. Eine negative Wertung des Leiblichen kommt erst durch

Die Offenbarungen Gottes und die Erfahrungen des Glaubens drükken sich in leiblichen Zeichen aus: der Prophet Hosea soll mit seiner Ehe bzw. mit seiner Huren-Beziehung Gottes Werben und Gottes Gericht über sein Volk ausdrücken; der Prophet Jeremia benutzt ein Joch oder Töpfergefäße, um die Botschaft leiblich erlebbar den Menschen nahezubringen. Jesus lebte und sprach, wie wir weiter unten genauer sehen werden, ganz und gar ganzheitlich. Der Kult in Israel war voller leiblicher und symbolischer Handlungen. Der spirituelle oder kultische Tanz gehörte zum Gottesdienst und konnte in besonderen Situationen zum ekstatischen Tanzen („*Verzückungen*“) führen.[190] Auch das Gebet ist in der Bibel nicht nur ein geistiges Geschehen, sondern immer ein Beten mit Leib und Seele. Es gibt das kontemplative und meditative Beten, auch heute unmittelbar ansprechend z. B. in Psalm 139. Es wird selbstverständlich unter Einbeziehung des Körpers gebetet. Das „*Aufheben der Hände zum Himmel*“ oder das „*Niederfallen*“ vor Gott sind die üblichsten Gebetshaltungen. Die im Altertum und in allen Religionen praktizierte „*Proskynese*“, das unterwerfende und anbetende Niederfallen, geschah auch vor hochstehenden Menschen, vor Königen, Engeln und Dämonen und angesichts erschütternder Situationen, bleibt aber im Judentum und Christentum zunehmend der Gebetshaltung vor Gott bzw. Christus vorbehalten.[191]

Schon von der Ganzheitlichkeit des gelebten Glaubens her ist deutlich, daß der Glaube in der Bibel primär immer ein Erfahrungsglaube war. Was man ganzheitlich erlebt, ist immer zuerst und viel tiefer Erfahrung als nachfolgende Reflexion. Primär für den Glauben in der Bibel ist die Offenbarung, also die spirituelle Erfahrung in den verschiedensten Formen von Visionen, Auditionen, Träumen, Begegnungen und besonderen geschichtlichen Ereignissen. Beispiele sind hierfür alle entscheidenden glaubenssetzenden Ereignisse in Israel: die Väterberufungen, die Befreiung aus Ägypten, die Sinai-Offenbarung, die von den Propheten gedeuteten Geschichtsereignisse u. a. Und ebenso im Neuen Testament: die Erfahrungen der Menschen mit dem irdischen

den gnostisch gefärbten Begriff des „Fleischlichen“ als Ort der Sünde bei Paulus und Johannes hinzu; vgl. Joh. 3,6 aber vgl. 1,14; Röm. 7,18 ff.; dazu unten mehr!

190 Vgl. Davids Tanz vor der Bundeslade, 2. Sam. 6,4 f., 13 ff.; Miriams Tanzen nach dem Durchzug durch das Rote Meer, 2. Mose 15,20 f.; vgl. auch die häufigen Hinweise in den Psalmen auf das Tanzen und Singen vor Gott, z. B. Ps. 30,10; 149,3; Jer. 31,12.; ekstatisches Tanzen 1. Sam. 19,19; 1. Könige 18,29; zur religionsgeschichtlichen Bedeutung des Tanzens siehe A. Schimmel in RGG VI. Band Sp. 612 ff.

191 Vgl. Th. Ohm „Proskynese“ in RGG, V. Band Sp. 641.

Jesus, die Ostererfahrung der Jünger, die spirituellen Erfahrungen des Paulus und der anderen Apostel und der ganzen Urgemeinde waren Anstoß, Inhalt und immer wieder neue Nahrung des Glaubens. Das Fassen des Glaubens in Lehre, Gesetz, Dogma und Verkündigung ist in der Bibel immer etwas Nachfolgendes und Sekundäres.[192] Bemerkenswert ist, daß Gesetz, Verkündigung als Lehre und Glaube als Fürwahrhalten von Glaubensinhalten (Dogmenglaube) immer dann an Stellenwert und Gewicht gewannen, wenn unmittelbare Glaubenserfahrungen weniger wurden und schwanden – so besonders in der nachexilischen Gemeinde Israels und in den „frühkatholischen Briefen“ des Neuen Testamentes ablesbar.[193] Nicht erst Jesus, Paulus und Johannes, sondern schon die Propheten des Alten Testamentes mußten gegen die Dominanz von Lehre und Gesetz und gegen ihre Erstarrung kämpfen, um den Raum für freie und theologisch nicht festlegbare spirituelle Erfahrungen wiederzugewinnen.

Trotz des eben Gesagten gibt es Spiritualität in der Bibel nicht nur durch unmittelbare Transzendenzerfahrung, durch Visionen und Auditionen oder im Gebet und Kult, sondern auch im Erzählen und Reflektieren, d.h. in der Überlieferungsgeschichte alten Traditionsgutes, und in der Redaktionsgeschichte biblischer Bücher. Wenn im alten Israel die Geschichten Gottes mit den Vätern im Zelt oder im Kreis des versammelten Sippenverbandes *„von Vater zu Sohn“* weitererzählt wurden, dann ereignete sich dabei Spiritualität, das heißt, die Erfahrung von Transzendenz, Anrede, Führung und Befreiung sprang im Erzählen über. Darum das Gebot im Alten Testament: *„Wenn dich dein Sohn fragen wird: was sind das für Weisungen und Geschichten..., dann sollst du deinem Sohn erzählen...“*.[194]

Im Erzählen der *„Taten Gottes“* wurde wohl überlieferungsgetreu erzählt, aber nie ohne aktuellen Bezug, so daß im Erzählen die Gegenwart neu aufleuchtete und in das offenbarende Heilshandeln Gottes mit

[192] Ken Wilber findet in seinen religionsgeschichtlichen Untersuchungen in allen Religionen den Unterschied zwischen dem Dogmenglauben als ein „Fürwahrhalten“, der Frömmigkeit als gelebte Religiosität z.B. im Gebet und Kult und der spirituellen Glaubenserfahrung in Mystik und Offenbarung („Gipfelerfahrungen“); vgl. K. Wilber „Der Glaubende Mensch“ S. 93 ff.

[193] Siehe hierzu die gesetzlichen Züge im deuteronomistischen Geschichtswerk, bes. in Esra und Nehemia, und in den späten Propheten wie Daniel, Sachaja und Haggai; vgl. Sellin-Rost „Einleitung in das AT“ S. 96f., 140 ff.; vgl. G. v. Rad „Theologie des AT“, I. Band bes. S. 349; II. Band S. 275 ff. Zum NT vgl. Marxen „Einleitung in das NT“ bes. S. 192 ff.; H. Conzelmann „Theologie des NT“ bes. S. 317 ff; 323 ff.

[194] 5. Mose 6,20 ff.; Ps. 78,6 f.

einbezogen wurde. Und ebenso war es in der Redaktionsgeschichte der biblischen Bücher. Im Zusammenstellen der verschiedenen, ursprünglich oft unabhängigen Erzählstücke geschah aktuelle Deutung, Inspiration und neues offenbarendes Sehen – so z. B. in der Überlieferung der Schöpfungsgeschichte. Mit einer genialen geistlichen Kraft haben die Verfasser des Deuteronomistischen Geschichtswerkes die beiden Schöpfungserzählungen und die Urgeschichten in 1. Mose 1 bis 11 den Vätergeschichten in 1. Mose 12 ff. vorgeordnet und damit den angefochtenen Gemeinden in der Exil- und Nachexilszeit um 550 v. Chr. gezeigt, daß der Vätergott als der Schöpfergott auch Herr der „heidnischen Götter und Mächte" ist.

Im Neuen Testament ist die Überlieferung der Jesusgeschichten in vier verschiedenen Evangelien ein spannendes Beispiel, wie die jeweiligen Verfasser je nach ihrer eigenen Situation und der ihrer Adressaten die Gestalt Jesu neu zum Sprechen brachten – eben jeweils so, daß aus dem überlieferten Wort eine neue unmittelbare Anrede wurde. Als kleines Beispiel sei nur auf die Erzählung von der Sturmstillung hingewiesen, die Matthäus im Zusammenhang der Nachfolgesprüche so einordnete, daß die angefochtene Gemeinde zu seiner Zeit (um 80 n. Chr.) hierin ein Bild für die Gegenwart Jesu im Sturm der Welt sehen konnte.[195] Hier, meine ich, in der Spannung vom Hören auf das Überlieferte, im Wahrnehmen der neuen Situation und im Zulassen der eigenen Betroffenheit ereignet sich Spiritualität: Erfahrung von Transzendenz, innerer Anrede und neuen Wertsetzungen – ein hermeneutischer Grundvorgang, der in jeder guten Predigt geschehen sollte und der in jeder lebendigen religiösen Überlieferung geschieht.

Einbeziehen der Weltbilder und ganzheitliche Weltsicht [196]

Auch bei der Frage nach den Weltbildern in der Bibel fällt uns das eben benannte hermeneutische Prinzip auf: Einerseits übernimmt die Bibel in großer Unbefangenheit und ganz selbstverständlich die verschiedensten Elemente der jeweils herrschenden Weltbilder und benutzt sie zur anschaulichen Verdeutlichung der zu vermittelnden spirituellen Erfah-

[195] Mt. 8,16 ff. und 23 ff.

[196] Vgl. zu diesem Abschnitt F. M. Th. de Liagre Böhl „Weltbild im Alten Orient"; F. C. Grand „Griechisch-römisches Weltbild"; H. W. Herzberg „Weltbild im AT"; E. Dinkler „Weltbild im NT" in RGG VI. Band Sp. 1611–1621; auch H. Conzelmann „Theologie des NT" S. 32 ff.

rungen. Andererseits verändert sie oder verläßt sie vorgegebene Weltvorstellungen, wo sie der eigenen Glaubenserfahrung widersprechen.

In die Bibel aufgenommene Weltbilder sind vor allem folgende: Elemente des Nomadenweltbildes aus der Frühzeit der Stämme Israels; Elemente des Babylonischen Weltbildes aus der Zeit des 6. bis 4. Jahrhunderts v. Chr.; aus den Zeiten vorher und später finden sich überall verstreut Elemente ägyptischer, sumerischer und persischer Weltvorstellungen; in neutestamentlicher Zeit herrschte das Ptolemäische Weltbild.

So unterschiedlich und vielfältig die verschiedenen in der Bibel benutzten Weltbilder auch sind, sie haben doch alle entsprechend der ganzen Zeit des Altertums bis zum Ende des Mittelalters und wie in den meisten anderen Religionen drei Konstanten:

1. Es gibt immer ein „Diesseits“ und ein „Jenseits“: eine jenseitige, transzendente Welt Gottes und die Welt des Menschen mit seinen sichtbaren und handhabbaren Erscheinungen im alltäglichen Leben.
2. In der jenseitigen Sphäre oder zwischen der Welt Gottes und der Welt des Menschen gibt es eine unsichtbare geistig belebte Welt mit den verschiedensten Engel- und Geistwesen; den „*Himmlischen Heerscharen Gottes*“, auch den negativen „*Mächten*“, den Dämonen und Totengeistern. Meist wurde die Welt insgesamt nach dem Schema des „Dreietagenweltbildes“ gedacht: eine göttliche Welt „oben“, eine irdische Welt des alltäglichen Lebens auf der Erde und die „*Unterwelt*“ oder „*Zwischenwelt*“ der Engel und geistigen Mächte, wobei allerdings in der Bibel Gott immer über allem gedacht ist und ein Dualismus von Gott und Gegengott abgewehrt wird.
3. Die Welt wird immer ganzheitlich gesehen: das heißt, das „Jenseitige“ wirkt immer in das „Diesseitige“ ein und umgekehrt; es gibt wohl eine Unterscheidung, aber keine wirkliche Trennung zwischen innerlich und äußerlich, zwischen naturgesetzlicher Kausalität und wunderhaftem Wirken Gottes oder der jenseitigen Welt, zwischen geistlich und weltlich, zwischen objektiv und subjektiv usw.; Priester, Propheten und andere „*Gottesmänner*“ waren oft auch Ärzte, „Naturwissenschaftler“ und Gelehrte.[197]

Mit dieser unbefangenen Aufnahme des sonstigen Denkens und der jeweils aktuellen Weltbildvorstellungen gab es in biblischer Zeit nie Verstehensprobleme im sprachlichen und begrifflichen Vermitteln

[197] Vgl. z. B. Lk. 17,14: Jesus schickt die Aussätzigen zu den Priestern, daß diese ihre Heilung feststellen.

spiritueller Erfahrungen und der zu verkündigenden Botschaft. Was vorstellungsmäßig gemeint war, war immer deutlich, wenn auch die Glaubensaussage damit noch lange nicht übernommen werden mußte, sondern oft strittig war.

Das ist aber nur die eine Seite des Umganges mit Weltbildern in der Bibel. Das andere ist dies, daß die Bibel die jeweils herrschenden Weltbilder immer relativiert oder immer nur in Fragmenten aufgenommen hat und sie nie zu einem System, zu einer Kosmologie ausbaute, wie es in den Nachbarreligionen geschah. Der Grund dafür liegt in der Unterordnung aller weltbildhaften Vorstellungen unter geschichtlich begegnende Glaubenserfahrungen oder Glaubensinhalte und darum unter eine geschichtliche Weltsicht: wo Weltbildelemente der erfahrenen Glaubenswahrheit widersprachen, wurden diese fallen gelassen, gebrochen oder bekämpft. Das gehört zu den Besonderheiten der alttestamentlichen und neutestamentlichen Spiritualität, die in den folgenden Abschnitten betrachtet werden.

2. Das Besondere der alttestamentlichen Spiritualität

Offenbarung als Berufung und Eröffnung von Geschichte

Im Alten Testament wird wesentlich stärker, als es in sonstigen Religionen der Fall ist, Transzendenzerfahrung als persönliche Berufung und als ein Aufreißen und Bewegen von Geschichte wiedergegeben. Dabei ist deutlich eine Entwicklung zu sehen, die aus einer engeren auf die einzelne Person, die eigene Sippe und den eigenen Stamm bezogenen Offenbarung zur Anrede und Verheißung für das ganze Volk Israel und dann zur universellen Weitung für die ganze Völkerwelt und den Kosmos führt. Schauen wir im Einzelnen die wichtigsten Elemente dieser Bewegung an.

Zu den Berufungserfahrungen in den Vätergeschichten

Die Geschichte Israels und der Glaube Israels gründet sich in der Berufung und in der Verheißung, die die Ahnen („Erzväter") dieses Volkes, Abraham, Isaak und Jakob, erfahren haben. Ursprünglich waren diese Berufungsgeschichten getrennt überlieferte Stammessagen aus der vorgeschichtlichen Zeit Israels (vor 1200 v. Chr.), die sich später auf Grund ihrer Ähnlichkeit miteinander verbanden und dann der eigentlichen Geschichte Israels, die mit dem Auszug aus Ägypten und der Sinaioffenbarung begann, vorgeordnet wurden. In ihrer langen Überlieferung haben die Vätergeschichten verschiedene Ergänzungen und Interpretationsanreicherungen aus der späteren Glaubensgeschichte Israels erfahren.

Als ältester Kerninhalt sind zwei Verheißungen deutlich zu erkennen:

1. Die Verheißung eines neuen Landes, einer neuen Heimat, in die Gott die als Nomaden lebenden Sippenverbände der „Erzväter" führen will;
2. die Verheißung eines Nachkommen bzw. einer großen Nachkommenschaft, die in dem verheißenen Land zum großen Volk werden wird.

In der späteren Überlieferung sind die Väterverheißungen durch folgende Motive und Glaubenserfahrungen angereichert worden:

- das Verlassen des Bisherigen, Aufbruch ins Neue und Ungewisse immer wieder und darin die Bewährung des Vertrauens auf Gott;
- der Bundesschluß- und Erwählungsgedanke: Gott erwählt sich ein

Volk, auf das er einen besonderen Segen legt (stammt aus der späteren Sinaitradition);

- die Ausweitung dieses Segens auf die ganze Völkerwelt (kann schon aus der Zeit Davids und Salomos um 1000 v. Chr. stammen und ist in der späten Geschichte Israels besonders wichtig geworden).

Die erstaunliche spirituelle Erfahrung in diesen Berufungsgeschichten war die, daß sich hier ein Gott offenbarte, der sich nicht primär wie sonst in den damaligen Religionen an bestimmte heilige Orte und Naturerscheinungen bindet, sondern an Menschen, die als Nomaden ohne Ortsbindungen waren und im Umherziehen nicht nur auf örtliche, sondern auch auf zeitliche Bewegung, also auf Geschichte hin orientiert waren – etwa in der ständigen Frage: Was wird das Morgen und das neu zu findende Land bringen? Hier begegnete ihnen ein Gott, der sie aus einem statischen Leben am Ort und aus einer zyklischen Wiederholung im Kreislauf der Natur herausriß und auf eine Zukunft hin in Bewegung brachte, die nicht Produkt ihrer Vorsorge war, sondern von Gottes Verheißung und Gottes vorlaufendem Handeln bestimmt wurde.

Zu den Geschichtserfahrungen der charismatischen Führer, Richter und Könige im frühen Israel

Die in den Vätergeschichten überlieferten Erfahrungen verdichteten und konkretisierten sich in der Zeit des Zusammenwachsens der zwölf Stämme Israels und der Einwanderung in das Land Kanaan (nach 1200 v. Chr.). Spirituelle Schlüsselerfahrungen waren in dieser Zeit:

1. die Befreiung aus der Sklaverei in Ägypten als erste große politische Gotteserfahrung;
2. die Sinaioffenbarung als Bundesschluß, der die Väterverheißung zur Erwählung und Berufung des ganzen Volkes ausweitet und durch die Setzung von Geboten das Volk bindet und schützt;
3. die Wüstenerfahrung als Anfechtung, Führung und Bewahrung durch Gott und als Bewährung des Glaubens und der Treue zu Gott;[198]
4. die Landnahme als erste Erfüllung der Verheißung.

Schlüsselfigur in dieser Epoche ist die charismatische Gestalt des Mose. Durch eine besondere Gotteserscheinung erfährt er die ursprünglich unterschiedenen Stammesgötter der einzelnen Vätergestalten als

[198] Daß in die Zeit der Wüstenwanderung die ganze deuteronomistische Gesetzgebung Israels hineingelegt wurde, zeigt, daß gerade die karge und angefochtene Wüstenzeit als Grundlegung der Erwählungs- und Glaubensgeschichte und als Bundesschlußzeit Israels verstanden wurde; so auch bei den Propheten Hosea 2,17; Amos 5,25; Jeremia 7,22 ff.

den einen Gott „*Jahwe*", der sich als ein befreiender Gott der Zukunft offenbart. Und in dieser Offenbarung erfährt er zugleich eine besondere Berufung und einen speziellen politischen Auftrag, nämlich das versklavte Volk aus Ägypten herauszuführen. Sein charismatisches Führertum in der langen Wüstenzeit zeigt sich in immer wieder neuem Sehen der Wege Gottes (viele kleinere Gottesoffenbarungen) und in der immer wieder neuen Bindung des Volkes an Gott.[199]

Nach dem Tod des Mose treten in dem längeren Prozeß der Landnahme charismatisch begabte politische Führerpersönlichkeiten, die sogenannten „Richter" auf. Ihnen ist in hervorgehobener Weise die Gabe der politischen und oft auch kriegerischen Führung gegeben, ebenso die Gabe, die Stämme zusammenzuhalten und an Gott zu binden. Ihr Sehertum geht zunehmend in die Gabe der prophetischen Geschichtsansage über (besonders bei Elia und Samuel). Der Zug der geschichtlich-politischen Führung durch Jahwe tritt stark hervor.

Ein wichtiger Einschnitt ist die Entstehung des Königtums nach der Landnahme. Die damit stärkere Bindung der Geschichte an eine menschliche Instanz und Herrscherperson, wie sie in den Königtümern der umliegenden Völker üblich war, wird als Spannung zu der bisher mehr unmittelbaren Führung durch Gott gesehen: ein Volk, das „*wie die Heiden*" an die Stelle Gottes einen weltlichen Herrscher setzt, provoziert den politischen Mißbrauch staatlicher Macht mit allen seinen Folgen gegen sich selbst.[200] Doch im Ringen um das Israelitische Königtum kommt es zu wesentlichen Unterschieden zum sonst üblichen Königtum: nicht geborener, sondern von Gott immer wieder neu erwählter König; der König nicht als autonomer Herrscher, sondern an Gottes Gebote und Gottes Auftrag gebunden. Jeder König muß sich neu an seinem Gehorsam gegen Gottes Gebote messen lassen. Er ist zum charismatischen Führertum fähig, solange er Gott treu bleibt.[201] Und vor allem tritt dies immer wieder in den Vordergrund: der König ist nicht um seiner selbst willen da, sondern er wird in die Zukunfts- und Verheißungsgeschichte Gottes hineingenommen. In der Erwählung und Verheißung an David und in der Bestätigung dieser Verheißung für Salomo gewinnt die Grundverheißung an Israel einen universellen und an ein zukünftiges messianisches Königtum gebundenen Charakter.[202]

[199] Z. B. 2. Mose 17,1–7; 19,3 ff.; 2. Mose 32–34 und viele andere.
[200] So in 1. Samuel 8; 9,17–25!
[201] Siehe bes. Sauls Verwerfung 1. Samuel 15.
[202] 2. Samuel 7 und 1. Könige 9.

Zur Gotteserfahrung und Geschichtsansage der Propheten

Das Prophetentum des Alten Testamentes ist für unser Thema „Politische Spiritualität im Umbruch der Zeit“ außerordentlich wichtig und ertragreich. Hier will ich nur auf die wichtigsten Momente hinweisen.[203]

Prophetenerscheinungen gab es im alten Orient auch außerhalb Israels. Und das, was in den „Schriftpropheten“ des Alten Testamentes wiedergeben ist, ist nur ein Teil dessen, was in viel breiterer Weise im alten Israel gelebt hat.

In Israel gab es die vielfältigsten Formen des Prophetentums. Die Begriffe „Seher“, „Gottesmänner“ und „Propheten“ waren z. T. auswechselbare Bezeichnungen. Gemeint war im zunächst unspezifischen Sinne die Gabe des inneren Sehens von sonst verborgenen Zusammenhängen und kommenden Ereignissen, wie sie sich aus der jenseitigen göttlichen Welt mitteilten. Gesehen wurde das in Visionen und Auditionen, oft in ekstatischen Zuständen oder mit Orakelpraktiken verbunden. Es gab so etwas wie „Berufspropheten“, angestellte Kultpropheten und Propheten des Königshauses. Es gab prophetische Gemeinschaften, Schulen (Jüngerschaften) und prophetische Zentren und Siedlungen (Kommunitäten). Und daneben gab es freie Propheten, Menschen, die durch plötzliche außerordentliche visionäre oder ekstatische Ereignisse aus ihrem normalen Leben herausgerissen und in ein meist leidvolles Prophetenleben gerufen wurden.

Das Besondere der alttestamentlichen Prophetie ist: 1. ihre außerordentliche Gotteserfahrung, 2. ihre einzigartige Sicht der Geschichte, 3. ihre äußerst direkte politische Aktualität und Brisanz.

Die Berufung der Propheten setzte immer mit außerordentlichen Gotteserfahrungen oder Gottesbegegnungen ein: Gott erschien in visionären Erscheinungen und Auditionen, die oft als mystische Empfindungen und mit mythischen Bildern umschrieben wurden. Gott wurde als übermächtig und als unmittelbare Begegnung mit dem Heiligen erfahren, als zornig und erbarmend zugleich, vor allem aber als eine Anrede, der sich der Mensch in keiner Weise entziehen konnte und die ihm zum unerbittlichen Auftrag mit einer erschreckenden und eigentlich unfaßlichen Botschaft wurde. Dies wurde als tiefste persönliche

[203] Zum Ganzen vgl. G. v. Rad „Theologie des AT“ II. Band „Die Theologie der prophetischen Überlieferung Israels“ bes. S. 20 ff., 62 ff., 112 ff.; und S. Sundkler „Propheten religionsgeschichtlich“; R. Meyer, J. Fischer und A. Jepsen „Propheten in Israel“ in RGG V. Band Sp. 608–633.

Erschütterung erfahren, die bis an die Todesgrenze führen konnte und aus dem bisherigen Leben vollkommen herausriß.[204]

Der Inhalt der empfangenen und weiterzusagenden Botschaft war insgesamt ein doppelter: einmal wurde die aktuelle Geschichte als Niedergang und als Gericht Gottes gedeutet und zum anderen wurde eine zukünftige Geschichte als Neuanfang Gottes angesagt, der alles bisherige überbietet.

Im Einzelnen konnte das je nach geschichtlicher Situation sehr unterschiedlich aussehen. In der älteren Königszeit, als wirtschaftliche und politische Macht noch im Wachsen war und äußerlich gesehen alles sicher zu sein schien, aber der innere Zerfall schon im Gange war, dominierte bezeichnenderweise die Gerichtsbotschaft: Israel, besonders auch sein Königtum, hat die von Gott gegebene Lebensordnung verlassen, somit den Bund mit Gott gebrochen, seine Erwählung damit verspielt und wird darum nicht das verheißene Friedensreich Gottes erlangen; es wird vielmehr durch politische Katastrophen und in Naturkatastrophen zerstört werden.[205] Die schuldhafte Ursache dafür wird in etwa folgenden Verfehlungen gesehen: in der Abkehr von der Jahwefrömmigkeit und im Anbeten fremder Götter, in einer selbstherrlichen Bereicherungs- und Machtpolitik des Königs und der sonstigen politischen Führungsschicht, im politischen Taktieren mit ausländischen Mächten, statt im Vertrauen auf Gott Politik zu gestalten, im Zulassen von sozialem Unrecht, von Lüge, Ausbeutung, Raub und Unmoral.[206]

In der Zeit des Niedergangs, als erst das Nordreich durch die Assyrer (721 v. Chr.), dann das Südreich durch die Babylonier (587 v. Chr.) zerstört wurde, wurde das aktuelle Geschehen als genau dieses Gericht Gottes politisch gedeutet. Zugleich trat neben die Gerichtsbotschaft verstärkt die Ansage eines neues Anfanges, den Gott setzen wird, ein neues rettendes und heilendes Handeln Gottes in der Geschichte. In vielen Bildern und mit den verschiedensten Anknüpfungen an die alten Zusagen und Heilserfahrungen wird es ausgedrückt: Gott wird aus dem „abgehauenen Stumpf" des zerstörten Reiches einen *„neuen Zweig"* emporwachsen lassen, einen neuen messianischen König erwecken, seinem Volk ein neues Herz, einen neuen Geist geben, ein neues Volk erwählen, einen neuen Bund schließen, es neu herausführen und so sei-

[204] So bes. bei Jesaja 6, Jeremia 1 ff., Hesekiel 2 ff., Jona u. a. zu sehen.

[205] Vgl. z. B. Jes. 5,1–7 („Weinberglied"); 9,25; Jer. 5 und 6; Jer. 7 und 26 („Tempelrede").

[206] So besonders in Jes. 5,8 ff.; 9,12 ff.; 10,1 ff.; 27,7 ff.; 29,9 ff.; Jer. 2,1 ff.; 5,26 ff.; 7; 8; 22; 23; Hes. 5,5 ff; 16; Amos 4; 5; 6.

nen „Schalom“ in Israel und mit Israel für die ganze Welt letztlich doch aufrichten; es wird ein Friedensreich sein, in dem alles Unrecht überwunden ist, in dem alle Menschen zur Erkenntnis Gottes gekommen sind, in dem alle Völker in den Frieden Gottes hineingefunden haben und in dem auch die Tiere, Berge und Hügel und Meere, die ganze Schöpfung, ihren Frieden finden.[207] In der Zeit nach der Zerschlagung Israels, im babylonischen Exil und danach (ab 586 v. Chr.) dominierte dann diese neue Heilsbotschaft, die vor allem trösten und ermutigen sollte, aber auch klare neue Weisungen gab.[208]

Auffällig bei dieser politisch-spirituellen Deutung der Geschichte ist dies, daß sowohl Gerichtsansage wie auch Verheißung von einer mehr engen, aktuellen und nationalen Deutung sich immer mehr zu einer universalen, die ganze Völkerwelt einbeziehenden Deutung ausweitete und daß der politische Horizont immer mehr einen eschatologischen Horizont bekam: Es werden immer deutlicher Dinge angesagt, die in den herkömmlichen Kategorien politischer und sozialer Gegebenheiten nicht aufgehen, sondern transzendente Dimensionen einer geschichtlichen Verwandlung dieser Welt ansagen. In der späteren jüdischen (und christlichen) Apokalyptik bekam diese Bewegung eine kosmische Ausweitung sowohl in der Vorstellung einer kosmischen Zerstörung wie auch in der Ansage einer kosmischen Erneuerung der ganzen Welt.[209]

Dennoch muß gesehen werden, daß die alttestamentliche Prophetie, auch da, wo sie den aktuellen Horizont überschritt, immer ein aktuelles Wort in der Gegenwart sein wollte: mit der Deutung der Geschichte wollte sie z. T. ganz konkret das gegenwärtige politische Handeln der Mächtigen und das Leben der Menschen verändern. Sie verstand sich als ein Ruf zur Umkehr, zum Neuanfang mit Gott, zum Leben, wie es Gott meint. Die Umkehr, die jetzt möglich ist, könnte die Geschichte noch wenden bzw. den angesagten Frieden Gottes heraufführen: *„Suchet den Herrn, so werdet ihr leben, daß er nicht herniederfahre wie ein verzehrendes Feuer“*.[210]

Deutlich und verständlich ist allerdings, daß die Propheten bei ihren

[207] So besonders in Jes. 2,1–5; 9,1–6; 11,1–9; 32; Jer. 23,4 ff.; 31; 33; Hes. 11,9; 33,23; 36,26 ff.; 37; Micha 4,1 ff.; 5,1 ff.

[208] So besonders der Zweite und Dritte Jesaja, Esra und Nehemia und Daniel.

[209] Vgl. Andeutungen schon in Joel 2,10; 3,15; besonders in Daniel (z. B. 12,1 ff.) und in den Apokryphen Henoch, Jes. Sirach u. a.; vgl. Offenbarung des Joh. im NT. Siehe G. v. Rad „Theologie des AT“, II. Band S. 120, 128 und 314 ff.

[210] Amos 5,6; vgl. V. 14; Jes. 7,9; 30,15; 31,6; Jer. 3,14 ff; 4,1 ff; 7,1 ff; 29,13; Hes. 18,23; 33,11 u. v. a.

Zeitgenossen weitgehend auf Unverständnis stießen, zum Teil gefürchtet und gehaßt waren und von den Herrschenden verfolgt wurden. Ihre Botschaft war eine äußerst radikale Infragestellung alles Bisherigen, nicht nur der Politik und des sozialen Verhaltens, sondern auch der herrschenden Theologie und des Kultes am Tempel, an sonstigen Heiligtümern und am Königshof. Daß Einsicht und Umkehr auch bei den Politikern nicht ganz unmöglich war, zeigen einzelne Begegnungen zwischen den Propheten und den Königen,[211] wie auch das sicher idealisierte Bild in der Novelle von Jona und der Stadt Ninive. Erst nach der Katastrophe, in der Exilszeit und in der nachexilischen Zeit, begriff Israel, daß das durch eigene Schuld verursachte Gerichtshandeln Gottes notwendig war und ist, damit Gott seinen Verheißungen treu bleiben kann – allerdings in einem viel weiteren Sinne, als es Israel in seinem engen, national begrenzten Horizont oft sehen konnte.[212]

Auf Grund dieser aktuellen politischen Direktheit und Eindringlichkeit der alttestamentlichen Prophetie – sie war eine ständige Einmischung des Geistlichen in das Politische – kann man von einem politischen Prophetismus oder von einer politischen Spiritualität im Alten Testament reden, wie sie meines Erachtens in dieser Direktheit in kaum einer anderen Religion zu finden ist.[213]

Insgesamt kann gesagt werden, daß in den Propheten *„eine unerhörte Wachsamkeit des Lauschens auf die großen geschichtlichen Bewegungen und Veränderungen ihrer Gegenwart“* sichtbar wird und daß sie durch ihre Botschaft manchmal das mit heraufführten, was sie ansagten.[214] Durch ihre politische Spiritualität entwickelte sich das in den Väterverheißungen und in der charismatischen Führung des Volkes schon angelegte einzigartige Geschichtsverständnis: Geschichte ist nicht das Festigen einer sich stabilisierenden und ständig wiederholenden (Heils-) Ordnung, sondern sie ist das geschichtliche Hineinkommen einer Transzendenz in unsere Welt auf eine ganz offene und alles überschreitende Zukunft hin. Darum ist Geschichte für den Menschen immer Infragestellung des Bisherigen, Ruf und Herausforderung zum Neuaufbruch auf einen göttlichen Horizont zu.

[211] So die Begegnung zwischen Hiskia und Jesaja in Jes. 37 und die z. T. geheimen Gespräche zwischen Zedekia und Jeremia in Jer. 21,34; 37,17; 38.

[212] Siehe z. B. Jes. 43,22 ff. und im ganzen deuteronomistischen Geschichtswerk; vgl. G. v. Rad a. a. O. I. Band S. 332 ff.

[213] Vgl. G. v. Rad a. a. O. I. Band S. 105.

[214] So G. v. Rad a. a. O. II. Band S. 126; vgl. auch R. Meyer „Propheten in Israel“ RGG V. Band Sp. 617.

Gottes Geschichte als politisches Handeln und seine Parteilichkeit für die Entrechteten

Da die politische Spiritualität in der üblichen Auslegung der Bibel zu wenig hervorgehoben wird, will ich im Folgenden auf einige Züge des politischen Handelns Gottes besonders hinweisen.

Schon in den Vätergeschichten hat Berufung, Verheißung und Führung durch Gott politische Konsequenzen. Denn Abraham, Isaak und Jakob sollen ja in einem Land Heimat finden, in dem schon Menschen wohnen. Es kommt zu Berührungen und Konflikten, die das Zusammenleben der Familien und Sippen in kriegerischen Handlungen oder in Anpassungen, Kompromissen und Befriedungen verändern. Dies alles steht nach biblischen Texten nicht unter der Willkür der Menschen, sondern unter einer Führung durch Gott. Politisch massiver wird es in der Exodusgeschichte: die Befreiung Israels aus Ägypten. Mose bekommt in einer außerordentlichen Gottesoffenbarung und Berufung den politisch höchst brisanten Auftrag, das als Sklavenvolk gehaltene Israel in die Freiheit zu führen. Nachdem politische Verhandlungen mit dem Pharao wirkungslos bleiben, kommt der illegale Ausbruch, eine kriegerische Verfolgung und am Schilfmeer die Errettung durch das Gebet des Mose und durch Gottes Wunderhandeln. Auch in der langen Wüstenwanderung und vollends bei der Landnahme in Kanaan wird in allen politischen Konflikten und Kämpfen das politische Geschehen immer wieder als eine spirituelle Berufung und Führung durch Gott erfahren – bis hin zu den „heiligen Kriegen" im Namen Jahwes, so unbegreiflich sie uns auch heute sind.

Hier wird eine erste politische Parteilichkeit Gottes deutlich. Es ist seine Parteilichkeit für sein Volk, die sich durch das ganze Alte Testament zieht und auch bei den Propheten trotz ihrer Kritik am eigenen Volk deutlich ist. Es ist allerdings nicht eine Parteilichkeit Gottes aufgrund irgendwelcher Vorzüge dieses Volkes, sondern weil Gott es mit einer Berufung und Beauftragung für seine Welt erwählt hat.[215] Wie wir schon oben sahen, fällt das Volk aus seiner Erwählung heraus, wenn es dieser Berufung nicht entspricht.

Eine zweite politische Parteilichkeit Gottes wird in den Geboten und in der Gesetzgebung Israels deutlich. Es ist Gottes Parteilichkeit für die sozial Benachteiligten und politisch Entrechteten. Im Sinaibund gibt Gott die Zusage, für sein Volk da zu sein; und er verpflichtet sein Volk,

[215] 1. Mose 12,3; 2. Mose 19,6.

in den Lebensordnungen Gottes zu bleiben.[216] Als Rahmen und Umschreibung dieses Bundes werden die Gebote und in deren Weiterentwicklung die ganze Israelitische Gesetzgebung gegeben. Die Gebote, bzw. das „Gesetz" haben eine zweifache Funktion: 1. sie sollen das Volk an Gott binden (die ersten vier Gebote nach biblischer Zählung, auch die „1. Tafel" genannt), 2. sie sollen im Zwischenmenschlichen das Leben vor Willkür und Unrecht schützen (die Gebote 5–10, bzw. die 2. Tafel der Gebote).

Dabei wird überall im Alten Testament deutlich, daß die Bindung an Gott Voraussetzung für das Gelingen der zwischenmenschlichen Ordnung ist. Diesen Grundzug von göttlichen Geboten gibt es auch in anderen Religionen. Außergewöhnlich ist aber, daß in der Konkretisierung der zwischenmenschlichen Gebote im Alten Testament eine äußerst starke Schutzfunktion für die Schwachen, Armen, Entrechteten und Fremdlinge festgeschrieben wird – und dies nicht nur im Sinne einer göttlichen Barmherzigkeit, sondern im Sinne einer politischen Innovation. Fast stereotyp taucht immer wieder die Formel „*Witwen und Waisen, Fremdlinge und Arme*" auf. Es waren die Menschen, die im damaligen sozialen Leben sonst rechts- und schutzlos und darum sehr schnell der Willkür und der Ausbeutung durch Stärkere ausgeliefert waren. Ihnen wird durch auffällig viele Satzungen und Gebote ein besonderer Schutz und oft auch eine besondere Fürsorge gewährt: sie sollen die gleichen Rechte haben wie der Vollbürger; vor Rechtsbruch oder Benachteiligung im Gericht sollen sie besonders geschützt werden; beim Abernten der Felder soll im Sabbatjahr, aber nicht nur dann, sondern auch sonst, Erntegut reichlich liegen gelassen werden, damit sie sich versorgen können.[217] Im Fluchkatalog wird auch der unter Gottes Fluch gestellt, der sich an Armen, Fremdlingen, Witwen und Waisen vergeht.[218]

Deutlich wird diese Intention auch in der Bestimmung der Königsfunktion: Gott hat dem König in besonderer Weise den Schutz der Armen und die Wahrung des Rechtes anvertraut. Wo er dies mißachtet oder sich selbst auf Kosten des Schwächeren begünstigt, wird er von Gott verworfen.[219]

Auch der Kampf der Propheten ist ganz und gar von der sozialpolitischen Parteilichkeit Gottes durchdrungen. Sie decken in schonungslo-

216 2. Mose 19,1 ff.; 24,1 ff.; 34,10 ff.

217 Vgl. besonders 2. Mose 22, 20–26; 23,11; 3. Mose 19,10; 5. Mose 1,16 ff.; 24,14 ff.

218 5. Mose 27,11 ff.

219 S. 2. Sam. 5,2; 8,15 und die Nathanrede in 12,11 ff.; 1. Kön. 2,3; 3,16 ff.; Jes. 21,11–14.

ser Weise das soziale Unrecht in Israel auf: die Mehrung von Land und Besitz der Mächtigen durch Raub an den Armen, die Ausbeutung und Übervorteilung der Armen und Schwachen, die Korruption und Bestechlichkeit, die Prunksucht, die öffentliche Lüge, die verlogene Frömmigkeit, die im Kult das eigene Unrecht zu bemänteln sucht, die falschen Priester und Kultpropheten usw.[220] Der innere Niedergang Israels und die äußeren politischen Katastrophen werden als zwangsläufige Folge der sozialen Zerrüttungen gedeutet. Aus dem Bruch der heiligen Lebensordnungen Gottes kommen die politischen Katastrophen: Israel wird selbst wieder zum Sklavenvolk anderer Völker. Nur aus reiner Barmherzigkeit und in Treue zu seiner eigenen Liebe wendet sich Gott seinem Volk wieder zu und setzt einen neuen Anfang. So sind auch die Verheißungen der Propheten von der sozialen Parteilichkeit Gottes und seinem umstürzenden politischen Handeln geprägt. Sie sagen von dem kommenden Messias: „*Er wird mit Gerechtigkeit richten die Armen und mit dem Stabe seines Mundes den Gewalttätigen schlagen.*" [221]

Hinter dieser sozialen Parteilichkeit stehen folgende spirituelle Erfahrungen und theologische Reflexionen:

1. die heilsgeschichtliche Erinnerung: Israel hat ja in Ägypten am eigenen Leibe die Not der Fremdlingsschaft erlitten, aus der Gott sein Volk befreit hat;
2. die Sabbatvision: Wie das Volk die Befreiung aus Ägypten als eine Art „Ursabbat" erlebt hat, so soll es im wöchentlichen Sabbat die Befreiung von der Last der Arbeit und das Heimfinden in den Schalom Gottes immer wieder erleben und es soll dies auch denen schenken, die heute in besonderer Weise unter der Last der Unfreiheit und Abhängigkeit leiden, also den Fremdlingen, Sklaven, Armen.[222]
3. die Gebetspraxis: In den Gebeten Israels wird Gott als Fürsprecher und Beschützer der Armen, Entrechteten und Fremden bekannt und angerufen.[223]

Insgesamt ist deutlich, daß die politische Spiritualität und soziale Parteilichkeit der Bibel im eschatologischen Geschichtshandeln Gottes

[220] Siehe besonders Jes. 1,15–17; 5,8–10; Jer. 5,26–31; 7,5 ff.; 22,1 ff.; Hes. 22,6 ff.; 33; 34; Amos 5,10–13; Micha 6,9 u. a.

[221] Jes. 11,4; vgl. Jes. 9,6; 61,1–11; Jer. 23,5; 33,15 u. a.

[222] 5. Mose 5,14; 2. Mose 23,10–11; 3. Mose 25; 5. Mose 15,12–18; vgl. J. Moltmann „Gott in der Schöpfung" S. 290 ff.

[223] Z. B. Ps. 9,10; 10,14; 22,25; 40,18; 69,34; 72,4; 82,3–4 jeweils im Kontext.

gegründet ist. Gott wird erfahren als eine geschichtlich-eschatologische Bewegung aus seiner Transzendenz heraus in diese Welt hinein – auf den „Schalom Gottes“ zu, der alles Unrecht in dieser Weltzeit überwindet. Diese Bewegung hat eine starke Anrede- und Veränderungskraft; sie sucht die Bekehrung der Herzen und will die Veränderung der Verhältnisse.

Gottes Unverfügbarkeit: der Gottesname und das Bilderverbot

Der Name einer Gottheit hat in allen Religionen eine besondere Bedeutung. In ihm offenbart sich etwas vom Wesen, der Kraft und der Heiligkeit Gottes. Wer den Namen der Gottheit kennt und anruft, hat Zugang zu ihr, kann in das Mysterium (Geheimnis) Gottes eindringen und Anteil an seiner Kraft und Heiligkeit gewinnen. In der ständigen Wiederholung des Gottesnamens kann es ein mystisches Einswerden, eine Verschmelzung mit Gott geben. Mit der Kenntnis und dem Gebrauch des göttlichen Namens ist eine gewisse Verfügbarkeit, eine gewisse Macht über die Gottheit gegeben. Deswegen wird in manchen Religionen oder Mythen der Gottesname geheimgehalten und nur den Eingeweihten anvertraut. Auch im Alten Testament hat der Name Gottes eine äußerst wichtige Bedeutung. Doch geht sein Gebrauch in eine ganz andere Richtung.[224]

In den Vätergeschichten gab es ursprünglich verschiedene Stammesgötter mit unterschiedlichen Bezeichnungen, zum Beispiel der „*Schrecken Isaaks*“ oder der „*Starke Jakobs*“, die aber, auf Grund der gleichen Geschichtserfahrung von Berufung, Verheißung und Führung zusammenwuchsen zu der einen Vorstellung vom „*Gott der Väter*“.[225] Erst in der Mosezeit kam es zur Offenbarung eines Gottesnamens, in dem sich alle Glaubenserfahrungen Israels bündelten. Nach 2. Mose 3 fragte Mose in seiner Berufung nach dem Namen der ihn rufenden und beauftragenden Gottheit, damit er sich vor seinem Volk mit seiner unglaublichen Befreiungsbotschaft glaubhaft machen könne. Gott offenbarte sich hier mit seinem Namen „Jahwe“, der bei allen sprachlichen Erklärungsschwierigkeiten doch so viel bedeutet wie: „*Ich werde sein*“ oder „*Ich werde sein, der ich sein werde*“. Damit ist eine doppelte Um-

[224] Vgl. W. Philipp „Name Gottes“; C. A. Schmitz „Namenglauben religionsgeschichtlich“ RGG IV. Band Sp. 1298–1302; K. Baltzer „Namenglauben im AT“ in RGG IV. Band Sp. 1302–1304.

[225] Siehe 1. Mose 31,53; 49,24; vgl. G. v. Rad „Theologie des AT“ I. Band S. 170 ff.

schreibung Gottes gegeben: Gott wird da sein, erfahrbar sein, für sein Volk da sein; es wird seine Gegenwart und sein Für-sie-Dasein in seiner Geschichte immer wieder erleben. Gott wird aber immer auch anders sein und neu sein, unberechenbar und unverfügbar; er ist in seinem Handeln nicht festzulegen, sondern immer wieder nur im neuen Wahrnehmen und im Folgen seiner oft ganz anderen Wege erfahrbar. Also Zusage und Unverfügbarkeit zugleich sind im Jahwenamen angesagt. Und dies wird auch im Gebrauch des Jahwenamens deutlich: nur das älteste Traditionsgut des Alten Testamentes, der „Jahwist" (um 1000 v. Chr.), gebraucht die Jahwebezeichnung ohne Einschränkung.[226] Die späteren Überlieferungsstränge, der „Elohist", die „Priesterschrift", die deuteronomistische Redaktion der Geschichtsbücher wenden den Jahwenamen nur an hervorgehobenen Stellen an, benutzen sonst die allgemeine Gottesbe-schreibung „Elohim" oder den Gottestitel „Adonai". In noch späteren Büchern, im Buch Ester, in Hiob, im Prediger Salomos, im Hohen Lied, fehlt die Jahwebezeichnung ganz. Im späten Judentum entwickelte sich die Tendenz, den Jahwenamen nur im Gottesdienst zu gebrauchen. Der „Sitz im Leben" des Jahwenamens war nicht der Alltag, nicht das Signalisieren von profanen Eigeninteressen, sondern der Kult, der Segen, das Ergehen eines prophetischen Wortes, der Schwur und der heilige Fluch.

Der Grund dieser Haltung und Entwicklung liegt in der Ehrfurcht vor der Heiligkeit und Kraft des Jahwenamens, oder besser in der geschichtlichen Erfahrung, daß Gott sich offenbart und gibt, aber darin – wie besonders die Propheten immer wieder gezeigt haben – der ganz Andere, Überraschende und Unverfügbare bleibt. Darum darf der Jahwename auf keinen Fall mißbraucht und entheiligt werden. Das Dritte biblische Gebot schärft es ein: „*Du sollst den Namen Jahwes, deines Gottes, nicht mißbrauchen, denn Jahwe wird den nicht ungestraft lassen, der seinen Namen mißbraucht!*" [227]

Bei dem Bilderverbot in Israel verhält es sich ähnlich. Fast in allen anderen Religionen gibt es Gottesbilder und deren Verehrung. Im Gottesbild wird die Gottheit, ihre Heiligkeit und Macht, präsent. Damit ist nicht gemeint, daß die Gottheit tatsächlich das Aussehen und die Gestalt des Bildes hat, sondern daß sich in der Symbolgestalt des Bildes, zum Beispiel in der Haltung, im Blick, in der Vielzahl der Arme

[226] Leider hat Luther in Anlehnung an die Septuaginta den Jahwenamen immer mit „Herr" übersetzt, so daß die unterschiedliche Benennung Gottes aus der Lutherbibel nicht mehr zu ersehen ist.

[227] 2. Mose 20,7; 5. Mose 5,11.

oder Brüste, im Phallus, in der Stiergestalt und ähnlichem die besondere Eigenart und Macht der Gottheit offenbart. Vom Bilde gehen heilende, heiligende und offenbarende Wirkungen aus. Und in der Verehrung und Anbetung, im Kleiden und Speisen, auch im Schlagen des Gottesbildes tut man dies an der Gottheit, um so Macht über sie zu gewinnen, bzw. um so an der Macht und Heiligkeit der Gottheit Anteil zu bekommen. Die Religionen um das alte Israel waren allesamt stark an Bilderverehrungen gebunden, wobei Natur- und Fruchtbarkeitsbilder für die Gottheit im Vordergrund standen. Allerdings gab es auch in anderen Religionen und in der hellenistischen Aufklärung Kritik am Bilderkult, und auch einige nichtbiblische Religionen, zum Beispiel die vedische, persische und japanische, hatten kaum Gottesbilder. Und doch ist die Ablehnung der Bilderverehrung und ihre Radikalität im Alten Testament, wie sie sich im Zweiten biblischen Gebot ausdrückt, einzigartig.[228]

Worin liegt der Grund für das Bilderverbot?

Im Alten Testament sind drei Motive für das Bilderverbot erkennbar[229]: Einmal ist es das Eifersuchts- und Unterscheidungsmotiv: die Götter der Nachbarreligionen wurden in Naturbildern verehrt; neben dem Jahwegott kann es aber keine anderen Götter geben; damit es keine Vermischung und Verwechslungen gibt, soll es keine Verehrung Gottes im Bild geben. Zum anderen ist es das andere Weltverständnis bzw. der biblische Schöpfungsgedanke: alles in der Welt, auch die Natur, ist Schöpfungswerk Gottes und hat in sich keine Qualität und Macht irgendeiner Gottheit; die Verehrung Gottes in irgendeiner Naturerscheinung oder in einer von Menschen gemachten Figur ist ein Klein- und Lächerlichmachen des unfaßlichen, über allem stehenden Jahwegottes. Gewichtiger ist aber das andere Offenbarungsverständnis: Gott gibt sich vor allem in seinem Wort, in seinem befreienden Geschichtshandeln, auch in kultischen Zeichen wie im Sabbat oder in der Bundeslade, aber darin bleibt er unverfügbar; das Kultbild würde aber zur sakralen Manipulation Gottes verführen und wird darum als Sakrileg abgelehnt.[230]

Deutlich wird insgesamt, daß in der biblischen Spiritualität Gott

[228] 2. Mose 20,4–5; vgl. C. H. Ratschow „Bilder und Bilderverehrung religionsgeschichtlich“, RGG I. Band Sp. 1268–1271.

[229] Vgl. zum Folgenden G. v. Rad „Theologie des AT“ I. Band S. 211 ff.; B. Gemser „Bilder und Bilderverehrung im AT und im NT“ RGG I. Band Sp. 1271–1273.

[230] So besonders in 5. Mose 4,15–20, auch 3. Mose 26,1 ff.; Hos. 11,2; Ps. 115,1–11.

sich zwar ganz dem Menschen öffnen und ihm in persönlichster Weise nahe sein kann – mit Mose und den Propheten verkehrt er im Gebet in vertrautester Weise wie mit einem Freund „*von Angesicht zu Angesicht*" und das „Angesicht Gottes", also die persönliche Zuwendung Gottes, soll seinem Volk immer vorangehen[231] – und dennoch bleibt Gott ganz im unverfügbaren Gegenüber. Der Mensch darf und soll Gottes nicht mächtig werden wollen, denn damit würde er Gott zum Götzen machen und den lebendigen und wahren Gott verlieren. Diese Unverfügbarkeit Gottes sollte durch das Bilderverbot und durch die heilige Scheu vor dem Namen Gottes in besonderer Weise gesichert werden.

Spannung zwischen priesterlicher und prophetischer Spiritualität

In Israel gab es von früh an ein ausgeprägtes Kultwesen und Priestertum. Hauptfunktion des Kultes und seiner Priester war, ähnlich wie in anderen Religionen: die Pflege des Heiligtums (in der Frühzeit das Heilige Zelt und die Heilige Lade, dann die Tempelheiligtümer im Land), das Bereiten und Darbringen von Opfern, die Gottesbefragung (Gottesorakel), das Feststellen von „*rein*" und „*unrein*" (auch gesund oder krank), die Sammlung und Auslegung der Gesetze, später auch der heiligen Schriften, Sammlung kultischer Lieder und Gebete u. a.[232] Die kultisch-priesterliche Spiritualität sucht die Einbindung des Menschen in die Heilige Ordnung, neigt zum Kreislauf- und Wiederholungsdenken, sakralisiert die Lebensrhythmen wie Geburt, Hochzeit und Tod, Aussaat und Ernte, die Erinnerung der Heilsgeschichte und hat eine stark statische und stabilisierende Tendenz. Die charismatisch-prophetische Spiritualität dagegen deutet Geschichte und Ereignisse, stellt in Frage, reißt Geschichte auf, sagt Neues an, führt nach vorn und hat eine stark dynamische und verändernde Tendenz.[233] Beide Formen der Spiritualität liegen in allen Religionen von ihrer unterschiedlichen Intention her in Spannung zueinander, aber sie müssen nicht im Gegensatz zueinander stehen oder sich gar ausschließen. Sie können vielmehr wie zwei Pole einander ergänzen und zusammenwirken.

[231] 2. Mose 33,11 ff.; 4. Mose 6,25f!; Ps. 42,6 ff; 51,13; ähnlich bei den Propheten z. B. Jer. 1; 12; Hiobs Gespräche mit Gott, Hiob 40–42.

[232] Vgl. K. Koch „Priestertum in Israel" RGG V. Band Sp. 574–578;

[233] Vgl. zum Ganzen G. v. Rad a. a. O. I. Band S. 100 ff.: „Sakrales Amt und Charisma im alten Israel".

So wird es wohl in der frühen Zeit Israels, in der Vorkönigszeit, gewesen sein: Mose war Prophet, Richter, Heerführer und Priester zugleich. Ähnlich waren die sogenannten „Richter“ Heerführer und Älteste des Volkes, Charismatiker und Priester in einem. Der „Seher“ und „Gottesmann“ konnte mehr Priester oder mehr Prophet sein. Das Gottesorakel war priesterliche Aufgabe, konnte sich aber auch zur prophetischen Ansage ausweiten. Jeder Hausvater konnte priesterliche Funktionen wahrnehmen, aber auch vom Geist Gottes ergriffen werden. An den verschiedenen freien Kultstätten siedelten sich freie Priester und freie (Kult-) Propheten an.

Anders wurde es mit der Ausbildung des Königtums unter David und Salomo. Es kam zur Institutionalisierung und Zentralisierung des Kultwesens in Jerusalem. Es entstand so etwas wie ein „Staatskirchentum“: der Tempel war Besitz des Königs, der König war Herr und Leiter (auch oberster Priester?) des Kultwesens; er stellte eine große Menge von Tempelpriestern und Tempelpropheten ein und stellte den ganzen Kult unter seinen Schutz und unter sein Diktat. Damit mußte es zum Konflikt zwischen Kult und freiem Prophetentum kommen. Denn jetzt hatte der Kult eine primär staatsstabilisierende Funktion und konnte nicht mehr offen für das freie und kritische Geschichtswirken Gottes sein. Das zeigte sich auch in den politischen, sozialen und religiösen Entwicklungen, die die Königszeit bis zu ihrem Niedergang überwiegend prägte. Es kam durch die Bündnis- und Heiratspolitik der Könige mit ausländischen Mächten immer wieder zur Aufweichung des Jahwekultes und zur Einführung fremder Kulte in den eigenen Heiligtümern; die königlichen Priester mußten sich dem offenkundig beugen. Mit der Einführung des Geldsystems und der Konzentration von Landbesitz in der Hand weniger kam es zwar zum wirtschaftlichen Aufschwung, aber zugleich zur Ausbeutung und sozialen Verelendung einer breiteren Bevölkerungsschicht, wie es das alte Israel nicht gekannt hatte. Das beamtete Priestertum stellte sich dem nicht entgegen, sondern profitierte davon. Es kam zur Aufweichung und zum Vergessen der Jahwegebote bzw. zu ihrer Beugung durch die Mächtigen; das Priestertum ließ sich dazu korrumpieren.

Es ist erstaunlich, wie nach den biblischen Berichten Gott durch außerordentliche Berufungen eine große charismatische Gegenbewegung kommen ließ: das freie kultkritische Prophetentum der Königszeit. Die großen Propheten kamen z. T. aus der Führungsschicht in Jerusalem – Jesaja war Gesetzes- und Weisheitslehrer in Jerusalem, Hesekiel war Priester am Tempel. Durch außerordentliche Erschütterungen wurden sie aus ihrem bisherigen sozialen und religiösen Status herausgerissen. Oder sie kamen wie Amos, Hosea und Micha vom Land, in dem sich die Jahwefrömmigkeit eher hielt und das unter der Last des Königtums besonders litt. Ihre Kritik war ein frontaler Angriff auf Kult und Regierungspolitik und auf den moralischen und sozialen Zerfall im Land und hatte etwa folgende Konkretionen[234]: Aufdecken und Anklage des sozialen Unrechtes („Blutschuld") der Reichen an den Armen; Aufdecken und Anklage der öffentlichen Lüge und der Rechtsbeugung, der Bestechlichkeit und Korruption bei der Rechtssprechung; Anklage des Königs und der ganzen Führungsschicht, die das ihr von Gott gegebene „Wächteramt" für das Recht und den Schutz der Schwachen verließen und nur die eigene Bereicherung suchten; Anklage der falschen Priester, die aus opportunen Gründen das Gesetz und den Kult beugten und die Einführung fremder Götter mitmachten; Anklage der falschen Propheten, die als Angestellte des Königs gegenüber den Krisenzeichen der Zeit beschwichtigende Heilsprophetie verkündigten und das Volk in falscher Sicherheit wiegten.

Das Urteil der Propheten war hart und mußte maßlos erscheinen: *„So spricht der Herr: Ich bin euren Feiertagen gram und mag eure Versammlungen nicht riechen..."* Solange Gottesdienst und Tempelkult das Unrecht verbrämen und nicht überwinden, schaffen und wirken sie nicht Heil, sondern im Gegenteil: Gottes Gericht; Gott selbst wird den Tempel und seinen Kult vernichten. Nur eine radikale Umkehr kann das Leben des Volkes, des Königs und der Einzelnen retten; diese Umkehr heißt, das Böse verlassen, zur Wahrheit zurückfinden, das Recht wieder aufrichten, das Gute an den Entrechteten tun.

Wie ist die Kultkritik der Propheten insgesamt einzuschätzen und zu werten? Gewiß nicht so, daß die Propheten den Kult und das Priestertum an sich ablehnten. Hesekiel, der selbst Priester gewesen war, geißelte die Verlogenheit des offiziellen Kultes, predigte dann aber die Vision eines neuen Tempels und eines erneuerten Kultes. Deutlich wird vielmehr, daß der Kult, wenn er vor Gott bestehen will, keine das Unrecht verbrämende, vom Alltag trennende, entpolitisierende und Gott manipulierende Funktion haben darf; er soll vielmehr eine dem geschichtlichen und politischen Handeln Gottes dienende, begleitende und nachfolgende Funktion haben. Denn grundlegend und primär für alle Gotteserfahrung und Spiritualität ist die persönliche und ge-

[234] Siehe zum Folgenden die kultkritischen Reden Jes. 1,10 ff.; Jer. 7; Amos 5; Micha 6; Hes. 22,11 ff.; 33; 34.

schichtliche Begegnung mit Gott in welcher Form auch immer: durch eine Vision, in außerordentlichen Offenbarungen und Berufungen oder durch das stille Gebet und Hören auf Gottes Wort oder auch durch das Erleben eines kultischen Ritus. Entscheidend ist, daß diese Begegnung in die Geschichte und Biographie kritisch und verändernd hineinspricht und auf eine offene eschatologische Zukunft Gottes in der Geschichte hinführt. Dient dem der Kult, hat er seine gute spirituelle Funktion; blockt der Kult dies ab, steht er unter Gottes Gericht. Diese Frage und Spannung zieht sich durch die ganze weitere Geschichte Israels, sie wird durch Jesus und im Neuen Testament noch einmal sehr virulent und prägt die kirchengeschichtlichen Auseinandersetzungen bis in die Gegenwart.

Die Urgeschichten als universelle Weitung der Heilsgeschichte und als Säkularisierung der Welt [235]

In den ursprünglichen Glaubenserfahrungen und ältesten Glaubensbekenntnissen Israels war die Schöpfung kein Thema. Israel hat Gott in der Geschichte erfahren; Leben war Geschichte, nicht Kosmologie. Darum war das Weltverständnis Israels geschichtlich, nicht ontologisch geprägt.[236]

Ganz anders war es in den Religionen im Umfeld Israels: in der sumerischen, der ägyptischen und babylonischen Religion, in der Naturreligion und den Fruchtbarkeitskulten der Kanaanäer. Hier spielten die Vorstellungen von der göttlich-mythischen Entstehung der Welt eine zentrale Rolle: aus der Schaffung und Teilung göttlicher Mächte wird sowohl die Entstehung der Welt wie auch ihre innere Ordnung und der Sinn menschlichen Lebens abgeleitet.[237]

Als Israel mit diesen Vorstellungen in Berührung kam, mußte es sich den Fragen nach der Weltentstehung stellen oder genauer der Frage, was sein Geschichtsgott mit den Gedanken der Weltschöpfung und der

[235] Zum Folgenden vgl. bes. von G. v. Rad a. a. O. I. Band S. 140 ff.; G. Liedke „Im Bauch des Fisches".

[236] Als älteste Formulierung Israelitischen Glaubens gilt 5. Mose 6,21 ff.

[237] So z. B. im babylonischen Schöpfungslied von der Entstehung der Welt durch den Lichtgott Marduk und den Meeresgott Tiamat; vgl. F. M. Th. de Liarge Böhl „Weltbild im alten Orient" RGG VI. Band Sp. 1612; vgl. zum Ganzen auch C. M. Edsmann „Schöpfung religionsgeschichtlich" und G. E. Wrigth „Schöpfung im AT" in RGG V. Band Sp. 1469–1476.

Ordnung in der Natur zu tun hat. Es hat in zweierlei Weise reagieren können: einmal im Aufnehmen und eigenen Entwickeln von Schöpfungs- und Naturaussagen, die staunend und lobend die Größe Gottes in der Natur bekennen und dies unvermittelt neben die Heilsgeschichte stellen – so ist es in Seitensträngen der alttestamentlichen Schöpfungstheologie, der Weisheitsliteratur, geschehen, zum Beispiel in Hiob 38 und in Psalm 104, die wir weiter unten betrachten. Zum anderen konnte es die fremden Schöpfungsmythen kritisch reflektieren, umformen und in die spirituelle Sicht und theologische Reflexion der Heilsgeschichte ein- und unterordnen.

Israel ist vor allem den zweiten Weg gegangen. In der Zusammenstellung der Urgeschichten in 1. Mose 1–11 durch den „Jahwisten" und die „Priesterschrift" hat es den Vätergeschichten, der Exodus- und Erwählungsgeschichte – also der grundlegenden Heilsgeschichte Israels – die Schöpfungs- und Urgeschichten so vorgeordnet, daß die Heilsgeschichte in einen universellen Horizont gestellt wurde. Inhaltlich hat es das in doppelter Weise getan. Erstens wird die Frage nach dem Woher der Welt, der Natur und ihrer Grundordnung aufgenommen und von den Glaubenserfahrungen in der Geschichte mit Gott beantwortet: Wie Gott sein Volk, so hat Gott auch die Welt gerufen, erwählt und geschaffen; wie Gott seinem Volk eine Heilsordnung gegeben hat, so hat Gott auch der Natur eine lebenserhaltende Ordnung gegeben – so wird es in den priesterlich und jahwistischen Schöpfungsbekenntnissen 1. Mose 1 und 2 dargestellt. Zweitens werden die Grundfragen des Lebens aufgenommen, wie sie schon lange in der Weisheitstradition bedacht wurden, zum Beispiel die Frage: Woher kommt das Böse und wie geht Gott damit um. Und diese Fragen werden wieder von den Erfahrungen der Heilsgeschichte her beantwortet: Aus der Treulosigkeit und in Auflehnung gegen Gott kommt das Böse und das Unheil, die Folgen fallen auf den Menschen selbst zurück, doch Gott bewahrt und führt weiter – so wird es in den Geschichten vom „Sündenfall", von Kain und Abel und in der Noahgeschichte in 1. Mose 3 und 4 und 6 bis 9 erzählt.[238] Die Turmbaugeschichte in 1. Mose 11 ist ein wichtiges Zwischenglied zwischen den Urgeschichten und der Heilsgeschichte: sie erklärt vorbereitend für die Berufung Abrahams die Vielfalt und das Gegeneinander der Völkerwelt.

[238] In diesem Sinn ist die Urgeschichte mit C. Westermann als „Grundgeschehen" zu verstehen. Hier werden Dinge beschrieben, die nicht geschichtlich an einem Anfang der Menschheit, sondern immer in unserem Leben geschehen; s. G. Liedke a. a. O. S. 109 ff.

So steht das Leben sowohl urgeschichtlich und existentiell für jeden Menschen, wie auch geschichtlich und konkret für Israel, unter der Spannung von Gabe und Schuld, Gnade und Bewahrung, Treue und Bewährung. Durch den Vorspann der Urgeschichten wie auch durch die weltumfassenden Verheißungen der späteren Eschatologie hat der Berufungs- und Erwählungsglaube Israels eine entscheidende universelle Weitung bekommen. Ohne diese Weitung wäre der Glaube Israels eine reine Stammes- und Nationalreligion geblieben und würde wohl nicht zu den großen Weltreligionen gehören.

Mit der Verbindung des Schöpfungsgedankens mit dem heilsgeschichtlichen und erwählenden Handeln Gottes ist aber noch etwas Zweites geschehen: eine erstaunliche Säkularisierung, eine Entgötterung der Welt. Bedenken wir, daß in allen Religionen, auch in der biblischen, die Natur und die Welt in all ihren Erscheinungen „animistisch", nämlich als lebendig und durchseelt, verstanden wurde: Tiere, Berge, Bäume, Quellen, Flüsse, Meere, die Gestirne und Kräfte von Himmel und Erde waren lebendige Wesen.[239] Darüber hinaus wurden in den meisten anderen Religionen besondere Naturerscheinungen auch als Götter, Dämonen oder Geistwesen gedacht. Aus Zeugung und Geburt durch Urgötter und durch deren Kämpfe sind sie entstanden; oft stehen sie sich dualistisch als gut und böse, als Lichtgötter oder Finsternismächte gegenüber – so wie der Mensch damals die innere Natur in sich und die äußere Natur um sich oft als ein Ganzes und miteinander Kämpfendes erlebte. Spuren dieser Vorstellungen sind auch in der Bibel noch erhalten.[240] Zugrunde lagen religiöse oder spirituelle Urerfahrungen aller Zeiten: „*das Erlebnis der Abhängigkeit ... in seinem Sein und Sosein von einer transzendenten Tiefe, von unbegreiflichen, geheimen Wirkmächten, ... das Erlebnis des Gewirkt- und Getragenseins von einer überweltlichen Macht.*" [241]

Diese Erfahrungen projizierten die Menschen der Naturreligionen in alle Naturerscheinungen hinein, die ihnen übermächtig waren. Israel erlebte ähnliche religiöse Urerfahrungen. Aber es verstand und inter-

[239] Daß in der Bibel die Tiere und die ganze Natur als lebendig und beseelt angesehen wurden, zeigen viele Stellen, z. B. Bibealms Esel 4. Mose 22,21 oder das „sehnsüchtige Harren der Kreatur" bei Paulus Röm 8,18 ff.; vgl. R. Sheldrake „Die Wiedergeburt der Natur" bes. S. 24 ff., 115 ff.; vgl. W. E. Mühlmann „Animismus" RGG I. Band Sp. 389 ff.

[240] Z. B. in der Vorstellung der „Göttersöhne" 1. Mose 6,1 ff.; die „eherne Schlange" 4. Mose 21,4 ff.; Hiob 1,6; oder in der Vorstellung des Leviathan, ein mythologisches Meeresungeheuer 1. Mose 1,12; Ps. 74,14; 89,10; 104,26.

[241] C. A. Scharbau in „Schöpfung religionsgeschichtlich" RGG V. Band Sp. 1470.

pretierte diese Erfahrung ganz anders: Gott, der sich in der Geschichte offenbart, der beruft und erwählt und in der Geschichte führt, ist der Ursprung dieser Erfahrung. Und wie er dem Menschen gegenübersteht und ihn anspricht, so steht Gott auch der ganzen Welt und allen Erscheinungen der Natur gegenüber, spricht sie an, erwählt und führt sie. Darum kann es in der Natur keine Götter geben, sie ist von Gott geschaffen, getragen und ihm ausgeliefert wie der Mensch.

In der Konkretisierung dieses Bekenntnisses konnte Israel einerseits ganz unbefangen Naturerkenntnisse und Weltbilder der benachbarten Naturreligionen aufnehmen, doch immer dann, wenn es eine Vergötterung der Natur vorfand, entgötterte es diese radikal. Das war für die damalige religiöse Welt ein ungeheures, ein geradezu „gottloses" Vorgehen. Beim „Jahwisten" in 1. Mose 2,4 ff., der das einfache Nomadenweltbild aufnahm, geschah das vor allem durch eine ganz nüchterne Beschreibung der Schöpfung: Gott machte aus der Erde ..., Gott pflanzte und setzte in den Garten ..., brachte die Tiere zum Menschen, daß er ihnen Namen gebe, also sie beherrsche usw. Das, was sonst als göttliche Erscheinungen oder als ein göttlicher Prozeß in der Natur gesehen wurde, wird hier als ein Handeln Gottes an Objekten beschrieben, die für den Menschen von Gott geschaffen sind und keine Macht über ihn haben. Noch deutlicher wird es im priesterlichen Schöpfungsbekenntnis in 1. Mose 1, das vom babylonischen Weltbild ausgeht. Elemente dieses Weltbildes sind deutlich zu erkennen, zum Beispiel in der Vorstellung des Urchaos, der Himmelsfeste, die das Himmelsmeer über der Erdscheibe zurückhält, in der Reihenfolge der Schöpfungswerke, die eine gewisse Kosmologie und Naturkunde beinhaltet. Aber in der Stellung und Bedeutung der Schöpfungswerke ist alles ganz anders: Gott schafft durch sein Wort, also durch eine Art Berufung ins Dasein, auch den Himmel und die Erde, auch Sonne, Mond und Sterne und in besonderer Erwähnung den Leviathan (Luther übersetzt „Walfisch") – Erscheinungen, die in Babylon als besondere Gottwesen angesehen wurden, die über die Menschen herrschen. Nicht sie sollen über den Menschen herrschen, sondern der Mensch soll über sie herrschen. Sie sollen dem Menschen dienen. Zum Beispiel sind die Gestirne, die in der Astrologie der Babylonier den Lebenslauf der Menschen bestimmen, dazu da, daß sie für den Menschen Licht spenden und den Lauf der Zeit angeben. Mit dieser Entgötterung des ganzen babylonischen Götterhimmels und der sonst vergöttlichten Natur geschah eine Säkularisierung der Welt, die, wie wir im Schlußkapitel sehen werden, in der Entwicklung der Menschheit bis heute gravierende Folgen hatte.

Es steht die Frage: Woher hatte Israel diese Kraft und diesen Mut dazu? Auch hier kommen wir wieder zu der Antwort: aus der Erfahrung des heilsgeschichtlichen Handelns Gottes und aus der Erfahrung der Unverfügbarkeit, des „extra nos“, des gänzlichen Gegenüberseins Gottes zum Menschen und darum auch zur Welt.[242]

Der Schöpfungsauftrag und die anthropozentrische und theonôme Weltsicht der Bibel

Die beiden Schöpfungsbekenntnisse in 1. Mose 1 und 2 sind wie die ganze Bibel stark anthropozentrisch ausgerichtet.[243]

Im Ersten Schöpfungsbekenntnis 1. Mose 1 läuft alles auf die Erschaffung des Menschen zu; er ist Ziel und Höhepunkt des Schöpfungshandelns Gottes. Der Neuansatz in Vers 26 hebt es hervor: „*Und Gott sprach: Lasset uns Menschen machen*...“; jetzt beginnt etwas Neues und Besonderes.[244] Die Sonderstellung des Menschen wird mit dem Schöpfungsauftrag „*Macht euch die Erde untertan*!“ und in der Ansage der „Gottebenbildlichkeit“ besonders unterstrichen: der Mensch soll „Hoheitszeichen“, Vertreter Gottes auf Erden sein; im Namen Gottes soll er über alles auf der Erde herrschen. Die hebräischen Worte für „*macht euch untertan und herrscht über*“ meinen ein Niedertreten und Unterwerfen, wie es beim Jagen eines Tieres oder bei dem zum Sklaven machen eines Menschen gebraucht wurde. Freilich ist mit der Gottebenbildlichkeit des Menschen auch gesagt, daß die Herrschaft des Menschen keine willkürliche und eigenmächtige sein soll, sondern eine Gott gemäße. Die Anthropozentrik ist also durch eine Theonomie, durch eine Bindung an Gottes Willen, eingegrenzt und umfangen.

Im Zweiten Schöpfungsbekenntnis 1. Mose 2,4 ff. werden ebenfalls die beiden Aspekte, die Anthropozentrik und die Theonomie, deutlich. Hier steht der Mensch nicht als Höhepunkt am Ende des Schöpfungs-

[242] So auch G. v. Rad a. a. O. II. Band S. 350 ff.. Die These von der Säkularisierung der Welt durch den biblischen Glauben hat m. E. erstmalig Friedrich Gogarten in seinem Buch „Verhängnis und Hoffnung der Neuzeit“ 1953 entworfen, wobei er allerdings mehr vom Neuen Testament und von Paulus ausgeht.

[243] So auch G. v. Rad a. a. O. I. Band S. 153 f.; auch sonst folge ich im Folgenden weitgehend der Auslegung der Schöpfungsgeschichte nach G. v. Rad a. a. O. ab S. 144.

[244] Der Einwand, nicht der Mensch sei hier das Ziel, die „Krone der Schöpfung“, sondern der danach geschilderte Sabbat, trifft (leider) nicht, denn die Verse in 2,1 ff. setzen den Abschluß des Schöpfungshandelns vor der Segnung und der Heiligung des Sabbats, also dessen Einsetzung, voraus.

handelns Gottes, sondern in der Mitte und im Zentrum. Ausführlich und liebevoll wird die Erschaffung des Menschen, erst des Mannes und dann der Frau, beschrieben: von Erde ist er genommen, mit dem Lebensodem Gottes zum Leben erweckt, in der körperlichen Zuwendung von Frau und Mann zur erotischen Liebe berufen. Alle anderen Schöpfungswerke sind auf den Menschen hin und um des Menschen willen geschaffen: der verlockende Fruchtgarten, die Tiere zwar nicht als Partner des Menschen, wohl aber als seine Gehilfen. Der Schöpfungsauftrag wird hier milder und fürsorglicher umschrieben: die Erde *„bebauen und bewahren“* – also wie ein guter Bauer mit seinem Land umgeht, so soll der Mensch mit der Welt und all ihren Geschöpfen umgehen. Die Überordnung des Menschen ist klar hervorgehoben, aber ebenso sind ihm Grenzen gesetzt: von allen Früchten darf der Mensch essen, nur nicht vom *„Baum der Erkenntnis des Guten und Bösen“*. Dieses rätselhafte und vieldeutige Wort ist Vorbau der folgenden Geschichte vom Sündenfall und meint: der Mensch darf sich nicht zum eigenen Gott machen, in dem er selbst entscheiden will, was gut und böse ist. Vielmehr soll er sich das immer wieder von Gott sagen lassen und so in der Bindung und Unterordnung unter Gott bleiben.

Die Anthropozentrik ist also in beiden Schöpfungsbekenntnissen deutlich durch eine Theonomie, durch ein Setzen von Gut und Böse von Gott her und durch eine Beauftragung im Sinne Gottes umschlossen und begrenzt. Der Jahwist zeigt es in den folgenden Urgeschichten und die ganze Bibel bezeugt es immer wieder: wenn der Mensch in seiner anthropozentrischen Stellung vollkommen autonom, also sich selbst allein gesetzgebend wird und sich der Theonomie entzieht, wird er zum Frevler und Zerstörer allen Lebens, auch seines eigenen.[245] Sowohl die Gebote und sonstigen Satzungen des Alten Testamentes wie auch die Stimmen der Propheten sollen den Menschen an Gott binden und sein Leben auf Gottes Geschichtshandeln ausrichten.

Ansätze einer biblischen Ökologie

Es wird heute oft versucht, eine biblische Ökologie zu entwerfen und die Bibel ganz im ökologischen Sinne zu interpretieren. Wenn man

[245] Im Verständnis von Theonomie und Autonomie folge ich Paul Tillich: Autonomie ist Selbstbestimmung des Menschen, die aber immer zur Heteronomie, also zur zerstörerischen Fremdbestimmung ausartet, wenn sie nicht theonom in Gott als dem Urgrund alles Seins gebunden bleibt; vgl. P. Tillich „Systematische Theologie“ S. 101 ff. und 175 ff.

aber ehrlich sein will, muß man zugeben, daß die Bibel wegen ihres anthropozentrischen Charakters jedenfalls in ihren Hauptsträngen ökologisch weniger hergibt als andere Religionen, weniger zum Beispiel als die Naturreligionen der Indianer, der Afrikaner, der Aborigines und Südsee-Ureinwohner, wohl auch weniger als der Taoismus, der Buddhismus und der Hinduismus.

Dennoch gibt es in der Bibel reiche ökologische Ansätze, die zwar nicht Hauptaussagen der Bibel sind, aber ökologisch ausgebaut werden können. Man kann sie in drei Richtungen gruppieren: 1. im Zusammenhang des Schöpfungsbekenntnisses und des Schöpfungsauftrages, 2. im Zusammenhang der Sabbatverheißungen und der Eschatologie, 3. in den Betrachtungen der Weisheitsüberlieferung.

Ökologische Aussagen im Zusammenhang der Schöpfungsbekenntnisse und des Schöpfungsauftrages

Aus den Schöpfungs- und Urgeschichten sind vor allem drei Aussagen ökologisch relevant:

1. Die Welt und das Gefüge der Natur wird als gute Ordnung Gottes nicht nur für den Menschen, sondern ebenso für alle andere Kreatur beschrieben; Himmel und Erde, die Gestirne, die Pflanzen und Tiere in all ihren unterschiedlichen Arten haben ihren besonderen Lebensraum, ihre Zeit und ihren guten Sinn; sie alle sind *„sehr gut“* und sehr schön und stehen unter Gottes Segen.[246]
2. In der Gottebenbildlichkeit des Menschen ist seine Herrschaft über die Natur begrenzt und an Gottes lebensbewahrendem Schöpfungshandeln orientiert; Herrschaft über die Natur heißt, Bewahrung und Gestaltung der Natur in der Weise, wie Gott mit seiner Schöpfung umgeht, nämlich zur Entfaltung und zum Segen allen Lebens.[247]
3. Gegenseitiges Töten, Feindschaft zwischen Mensch und Tier – erweiternd wird man auch sagen können zwischen Mensch und Natur – entspricht nicht Gottes ursprünglichem Schöpfungshandeln, denn die Nahrung des Menschen wie der Tiere ist nach 1. Mose 1,29–30 eine pflanzliche; ein Töten von Tieren, um sich zu ernähren, ist Folge des Abfalls des Menschen von Gott und wird ausdrück-

[246] So besonders in 1. Mose 1; vgl. Liedke, der die Zuordnung der Lebensräume in 1. Mose 1 herausarbeitet, a. a. O. S. 119 ff.; Ps. 104 hat diese Grundaussage noch deutlicher, doch dazu unten mehr.

[247] Beachte V. 22 in 1. Mose 1!; das in 1. Mose 2,15 in der lateinischen Übersetzung des AT (Septuaginta) gebrauchte Wort für „bebauen“ colere bedeutet sowohl „Land bestellen“ wie auch „kultisch pflegen, ehren und dienen“.

lich erst in dem zweiten, viel krasseren Unterwerfungsauftrag in der Noah-Geschichte als ein Zeichen einer gefallenen Schöpfung erwähnt.[248] Die Welt ist von Gottes Schöpfungshandeln her als ein „Schalom-Garten" für alles Leben gedacht.

Ökologische Aussagen im Zusammenhang von Sabbatverheißung und Eschatologie

Auf zwei Ebenen wird auch die außermenschliche Schöpfung in die Heils- und Verheißungsgeschichte mit hineingenommen:

1. Das Sabbatgebot wird ausdrücklich auch auf die Tiere und Pflanzen ausgedehnt: am wöchentlichen Sabbat sollen auch die Arbeitstiere Entlastung und Ruhe finden; im Sabbatjahr soll es eine Brache der Felder geben, damit die Tiere wie die Armen und Fremden reichlich Nahrung finden und Tiere und Pflanzen wenigstens in der Sabbatzeit dem Zugriff des Menschen entzogen werden. Damit wird der Schalom Gottes – der Sabbat ist ja ein Urbild dieses Schalom – ausdrücklich auch für die nichtmenschliche Schöpfung ausgeweitet und zugleich das menschliche Herrschen und Machen gegenüber der Natur eingegrenzt.[249]
2. In der Verheißung des Friedensreiches wird besonders bei Jesaja ausdrücklich auch der Friede zwischen den Tieren und zwischen Mensch und Tier angesagt: der Löwe wird Stroh fressen, Wölfe und Lämmer werden miteinander weiden, die Wüsten werden erblühen, Bäume und Pflanzen werden überreich Früchte tragen, Kinder werden mit wilden Tieren spielen, auch die Giftotter wird keine Gefahr mehr sein – alles Bilder eines Schalom, der nicht nur den Menschen, sondern auch die ganze Natur in Gottes Frieden hineinführt.[250] Diese Bilder weiten sich in Jesaja 65 und später in der Apokalyptik von einer irdischen Vorstellung des Fruchtbarwerdens der Wüsten und eines befriedeten Lebens zur kosmologischen Vorstellung eines „*neuen Himmels und einer neuen Erde*". Nach Paulus sehnt sich und wartet alle Kreatur mit den Menschen auf die Erlösung vom leidvollen vergänglichen Wesen.[251]

Wir sehen, daß sowohl in den Schöpfungsbekenntnissen wie in den Heilsansagen die Natur in die heilsgeschichtliche Sicht der Bibel hineingenommen wird: die Erschaffung der Welt durch Gott ist der univer-

[248] 1. Mose 9,1–3; vgl. 1. Mose 3,15; 6,5; vgl. G. Liedke a. a. O. S. 142 f.;
[249] Vgl. 2. Mose 20,10; 23,10–12; 3. Mose 25,1–7; 5. Mose 5,13 f.
[250] Jes. 11,6–8; 29,17; 32,15; 35,1–2; 40,3–5; 65,17–25.
[251] Röm. 8,19–23.

selle Vorbau der Erwählungsgeschichte Israels; der Schöpfungsauftrag ist die Grundberufung des Menschen, die in der Berufung Israels eine notwendige Besonderheit bekommt; die Natur soll Anteil an der Erlösungsgeschichte Israels haben. In der alttestamentlichen Weisheitsliteratur werden diese Dinge allerdings etwas anders gesehen.

Ökologische Aussagen in der Weisheitsliteratur

Die Weisheitsliteratur des Alten Testaments, insbesondere das Buch Hiob, die Sprüche, der Prediger und das Hohe Lied Salomos und verschiedene Psalmen, ist erst in nachexilischer Zeit (nach 500 v. Chr.) als solche gesammelt und tradiert worden, geht aber auf sehr alte Traditionen bis in die Salomozeit (um 1000 v. Chr.) zurück. Das Eigentümliche der Weisheitsliteratur sind folgende Merkmale[252]:

- Der erwählungsgeschichtliche und heilsgeschichtliche Gedanke, sonst das Herz des Alten Testamentes, wird nirgends ausdrücklich aufgenommen und zum Gegenstand weisheitlicher Erkenntnisse gemacht.
- Die Weisheitsliteratur geht den allgemeinen Grundfragen des Lebens und hier den gefundenen Weisheiten menschlichen Lebens nach und stellt sie in den Mittelpunkt ihrer Überlieferung.
- Sie ist dabei total offen für Weisheiten anderer Religionen und Kulturen – zum Beispiel der ägyptischen, babylonischen, persischen und griechischen – und vermischt diese ungehemmt mit dem Glauben Israels.
- Die „Weisheit" wird teilweise personifiziert und als göttliche Gestalt gesehen (oder gar neben Gott gestellt?).[253]

Von hierher wird auch die Schöpfung, die Natur und die Stellung des Menschen in der Natur anders gesehen. Drei Aspekte seien hier besonders hervorgehoben:

1. Gott offenbart sich in der Natur: Gottes Weisheit, Gottes Größe und Majestät kann in den Wunderwerken der Schöpfung erkannt werden; dieses Erkennnen reißt den Menschen aus seinen Anfechtungen und aus seinem aberwitzigen Fragen, aus seiner überheblichen Selbstgerechtigkeit heraus und lehrt ihn Einsicht, Bescheidenheit und Gottesfurcht – die Voraussetzung für ein gottgemäßes und glückliches Leben.[254] Offenbarung, Erkenntnis Gottes und Umkehr

[252] Vgl. zum Ganzen Sellin-Rost „Einleitung in das AT" S. 155 ff.; G. v. Rad a. a. O. I. Band S. 405 ff., 415 ff. und 439 ff.

[253] So bes. in Spr. 8; vgl. G. v. Rad a. a. O. S. 442 f.

[254] So in Spr. 8; Hiob 26; 28 und vor allem in Hiob 38–42; auch Ps. 104 und Deuterojesaja.

zum Leben geschieht hier nicht durch Berufung, Erwählung und eine besondere Heilsgeschichte, sondern durch eine mystische Erfahrung Gottes in der Natur und durch die Einsicht in die Weisheit Gottes.

2. Entsprechend der weisheitlichen Weltsicht wird z. B. in Psalm 104 die Natur „ökologisch" interpretiert: ökologisch im Sinne einer Beschreibung des lebenserhaltenden Zusammenlebens allen Lebens im gemeinsamen Lebenshaus der Schöpfung. Gott hat die Erde so geschaffen, daß alle bedrohlichen Urgewalten gebannt sind, daß fruchtbare Lebensräume ausreichend für Tiere, Pflanzen und Menschen da sind, daß alles seine Zeit, seine Ordnung und seine Schönheit hat und alle Lebewesen, auch Mensch und Raubtier, konfliktfrei miteinander leben können; alles lebt vom Lebensatem Gottes, Gott selbst freut sich seiner Werke und der Mensch lobt Gott im staunenden Bewundern seiner Schöpfungswerke.
3. Der Anthropozentrismus wird aufgegeben: nach Psalm 104 und Hiob 38 ff. gibt es keine hervorgehobene Stellung des Menschen in der Natur; im Gegenteil, der Mensch soll angesichts der Größe und Wunder Gottes in der Natur seine Kleinheit erkennen und sich in das ökologische Gefüge der Natur einordnen. In Psalm 104 wird der Mensch überhaupt nur in zweierlei Weise erwähnt: a) als ein Geschöpf unter anderen, das neben den Tieren seinen Lebensraum und seine Zeiten hat; b) als möglicher „Frevler" an der Schöpfungsordnung Gottes, der dann aber unter den Todesfluch gestellt wird: für ihn soll es keinen Platz auf der Erde geben.[255]

Aus diesen ökologisch relevanten Aussagen – es sind im Einzelnen mehr, als hier wiedergegeben sind – ließe sich tatsächlich eine umfassende biblische Ökologie entwickeln. Aber so sympathisch und wichtig diese Aussagen für eine heutige Ökologie auch sind, sie stehen mehr am Rand des Alten Testamentes und sind zum Teil singulär. So ist bezeichnenderweise Psalm 104 ein synkretistisches Werk, nämlich eine Nachdichtung des ägyptischen Sonnengesanges des Pharao Echnaton; an die Stelle des ägyptischen Sonnengottes ist der Gott Israels getreten – eine Transformation und Integration ursprünglich „heidnischen" Überlieferungsgutes, wie es das im Entstehen biblischer Texte oft gegeben hat.[256]

vgl. G. v. Rad a. a. O. I. Band S. 155, 415, 438 ff.

[255] a) in V. 14–15 und 19–23; b) V. 35.

[256] Vgl. E. Drewermann „Der tödliche Fortschritt" S. 73.

Als Spannung innerhalb einer möglichen biblischen Ökologie bleibt einerseits die anthropozentrische Sonderstellung des Menschen im Schöpfungs-, Erwählungs- und Geschichtsdenken Israels und andererseits die weisheitliche Unterordnung des Menschen in einer natürlichen Schöpfungsordnung unter Ausklammerung des heilsgeschichtlichen Denkens stehen. Erst in der späteren apokryphen Weisheitsliteratur des Jesus Sirach wird eine Synthese zwischen dem weisheitlichen und dem heilsgeschichtlichen Denken gesucht.[257]

Jahweglauben, Naturreligion und die Frage nach der Mystik

In dem bisher Bedachten haben wir immer wieder das Verhältnis des alttestamentlichen Glaubens zu den Naturreligionen und zur mystischen Gotteserfahrung berührt, ohne diese Frage wirklich zu klären. Dies soll im Folgenden kurz versucht werden.

Zunächst erinnern wir uns noch einmal an das, was mit „Mystik" gemeint ist: Mystische Erfahrung meint ein tiefes und erschütterndes Berührt- oder Ergriffenwerden von einer Transzendenz, in der Gott und das Geheimnis allen Seins unmittelbar erlebt oder empfunden werden. Diese mystischen Seins- oder Gotteserfahrungen sind in den meisten Religionen mit starken Naturerlebnissen verbunden: in besonderen Erscheinungen der Natur leuchtet etwas von Gott als dem Grund allen Seins im Menschen auf, und der Mensch fühlt sich von einer ihn durchdringenden Kraft ergriffen. Oft wird hier ein starkes Einssein und Hineingenommenwerden in Gott und alles Sein erfahren. Aber von Mystik erst dann zu sprechen, wenn es zu einer Verschmelzung („unio mystica") mit dem Göttlichen kommt, halte ich für ein zu enges Verständnis von Mystik.[258] In der Bibel sehen wir, daß mystische Gotteserfahrung auch im Gegenüber zu Gott möglich ist. Wie zeigt sich das konkret im Alten Testament?

Hier können wir an das anknüpfen, was wir im 1. Abschnitt „Allgemeine spirituelle Phänomene der Bibel" erkannt haben: Zwischen dem sich entwickelnden Jahweglauben und den ihn umgebenden kanaanäischen Religionen gab es nicht nur Gegensätze, sondern auch viele

[257] Vgl. G. v. Rad a. a. O. I. Band S. 443.

[258] So R. Bultmann in „Mystik im NT" RGG IV. Band Sp. 1241–1246. Bultmann gesteht der Bibel nur „mystische Elemente", aber keine wirkliche mystische Frömmigkeit zu, weil er Mystik in dem benannten zu engen Sinne versteht.

Ähnlichkeiten. Verständlich ist das, wenn man sich klar macht, daß sich der Zwölfstämmeverband Israels aus den verschiedensten nomadenhaften Stämmen herausgeschält hat, die im kanaanäischen Raum vor Mose siedelten oder als Nomaden das Land durchzogen. Die Forschung hat gezeigt, daß die ältesten Gotteserfahrungen und Gottesvorstellungen der alttestamentlichen und der kanaanäischen Religiosität gemeinsame Wurzeln haben. Es gab verschiedene Stammes- oder Vätergottheiten, die nur in einer Sippe verehrt wurden. Ein strenger Monotheismus hat sich erst später herausgebildet. Erfahren wurden die verschiedenen Gottheiten sowohl in Naturerscheinungen wie auch in persönlicher oder geschichtlicher Schicksalsführung. Verehrt und gefeiert wurden sie in Festen des Jahresrhythmus und an besonderen Kultorten, die durch ihre Geschichte oder eine besondere Naturerscheinung (Berg, Stein, Baum oder Brunnen) als solche hervortraten.[259]

Das Besondere der spirituellen Geschichte Israels war nun, wie wir oben sahen, daß in den Gotteserfahrungen immer mehr das geschichtliche Handeln Gottes hervortrat: Berufung und Erwählung, geschichtliche Führung und Verheißung. Zugleich trat beim Zusammenwachsen der Stämme hinter den verschiedenen Vätergottheiten immer mehr der e i n e Jahwegott hervor, der in der Doppelheit von Zusage und Unverfügbarkeit allem gegenüberstand und später auch als der einzige und alleinige Schöpfergott erkannt wurde. Dies mußte in Spannung zu einer Religiosität treten, die sich in den umliegenden Stämmen und Völkern Kanaans, Ägyptens und des Zweistromlandes in eine andere Richtung entwickelte. In dieser Religiosität manifestierten sich göttliche Kräfte vor allem in Naturerscheinungen und Rhythmen der Natur, im Wunder der Fruchtbarkeit und Sexualität und nicht nur in männlichen, sondern auch in weiblichen Gottheiten.[260] Die Natur wurde vergöttlicht, und Ziel der Erlösung war eine naturmystische Vereinigung mit der Gottheit, nicht aber eine das statische Heilsdenken verunsichernde geschichtliche und nach vorn führende Begegnung Gottes und dessen Nachfolge.[261]

Aus dieser Spannung entwickelte sich in den geschichtlichen Auseinandersetzungen ein immer schärfer werdender Gegensatz: Einerseits empfand Israel die Naturreligionen der sie umgebenden Völker als Infragestellung der eigenen heilsgeschichtlichen Gotteserfahrung und

[259] Vgl. O. Eißfeld „Kanaanäische Religion“ in RGG III. Band Sp. 1111–1113 und „Baal“ in RGG I. Band Sp. 805 f.

[260] Z. B. die Göttin „Astarte“, vgl. Richter 10,6; 1. Sam. 7,4.

[261] Vgl. zum Ganzen M. Noth „Geschichte Israels“ S. 131–151, bes. 133 f.

besonderen Berufung und zugleich als ein Angriff auf die Größe und Unverfügbarkeit Gottes; wer Gott in Naturerscheinungen oder in selbstgemachten Gottesbildern verehrt, leugnet das Gegenübersein und die der Natur übergeordnete Schöpfermacht Gottes und macht ihn zum manipulierbaren Götzen.[262] Andrerseits faszinierten die Naturreligionen hingegen auch die Israeliten immer wieder mit einer emotionalen, leiblichen, bildhaften und mystisch und kultischen Erfahrbarkeit des Göttlichen und mit der Heiligung der natürlichen Rhythmen im Leben der Menschen.[263] Der Kampf zwischen dem Jahweglauben und den Naturreligionen trat bezeichnenderweise immer dann besonders hervor, wenn die geschichtliche Entwicklung in verschärfte politische Auseinandersetzungen führte: so zum Beispiel in und nach der Zeit der Landnahme und während der Reichsgründung[264] oder im Exil, in dem sich Israel der Übermacht der heidnischen Kultur und Religion durch Betonung seiner Eigenarten erwehren mußte, um seine Identität und Widerstandskraft zu bewahren.[265]

Damit wird deutlich, daß es vor allem zwei Gründe für das alttestamentliche Contra gegen die Naturreligionen gab: Erstens gab es den theologischen Grund oder besser die andere spirituelle Erfahrung, daß Gott vor allem als geschichtlicher und transzendenter Gott dem Menschen begegnet. Zweitens gab es den politischen Grund: als kleines Volk inmitten der geschichtlichen Bewegungen und Überlegenheiten anderer Völker war eine starke religiöse Abgrenzung und Unterscheidung für die eigene Identitätsfindung und für den Zusammenhalt untereinander immer wieder wichtig.

Daß in den verschiedenen spirituellen Grunderfahrungen, also in der mehr geschichtlichen und in der mehr naturmystischen Erfahrung Gottes, kein unbedingter, sich ausschließender Gegensatz liegen muß, zeigen im Alten Testament deutlich zwei Sachverhalte: Einmal wurde in Israel – wie wir schon sahen – in vielen Kulten und Festen, auch in teilweiser Anlehnung an kanaanäische Feste, Gottes Segenshandeln in der Natur erlebt und gefeiert; dies wurde freilich immer auch heilsgeschichtlich ausgelegt. Zum anderen werden in allen Überlieferungsschichten des Alten Testamentes mystische bzw. naturmystische Gotteserfahrungen bezeugt. Hier seien die wichtigsten noch einmal

[262] Vgl. 2. Mose 20,4; 4,19; 17,3; Jes. 40,12 ff.; 46,5 ff.; Röm. 1,25.
[263] Vgl. Richter 10.6; 1. Kön. 11; 12,28 ff.; 16,29 ff. und viele!
[264] Vgl. Elias Kampf gegen die Baalsgötter in 1. Kön. 16,29 ff.; 18,1 ff.
[265] So bes. im Danielbuch.

genannt: Anreden, Berufungen und Offenbarungen Gottes durch besondere Naturerscheinungen, z. B. die Gottesoffenbarung vor Mose im brennenden Dornbusch oder die Visionen und Zeichenhandlungen bei der Berufung der Propheten;[266] die sehr eindrücklich geschilderte naturmystische Gottesbegegnung des Elia am Berg Horeb im Sturm, im Erdbeben, im Feuer und letztlich in einem *„stillen, sanften Sausen"* – dies inmitten einer Geschichte, die Elias Kampf gegen die Einführung des kanaanäischen Fruchtbarkeitskultes erzählt![267] – die Gottesoffenbarungen in der Natur im Buch Hiob und in der sonstigen Weisheitsliteratur; eine Gebetssprache in den Psalmen, die die Natur in den Lobpreis vor Gott mit hineinnimmt[268] und manchmal von mystischen Gotteserfahrungen ausgeht, so zum Beispiel in Psalm 139.

Insgesamt wird aber deutlich, daß Gott in den mystischen und naturmystischen Erfahrungen des Alten Testaments immer im Gegenüber, in einer unverfügbaren Transzendenz und in einer geschichtlich-escha-tologischen Bewegung bleibt. Um es mit theologischen Formeln zu umschreiben: Gott begegnet zwar auch im Alten Testament dem Menschen unmittelbar in mystischen, auch naturmystischen Erfahrungen, doch bleibt er darin ganz „extra nos", außerhalb von uns und unverfügbar; in diesem „extra nos" ist er ganz „pro nobis" (für uns da), aber ein „in nobis" (Gott in uns) im Sinne einer „unio mystica", wie es die klassische Mystik als ein Verschmelzen mit Gott kennt, ist im Alten Testament kaum zu finden.

Daß es nicht so bleiben mußte, zeigt die Entwicklung vom ersten vorchristlichen Jahrhundert an. Hier entwickelte sich im Judentum, an die prophetisch-apokalyptischen und an die weisheitliche Tradition anknüpfend, eine Mystik auch im Sinne der „unio mystica" – so bei den Essener, später im Chasidim-Judentum. Hier wurde Gott als eine den ganzen Kosmos durchdringende und in die Seele des Menschen eingehende Kraft verstanden, die aber zugleich ihre geschichtlich-eschatologische Dynamik behielt.[269]

[266] 2. Mose 3; Jes. 6; Hes. 1; Jer. 1,13 ff u. a.; Sach.1 ff. u. a.

[267] 1. Kön. 19,11–13 im Kontext!

[268] Siehe Psalm 97; 104; 148 u. a.

[269] Vgl. S. Cohen „Jüdische Mystik", RGG IV. Band Sp. 1241–1243.

3. Spiritualität bei Jesus

Jesu Unmittelbarkeit zu Gott

Die „Leben-Jesu-Forschung" hat gezeigt, daß in den Evangelien die Gestalt Jesu vom Glauben der nachösterlichen Gemeinde und vom jeweiligen Anliegen der Evangelisten so überdeckt ist, daß in der Schilderung des irdischen Jesus das nachösterliche Christus-Bild immer mit prägend ist.[270] Darum ist ein Fragen nach der Spiritualität Jesu im exakt historischen Sinne nicht möglich. Dennoch läßt sich etwas vom „Urgestein" der Person Jesu und seiner Spiritualität erkennen; es leuchtet gewissermaßen durch alle Überlieferungsschichten hindurch.[271]

Zunächst tritt vor allem die außerordentliche Direktheit und Unmittelbarkeit Jesu hervor – und dies auf verschiedenen Ebenen.[272] Einmal war Jesus direkt und unmittelbar in sich selbst und aus sich selbst heraus. Er berief sich nicht, wie es im damaligen (schriftgelehrten) Judentum üblich war, auf die „Schrift" und auf das „Gesetz", die er in neuer Weise auslegen würde, sondern er sagte und tat alles aus einer ureigenen inneren Bewegung. Er sagte ohne besondere Ableitung und Begründung die außerordentlichsten Dinge, z. B.: *„Die Zeit ist gekommen, der Einbruch des Reiches Gottes steht unmittelbar bevor. Kehrt um, glaubt an diese Botschaft!"* [273] Oder er sagte den Kranken ganz unvermittelt: *„Steh auf, du bist geheilt"* oder *„Dein Glaube hat dich geheilt"* oder *„Deine Sünden sind dir vergeben"*.[274] Oder er stellte einer

[270] Mit „nachösterlich" sind in der neutestamentlichen Forschung alle Aussagen gemeint, die aus der Erfahrung des auferstandenen Christus und seiner Geistgegenwart in der Urgemeinde nach Ostern entstanden sind.

[271] Ich gehe nicht von dem meines Erachtens methodisch falschen Ansatz aus, daß alles, was nachösterliche Prägung hat, nicht auf den historischen Jesus zurückgehen kann, sondern ich rechne mit einer zutreffenden und vertiefenden Interpretation des historischen Jesus durch die Überlieferung, solange es nicht ausschließende Kriterien gibt. Ausschließende Kriterien liegen für mich z. B. vor in den Kindheitsgeschichten Jesu, in den Auferstehungsperikopen und in verschiedenen Zusätzen und Interpretationen, die nur aus der Situation der späteren Gemeinden zu erklären sind. So auch G. Bornkamm „Jesus von Nazareth" bes. S. 19–23, und Schottroff, Stegemann „Jesus von Nazareth" bes. S. 10; vgl. E. Käsemann „Das Problem des historischen Jesus" und „Sackgassen im Streit um den historischen Jesus" in „Exegetische Versuche und Besinnungen" I. Band S. 187 ff. und II. Band S. 31 ff. Vgl. R. Bultmann „Jesus" 15 ff.

[272] Vgl. dazu G. Bornkamm „Jesus von Nazareth" S. 52 f.

[273] Mk. 1,15.

[274] Mk. 1,41; 2,5; 5,34; 10,52.

überlieferten Lehre oder Meinung einfach sein eigenes Wort antithetisch gegenüber, wie es Matthäus in den Antithesen der Bergpredigt darstellt: „*Ihr habt gehört, was die überlieferte Lehre gesagt hat ... Ich aber sage euch...!*“ [275] Oder wie es der häufig überlieferte Ausruf sagt: „*Amen, ich sage euch*“, was so viel heißt wie: „*Ihr werdet es sehen, es gilt, was ich euch sage*“.

Aus dieser Unmittelbarkeit in sich selbst war Jesus auch ganz unmittelbar zu denen, die ihm begegneten. Er erkannte, was die Kranken oder andere Betroffene brauchten. Er sagte seinen Gegnern, seinen Jüngern oder anderen auf den Kopf zu, was in ihnen vorging. Er tat und sagte das, was in der Situation genau traf. Vor allem wird in den Jüngerberufungen diese Unmittelbarkeit als außerordentliche Autorität deutlich: er sah einen bestimmten Menschen meist mitten in seiner Alltagstätigkeit, erkannte ihn, sprach ihn an und forderte in auf, mit ihm zu gehen. Und diese Anrede traf so, daß diese Menschen alles stehen und liegen ließen, Jesus folgten und seine Jünger wurden. Es wird nie ganz direkt gesagt, was implizit in all diesen Perikopen zum Ausdruck kommt: in Jesus trat etwas von der Unmittelbarkeit Gottes den Menschen gegenüber. Die Fischer, die Kranken, die Zöllner u. a. spürten: in der Anrede Jesu traf sie Gottes Anrede, der Ruf zu etwas Unbedingtem, das alles andere hintenan stellte. Auch die Gegner Jesu spürten das und stellten die Frage nach der Vollmacht Jesu. In allen Szenen wird deutlich: er handelte und lehrte mit einer Vollmacht, die von Gott kam. Erst im Johannesevangelium wird es in Worte Jesu gekleidet, die der geschichtliche Jesus so sicher nicht gesagt hat, die aber dessen Unmittelbarkeit zu Gott richtig umschreiben: „*Ich und der Vater sind eins*“; und dem entsprechen die vielen johannäischen Reden Jesu, die diese Einheit mit Gott umschreiben und auslegen.[276]

Diese Unmittelbarkeit Jesu wird vor allem in seinem Beten und in seiner Gebetspraxis deutlich. Die kleine Perikope in Markus 1,32–39 macht es anschaulich: nach einem schweren Arbeitstag mit vielen Menschen und nach einer kurzen Nachtruhe stand Jesu vor Sonnenaufgang auf, ging hinaus vor die Stadt an einen einsamen Ort, um zu beten. Bei Tagesbeginn suchten ihn die Jünger; sie fanden ihn draußen im Gebet und mahnten: „*Jedermann sucht dich*!“ Wahrscheinlich hat Jesus sehr oft, vielleicht täglich so das Gebet gesucht. Wiederholt gibt es den Hinweis, daß er zum Beten auf einen Berg stieg, auch „*die Nacht*

[275] Mt. 5,21 f., 27 f., 33 f., 38 f., 43f.; 19,9.

[276] Joh. 10,30+38; 14,10 f.+20; vgl. 5,19 ff.; 14,1 ff. u. a.

über im Gebet zu Gott blieb".[277] Dies und der Bericht von seiner Fastenzeit in der Wüste und dem Gebetskampf im Garten Gethsemane deuten darauf hin, daß er seine Kraft und seine Botschaft im Gebet fand.[278] Auch die Jünger wies er auf diese Wirklichkeit hin: die Macht der „*Bösen Geister*" ist nicht anders auszutreiben als „*durch Beten und Fasten*".[279]

Die Art seines Betens weist ebenfalls auf eine außerordentliche Unmittelbarkeit zu Gott hin, vor allem seine Gottesanrede „Abba". Dieses „Abba" ist die aramäische Anredeform eines kleinen Kindes zu seinem Vater, also eine zärtliche, ja intime Anrede Gottes. Im Judentum gab es zwar die Vaterbezeichnung für Gott, doch wurde sie aus Ehrfurcht eher gemieden. Die übliche Gebetsanrede war „Adonai" (Herr). Das „Abba" Jesu mußte fremd und anstößig klingen. Daß Jesus dieses Abba sprach, zeigt ein ganz inniges Verhältnis zu Gott und eine ganz eigene, sehr persönliche Art zu beten, eine Art vertrautes Zwiegespräch.[280]

In dieses Beten nahm Jesus sein Jünger mit hinein – so im „Vaterunser". Im Vaterunser vermittelte er ihnen seine Gottesanrede „Abba" und lehrte sie ein Beten, das nicht in der Fülle leerer Floskeln und nicht im öffentlichen zur Schau stellen hängenbleibt, sondern sie zu einem ganz vertrauten, elementaren, innigen, mehr meditativen Beten zurück bringt.[281] Schon das Voranstellen der ersten drei Bitten zeigt, daß sich hier der Beter zuerst ganz auf Gott hin ausrichtet, auf seine Heiligkeit, auf seine kommende Weltzeit, bevor er für das Eigene bittet. Die älteste Form des Vaterunsers ist eine Kurzfassung, wie sie hinter Lukas 6,2–4 gestanden hat. Es gibt die verschiedensten Versuche, sie in die aramäische Muttersprache Jesu zurückzuübersetzen, um an den Ursinn des Vaterunsers heranzukommen. Dabei wird ein wesentlicher urtümlicher, mystischer und kosmischer Akzent deutlich, der den Menschen an der Bewegung Gottes in unserer Welt Anteil gibt.[282] Mit dieser Art zu beten wie auch mit der Art, in der Jesus den Menschen begegnete und sie ansprach, nahm er sie mit hinein in seine Unmittelbarkeit zu Gott.

277 Mk. 6,46; Lk. 6,12; Mt. 17,1.

278 Mk. 1,12; 14,32 ff.

279 Mk. 9,29.

280 Vgl. H.-J. Kraus „Vatername Gottes im AT"; J. Jeremias „Vatername im NT" RGG IV. Band Sp. 1233–1235; W. Grundmann „Umwelt des Urchristentums" S. 441 f.

281 Mt. 6,5–8.

282 Vgl. die Rückübersetzungen ins Aramäische bei J.-E. Berendt „Ich höre, also bin ich" S. 217 ff.; Neil Douglas-Klotz „Das Vaterunser". Zu beachten ist, daß der Ursinn des Vaterunsers entscheidend von Jesu Reich-Gottes-Botschaft her zu verstehen ist, so bei Joachim Jeremias z. B. in „Vaterunser" RGG IV. Band Sp. 1235–1237.

Ohne Priester und Kult kann jeder Mensch wie Jesus unmittelbar vor oder in Gott sein, wenn Gott auf ihn zukommt und wenn der Mensch Gottes Zuwendung „*wie ein Kind*" annimmt.[283]

Jesu ganzheitliches Sein und Wirken

Jesus lehrte nicht abstrakt und theoretisch und handelte nicht willkürlich und losgelöst von Situation und Existenz, sondern ganz aus einer inneren Mitte und Einheit heraus. Was er tat, wurde zum Zeichen – sicher nicht erst in der interpretierenden Überlieferung, sondern schon ganz ursprünglich in seinen Heilungen, im gemeinsamen Essen mit seinen Jüngern und den Dazugeladenen, in der Speisung der „Fünftausend" und anderen Handlungen. Und was er von der Liebe Gottes sagte, das tat und lebte er, zum Beispiel im Annehmen der Zöllner, Kranken, Armen, Frauen, Kinder, die sonst draußen blieben, verachtet und verurteilt wurden. Sein Verkündigen und Lehren, wie es zum Beispiel in der Bergpredigt von Matthäus und in der Feldpredigt von Lukas zusammengefaßt wurde, geschah wohl ursprünglich in kurzen Sentenzen, einfachen Bildworten oder auch in ganz direkten einfachen Aussagen, die einerseits sofort verständlich waren und trafen, andererseits aber auch Geheimnis blieben oder besser auf ein Verborgenes hinwiesen, das im Kommen sei.

Vor allem seine Gleichnisse haben einen stark ganzheitlichen Charakter. Sie benutzen Bilder aus der Natur und den Grundvollzügen menschlichen Lebens: sie reden vom Sämann und vom Säen, vom Wachsen der Saat und vom Ernten, von Hochzeiten und anderen Festen, von der Arbeit im Weingarten, vom Spielen der Kinder, vom Leben in der Familie. In Beispielgeschichten wie vom Barmherzigen Samariter oder vom Pharisäer und Zöllner griff Jesus Vorgänge auf, die alltäglich passieren konnten und doch Ungewöhnliches – manchmal schon in der Bildhälfte, spätestens in der Deutung – ansagten.[284] Durch die bildhafte und existentielle Art zu reden und durch das zeichenhafte Handeln Jesu fühlte sich der Hörer in seiner ganzen Existenz, nicht erst im eigenen Nachdenken, sondern schon viel eher und tiefer in seinem Empfinden und in seinen leiblichen Erfahrungen getroffen. Darum gingen Jesu Worte so tief und bewirkten das, was sie sagten.

[283] Vgl. die Kindersegnung Jesu Mk. 10,13–15; die Tempelaustreibung Mt. 21,12–17.
[284] Lk. 10,25 ff.; 18,9 ff.

Besonders wird das in den Wunderheilungen Jesu deutlich. Sicher sind die Wunder Jesu in der späteren Überlieferung ausgemalt und weitergedichtet worden. Aber ebenso sicher ist, daß Jesus tatsächlich in einer großen geistig-psychischen Kraft außerordentlich wirken und heilen konnte – besonders dort, wo psychische Krankheiten Leben bedrohten. Das „Wunder" bzw. das Erstaunliche in den Heilungen ist allerdings nicht so sehr in deren „übernatürlichen" Elementen zu sehen – als Wunderheilungen galten damals fast alle Heilungen und man unterschied kaum zwischen „natürlichen" und „übernatürlichen" wie heute. Das Außerordentliche lag vielmehr in der Zuwendung Jesu zu dem Leidenden, in der Betroffenheit dessen, der da zu Jesus kam, und in seiner Erfahrung der heilenden Kraft Gottes in der Begegnung mit Jesus. Darum spielte der Blick und das Wort Jesu und der Glaube, das Vertrauen des Betroffenen eine so große Rolle.[285] In diesem einander Ansehen, Anreden, Hören und Glauben, also in einem ganzheitlichen zutiefst persönlichen Vorgang zwischen Jesus und dem Betroffenen geschah das Befreitwerden vom „*bösen Geist*", von Taubheit, Blindheit, Lähmung, Aussatz und anderem. Freilich, der oder die Betroffenen waren dabei nicht immer nur der einzelne Kranke, sondern manchmal auch dessen Angehörige, die ihn brachten, und die umstehenden Menschen, denen dieses Handeln Jesu zum Zeichen wurde.[286] Auch darin liegt wieder ein Hinweis, daß in den Heilungen ein umfassendes geistliches Geschehen lag, das die ganze Situation und alle Beteiligten in diesem Moment ergriff. Die Heilungen sind somit stärkster Ausdruck dafür, daß der Mensch in der Begegnung mit Jesus nicht nur „geistlich" und „innerlich" neu wird, sondern in seiner g a n z e n Existenz, also auch an Leib und Seele.

Wir sehen: auch das Geheimnis der Unmittelbarkeit Jesu lag sowohl in seiner eigenen inneren Ganzheitlichkeit wie auch in seinem ganzheitlichen Eingewurzeltsein in Gott. Sein Fasten und Beten in der Wüste und sein Beten mit Leib und Seele vor seiner Gefangennahme im Garten Gethsemane spiegeln beides deutlich wider.

An dieser Stelle stoßen wir auf die Frage nach einer feministischen Interpretation Jesu. Ohne hier auf diese ganze umstrittene Frage einzugehen, ist doch in der Betrachtung der Spiritualität Jesu zu erkennen, daß seine Persönlichkeit deutlich „androgyne" Züge trägt. Das heißt, in ihm vereinigen sich sogenannte „männliche und weibliche Anteile"

[285] Z. B. in Mk. 1,40 ff.; Mk. 5,34; 8,14 ff.; 10,52 u. a.
[286] So bes. in Mk. 2,5 ff; 9,19 ff.

zu einem ganzheitlichen Menschsein, das sich auffällig von dem patriarchalischen Denken und Verhalten der antiken Welt abhebt. Die deutlichsten Symptome in der neutestamentlichen Überlieferung sind hierfür folgende:

1. In der oben beschriebenen Ganzheitlichkeit Jesu treten die mehr weiblichen Züge des Menschen stark hervor, nämlich die Emotionalität und Empfindsamkeit, die bildhafte Sprache, die Zuwendung zur Leiblichkeit des Menschen, das ganzheitliche Eingewurzeltsein in Gott.
2. Jesus zeigt eine fürsorgliche, ja mütterliche Hinwendung zu den Kleinen, Schwachen, Kranken, Armen und darin wieder eine besondere Hinwendung zu den Frauen und Kindern.
3. Jesus wagt eine Hervorhebung und Aufwertung der Frauen, die für seine Zeit provozierend war, zum Beispiel in der Hineinnahme von Frauen in seinen Jüngerkreis; in seinem Einsatz für die sexuell mißbrauchten und diskriminierten Frauen; in seiner besonderen Beziehung zu Maria Magdalena; in der besonderen Nähe zwischen Jesus und den Frauen bei seinem Weg ans Kreuz und in der besonderen Bedeutung, die die Frauen als Zeugen der Auferstehung bekamen.
4. Jesus widersprach dem männlichen Macht- und Herrschaftsdenken unter den Jüngern und in der Öffentlichkeit.
5. In dem Gottesbild, das Jesus vermittelte, tritt Gott viel weniger als sonst im Judentum mit patriarchalischen Zügen, sondern mehr mit weichen, sanften und fürsorglichen Zügen und mit dem Charakter der weiblichen „Sofia“ in der Weisheitsliteratur hervor.[287]

Nach der feministischen Bibelforschung sind in der überlieferungsgeschichtlichen Entwicklung und in der Schriftenauswahl für den neutestamentlichen Kanon deutlich Tendenzen zu erkennen, die die feministischen Züge aus der Jesusüberlieferung zu Gunsten einer patriarchalischen Denkweise hinausgedrängt haben.[288]

Jesu grenzüberschreitende Botschaft vom Reich Gottes

Kaum etwas hat sich durch alle Überlieferung so durchgehalten wie die Eigenart und das Besondere der Botschaft Jesu vom Reich Gottes.

[287] Einige wichtige Texte für eine feministische Interpretation Jesu s. Lk. 7,36; 8,2; 8,40 ff.; 10,38 ff.; Mk. 10,13 ff.; 10,35 ff.; 14,3 ff.; Mt. 21,14 ff.; 27,56; 28,1; Joh. 8,1 ff.; 20,1 ff.

[288] Vgl. hierzu und zum Ganzen Catharina J. M. Halkes „Gott hat nicht nur starke Söhne“ bes. S. 41 ff.

Offenbar hatte diese Botschaft so sehr ihr eigenes Gewicht, daß sie sich in den Evangelien hielt, obwohl die Reich-Gottes-Vorstellung in der Zeit, in der die Evangelien geschrieben wurden, sich schon wesentlich verändert hatte.[289]

Um das Besondere der Reich-Gottes-Botschaft Jesu zu verstehen, muß man zunächst den Begriff „Reich Gottes“ klären und den zeitgeschichtlichen Hintergrund dieser Vorstellung sehen.[290] Die Vorstellung von der „Königsherrschaft Gottes“ knüpft an die messianischen Königsverheißungen des Alten Testaments an: Am Ende dieser Weltzeit („Aion“) wird Gott sein Friedensreich aufrichten; dies wird als ein Geschehen gedacht, das zeitlich und räumlich konkret ist und doch alles Bisherige transzendiert, also eine totale Verwandlung oder Erneuerung dieser Welt bringt. In der Zeit Jesu griff eine „Endzeit- und Wendezeit-Erwartung“ um sich, die durch die Unterwerfung Judäas durch die Römer und durch die spätjüdische Apokalyptik geprägt war. Wie im Fieber hoffte und spürte man überall, daß die Zeit bricht und ein ganz Neues von Gott im Kommen ist. Die Vorstellung von der kommenden „Königsherrschaft Gottes“ verband sich mit der Vorstellung eines kosmischen Umbruches: Wenn Gott seine endgültige Herrschaft antritt, werden alle Mächte der Welt gestürzt werden, Himmel und Erde sich vollkommen verwandeln und nur die „Frommen“ werden in eine neue Weltzeit hinein gerettet werden.[291] Im Einzelnen gab es dabei sehr verschiedene Vorstellungen. Die Zeloten, eine religiös-politische Untergrundbewegung zur Zeit Jesu, hofften mit dem Hinaustreiben der Römer aus dem Land dem Kommen der Gottesherrschaft zu dienen; die Sekte der Essener (Qumran) suchten mehr die innere Läuterung und Heiligung; die Pharisäer meinten durch exakte Gesetzeserfüllung das Reich Gottes herbeizuführen. Gemeinsam war ihnen allen der Gedanke des totalen Bruchs mit dieser Weltzeit und der Ruf zu einer radikalen Umkehr des Menschen. Auch Johannes der Täufer ist in diese apokalyptische Aufbruch- und Bußbewegung einzuordnen.[292]

Jesus war mit großer Wahrscheinlichkeit von dem Geist der Essener berührt und gehörte anfangs zur Erneuerungsbewegung des Johannes. Auch er knüpfte an die apokalyptischen Vorstellungen seiner Zeit an, aber er füllte seine Botschaft von der kommenden Herrschaft Gottes ganz anders.

[289] In der nachösterlichen Gemeinde konnte die Gegenwart des Reiches Gottes in Jesus nur noch z. T. verstanden werden; dafür wurde die Parusievorstellung von der Wiederkunft Christi immer zentraler; vgl. die futurischen Menschensohnaussagen in den Evangelien, z. B. Mk. 13; Mt. 24; Lk. 17 u. a.

[290] Zum Folgenden vgl. bes. G. Bornkamm a. a. O. S. 58 ff; K. Gallin und H. Conzelmann „Reich Gottes im Judentum und NT“, RGG V. Band Sp. 912–918.

[291] Vgl. apokalyptische Texte im AT z. B. Jes. 24 bes. V. 18 ff.; Sach. 9,16; Dan.7.

[292] Vgl. Mt. 3.

Was ist das Andere und Besondere an der Botschaft Jesu von der kommenden Herrschaft Gottes?

Das Erste: Das Kommen der Herrschaft Gottes ist ein verborgener, aber schon gegenwärtiger Prozeß. Jesus sagte das Kommen des Reiches Gottes zunächst ähnlich wie die anderen Apokalyptiker seiner Zeit als ein nahes, aber zukünftiges Geschehen apokalyptischen Ausmaßes an. Diese futurischen Aussagen band Jesus in Anlehnung an Daniel 7 meist an die Ansage des kommenden „Menschensohnes", von dem er als einer anderen Person sprach, sich also nicht selber meinte.[293] Wichtig ist, daß die Menschen für den Anbruch des Neuen bereit sind. Sie können und sollen die Zeichen der Zeit erkennen, aber keiner weiß die Stunde des Anbruchs genau, man kann sie nicht feststellen und berechnen.[294]

Doch darüber hinaus betont Jesus, daß das kommende Geschehen ein Prozeß ist, der schon in die Gegenwart hineinwirkt, ja in der Gegenwart schon geschieht: *„Die Zeit ist erfüllt, hat jetzt ihren Scheitelpunkt erreicht, der Einbruch der Herrschaft Gottes steht unmittelbar bevor und beginnt schon jetzt. Stellt euch ganz darauf ein; glaubt dieser Nachricht, dann habt ihr Anteil an ihr!"* – so fassen die Evangelisten die Botschaft Jesu zusammen.[295] Diese Betonung des Geschehens in der Gegenwart kommt vielfältig zum Ausdruck: Jesus sah den Satan als die zerstörerische Macht dieser Welt *„wie einen Blitz vom Himmel fallen"*; das Reich Gottes ist schon da, denn die Macht der „bösen Geister" ist gebrochen; wo Jesus wirkt, ist das Reich Gottes schon mitten unter den Menschen gegenwärtig.[296]

Das Geheimnis dieses aus der Zukunft kommenden und schon gegenwärtig wirkenden Prozesses umschrieb Jesus immer wieder mit Gleichnissen, die die Verborgenheit und die Unscheinbarkeit des Anfanges, zugleich aber das schon gegenwärtige Wirken und die Sicherheit des Kommens und der Vollendung der Herrschaft Gottes aufzeigen. Die alttestamentlichen Propheten sagten die Zukunft als Herausforderung für die Gegenwart an. Jesus dagegen deutete die Gegenwart als einen Prozeß, in dem die Zukunft schon jetzt beginnt. Damit hat Jesus die Eschatologie in die einzigartige Spannung von einem „Schon jetzt und dann vollendet" gebracht. Entscheidend war in

[293] So bes. in Mk. 13,24–27; vermutlich identifiziert erst die nachösterliche Gemeinde den Menschensohn mit dem wiederkommenden Jesus Christus; vgl. G. Borkamm a. a. O. S. 160 ff.

[294] Lk. 12,54 ff.; 17,20 ff.; Mk. 13,32; Mt. 24,36.

[295] Mk. 1,15; Mt. 4,17; 10,7; Lk. 10,9.

[296] Lk. 10,18; 11,20; Mt. 12,28; LK. 17,21.

der Verkündigung Jesu, daß die Menschen die anbrechende Zukunft schon jetzt ergreifen, ohne sie erzwingen oder berechnen zu wollen.

Das Zweite: Die Herrschaft Gottes geschieht im Auftreten und Handeln Jesu. Die Gegenwartsaussagen über das Reich Gottes illustrierte Jesus ganz mit seinem Handeln oder besser mit dem Geschehen, das durch sein Auftreten ausgelöst wurde. Nach Lukas 4,14–21 las Jesus in der Synagoge in Nazareth nach seinem ersten Auftreten und Wirken in Galiläa aus Jesaja 61 die Worte von dem eschatologischen „*Gnadenjahr des Herrn*", das den Armen, Gefangenen, Blinden und Zerschlagenen die endzeitliche Befreiung und Heilung zuspricht – eine Umschreibung der kommenden Königsherrschaft Gottes – und Jesus proklamierte: „*Heute, wo dies durch mich geschieht, ist dieses Wort der Schrift vor euch erfüllt!*" Nachdem seine Jünger von ihrer ersten Aussendung zurückgekommen waren und von ihren Erfolgen im Namen Jesu berichteten, pries Jesus Gott, daß er sich so durch die Unmündigen offenbart habe und daß jetzt Menschen das sehen, was sich die Propheten und Könige des alten Israels nur erträumt hatten zu sehen: den Anbruch der Königsherrschaft Gottes. Als Johannes der Täufer aus dem Gefängnis Jesus fragen ließ, ob er der kommende Messias sei, antwortete Jesus nicht mit einer Aussage über seine Person, sondern mit dem Hinweis auf die Erfüllung alttestamentlicher Verheißungen, daß die Blinden sehen, die Lahmen gehen, Aussätzige rein werden, Taube hören, Tote auferstehen und den Armen das Evangelium verkündet wird – alles das, was jetzt mit Jesu Wirken geschah.[297] Die Heilungen, die Jesus tat, verstand er wie sein ganzes Wirken als „Austreibung böser Geister", das heißt, als Überwindung krankmachender zerstörerischer Kräfte in und zwischen den Menschen. Auf die Unterstellung seiner Gegner, daß er durch die Kraft des obersten Teufels die bösen Geister austreibe, erklärte Jesus, daß er es durch den Geist Gottes bewirke und daß in diesem Geschehen die Königsherrschaft Gottes mitten unter den Menschen schon Wirklichkeit geworden sei.[298] Auf die Frage der Pharisäer, wann das Reich Gottes komme, antwortete Jesus, es komme nicht so, daß man es von außen beobachten, sehen und lokalisieren könne, sondern so, daß es mitten unter den Menschen da ist – schon jetzt und in Zukunft immer wieder dort, wo Menschen sich davon betroffen sein lassen.[299] Setzt man diese Aussagen mit den Gleichnissen Jesu über das

[297] Mt. 11,1–5; vgl. Jes.35,5–6; 61,1–2.

[298] Mt. 12,22–30; vgl. Lk. 11,14–20.

[299] LK. 17,20–21; siehe im Kontext die auffällige Verbindung zwischen der Gegenwartsaussage und den Ansagen der Herrschaft Gottes als jederzeit Kommendes!

verborgene Kommen der Herrschaft Gottes in Beziehung, so wird deutlich, daß Jesus sich und sein Handeln und das, was durch ihn unter den Menschen geschah, genau als das kleine „Samenkorn“, das Gott jetzt gelegt hat, verstand, als den „Sauerteig“ der Königsherrschaft Gottes, der jetzt schon unweigerlich wirkt und die Welt in einem verborgenen Prozeß schon jetzt radikal, nämlich von der Wurzel her, verändert und was sehr bald ganz und offenkundig an den Tag treten wird. Daß diese Aussagen für die Frommen und Skeptiker seiner Zeit eine ungeheure Anmaßung und Provokation waren und in eine tödliche Auseinandersetzung führen mußten, ist nur zu verständlich.

Das Dritte: Die Herrschaft Gottes überschreitet alle Grenzen und bringt Heil den Armen und Erniedrigten. Die durch Jesus proklamierte Königsherrschaft Gottes ist nicht wie in den sonstigen apokalyptischen Ansagen in erster Linie Gericht und katastrophaler Zusammenbruch, sondern Befreiung, Heil und Gnadenzeit. Und dies wird, wie wir zum Teil schon oben sahen, gerade denen zugesprochen, die nach streng jüdischer Gesetzeslehre keinen Zugang zum Reich Gottes haben: den Armen und Kranken, den Zöllnern und anderen „Sündern“, den Frauen, den Kindern und anderen „Unmündigen“.[300] Jesus nahm so die bei den alttestamentlichen Propheten bezeugte Parteilichkeit Gottes für die Armen, Elenden und Entrechteten auf und stellte diese in erster Linie unter den Zuspruch der Heilszeit. Das erste Wort der Seligpreisungen in ihrer älteren Fassung „*Selig seid ihr Armen, denn euch gehört das Reich Gottes*“ steht wie eine Überschrift über allen Seligpreisungen: hier wird all denen, die sonst immer entrechtet werden, die nichts zu bieten haben und zu den Naiven und Einfältigen gehören, Begnadung, Recht und Erfüllung im Reich Gottes zugesprochen. Die Kinder, die in der jüdischen Gemeinde noch keinen geistlichen Rechtsanspruch vor Gott hatten, stellte Jesus in die Mitte der Erwachsenen und sagte, gerade sie gehören zur Königsherrschaft Gottes, und wenn die Erwachsenen nicht werden wie sie – also einfach, offen und voller Vertrauen zu Gott – werden sie nicht in das Reich Gottes hineinkommen.[301] Jesus schloß die, die wie die Pharisäer in Selbstrechtfertigung und Hartherzigkeit stecken blieben, vom Königreich Gottes aus, sprach es aber denen zu, die nach jüdischer Vorstellung nicht zum Volk Gottes gehören, den „*Heiden*“, so dem römischen Hauptmann zu Kapernaum und einer

[300] Vgl. hierzu bes. G. Bornkamm a. a. O. S. 68 ff. und Schottroff, Stegemann „Jesus von Nazareth – Hoffnung der Armen“ bes. S. 29 ff.

[301] Mk. 10,13–16 vgl. mit Mt. 18,1–5!

kanaanäischen Frau. Und er sagte, daß die Heiden aus der ganzen Welt im Reich Gottes zu Tisch sitzen werden, aber die *„Kinder des Reiches“*, also Israel, hinausgestoßen werden, weil oder sofern sie sich in Selbstgerechtigkeit verschließen und nicht glauben.[302]

Die Tischgemeinschaft Jesu war für ihn und die Seinen ein besonderes Zeichen, ja ein schon zeichenhaftes Sein im Reich Gottes. Immer lud er gerade die ein, die sonst in Israel aus der Tischgemeinschaft ausgeschlossen wurden, die sogenannten *„Sünder und Zöllner“*, auch die Frauen und selbst die Dirnen. Er feierte und gestaltete mit ihnen das gemeinsame Essen als Fest der Vergebung und der Freuden im Reich Gottes.[303] So gebrauchte Jesus auch in seinen Gleichnissen vom Königreich Gottes das Festmahl oder das Hochzeitsmahl als das Bild für Freude und die Erfüllung, die im Reich Gottes geschenkt wird.

Was ist mit all dem gesagt? Doch dies, daß Jesus mit seiner Botschaft von der anbrechenden Königsherrschaft Gottes alle Grenzen des Judentums und seiner Heilserwartung, aber auch alle anderen Grenzen, die Menschen ziehen können, überschritt. Es gibt nur eine einzige Einlaßbedingung für das Reich Gottes: die Offenheit und das Vertrauen (den Glauben) zur Liebe Gottes. Und diese sind bei den Armen und Entrechteten viel eher da als bei den Starken und Selbstgerechten. Das Reich Gottes ist demnach eine Welt, in der Vertrauen und Liebe regieren. Jesus lebte beides in der Art, daß alle Grenzen, Diffamierungen und Maßregelungen zwischen den Menschen fallen. Darin liegt eine revolutionäre, nämlich eine die üblichen Verhaltensweisen umstürzende Kraft der Botschaft Jesu.

Insgesamt ist zu sehen, daß Jesus die eschatologische Spannung und Bewegung in der Geschichte ganz in seine Gegenwart hineinholte: aus seiner geschichtlichen Transzendenz kommt das Heil Gottes in die Gegenwart und zwar gerade dort hin, wo Menschen ganz unten sind. Dies befreit aus allen Abgrenzungen und Verurteilungen, schenkt neues Leben und legt so den Anfang einer kommenden neuen Weltzeit.

Jesu Umkehrruf zum Leben (Jesuanische Ethik)[304]

Mit dem Bisherigen ist allerdings nicht gesagt, daß die Botschaft vom Reich Gottes nur Zuspruch und Heilsanbruch ist. Sie ist vielmehr auch radikaler Ruf zur Umkehr: *„Kehrt um und glaubt an die Botschaft von der hereinbrechenden Königsherrschaft Gottes!“*

Daß in der Lutherbibel immer noch das biblische Wort für „umkehren" mit „Buße tun" übersetzt wird, verengt das, worum es geht. Das in den Evangelien für Umkehr gebrauchte Wort „*Metanoia*" meint Veränderung der Sinnesart, der Grundeinstellung und Lebensweise. Es ist also eine grundlegende und elementare Änderung des Lebens gemeint und nicht nur eine besondere Frömmigkeitsleistung. Jesus verstand seinen ganzen Auftrag als einen Ruf zu solch einer Umkehr, eine Umkehr auf das Reich Gottes hin.

Wie sieht nach Jesu Willen diese Umkehr konkret aus?

Das erste und grundlegende ist der Glaube. Durch die Worte und zeichenhaften Handlungen Jesu wird der Mensch aufgefordert, zu glauben, daß in Jesus das Reich Gottes anbricht, oder besser, daß Gott jetzt gegenwärtig ist, jetzt Gottes heilende Kraft befreien, erlösen, heilen will. Besonders in den Heilungsgeschichten, aber auch in den anderen Wunderhandlungen wird immer wieder der Glaube des Menschen als eine notwendige Entsprechung auf das Heilshandeln Jesu hervorgehoben. Glaube wird dabei vor allen Dingen als Vertrauen verstanden, tiefstes Vertrauen zu Jesus, zu seinem Zuspruch, daß jetzt Gott, seine befreiende Kraft, sein Reich gegenwärtig ist und heilen, vergeben, erneuern wird. Dabei hat der Glaube durchaus auch den Akzent eines „Für wahr und für möglich halten", allerdings nicht im dogmatischen Sinne als ein Glaube an Lehrwahrheiten, sondern als eine innerste Antwort auf die so andere ungeheure Wahrheit und Wirklichkeit, die in Jesus den Menschen entgegentritt. Der Ruf des Vaters, der für sein Kind bei Jesus Heilung sucht, macht es deutlich: „*Ich glaube, hilf meinem Unglauben!*" – ich vertraue dir, auch wenn ich es kaum für möglich halten kann.[305] Wenn man von so etwas wie eine „Einlaßbedingung" in das Reich Gottes reden will, dann ist es allein der Glaube – aber eben nicht als ein eigenes Werk, eine Leistung, die man bringen könnte. Jesus zeigte vielmehr an dem Kind, das er zum Vorbild der Erwachsenen macht, oder an dem Gleichnis vom Pharisäer und Zöllner, daß Glaube eine Haltung der Offenheit und Demut, des Vertrauens und der Empfangsbereitschaft ist.

Neben dem Glauben ist die praktische Liebe für Jesus der wichtigste Weg zum Reich Gottes. Er fordert sie nicht wie ein neues Gesetz,

[302] Mt. 8,5–13; 15,21–28.

[303] Z. B. das Mahl bei Zachäus Lk. 19,7 ff. oder das Mahl mit der Dirne Lk. 7,36 ff.; auch die Speisung der 5.000 ist als ein Zeichen des Gottesreiches zu sehen; Mk. 63 ff.; das Abendmahl am Gründonnerstag hat in dem „Sündermahl" eine seiner Wurzeln.

[304] Vgl. zum Folgenden G. Bornkamm a. a. O. bes. S. 92 ff.

[305] Mk. 9,23–24.

sondern lebt sie vor und illustriert sie durch Gleichnisse. Das Gleichnis vom „Barmherzigen Samariter“ und das Gleichnis vom „Großen Weltgericht“ zeigen, daß aus äußerer Frömmigkeit oder „Kirchlichkeit“ noch keine Liebe kommt, sondern sich die Not des anderen zu Herzen gehen lassen und das Notlindernde einfach tun, das will Gott und das schenkt Anteil an der Königsherrschaft Gottes. Dennoch gehören Gottesliebe und Menschenliebe eng zusammen. Deutlich zeigt es das Doppelgebot der Liebe, mit dem Jesus den Inhalt aller religiösen Gebote und Satzungen zusammenfaßt: *„Du sollst den Herrn, deinen Gott, lieben von ganzem Herzen, von ganzer Seele und von ganzem Gemüt und deinen Nächsten wie dich selbst“*.[306] Die Kraft dieser doppelten Liebe kommt nach Jesus allerdings nicht aus einem Gesetz des „Du sollst“, sondern aus der Erfahrung der Liebe Gottes. Deutlich ist das in der Begründung der Feindesliebe und im Gleichnis vom „Schalksknecht“. Die Liebesfähigkeit des Menschen erwächst aus der erfahrenen Liebe Gottes zu allen Menschen und in der selbst erfahrenen Vergebung.[307]

Aus Glauben und Liebe wächst eine *„Gerechtigkeit, die besser als die der Pharisäer“* ist.[308] Jesus entlarvte in seinem Gleichnis vom Pharisäer und Zöllner und in verschiedenen Reden aufs Schärfste die Frömmigkeit der Pharisäer: sie stellen ihre Frömmigkeit als ihr eigenes Werk dar, überheben sich über andere Menschen, stellen sich selbst in den Mittelpunkt, maßen sich an, Gottes Urteil über andere Menschen zu sprechen, binden anderen Menschen schwere Gesetzes- und Frömmigkeitslasten auf, sind in Wahrheit Heuchler und bereichern sich am Gut anderer.[309] Diese Gerechtigkeit ist Selbstgerechtigkeit und damit nach Jesus das Gegenbild zum empfangenden Glauben und zur Liebe. Die „bessere Gerechtigkeit“, zu der Jesus ruft, stellt Matthäus in der Bergpredigt Jesu zusammen. Nach den Seligpreisungen ist es das Zugeständnis der eigenen Armut vor Gott, die Bereitschaft, Leid zu tragen, der Gewaltverzicht, die Sehnsucht nach der Gerechtigkeit, die Gottes Reich bringt, Barmherzigkeit gegenüber anderen Menschen, Wahrhaftigkeit und Ehrlichkeit, Einsatz für den Frieden und sich lieber verspotten und verfolgen zu lassen, als all das aufzugeben. In den Antithesen der Bergpredigt werden Konkretionen ausgeführt, die in die Tiefe des menschlichen Herzens führen: nicht erst der Totschlag als letzte Eska-

306 Mt. 22,34–40.
307 Mt. 5,45–48; Mt. 18,21 ff.
308 Mt. 5,20.
309 Lk. 18,9 ff.; Mt. 23 und Lk. 11,37 ff.; 20,45 ff.

lation eines Streites ist schwere Schuld, sondern schon das böse Wort; darum suche rechtzeitig die Versöhnung. Nicht erst der massive Ehebruch verletzt einen Menschen, sondern schon der begehrliche Blick. Sei eindeutig und glaubwürdig in deiner Rede, so daß ein Schwur und Beschwören des Himmels unnötig ist. Suche nicht Vergeltung und Rache, wenn dir Unrecht geschehen ist; nimm es lieber hin, als daß du zurückschlägst, um so die Kette der Gewalt zu unterbrechen. Liebe nicht nur deinen Freund, sondern tue auch Gutes deinem Feind, damit die Güte des gemeinsamen Vaters das Leben wieder heil mache. Das alles sind nicht nur „geistliche Ratschläge" für besonders heilige Menschen – so lehrte es lange Zeit die Kirche – nach Jesu Meinung kann und soll das der Mensch wirklich tun, allerdings nicht unter dem Zwang der Vollkommenheit. Das *„Vollkommensein wie euer Vater im Himmel"* in Matthäus 5,48 ist eine unsachgemäße Übersetzung des „teleios". Es meint vielmehr, aus der Erfahrung der Liebe Gottes auf das „Ziel", auf das Kommen des Friedensreiches Gottes ausgerichtet sein, so unvollkommen auch einzelne Taten bleiben werden.

Ein dritter Schwerpunkt neben Glaube und Liebe ist bei Jesus die Freiheit gegenüber Reichtum und materieller Sorge. Hier scheint Jesus fast rigoristisch gewesen zu sein. *„Der Mensch kann nicht Gott und zugleich dem Mammon, der Götzenmacht des Geldes, dienen*". Sich zu viel Sorgen um die materiellen Güter des Alltags zu machen, ist Kleinglaube, mangelndes Vertrauen zu Gott, der das Nötige zur rechten Zeit gibt.[310] Wer wie der „Reiche Kornbauer" meint, durch Anhäufung materieller Güter sein Leben sichern zu können, ist ein Narr, weil er es gerade dann verliert, wenn er meint, es durch Reichtum zu haben.[311] In der Begegnung mit dem „Reichen Jüngling" ließ Jesus erkennen, daß Reichtum an konsequenter Nachfolge und an der Anteilhabe am Reich Gottes hindert.[312] Lukas hebt es in seiner Zusammenstellung der Worte besonders hervor: das „Selig" Jesu gilt den Armen, das „Wehe" den Reichen, weil Armut offen macht für Gottes Güte, Reichtum aber verschließt. *„Es ist leichter, daß ein Kamel durch ein Nadelöhr geht, als daß ein Reicher in das Reich Gottes hineinfinde.*" [313] Wie die Pharisäer mit ihrer Selbstgerechtigkeit quer zum Kommen der Königsherrschaft Gottes liegen, so offensichtlich die Reichen mit dem Festhalten ihres

310 Mt. 6,19–34.
311 Lk. 12,13 ff.
312 Lk. 18,18 ff.
313 Lk. 6,20–26.; Lk. 18,24; nach Schottroff, Stegemann hat Lukas den Konflikt arm – reich als besondere Herausforderung des Christen herausgearbeitet, a. a. O. S. 89 ff.

Reichtums. Die einzige Konsequenz ist, sich frei machen von der Bindung des Reichtumes, den eigenen Besitz mit den Armen teilen, wie es Zachäus nach der Begegnung mit Jesus tat, in der „besseren Gerechtigkeit" leben, wie sie oben beschrieben wurde, und so sich „*Schätze sammeln im Himmel*" und „*reich werden in Gott*", das heißt, so Anteil an der Königsherrschaft Gottes gewinnen.

Der Ruf zur Umkehr führt die Jünger in die Nachfolge. Nachfolge heißt, die Reich-Gottes-Botschaft Jesu verkündigen, hinter sich lassen, was daran hindert, in der „besseren Gerechtigkeit" Jesu leben und ganz wachsam und bereit sein für das Kommen Gottes. Auf die besorgte Frage der Jünger, was sie davon haben, wenn sie in der Nachfolge so viel drangeben müssen, antwortet Jesus mit dem Hinweis, daß ihnen im Reich Gottes viel mehr geschenkt wird, schon jetzt in der neuen Gemeinschaft mit Jesus und zukünftig in der Vollendung der Königsherrschaft Gottes.[314] Darum die Mahnung Jesu: „*Trachtet zuerst nach dem Reich Gottes und der besseren Gerechtigkeit, dann wird euch alles zufallen, was ihr zum Leben braucht.*" [315] Hinter allem steht ein in der Tiefe ganz anderes Verständnis von Leben: „*Wer sein Leben erhalten will, der wird's verlieren; wer aber sein Leben verliert um meinetwillen und der Botschaft vom Reiche Gottes willen, der wird's erhalten.*" [316] Also: Leben wird nicht im Festhalten und Sichern gefunden, sondern im Empfangen und in der Drangabe für das, was durch Jesus und von Gott kommt. Das allein sichert, nährt und gibt bleibendes Leben.

Insgesamt wird deutlich, daß der Umkehrruf Jesu und das Leben, zu dem er auffordert, ganz von der Qualität und dem Prozeß der anbrechenden Königsherrschaft Gottes bestimmt ist. Das Leben in Glaube, Liebe, Freiheit und Einsatz für Gottes Reich ist Voraussetzung für die eigene Teilhabe, zugleich Gabe und schon ein Stück Vorwegnahme dieser anderen Lebenswirklichkeit, die mit Gott kommt.

Jesu Weg ans Kreuz [317]

Bei der Frage, wie Jesus den Weg ans Kreuz gegangen ist, stoßen wir auf mehrere widersprüchliche Phänomene: einmal überliefern die Evangelien hier so viel geschichtliches Material in zusammenhängender Erzählung, wie sie es vorher nicht tun. Zum anderen ist aber bei genauem Hinsehen dieses Erzählen voller historischer Widersprüche und zum dritten ist gerade die Passionsgeschichte so sehr vom nachösterlichen Glauben durchdrungen und gedeutet, daß sichere Schlußfolgerungen, wie Jesus den Weg ans Kreuz wirklich gegangen ist und ihn selbst verstanden hat, im historischen Sinne kaum möglich sind. Zum Beispiel sind die Leidensankündigungen Jesu ganz im Stil eines summarischen Bekenntnisses des nachösterlichen Glaubens an den auferstandenen Christus gefaßt.[318] Die vielen Einschübe von alttestamentlichen Schriftzitaten sollen als „Schriftbeweise" das „göttliche Muß" des Todes Jesu Christi bezeugen: Jesus m u ß t e als der von den Propheten angekündigte Messias so leiden und sterben, damit Gott sein Heilswerk vollende.[319]

Hier ist spätestens die Frage nach dem „messianischen Selbstbewußtsein" Jesu zu stellen: Hat sich Jesus selbst als der im Alten Testament angekündigte Messias verstanden? Hat er die messianischen Hoheitstitel wie „Menschensohn", „Sohn Gottes" und „Messias" auf sich selbst angewandt? Ich teile die Meinung vieler Forscher, die das für sehr unwahrscheinlich halten. Die genaue Analyse der Texte zeigt, daß diese Titel in nachösterlicher Zeit dazuwuchsen und als Bekenntnis zu Jesus als dem „*Christus*", also dem Messias, in die Evangelien hineinkomponiert wurden – eben weil die Evangelien sich nicht als historische Berichte, sondern als Verkündigung und Glaubenszeugnis zu ihrer Zeit verstanden.[320] Der einzige messianische Titel, den Jesus selbst gebraucht hat, ist der des „Menschensohnes", aber er hat mit ihm wohl eine andere Person, eben den von Daniel angesagten apokalyptischen „Menschensohn" der letzten Stunde gemeint.[321] Dennoch wird Jesus in gewisser Weise ein messianisches Bewußtsein gehabt haben, wie es vielleicht schon Johannes der Täufer hatte, nämlich daß sich durch ihn und mit ihm die messianische Königsherrschaft Gottes ansagt und anzeigt. Dabei zeigen aber alle Worte, die nicht als spätere Gemein-debildung anzusehen sind, sehr deutlich, daß es Jesus nicht um seine Person und um seine Ehre ging, sondern um das Bezeugen der anbrechenden Gottesherrschaft in seinen Worten und Taten.[322]

314 Vgl. alle drei Varianten Mk. 10,28–30; Mt. 19,27–30; Lk. 18,28–30.

315 Mt. 6,33; als illustrierendes Gleichnis ist die Doppelparabel vom Schatz im Acker und von der kostbaren Perle zu sehen, Mt. 13,44–46.

316 Mk. 8, 35; das Wort „Evangelium" ist wie in Mk. 1,15 spätere Gemeindebildung.

317 Vgl. hierzu bes. G. Bornkamm a. a. O. S. 141 ff.

318 Bes. die dritte Leidensankündigung Mk. 10,38, aber auch Mk. 8,31; 9,31.

319 Lk. 24,25–27; vgl. Mk. 8,31; 12,10; Mt. 26,31und 52 f; 27,9f. u. a.

320 Siehe z. B. H. Conzelmann „Theologie des NT" S. 147–156.

321 Siehe Mk. 13,24–27 und Mt. 26,64; vgl. Daniel 7,13 f.; vgl. H. Conzelmann a. a. O. S. 151.

322 So auch G. Bornkamm a. a. O. S. 155 und 163.

Trotz dieser Vorbehalte läßt sich erkennen, was Jesus ans Kreuz gebracht hat. Anfangs suchte Jesus nicht selbst die Konfrontation, verkündigte vielmehr im Unterschied zu Johannes die befreiende und frohmachende Botschaft vom nahenden Gottesreich. Doch nahm er die Konflikte an, wo sie sich aus seinem Reden und Handeln ergaben. Auch das Reden und Handeln Jesu war nicht in der Art direkt politisch, wie es bei den alttestamentlichen Propheten der Fall war. Aber indirekt und in viel tieferem Sinne war es hochpolitisch. Es stellte das innere Denken der Menschen und der herrschenden Systeme radikal in Frage: die Verwaltung von religiöser und öffentlicher Ordnung durch Gesetz und Leistung, durch Ausgrenzungen, durch Über- und Unterordnung und durch materielle Bereicherung. Insofern konnte der Konflikt mit Jesus nicht nur ein theologischer, seelsorgerlicher und ethischer oder ein psychologisch-innerlicher sein, sondern mußte auch zum religiöspolitischen Konflikt werden. In der letzten Phase seines Auftretens muß Jesus diesen Konflikt deutlicher gespürt und auch gewollt haben. Mit seinem Weg nach Jerusalem suchte er bewußt die letzte Auseinandersetzung, eine Entscheidung im Konflikt mit der religiösen und politischen Führungsschicht seines Volkes. Hier, in der heiligen Stadt, am Tempel, am Zion – der Ort, auf dem alle eschatologischen Verheißungen ruhten – sollte seine Botschaft vom anbrechenden Gottesreich als letzte Herausforderung öffentlich werden. Und dies bahnte sich zum Passahfest an, dem heiligsten Fest der Juden, zu dem viele Tausende zusätzlich nach Jerusalem gepilgert waren, und in einer Zeit, in der die politische und apokalyptische Krisenerwartung ein Höchstmaß erreicht hatte – da mußte es zum kritischen Wendepunkt kommen. Der Einzug in Jerusalem, wenn auch in der Überlieferung messianisch überhöht geschildert, bezeugt das große Aufsehen im Volk und die erste nervöse Reaktion der religiösen und politischen Führung. Jesu Weg in den Tempel brachte den ersten öffentlichen Skandal: Er trieb die von der Kultbehörde angestellten Verkäufer der Opfertiere und die nötigen Geldwechsler aus dem Vorhof des Tempels, klagte die Entartung des Tempelwesens an und zog mit seinen Anhängern – Fischer aus Galiläa, ehemalige Zöllner, Dirnen und Kinder – also mit Menschen, denen als Unwürdige und Unreine der Zutritt zum Tempel eigentlich versperrt war, durch die heiligen Hallen.[323] Der Beschluß seiner Gegner, Jesus umzubringen, wurde endgültig gefaßt. Aber zunächst suchten die Pharisäer nach öffentlichkeitswirksamen Anlässen, Jesus den Prozeß zu

[323] Mt. 21,12 ff.

machen. In Streitgesprächen versuchten sie, Jesus der Häresie und der religiösen und politischen Aufwiegelung zu überführen. Jesus reagierte so, daß er seine Gegner selbst entlarvte. Jetzt nahm seine Botschaft von der anbrechenden Herrschaft Gottes die Züge eines apokalyptischen Strafgerichtes an. Besonders die letzten Gleichnisse Jesu machen es deutlich: Gott hat sein Volk durch Jesus in besonderer Weise noch einmal gerufen, doch seine Führer wollten nicht, darum werden sie nicht hineinkommen in Gottes Reich, sondern gerichtet und hinausgestoßen werden.[324] Als schärfste Provokation wurde den Priestern und Pharisäern Jesu Ankündigung hinterbracht, daß Gott den Tempel durch Krieg und Katastrophe zerstören werde. In der Anklage beim späteren Prozeß wurde das als eine Zerstörung des Tempels ausgelegt, die Jesus selbst vorgehabt hätte.[325] Der Prozeß sowohl vor dem Hohen Rat wie vor Pilatus zeigte, daß sich die Machthaber nicht durch die äußere politische Macht Jesu gefährdet fühlten – die war auch für sie lächerlich klein – aber sie fühlten sich in Jesus von einer geistigen transzendenten Macht berührt, die sie im Nerv ihres Selbstverständnisses und ihres Machtanspruches traf und zutiefst in Frage stellte. Darum ist bei ihnen, auch bei Pilatus, diese hochgespannte und an äußeren Fakten gemessene totale Überreaktion zu sehen, zu der es immer kommt, wenn autoritäre Macht einer geistigen Übermacht begegnet. Jesus muß gespürt haben, daß dieser Konflikt tödlich wurde.

Wie ist Jesus den letzten Weg ans Kreuz gegangen?

Wenn man von alldem abzieht, was überhöhende Interpretation der späteren Gemeinde zu sein scheint, ist doch mindestens das zu erkennen: Jesus wußte vom Ernst des Konfliktes und stellte sich und die Jünger auf die tiefste Auseinandersetzung ein; deutlich zum Beispiel im historischen Kern der Leidensankündigungen, in der Salbung in Betanien, im Gespräch beim letzten Mahl. In seinen letzten Tagen in Jerusalem muß er in einem tiefsten inneren Ringen gelegen haben, ein leidenschaftliches Hoffen und Glauben, daß Gott jetzt etwas Entscheidendes bringen wird, vielleicht jetzt den vollen Durchbruch der endzeitlichen Gottesherrschaft; deutlich zum Beispiel in Jesu Wort über den Zusammenbruch des Tempels und die folgende apokalyptische Vision, in seinem Gebetskampf im Garten Gethsemane, in Jesu Worten beim Abendmahl, besonders das sicher echte Wort: *„Ich werde nicht mehr trinken vom Gewächs des Weinstockes bis an den Tag, an dem ich*

[324] Mk. 21,33–46; 22,1–14; 23.
[325] Mk. 13,2; vgl. 14,58 und Joh. 2,19.

es aufs neue im Reich Gottes trinken werden", in seiner Ansage, daß auch seine Feinde „*von nun an sehen werden den Menschensohn sitzen zur Rechten der Kraft und kommen auf den Wolken des Himmels.*" [326] In diesem Ringen entschied er sich noch einmal oder spätestens, nicht den Weg der Zeloten zu gehen, mit Gewalt das Reich Gottes herbeizuführen; er wollte gewaltfrei, allein im Vertrauen auf seine geistige Kraft bzw. auf Gottes eschatologisches Handeln sich der letzten Auseinandersetzung stellen; deutlich zum Beispiel in Jesu Ablehnung des Schwertereinsatzes.[327] Er hat den Prozeß, die Folterung und die Kreuzigung im Vertrauen auf Gott angenommen und muß in seiner Haltung dabei eine große spirituelle Kraft ausgestrahlt haben; deutlich zum Beispiel im Garten Gethsemane, in der Gefangennahme, beim Verhör vor dem Hohen Rat und vor Pilatus, auf dem Weg ans Kreuz und bei der Kreuzigung.

Dies ist auf jeden Fall auch deutlich: Jesus ist den letzten Weg allein gegangen. Die Jünger sind voller Angst und Verzweiflung geflohen, als Jesus gefangen genommen wurde und nichts mehr von seinen vollmächtigen Reden und Wundern tun konnte. Sie haben nicht verstanden, welches Kräftespiel zwischen Jesus, Gott und der Welt in diesen letzten Tagen in Jerusalem geschah. In der späteren Überlieferung gab es ja immer wieder die Überlegung, Judas habe als heimlicher Anhänger der Zeloten mit seinem Verrat Jesus zum gewaltsamen Losschlagen provozieren wollen; als er sah, daß das Jesus nicht tat, erhängte er sich. Petrus, der noch am letzten Abend schwor, wenn nötig im Kampf mit Jesus in den Tod zu gehen, verleugnete ihn wenige Stunden später jämmerlich, als er im Hof des Hohen Priesters die kaltschnäuzige Macht der Obrigkeit und ihres Fußvolkes und die Ohnmacht Jesu erlebte. Alles, was die Jünger durch Jesu Botschaft von der Herrlichkeit des kommenden messianischen Reiches sich erhofft und erträumt hatten, brach für sie zusammen. Ihre große Hoffnung, ja Jesus selbst wurde für sie in diesen Stunden zum größten Irrtum.

Es mußte schon etwas Außerordentliches passieren, das die Jünger aus dieser Depression herausholen konnte. Es ist das, was die Jünger Jesu kurze Zeit später als die Erscheinung des Auferstandenen bezeugten.

[326] Mk. 13,1f.; Mk. 14,25; Mk. 14,32.; Mt. 26,64.
[327] Lk. 22,38 und Mt. 26,51 f.

4. Das Besondere der urchristlichen Spiritualität

Auferstehungsglaube und Kreuzesspiritualität

Wenn auch der Ursprung des christlichen Glaubens Jesus von Nazareth ist, so ist doch seine eigentliche Geburtsstunde die Auferstehungserfahrung der ersten Christen. Der erste Auferstehungsglaube besagt: Der Jesus, der in seinen Erdentagen so Überwältigendes von Gott und seiner anbrechenden Königsherrschaft gesagt hat und in seinen Taten erleben ließ, dann aber so hilflos am Kreuz gestorben ist, ist nicht im Tode geblieben, sondern ist auferstanden zu einer geistigen Kraft, Macht und Stimme, die jetzt unter den Jüngern und Menschen nach Ostern noch weiter und kräftiger auf das Reich Gottes hin wirkt als in seinen irdischen Tagen.

Wie ist es nach dem Zusammenbruch allen Glaubens und Hoffens der Jünger unter dem Kreuz zu diesem neuen Glauben gekommen?

Untersucht man alle Zeugnisse des Auferstehungsglaubens, kommt man zu dem Ergebnis, daß nirgends ein Vorgang der Auferstehung Jesu selbst geschildert wird. Die Geschichten vom leeren Grab sind spätere Hinzufügungen und führen ausdrücklich nicht zum Auferstehungsglauben.[328] Das Urdatum des Auferstehungsglaubens sind nach allen Texten des Neuen Testamentes außerordentliche Erscheinungen Jesu vor seinen Jüngern und vor Frauen aus seinem Anhängerkreis gewesen.[329] Erscheinungen und Visionen waren damals keine große Besonderheit; die haben Paulus und andere Christen öfter und in verschiedener Weise gehabt.[330] Die Erscheinungen des auferstandenen Christus werden aber als besondere und einmalige Ereignisse bezeugt. So wird nur für sie als terminus technicus das griechische „ophthä“ gebraucht, das den Widerfahrnischarakter eines einmaligen göttlichen Offenbarmachens unterstreicht. Diese Erscheinungen sind große Lichtvisionen, in denen Jesus als der Lebendige und Verherrlichte erkannt wird und mit denen in der Regel eine Botschaft vermittelt wird.[331]

328 Vgl. z. B. Mk. 16.8; Lk. 24,9 ff.; vgl. H. Grass „Ostergeschehen und Osterberichte“ S. 193 ff. Als ältestes Auferstehungszeugnis im Neuen Testament ist das Summarium in 1. Kor. 15, 3–7 anzusehen.

329 Vgl. H. Conzelmann a. a. O. S. 49 f. und 83 ff.; H. Grass a. a. O. bes. S. 94 ff.

330 Vgl. Visionen des Paulus nach 2. Kor. 121 ff; Vision des Stefanus Apg. 7,55 f.

331 Am deutlichsten geschildert in der Erscheinung vor Paulus Apg. 9,3 ff; 22,6 ff.; 26,12 ff.; vgl. 2. Kor. 4,6.

Die inhaltlichen Wahrheiten, die den Jüngern in den Erscheinungen aufgingen, waren vor allem: 1. Der am Kreuz gestorbene Jesus lebt in einer neuen geistigen und lichten Seinsweise wie Gott, er ist der zu Gott Erhöhte, der über Sünde und Tod Siegende. 2. Der auferstandene Christus wirkt in seiner geistigen Kraft noch deutlicher auf das kommende Reich Gottes hin. 3. Die Endzeit ist vollends angebrochen, in seiner Parusie (Wiederkunft) kommt Christus als der siegreiche Menschensohn vom Himmel wieder und wird die ganze Welt verwandeln.[332] 4. Die Jünger bekommen den Auftrag, die Botschaft von Jesus Christus und seinem kommenden Reich in aller Welt zu verkündigen (Missionsbefehl).[333]

Deutlich ist, daß die von Jesus verkündete, aber durch seinen Tod zerbrochene Reich-Gottes-Vision mit seinen Erscheinungen neu und umfassender zum Leben kam, als es vorher der Fall war. Sie wurde wesentlich stärker als vorher mit der Person und Bedeutung Jesu, dem Christus, gefüllt und ganz auf seine für die nahe Zukunft erwartete Parusie ausgerichtet.[334]

Die Erfahrung des Auferstandenen brachte zugleich ein ganz neues Verständnis des Todes Jesu. Plötzlich wurde erkannt, daß Jesu Tod keine Niederlage war, sondern Geheimnis, Weg und Sinn des göttlichen Heilshandelns. Den Jüngern fiel es wie Schuppen von den Augen: wenn Jesus der von den Propheten verheißene Messias war, m u ß t e er ja den Tod so annehmen, um mit seinem Sterben auch durch Haß, Gewalt, Angst, Leid und Tod hindurchzugehen und so in seiner Auferstehung auch diese letzten Todesmächte zu besiegen.[335]

In den Deutungen des Todes Jesu werden zwei Hauptaussagerichtungen erkennbar[336]: Einmal im Sinne der Niedrigkeitsaussagen, die besonders an die Vorstellungen des leidenden Gottesknechtes im Alten Testament anknüpfen: Jesus ist in die Niedrigkeit, in das Leid, in die Gottesferne, in den Tod unseres Menschenlebens hineingekommen, um hier hinein Gottes Liebe zu bringen und um uns so Heil zu schaffen.[337]

332 Vgl. J. Jeremias „Neutestamentliche Theologie" S. 294.

333 Alle vier Inhalte werden oft vermischt wiedergegeben, siehe bes. Phil. 2,9; 1. Kor. 15,20 ff., 51 ff.; Gal. 1,12 ff.; Apg. 1,6 ff.; 26,14 ff. und die Auferstehungsperikope in den Evangelien s. o., aber auch die Apokalypse in Mk. 13 und Parallelen.

334 Vgl. H. Grundmann „Umwelt des Urchristentums" S. 444 f.

335 So besonders in Lk. 24,26 ausgedrückt, aber auch im nachhinein in den Leidensankündigungen Mk. 8,31 u. a.; oft bei Paulus z. B. Röm. 8,31; Phil. 2,6 ff.

336 Vgl. zum Folgenden Conzelmann a. a. O. S. 89.

337 Phil. 2,6 ff.; Hebr. 4,15 ff.; 2,18; Gal. 4,4 ff.; Röm. 8,32; 1. Kor. 1,18 ff; die Gethsemaneszene der Evangelien Mk. 14,32 ff.; die Logos-Aussagen bei Joh. 1,1 ff.;

Zum anderen werden die Vorstellungen von dem stellvertretenden Leiden und Sterben Jesu, vom Opfertod und Loskauf aufgenommen, die in aller Differenzierung von einem juristisch-kultischen Verständnis her zum Ausdruck bringen wollen, daß Jesu Tod uns vom Fluch der Schuld und Gottesferne befreit.[338]

Der Tod Jesu wird insgesamt als ein Ereignis verstanden, das die ganze Welt von Gott her in eine ganz neue Grundsituation und so unter ein neues Paradigma gestellt hat: die Welt kann in ihrer Abwendung von Gott, in ihrer Sünde, Bosheit, Haß, Gewalt, in Irrsinn und Tod Gott nicht mehr entgehen, sondern fällt doch und zuletzt in Gottes zwar richtende, aber zuletzt rettende und heilende Liebe. Diese Liebe ist nicht eine allgemeine zeitlose Wahrheit, sondern ein eschatologisches Geschichtshandeln Gottes, das sich in der Auferstehung Jesu das entscheidende Zeichen der Wende und der zukünftigen Rettung gesetzt hat.[339]

Dieser Auferstehungsglaube und diese Sicht des Todes Jesu ist nicht das Ergebnis theologischer Reflexionen (so erscheint es in vielen exegetisch-theologischen Untersuchungen) oder anderer menschlicher Anstrengungen gewesen – nichts dieser Art hätte die Jünger aus ihrer Katastrophe unter dem Kreuz herausholen können. Es war vielmehr das Ergebnis eines außerordentlichen spirituellen Erfahrungsprozesses, der die ersten christlichen Gemeinden erfüllte und der nicht hoch genug einzuschätzen ist. Dieser Prozeß hatte zwei Quellen: einmal, wie wir sahen, die besonderen Erscheinungen des auferstandenen Christus – diese waren der erste Anstoß dieses neuen Glaubens. Von diesen angestoßen, öffnete sich in den Gemeinden eine zweite Quelle: die neuen eigenen spirituellen Erfahrungen, in denen die Kreuzeswahrheit und die Auferstehungswirklichkeit Jesu in der eigenen Existenz erlebt wurden. Paulus bezeugt es exemplarisch mit seinem eigenen Leben und kann sagen *„Ich bin mit Christus gekreuzigt, ich lebe; doch nicht ich, sondern Christus lebt in mir.“* [340] In seinem Leiden an Krankheit und Schwachsein hört er den Zuspruch des Auferstandenen: *„Laß dir an meiner Gnade genügen; denn meine Kraft ist in dem Schwachen mächtig.“* [341] Auch die Gemeinde schildert Paulus als eine Schar von Geringen, Armen, Schwachen und Verachteten, die gerade in ihrer

vgl. im AT Jes. 50,4 ff. und 53,1 ff.; Ps. 22 u. a.

338 Z. B. 1. Petr. 1,18; 2,21 ff.; Gal. 3,13; 1. Kor. 6,20; 7,23; Mk. 10,45; 1. Tim. 2,6.

339 Vgl. 1. Kor. 15,24–27; 2. Kor. 5,19–21.

340 Gal. 2,19 f.

341 2. Kor. 12,10 im Kontext; vgl. 2. Kor. 4,10; Gal. 2,19 f.; Röm. 5,3.

Schwachheit das Kreuz Christi, das den Klugen dieser Welt nur Ärgernis und Torheit sein kann, als Gottes Kraft und Weisheit erfahren.[342]

Lukas schilderte gleichnishaft in der Erzählung von den Emmausjüngern und in vielen Szenen seiner Apostelgeschichte , daß die Urgemeinde im geistlichen und sozialen Zusammenhalt, im gemeinsamen Lesen der Schrift, im Beten und Verkündigen, im gemeinsamen Brechen und Teilen des Brotes Christi seine inspirierende Gegenwart und heilende Kraft erfuhr. Die urchristliche Gemeinde erfährt es und hört es als Wort des auferstandenen Christus: *„Wo zwei oder drei versammelt sind in meinem Namen, da bin ich mitten unter ihnen!"* [343]

Christologische Konzentration und synkretistische Öffnung

Wer die Entwicklung der urchristlichen Spiritualität verfolgt, stößt auf ein bemerkenswertes Phänomen:

Die frühchristliche Spiritualität wurde mit einer großen Dynamik aus dem relativ engen Raum der spätjüdischen Vorstellungswelt in die Weite und Vielfalt der griechisch-römischen bzw. der hellenistischen Vorstellungswelt geführt. In dieser Bewegung kam es zu einer erstaunlichen synkretistischen Öffnung für ursprünglich fremde religiöse Vorstellungen und zugleich zu einer starken christologischen Konzentration, ja zu einer Hypostasierung der Person Christi, wie sie dem historischen Jesus sicher fremd war.[344]

Für diese doppelte Bewegung sollen im Folgenden nur kurz die wichtigsten Beispiele aufgeführt werden.

- Die Aufnahme der spätjüdisch-persischen Apokalyptik, die zum Teil schon durch Jesus geschehen ist, wurde, wie wir schon sahen, ganz auf die Parusie Jesu ausgerichtet: Jesus Christus kommt als der große Weltenrichter und Vollender der Welt wieder.
- Der Wandel in den Christustiteln: der erste urchristliche Christustitel „Menschensohn" aus der alttestamentlichen Apokalyptik konnte im hellenistischen Raum nicht mehr verstanden werden; schon Paulus hat ihn nicht mehr gebraucht; der Hoheitstitel „Christus", die griechische Übersetzung für „Messias", der „Gesalbte Gottes",

[342] 1. Kor. 1,18–31.
[343] Mt. 18,20 mit Kontext; Lk. 24,13 ff.; Apg. 2,42 ff. u. a.
[344] Zum Ganzen R. Bultmann „Das Urchristentum" S. 163 ff. und W. Grundmann „Umwelt des Urchristentums" S. 416 ff.

wurde in den hellenistischen Gemeinden nicht mehr in seinem ursprünglichen Sinn verstanden und darum als zweiter Eigenname Jesu gebraucht. Als neue Hoheitstitel wurden aus dem Hellenismus auf Jesus übertragen: 1. „Sohn Gottes", wie es in der griechischen Mythologie viele „Göttersöhne" gab; 2. „Soter" als göttlicher „Heiland" oder „Retter" in Analogie zur römischen Göttervorstellung und der römischen Kaiserverehrung; 3. „Kyrios", der „Herr", auch Hoheitstitel aus dem römischen Kaiserkult. Mit dieser Übertragung göttlicher Titel aus dem römisch-griechischen Sprachraum auf Jesus konnte die Bedeutsamkeit Jesu in dieser Welt ausgedrückt und zugleich der Anspruch erhoben werden, daß Jesus Christus der eigentliche Sohn Gottes, Retter und Herr der Welt sei.

- Die Aufnahme pantheistischer Gottesvorstellungen aus der hellenistischen Popularphilosophie: die oberste Gottheit ist überall, sie kann in der Natur erfahren werden; der Mensch ist in seinem Wesen ein Teil dieser Gottheit – so in der Areopagrede des Paulus in Korinth und in seinem Römerbrief. Hierbei ist allerdings deutlich, daß das nicht die eigentliche Vorstellung des Paulus war, daß er sie aber ohne Hemmungen aufnahm, um sich mit seiner Christusbotschaft bei den Hellenisten verständlich zu machen.[345]
- Die Aufnahme gnostischer Weltvorstellungen, zum Beispiel die Vorstellung von personal gedachten dämonischen oder göttlichen *„Mächten dieser Welt"* oder einer negativen Gegengottheit[346], die Vorstellung eines kosmischen Dualismus von Licht und Finsternis, Wahrheit und Lüge, oben und unten und darin die Deutung Jesu als der präexistente und erlösende göttliche *„Logos"*;[347] überhaupt die Vorstellung eines präexistenten kosmischen Christus, durch den die Welt geschaffen wurde und ihre Erlösung findet.[348] In diesen Vorstellungsrahmen gehört auch die Interpretation Jesu als der *„Zweite Adam"*, mit dem die Erlösung der Menschheit kommt;[349] auch das Bild von der Gemeinde als *„Leib Christi"* stammt aus gnostischem Gedankengut.[350]

345 Apg. 17,23 ff; Röm. 1,20 ff.
346 Gal. 4,3; 2. Kor. 4,4; Eph. 2,2.
347 So bes. bei Johannes 1,1; Dualismus überall bei Johannes z. T. auch in anderen Briefen des NT z. B. in Eph. 5,8.
348 Kol. 1,15–20 die Übernahme eines gnostischen Hymnus auf Christus; auch Hebr. 1,2–4; Offb. 3,14.
349 Röm. 5,12 ff.
350 1. Kor. 12,12 ff; Röm 12.4 ff.; Eph. 4,4.

- Die Ausbildung der christlichen Sakramentenlehre, die sich stark an hellenistische Mysterienvorstellungen anlehnt: die Taufe als mystische Eingliederung des Täuflings in den Geistleib der Gottheit und als ein Mitsterben und Auferstehen im Akt der Taufe;[351] das Abendmahl als eine mystische Teilhabe am Fleisch und Blut der Gottheit bis hin zur Vorstellung einer „feinstofflichen" Geistsubstanz im Abendmahl.[352]
- Die Aufnahme populärer bürgerlicher Moralvorstellungen des Hellenismus vom tugendhaften und weisen Leben in der Welt, zum Beispiel in den Tugendkatalogen des Neuen Testamentes.[353]

Bei all dem handelt es sich tatsächlich um synkretistische Öffnung und Verschmelzung christlichen Glaubens mit anderen religiösen Vorstellungen, wie es das in der späteren Kirchengeschichte in diesem großen Umfang und in dieser außerordentlichen Schnelligkeit kaum wieder gab. Beim genaueren Hinschauen wird freilich deutlich, daß es hier nicht um eine Aufgabe christlichen Glaubens, sondern um eine Übertragung der Heilserfahrung in Christus auf alle damals möglichen religiösen Bereiche ging. Es ging gerade in der Aufnahme gnostischer Vorstellungen immer um eine Überbietung, um eine Einschränkung und um eine „Entgötterung" oder Säkularisierung dieser mythologischen Vorstellungen. Wo andere fremde göttliche und mythische Kräfte wirkten, wird Christus hingesetzt; er ist es, durch den alles geschah und geschieht und seine Erlösung findet. Johannes läßt es mit den Ich-Worten des allezeit präsenten Christus sagen: *„Ich bin das Brot des Lebens, ich bin das Licht der Welt, ich bin der gute Hirte; ich bin der Weg und die Wahrheit und das Leben; niemand kommt zum Vater denn durch mich!"* [354] Christus wurde zur Chiffre und Hypostase der Macht Gottes über alle anderen Mächte der Welt und des ganzen Kosmos. Die Menschen auch der fremden Religionen sollten erkennen, wo sie auch immer Licht, Leben, Heil und Gott suchen, stoßen sie auf Jesus Christus, und wenn sie sich auf diesen Jesus einlassen, finden sie Leben, Licht und Erlösung.

Wie das dem fremden religiösen Denken unter Umständen aber auch voll ins Gesicht schlagen konnte, soll uns nur an einem Beispiel bewußt werden, bei der Aufnahme des gnostischen Logosbegriffes durch Johannes: Jesus Christus ist der präexistente und erlösende göttliche

[351] Röm. 6,1 ff.
[352] 1. Kor. 10,11–22; Joh. 6,54–58.
[353] Eph. 4,25–32; Gal. 5,19–26; Röm. 12,9–21 u. a.
[354] Joh. 6,35 und 48; 8,12; 10,11; 14,6.

Logos der Welt; aber dieser Logos wurde „Fleisch", Mensch, konkrete Geschichte in Jesus von Nazareth. „Fleisch" war aber für die Hellenisten Ausdruck des Niedrigen und Widergöttlichen. Für sie war es anstößig und unmöglich, eine Fleischwerdung des göttlichen Logos auch nur zu denken. Indem Johannes aber diese Aussage wagte, konnte er das spezifisch Christliche in aller missionarischen Öffnung bewahren und bezeugen.

Das Ganze ist in einem sehr spannungsvollen und konfliktreichen Prozeß geschehen. Davon zeugt zum Beispiel das Apostelkonzil in Jerusalem (um 49 n. Chr.): Paulus brachte die christliche Botschaft auch den nichtjüdischen Griechen und nahm sie in die christliche Gemeinde mit hinein; das löste heftigen Protest in der judenchristlichen Gemeinde in Jerusalem aus, die die Beschneidung, d. h. den Übertritt zum Judentum zur Voraussetzung machte; nach schweren Kämpfen konnte sich Paulus gegen den Herrenbruder Jakobus durchsetzen; das junge Christentum überwand die Schranke einer jüdischen Sekte und wurde der Anfang einer Weltreligion.[355]

Sehr spannungreich war auch die Auseinandersetzung des Paulus mit den enthusiastischen Gruppen in Korinth: In der jungen christlichen Gemeinde in Korinth gab es stark gnostizierende enthusiastische Gruppen, die eine große spirituelle und individuelle Freiheit und geistlichen Enthusiasmus wie die Zungenrede pflegten; Paulus bekämpfte interessanterweise nicht diese Freiheiten und die Zungenrede an sich, sondern stellte alles unter das Kriterium des verständlichen Wirkens Christi und der christlichen Liebe, des Gemeindeaufbaus und der Gemeinschaft.[356]

Heftige dogmatische Kämpfe standen hinter der „kirchlichen Überarbeitung" des Johannesevangeliums, denn es geht in der Aufnahme gnostischen Geistesgutes am weitesten. So vertritt es z. B. eine präsentische Eschatologie, d. h. im Glauben, in der Anteilhabe am Geist und an der Liebe Jesu ist der Christ in das Sterben und Auferstehen Jesu so hineingenommen, daß er schon jetzt die volle Erlösung, das „*ewige Leben*" hat; Anfang des 2. Jahrhunderts gab es eine kirchliche Überarbeitung, die die Gegenwartsaussagen des Heils mit dem fomelhaften Einschub einer „*Auferweckung am Jüngsten Tage*" zu überdecken versucht; oder neben die Aussage, daß Jesu in seinem Wort das „*Brot des Lebens*" ist, tritt die sakramentalistische Ergänzung, daß das „*Fleisch des Menschensohnes gegessen und sein Blut getrunken*" werden muß, um das ewige Leben zu finden; und in der Zufügung des Kapitels 21 wird die Autorität des Apostels Petrus betont, um an das apostolische Amt der Kirche zu binden, das sonst im Johannesevangelium keine Bedeutung hat.[357]

[355] Siehe Apg. 15 und Gal. 2,1 ff.

[356] Vgl. 1. Kor. 14, auch Kap. 12.

[357] Joh. 6,39; 40; 44; Joh. 6,52–59; vgl. W. Marxen „Einleitung in das NT" S. 211 ff. und 214 ff.; E. Käsemann „Jesu letzter Wille", diese These im ganzen Buch.

Im Ganzen wird deutlich: Die Auseinandersetzung ist notwendigerweise eine dialektische Bewegung gewesen. Die universelle Weitung der Christusbotschaft konnte nur durch eine weitgehende synkretistische Öffnung geschehen und diese verlangte als Gegengewicht eine starke christologische Konzentration, um das Einzigartige und Unterscheidende der christlichen Botschaft zu bewahren. Es zeigte sich in diesem Geschehen eine große geistige Freiheit und eine enorme geistliche Kraft. Diese hatte ihre Wurzel in der spirituellen Erfahrung der Gegenwart Christi in allen Bereichen des Lebens und der Welt. In welche Kulturen und religiösen Denkgebäude die Christen damals auch vorstießen, überall entdeckten sie die geistige Gegenwart und Wirkung Christi. Jesus war immer schon da. Wie konnten sie da zurückbleiben oder Berührungsängste haben? Nur aus dieser geistigen Weite und Freiheit ist die große missionarische Wirkung der ersten Christen zu erklären. Sie grenzten sich nicht ab, schlossen sich nicht ein, sondern drangen ein, transformierten das Eigene in die von den anderen Religionen und Weltanschauungen übernommenen Denkvorstellungen und „christianisierten" sie oft in einer großen Gewagtheit. Paulus umschreibt diesen Antrieb mit den Worten: *„Den Juden bin ich ein Jude, den Griechen ein Grieche geworden, damit ich sie alle für Jesus Christus gewinne."* [358]

In dieser synkretistischen Öffnung und christologischen Konzentration blieb die christliche Botschaft allerdings immer zeitgebunden. Insgesamt kam es dabei zu einem theologiegeschichtlich folgenschweren Übergang von einem mehr hebräisch geprägten Geschichtsdenken zu einem mehr substantiellen, kultischen und institutionellen Heilsdenken griechischen Geistes. Mit dem Ausbleiben der Parusie trat immer mehr an Stelle des Grundgefühles, ein „wanderndes Gottesvolk" auf das Reich Gottes zu sein, das andere Bedürfnis, sich durch Kult und substantielle Anteilhabe des gegenwärtigen Heils zu vergewissern (dazu unten mehr).

Christusglaube und Mystik im Neuen Testament

Hier stellt sich wieder die Frage nach dem Verhältnis des biblischen Glaubens zur Mystik. In den Abschnitten zuvor wurde schon erkennbar, daß sich im Neuen Testament stärker als im Alten Testament Ele-

[358] 1. Kor. 9,19–23; vgl. Röm. 10,33.

mente mystischen Denkens finden. Das hat mindestens zwei Gründe. Der erste Grund liegt in der synkretistischen Öffnung des Urchristentums, in der die Einflüsse der jüdischen Mystik und der hellenistischen und gnostischen Mysterienreligionen deutlich zu sehen sind. Der zweite Grund liegt in Jesus selbst: Jesu Unmittelbarkeit zu Gott und sein spirituelles Leben und Beten hat, wie wir oben sahen, auf die Jünger und in der späteren Überlieferung auf die Gemeinden eine stark prägende Wirkung gehabt und entsprach dem mystischen Empfinden der Menschen.

So spiegeln die verschiedenen mystischen Aussagen im Neuen Testament vor allem eine entstehende Christusmystik wider, aus der sich in Ansätzen auch eine Gottesmystik entwickelt. Außer den oben schon erwähnten mystischen Aussagen sei hier auf die wichtigsten weiteren Beispiele mystischen Christusglaubens bei Paulus und Johannes hingewiesen.

- Paulus betont immer wieder das „Einssein mit Christus": die Christen sind in den Tod Jesu hineingetauft, so haben sie Anteil am Leiden, Sterben und Auferstehen des Christus.[359] Die von Paulus geprägte und häufig benutzte Formel des *„in Christus sein*" (en christo) drückt ein mystisches Einssein mit Christus aus. Paulus berichtet von stark mystischen Entrückungserlebnissen und Offenbarungen, in denen er Christus geschaut hat.[360] Die hellenistischen Gemeinden um ihn herum waren voll von mystischer Frömmigkeit. Paulus weist sie in Schranken, lehnt aber Mystik und Charismatikertum nicht grundsätzlich ab. Seine Gottesanrede *„Abba, lieber Vater*" ist als Andeutung einer mystischen Gottes-Kind-Beziehung zu verstehen.[361]
- Ähnlich ist es bei Johannes: Immer wieder betont er die Einheit zwischen Jesus, dem Sohn, und Gott, dem Vater; an dieser Einheit Jesu mit Gott sollen die Jünger Anteil haben; in Jesus schauen sie Gott und seine Herrlichkeit.[362] In 1. Johannes 4,7–21 wird im klassisch mystischen Sinne vom „Gott in uns" gesprochen: wer Jesus als Gottes Sohn bekennt, *„in dem bleibt Gott und der ist in Gott*". In nahezu schon hochmystischem Sinne formuliert Johannes: *„Gott ist Liebe, und wer in der Liebe bleibt, der bleibt in Gott und Gott in ihm.*"

Deutlich ist, daß die Ansätze zu einer christlichen Gottesmystik in der

[359] Röm. 6,1–11; 8,1; Gal. 2,20; Phil. 3,10; 2. Kor. 4,10 f.
[360] 2. Kor. 12,1–4; vgl. Apg. 16,9–10 und sein Bekehrungserlebnis Apg. 9,1 ff; 26,12 ff.
[361] Röm. 8,15 und Gal. 4,6 im Kontext!
[362] Joh. 1,14 und 50; 5,24; 6,46; 11,25; 12,45; 14,7 ff.; 14,23; 17,22 f.

Christologie liegen: Weil Jesus Christus in engster Verbundenheit mit Gott gesehen wird und der Christ sich ganz in Christus hineingenommen weiß, erfährt er durch Christus Gott als eine ihn unmittelbar umgebende und in ihn eingehende Kraft. Insgesamt ist allerdings auch im Neuen Testament zu sehen, daß dieses mystische Denken und Empfinden dem geschichtlichen bzw. dem eschatologischen Denken untergeordnet ist und das Gegenüber Gottes, sein „extra nos", gewahrt bleibt.

Neues Leben in dieser Welt (Urchristliche Ethik)

Aus den starken spirituellen Erfahrungen der Geistgegenwart des auferstandenen Christus erwuchs bei den ersten Christen ein neues Lebensverständnis und eine neue Lebenspraxis. Exemplarisch wird das in Römer 12,1–3 deutlich. Nachdem Paulus in den Kapiteln zuvor das durch Jesus gewirkte Heil umschrieben hat, sagt er in Kapitel 12 neu ansetzend: „*Darum, weil euch die Barmherzigkeit Gottes widerfahren ist, gebt euer Leben ganz für Gott hin; stellt euch nicht mehr dieser Welt gleich, sondern verändert euch durch die Erneuerung eures Sinnes, indem ihr prüft, was Gottes Wille ist, nämlich das Gute, das Wohlgefällige und Vollkommene!*" Auf Grund der in Christus erfahrenen Zuwendung und Barmherzigkeit Gottes ist es nicht mehr möglich, in der Art dieser Welt zu leben, also in Selbstrechtfertigung und Eigensucht, im Herrschenwollen und gegenseitigen Niederdrücken, in Habgier und Neid und in der Vergötterung oder in Abhängigkeit von irgendwelchen weltlichen Mächten. Die Christuserfahrung führt vielmehr zu einer gänzlichen Erneuerung der innersten Grundeinstellung und aus ihr entwickelt sich eine ganz andere, eine zu dem Üblichen alternative Lebensart.

Wohl nicht nur bei Paulus ist die Zuordnung von „Indikativ und Imperativ" für die urchristliche Ethik typisch. Der Indikativ ist die Erfahrung, der Zuspruch oder die Erinnerung an das, was durch Jesus Christus geschehen ist: der Christ ist durch die Zuwendung der Gnade Gottes vom Gesetz, von Angst und Strafe, dem Zwang der Selbstüberhebung, der Lüge, Habgier und Eigensucht befreit; nun geht es darum, daß der Christ in dieser Freiheit und Gnade bleibt, sie in einer entsprechenden Lebensweise lebt und sie so weitergibt. Dem sollen vor allem die Paränesen (Ermahnungen) des Neuen Testamentes dienen.[363] Dabei

[363] Vgl. bes. Gal. 5,1 ff.; Röm. 6,11 f.; 8,12 im Kontext; Eph. 5,1 ff.; 1. Joh. 4,10; aber auch

wird deutlich, daß das Gute tun, neu und heil und heiligend leben, nicht neues Gesetz ist, nicht Bedingung für Gnade und Erlösung, sondern Folge, Gabe, Befreiung. Der Christ soll sich ihrer nur bewußt bleiben, sie immer wieder annehmen, praktisch wagen und leben. Tut er das nicht, kann er allerdings die Gnade oder besser die Gabe des neuen Lebens verlieren; ja, er kann unter ein neues Gericht Gottes fallen.[364]

Inhaltlich war das neue Verständnis vom Leben vor allem geprägt durch Freiheit und durch Liebe. Die Freiheit hat vor allem zwei Aspekte. Erstens macht die in Christus erfahrene Gnade Gottes frei vom Gesetz: die jüdischen Gesetze der Beschneidung, der Reinigung, der Speisegebote, aber auch andere religiöse und allgemeinmenschliche Satzungen und Vorschriften kann der Christ zwar befolgen, doch bewirken sie ihm keinerlei Heil, sie sind unwesentlich, er kann sie hinter sich lassen; ja sobald er sich oder andere an sie wieder gesetzlich bindet, verleugnet er die erfahrene Befreiung, sucht wieder das Heil durch eigene Leistung und fällt damit aus der Gnade Gottes heraus.[365] Hinter diesem Verständnis von Freiheit steht eine tiefe spirituelle Erfahrung; es ist das, was die Theologen in der „Rechtfertigungslehre" zu umschreiben versuchen: Gnade und Leben ist zuerst immer nur Gabe, Geschenk; nie kann sie sich ein Mensch erwirken und erarbeiten; gerade indem er das zu tun versucht, überhebt er sich, verleugnet er Gott und das Grundprinzip seines Lebens – eben daß es Gabe ist – und verliert so das Leben in seiner eigentlichen Qualität: Leben als Gabe und Gnade und Befreiung vom Zwang aller Selbsterlösung.

Der zweite Aspekt der Freiheit ist der, daß die Erfahrung des Kreuzes und der Auferstehung Christi ebenso frei macht von allen Mächten der Welt. Um das voll zu verstehen, muß man sich wieder vergegenwärtigen, daß nach damaliger Weltbildvorstellung hinter allem politischen und schicksalhaften Geschehen kosmische Mächte standen, die man sich als verborgene göttliche oder dämonische Kraftwesen, als *„Dämonenmächte"* und *„Götter dieser Welt"* vorstellte. Politische Weltherrscher (der römische Kaiser z. B.), Tyrannen, ja alle Unheilsgeschehnisse wurden als Machterscheinungen der hintergründigen bösen Geistmächte der Welt verstanden. Die Christen glaubten und erfuhren

viele Gleichnisse und Ermahnungen Jesu, wie sie die urchristliche Gemeinde gehört und überliefert hat, z. B. Mt. 18,21–35 (Schalksknecht); Lk. 15,11–32 (Verlorene Söhne); 19,1–10 (Zachäus); Joh. 8,11 (Ehebrecherin); Joh. 13,1 ff. (Fußwaschung).

364 Z. B. Gal. 5,4 im Kontext; Hebr. 6,4 ff.(zweite Buße); 1. Kor. 5,5 im Kontext; Apg. 5,1 ff (Hannanias und Saphira).

365 Vgl. z. B. Röm. 7,6 ff.; Gal. 3,1 ff.; 4,4 ff.; 5,1 ff.; 2. Kor. 3,6; Apg. 15,10 f.

nun, daß diese Mächte durch Christi Sterben und Auferstehen entmachtet sind und darum auch keine Macht über sie selbst haben.[366] Hierin lag noch einmal, wie schon im alttestamentlichen Schöpfungsglaube, eine starke Entgöttlichung und Säkularisierung der Welt, die zugleich in eine große politische Freiheit gegenüber allen politischen Herrschafts- und Absolutheitsansprüchen führte.[367] Der römische Kaiser konnte darum von den Christen nicht als Gottheit verehrt werden. Das wurde eine der Ursachen für die späteren Christenverfolgungen.

Diese Freiheit ist aber keine beziehungslose oder selbstbezogene Freiheit. Vielmehr, weil sie sich der Liebe Gottes verdankt, setzt sie sich als Liebe in Beziehung zu anderen Menschen. Die innere Qualität dieser Liebe beschreibt Paulus unübertroffen in 1. Korinther 13, im sogenannten „Hohen Lied der Liebe".

Auch die Liebe hat zwei Richtungen: Einmal wirkt diese Liebe nach innen; sie ist christliche Geschwisterlichkeit in der Gemeinde. Sie lebt synergistisch, das heißt, in ihr kommt es zum Zusammenspiel der verschiedensten Kräfte in der Gemeinde: der eine wird vom anderen getragen und einer dient dem anderen mit seinen Gaben. Und diese Liebe ist grenzüberschreitend; die Abgrenzungen und das Gegeneinander zwischen Juden und Griechen, Mann oder Frau, Herr oder Sklave werden durch sie aufgehoben. Alle sind durch die Taufe in den Tod und in die Auferstehung Jesu mit hineingenommen, und so sind alle über alle Standes- und Nationalitätengrenzen hinweg einander Brüder und Schwestern.[368] Diese Liebe hat ihren Grund in der Liebe Christi, und dies nicht nur theoretisch im Sinne der mahnenden Erinnerung an Jesu Liebe, sondern geistlich und psychisch erlebnishaft. Denn die Gemeinde erfährt sich als „*Leib Christi*": im gemeinsamen Suchen und Beten, in der Taufe und im Abendmahl, im gegenseitigen Dienen ist der lebendige Christus mitten unter ihnen. Das Gefühl der neuen Lebensqualität der ersten Christen war dies, daß der auferstandene Christus „leiblich", das heißt konkret spürbar als Geschehen in ihrer Gemeinschaft lebt.

Zum anderen wirkte diese Liebe aber auch nach außen über die Grenzen der christlichen Gemeinde hinaus. Mit allen Menschen sollen die Christen den Frieden suchen. Jesu Gebot der Feindesliebe wird ausdrücklich für die Urgemeinde übernommen.[369] Überhaupt wird man die

[366] Vgl. Gal. 4,3; 2. Kor. 4,4 ff.; Röm. 8,38; 1. Kor. 2,6; Eph. 2,2; 6,12; Joh. 12,31; 14,30; 16,11.
[367] Vgl. Gogarten „Verhängnis und Hoffnung der Neuzeit" S. 12 f.
[368] 1. Kor. 12,1–31; Röm. 12,3–16; Gal. 3,28.
[369] Röm. 12,18–21.

Inhalte der Bergpredigt als gelebtes Traditionsgut der urchristlichen Gemeinde ansehen müssen: nicht Beschimpfung, Rache und Vergeltung, sondern Versöhnung im Streit, Bereitschaft, lieber Unrecht hinzunehmen und sich gewaltsam verfolgen zu lassen, als dem Haß zu erliegen und zurückzuschlagen, das waren nicht nur platonische Ideale, sondern gelebte Leitbilder der diffamierten und bald verfolgten Gemeinde.

Dieses andere Verständnis von Leben nahm in den urchristlichen Gemeinden vielfältigste Gestalt an. Drei besonders bemerkenswerte Konkretionen sollen im Folgenden kurz skizziert werden.

1. Die „Gütergemeinschaft" (auch „Urkommunismus" genannt): Nach der Apostelgeschichte legten die ersten Christen in Jerusalem ihren Besitz zusammen und nutzten ihn gemeinsam. Man traf sich täglich in den Wohnungen und aß meist gemeinsam. Wohlhabende verkauften größere Besitzungen an Äckern und Häusern; von dem Geld wurden vor allem die Armen in der Gemeinde getragen. Die Diakone hatten die Aufgabe, sich um eine hilfreiche Verteilung der Güter zu kümmern.[370] Selbst wenn man annimmt, daß die Apostelgeschichte Gemeinde idealisiert darstellt, muß man doch davon ausgehen, daß es eine christliche Gütergemeinschaft gab. Noch bei Paulus wird deutlich, daß das gemeinsame Essen in der Gemeinde und ein weit entwickeltes Opfer- und Spendenwesen zu Gunsten der Ärmeren gepflegt wurde.[371] Der Geist der Gütergemeinschaft geht auf das zurück, was man bei Jesus gelernt hatte und was in der Geschichte der Christenheit immer wieder eine große inspirative Wirkung für Einzelne und Gruppen hatte: Reichtum und Privatbesitz sichern nicht das Leben, sondern sie gefährden mehr die Chance des Menschen, am Reich Gottes Anteil zu haben; darum ist Freiwerden von materieller Sorge, das Loslassen und Teilen der bessere Weg zum Leben.

2. „Gottesdienst im Alltag der Welt": Es ist äußerst erstaunlich, daß es in den urchristlichen Gemeinden keinen Kult im üblichen Sinne gab. Kult als eine sakrales Einwirken des Menschen auf die Gottheit, um das Heil zu erlangen, war für die ersten Christen nicht mehr nötig, denn sie lebten ja in der erfahrenen Gewißheit, daß in Jesus Christus ihnen Gnade, Erlösung und Heiligung schon geschehen ist. Darum gab es keine kultischen Opfer, keine Priester, die diese Opfer vornahmen, keine

[370] Apg. 2,44 ff.; 4,32–37 und 5,1–11; 6,1–7; 9,36; vgl. Lk. 12,33; 19,8; vgl. zum Ganzen Schottroff, Stegemann „Jesus von Nazareth, Hoffnung der Armen" S. 152 f.

[371] 1. Kor. 11,20 f. und 33; 2. Kor. 8 und 9; 1. Kor. 1,27–28; Röm. 12,8.

besonderen heiligen Zeiten und Räume, in denen Gott besonders gedient werden mußte.[372] Nötig war nur eins, ganz in der durch Christus gegebenen neuen Weise zu leben und seine Botschaft weiterzusagen, und dies überall und zu jeder Zeit. Was das konkret heißt, führt Paulus in Römer 12 und den folgenden Kapiteln aus, zum Beispiel einander mit den von Gott gegebenen Gaben dienen und die Botschaft Jesu bezeugen, in Liebe einander tragen, wahrhaftig und bescheiden bleiben; Gastfreundschaft gegenüber Fremden pflegen, den Feinden nicht fluchen, sondern ihnen Segen entgegenbringen, nicht Böses mit Bösem vergelten, sondern durch Feindesliebe das Böse mit Gutem überwinden. Das ist für den Christen der „vernünftige Gottesdienst", sein eigentlicher Dienst für Gott, wie ihn Gott will.[373] Ernst Käsemann hat dies den „*Gottesdienst im Alltag der Welt*" genannt, der die ersten Christen prägte und dem ihr ganzer Einsatz galt.[374] Daß sich die ersten Christen ihrer kultkritischen Haltung bewußt waren, zeigt die Tatsache, daß sie ihre Versammlungen nie „Gottesdienst" genannt haben. Sie reden nur von ihrem „*Zusammenkommen*" oder ihren „*Versammlungen*".[375] Diese waren für sie allerdings äußerst wichtig. Hier traf man sich fast täglich, man erinnerte sich der Worte und Taten Jesu, las im Alten Testament, beriet und ermutigte sich für das Zeugnis im Alltag, man betete und sang, man aß miteinander und hielt das Mahl Jesu. Hier fand man die Kraft für den „*Gottesdienst im Alltag der Welt*". Was die Gemeinde „*aufbaut*" und was dem Zeugnis in der Welt dient, das war nach Paulus entscheidendes Kriterium für das Leben in der Gemeinde.[376] Diese kultkritische und missionarische Weltbezogenheit der ersten Christen ist nur von der Tatsache her zu verstehen, daß Jesus selbst keinen Kult und keine Kultgemeinde gegründet hat; er hat vielmehr in die Nachfolge auf die konkret in dieser Welt anbrechende Gottesherrschaft hin gerufen.

3. Das „Allgemeine Priestertum": Es liegt in der Natur der Sache, daß ein besonderes kultisches Priestertum nicht nötig ist, wenn der eigentliche Gottesdienst im zeugnisgebenden Leben der Christen in ihrem Alltag geschieht. Vielmehr ist jeder Christ zur „*heiligen Priesterschaft*" berufen, nämlich die „*Wohltaten Gottes zu verkündigen*" – in

[372] Vgl. H. Conzelmann „Theologie des NT" S. 63 f.

[373] Vgl. auch Jak. 1,27!

[374] E. Käsemann „Gottesdienst im Alltag der Welt" in „Exegetische Versuche und Besinnungen" II. Band S. 198 ff.

[375] 1. Kor. 11,34; 14,23 u. 26; Mt. 18,20; Joh. 20,19; Hebr. 10,25; Jak. 2,2.

[376] Z.B. in 1. Kor. 14,4 ff.; Eph. 2,19 ff.; 1. Thes. 5,11; vgl. 1. Petr. 3,15!

diesem Sinn überträgt der Verfasser des 1. Petrusbriefes alle Begriffe des Priesterstandes auf die ganze christliche Gemeinde.[377] So gab es für die Dienste in der Gemeinde und in den Gemeindeversammlungen in der frühen Zeit des Christentums keine geistlich hervorgehobenen institutionalisierten Ämter wie den Priester oder Pfarrer, wie wir sie kennen, wie es ja auch den Begriff „Amt“ im Neuen Testament nicht gab. Das Wort, das Luther mit „Amt“ übersetzt, heißt eigentlich „Dienst“. Gemeint ist ein geistlicher Dienst aus dem Charisma, der Geistgabe Gottes heraus. Die ersten Gemeinden verstanden sich ganz und gar als „charismatische Gemeinde“. Paulus macht deutlich, daß im Prinzip jeder Christ mit irgendeinem „Charisma“ begabt ist und so anderen dienen kann. Es gab die Gabe des apostolischen Zeugnisses, der Glaubenslehre, der prophetischen Rede, der Ermahnung, der Zungenrede und anderer ekstatischer Fähigkeiten; es gab die Gabe der Heilung und der Wundertaten, der Organisation und Pflege der äußeren Ordnung, die Gabe der Fürsorge und Diakonie, der Geldsammlungen, des Singens und anderes. Hier gab es keine Unter- und Überordnung, keine Hierarchien und Standesunterschiede. Mit dem Bild von dem einen Leib und seinen vielen unterschiedlichen Gliedern zeigt Paulus, daß auch der unscheinbarste Dienst geistlich den gleichen anerkannten Stellenwert hat, in der Gemeinde gebraucht wird und geachtet werden soll.[378]

Die Spannung zwischen geistlicher Freiheit und institutioneller Kirchenbildung

Das bisher Geschilderte gilt vor allem für die ersten Jahrzehnte und für die besonders von Paulus geprägten Gemeinden. Hier lebten die Christen noch ganz in der „Naherwartung“, das heißt, sie rechneten mit der Wiederkunft Christi und dem Anbruch der Gottesherrschaft noch zu ihren Lebzeiten.[379] Darum war ein Sorgen um langfristige Organisation, um Strukturen und eine Kircheninstitution nicht nötig. Jesus Christus oder der Geist Gottes selbst führte die Gemeinde. „*Alles Ordnen (war) immer ein 'Hinterher‘, ein 'Nachfahren‘ gegenüber dem, was Gott*“ durch seinen Geist selbst wirkte.[380]

[377] 1. Petr. 1,5–10.

[378] Vgl. 1. Kor. 12,1 ff.; Röm. 12,3 ff.; vgl. E. Käsemann „Amt und Gemeinde im NT“, a. a. O. I. Band S. 114 ff.; E. Schweizer „Gemeinde und Gemeindeordnung im NT“ S. 88 f.

[379] Vgl. 1. Kor. 15,51 f.; 1. Thes. 4,15; Mt. 16,28.

[380] E. Schweizer a. a. O. S. 93.

Erst in der zweiten nachösterlichen Generation trat die Naherwartung deutlich zurück – das Reich Christi kam nicht so, wie es die Väter noch erwartet hatten. Zugleich kam es zu zwei widersprüchlichen Entwicklungen: einerseits zeigte sich in vielen Gemeinden ein Rückgang charismatischer Gaben, geistlicher Bewegtheit und unmittelbarer spiritueller Erfahrungen; andererseits entwickelte sich eine enthusiastische charismatische Frömmigkeit, die auf eine zusammenhaltende Gestalt der Gemeinde kaum Wert legte und sich im Gnostisch-Synkretistischen zu verlieren drohte – so in den korinthischen und johannäischen Gemeinden.

Beiden Erscheinungen versuchte man mit dem Betonen der apostolischen Überlieferung und des Kultes zu wehren. Deutlich wird dies besonders in den späteren Briefen des Neuen Testamentes, in den Briefen des Jakobus, des Petrus und des Judas, den sogenannten „Kirchenbriefen", die zwischen 100 und 150 nach Christus entstanden sind. Die durch die Apostel überlieferte Lehre, der Glaube nun als ein Für-wahrhalten der apostolischen Lehre, das Festhalten an der Erwartung einer, wenn auch in weite Ferne gerückten, Parusie, das Tun frommer Werke, das Einhalten der vorgegebenen Gemeindeordnung, das Hervorheben besonders autorisierter „Ämter", zum Beispiel die der „Presbyter" und der „Bischöfe", sollten Auflösungserscheinungen und ein Abtriften in gnostische Häresien verhindern.[381] An die Stelle der charismatischen Geisterfahrung der Gegenwart Christi trat immer mehr die kultische Christusrepräsentation: im Kult sollte das Christusgeschehen vergegenwärtigt und erfahrbar gemacht werden.

Deutlich wird das zum Beispiel an der Entwicklung des Abendmahls. Das Abendmahl war anfangs in die Tischgemeinschaft des Sättigungsmahles integriert; es war vor allem ein Gemeinschafts- und Erinnerungsmahl, das das Geschehen der Hingabe Jesu bei seinem letzten Mahl am Gründonnerstag und in den Kreuzestod vergegenwärtigte. Nach hebräischem Heilsverständnis gewann man nicht im Essen der heiligen Gaben an sich Anteil am Erlösungsgeschehen Jesu, sondern im Vollzug des Mahles; im gegenseitigen Brechen und Teilen des Brotes und im gemeinsamen Trinken aus dem einen Kelch war Jesus Christus und seine erlösende Kraft für die ersten Christen gegenwärtig. Erst durch das Eindringen des substantiellen Heilsverständnisses der späthellenistischen Mysterienreligionen und durch die Bindung des

[381] Siehe z. B. Jak. 2,14–26; 2. Petr. 1,19–21 und 2,1 ff.; 3,1–4; vgl. W. Marxen a. a. O. S. 192 f.; 197 f.; 207 f.

Abendmahles an einen kultgemäßen Vollzug drang ein sakramentalistisch-kultisches Abendmahlsverständnis ein, das den Abendmahlselementen in sich Heilskraft zusprach – so in der redaktionellen Überarbeitung des Johannesevangeliums und vollends bei Ignatius (um 110 n. Chr.), der von den Abendmahlselementen als *„Pharmakon athanasias"*, der „Medizin zur Unsterblichkeit" sprach, das von besonders eingesetzten Dienern des Kultes zu verwalten sei.[382]

Zusammenfassend können wir feststellen, daß sich am Ende des ersten Jahrhunderts drei spirituelle Richtungen des jungen Christentums herausgebildet hatten:

1. Die Spiritualität eines eschatologisch-präsentischen Heilsgeschehens: Im Verkündigen der Christusbotschaft und im Glauben des Menschen im Hier und Jetzt kommt es zur Begegnung mit dem präsenten Christus; und diese Begegnung nimmt den Glaubenden in den heilsgeschichtlichen Prozeß der beginnenden Gottesherrschaft mit hinein. Am deutlichsten ist dies bei Paulus zu sehen; diese Spiritualität knüpft am stärksten an das jesuanische Reich-Gottes-Verständnis und an das alttestamentliche prophetische Geschichtsverständnis an.
2. Eine enthusiastisch-charismatische Spiritualität, die in der momentanen Geisterfüllung schon jetzt die volle Anteilhabe an der Erlösung in Jesus Christus glaubte und den geschichtlichen Bezug des Glaubens weitgehend verlor. Am deutlichsten ist dies bei Johannes und in der korinthischen Gemeinde zu erkennen; diese Spiritualität nimmt am weitgehendsten das gnostische Erlösungsverständnis auf.
3. Eine kultisch institutionelle Kirchlichkeit, in der sich eine Hierarchie und ein ausgeprägtes Kultwesen aufbaute und das Heil zunehmend sakramentalistisch substantiell verstanden wurde. Dies zeigt sich am deutlichsten in den Kirchenbriefen; hier wird das substantielle Heilsverständnis der späthellenistischen Mysterienreligionen und die priesterliche Kultfrömmigkeit des alten Israels aufgenommen.[383]

Diese Richtungen waren in neutestamentlicher Zeit oft miteinander vermischt, traten aber zunehmend in Spannung zueinander. In den weiteren Auseinandersetzungen kam es immer mehr zu einem

[382] Vgl. W. Marxen „Das Mahl – Vorstellungen und Wandlungen" in ZdZ 1967, Heft 4; U. Dittmer „Im Blickpunkt: das Abendmahl", Ev. Verlagsanstalt Berlin 1973; H. Conzelmann a. a. O. S. 76 f.

[383] Vgl. zum Ganzen W. Grundmann a. a. O. S. 63 ff.; E. Schweizer a. a. O. S. 104 ff.; auch J. Jeremias a. a. O. S. 194 f.

Zurückdrängen der eigenen freien spirituellen Erfahrungen und der freien charismatischen Gemeinden zu Gunsten einer verstärkten Kirchenbildung und Kirchenbindung. Am Ende dieses Weges stand ein Christentum, das sich primär als kirchliche Institution verstand und das außerhalb ihrer heiligen Ordnung keinem die Möglichkeit des Heils zugestand. Der Kirchenvater Cyprian formulierte um 250 n. Chr. den Satz: „*Extra ecclesia non salus est*" – außerhalb der Kirche gibt es kein Heil. Kirche wurde zur exklusiven Heilsinstitution, Verkündigung zur Dogmenlehre, Glaube zur Anerkennung bestimmter Glaubenssätze. Solange das Gegenüber eines christenfeindlichen Staates und die Verfolgung durch diesen Staat die Christen zusammenhielt, blieb es gegenüber anderen und freieren christlichen Bewegungen bei gegenseitigen Verdächtigungen und Häresiebeschuldigungen.

Mit der Anerkennung des Christentums durch den römischen Kaiser Konstantin um 325 und seine folgende Erhebung zur Staatskirche verband sich das kultisch-institutionelle Christentum mit der staatlichen Macht. Der Umschwung von einer verfolgten zu einer nun privilegierten Staatskirche war überwältigend und verführerisch. Die Christen zogen aus den Katakomben in prächtige, auf Staatskosten erbaute Basiliken; die Bischöfe wurden Staatsbeamte und fuhren in Staatskutschen zu den Synoden; der römische Kaiser selbst berief die Synoden ein und entschied über die Richtigkeit der Dogmen primär nach politischen Gesichtspunkten; Glaubensrichtungen, die sich nicht der hierarchischen Herrschaft der Staatskirche unterwarfen, wurden nun als Ketzereien blutig verfolgt und in die Rolle von Sekten gedrängt. Die Kircheninstitution gewann in den folgenden Jahrhunderten eine große politische Macht, eine Fülle von Privilegien und große Reichtümer. Sie verlor dafür ihre geistige und meist auch ihre politische Freiheit – vor allem verlor sie weitgehend ihre spirituelle und charismatische Potenz.

Doch das Hinausdrängen des freien Spirituellen und Charismatischen provozierte immer wieder sehr eruptive Aufbruchs- und Erneuerungsbewegungen. Die Reformbewegungen in den Orden des Mittelalters, die cluniacenische Kirchenreform, die Bewegung der Kartharer und der Waldenser, die Entstehung der Bettelorden, die Franziskanische Bewegung, die mittelalterliche Mystik, die Lutherische Reformation, die Aufklärung und der Pietismus zu Beginn der Neuzeit sind nur einige dieser spirituellen Aufbruchserscheinungen, ohne die das Christentum seine religiöse und spirituelle Kraft wohl gänzlich verloren hätte.

Dritte Zwischenüberlegung

Die anstehende Aufgabe: Entwicklung einer ökumenischen Spiritualität

In der Begegnung zwischen der herkömmlichen christlichen Frömmigkeit und der neueren Spiritualität kommt es neben befreienden Erfahrungen zu vielen Verunsicherungen, Ängsten, Vorurteilen, Turbulenzen und Verirrungen. Dabei würde ein weiteres Auseinandertriften beider Seiten empfindliche Gefahren mit sich bringen: Die Kirche würde den Anschluß an das sensibelste Suchen der Menschen und an die geistigen Herausforderungen und Bewegungen der heutigen Zeit verlieren und auf Dauer zu einer bedeutungslosen Konventikelkirche herabsinken. Die neue Spiritualität könnte andrerseits im Abschneiden der biblischen Spiritualität und ohne die geistliche Weltzugewandtheit der Bibel in sich selbst zusammenfallen, ein notwendiges kritisches und anredendes Gegenüber verlieren und an Introvertiertheit ersticken.

Nötig und möglich ist ein bewußteres Aufeinanderzugehen und eine größtmögliche Öffnung, in der sich beide Seiten wohl gegenseitig kritisch befragen, aber in der Begegnung mehr noch die positive Herausforderung, die Ergänzung und Bereicherung des Eigenen suchen.

Hierfür ist die tiefere Wahrnehmung der biblischen Spiritualität, wie sie oben versucht wurde, äußerst hilfreich. Denn deutlich wurden zwei Dinge: Erstens ist die neuere Spiritualität viel stärker von ihren biblisch-christlichen Wurzeln geprägt, als es ihr selbst und ihren Kritikern bewußt ist. Zweitens gibt es neben vielen Unterschieden zwischen der biblischen und der heutigen Spiritualität mehr Entsprechungen als allgemein gesehen wird. Die augenfälligsten Unterschiede und Entsprechungen sind z. B. folgende:

- Die heutige Spiritualität ist neben ihren biblischen Wurzeln stark vom fernöstlichen Denken beeinflußt und betont mehr die ganzheitliche, meditative und körperliche Erfahrung des Geistlichen als ein dogmatisches Fürwahrhalten und Festlegen in Glaubenssätze. Aber auch in der Bibel geht die eigene, subjektive spirituelle Erfahrung allem Dogmen- oder „Kirchenglauben“ voraus und Glaube wird viel ganzheitlicher und leiblicher gelebt und bezeugt, als es in den Kirchen geschieht. Diese Erfahrungsbezogenheit und Ganzheitlichkeit des Glaubens ist dem heutigen Bedürfnis nach ganzheitlicher Spiritualität sehr nahe.

- In der neueren Spiritualität sind die esoterischen und mystischen Elemente stärker ausgeprägt als in der Bibel. Aber wenn man das mystische und esoterische Streben als ein Nachinnengehen, als Wahrnehmen und Ausschauhalten nach innerem Berührtsein durch das „Göttliche“ versteht, hat die Bibel stärkere mystische und „esoterische“ Züge, als die meisten Christen wissen.
- Sehr stark steht in der neueren Spiritualität die Frage der Selbsterfahrung und Selbstverwirklichung im Mittelpunkt, während in der Bibel mehr das „Dienen“, die „Nachfolge“ als ethische Entsprechung des Göttlichen zentrales Motiv ist. Und dennoch ist die ethische, soziale und politische Motivation der neuen Spiritualität gemessen an anderen Religionen dem politisch-sozialen und ethischen Impetus der Bibel sehr nahe.
- Schließlich entspricht das geschichtlich-eschatologische Denken der Bibel sehr stark dem ausgeprägten geschichtlichen „Wendegedanke“ in der neuen Spiritualität, also dem Empfinden, daß alles in einer geschichtlichen Bewegung auf das Ende des Bisherigen und auf eine mögliche Wende hin läuft.

In der Begegnung mit der neueren Spiritualität wäre es Aufgabe der christlich-kirchlichen Tradition, ihre eigenen Engführungen zu erkennen, sich in die Tiefe und Weite echter ganzheitlicher religiöser Erfahrungen im heutigen Welthorizont wieder hineinzubegeben und zugleich fragend und kritisch ihr biblisch-spirituelles Potential in das Suchen der Menschen einzubringen. Und Aufgabe der neueren Spiritualität wäre es, in dieser Begegnung die eigenen Wurzeln in der biblisch-christlichen Tradition bewußter wahrzunehmen und zugleich vom biblischen Potential her selbstkritischer das eigene Suchen zu durchleuchten.

Aus dieser Begegnung kann eine wahrhaft „Ökumenische Spiritualität“ erwachsen: eine Spiritualität, die zunehmend interreligiöse Züge annimmt und so das geistige Suchen der heutigen Zeit auf den unterschiedlichsten Ebenen und aus den unterschiedlichsten Traditionen positiv und dialogisch aufnimmt.

Solch eine Spiritualität könnte noch weit darüber hinaus „ökumenisch“ sein, eben nicht nur im interkonfessionellen und interreligiösen Sinne, sondern nach dem Ursinn des Wortes „Ökumene“. Dieser meint das Zusammenleben auf dem „bewohnten Erdkreis“. Zugespitzt könnte man sagen:

> „Ökumenische Spiritualität“ meint eine „Mission“, die nicht mehr andere Konfessionen oder Religionen zu sich rüberzuziehen ver-

sucht, sondern die gemeinsam mit ihnen alle Kräfte dafür einsetzt, daß unser Erdkreis ein für alle Geschöpfe bewohnbares Lebenshaus bleibt und wieder wird.[384]

Im folgenden Abschnitt will ich aus der Korrelation zwischen der biblischen und der neueren Spiritualität die mir wichtigsten Konturen solch einer Ökumenischen Spiritualität skizzieren. Dabei setze ich das in den vorangehenden Kapiteln Erkannte voraus und formuliere im Folgenden mehr thesenhaft und zusammenfassend.

[384] Vgl. die bedeutsamen Bemühungen des kath. Theologen H. Küng um ein interreligiöses „Projekt Weltethos". Siehe Literaturverzeichnis.

Kapitel IV

Konturen einer ökumenischen Spiritualität

1. Versuch einer Korrelation: Universelle Öffnung der christlichen Spiritualität und biblische Innovationen im heutigen spirituellen Suchen

Gefahren und Folgen der biblischen Anthropozentrik

Die heute vorfindliche Anthropozentrik des Menschen hat zwar auch im antiken hellenistischen und römischen Denken ihre Ursachen, doch hat die Bibel einen entscheidenden Anteil daran. Denn die Bibel ist, wie oben gezeigt, stark anthropozentrisch ausgerichtet: alles Geschehen in der Welt läuft auf den Menschen zu und scheint nur um seinetwillen da zu sein. Die biblische Ursache für diese Engführung liegt in dem besonderen Geschichtsverständnis der biblischen Überlieferung: Der Mensch scheint in der Geschichte Gottes einziges Gegenüber, Mittelpunkt und Ziel seines Handelns zu sein. Alles andere in der Welt hat mehr ausschmückenden und Gott und dem Menschen dienenden Charakter.

Dieser Anthropozentrismus ist in der Bibel zwar von einem theonomen Vorzeichen begrenzt – dem Menschen ist von Gott *„gesagt, was gut und böse ist"*, er hat Gottes Auftrag zu folgen und nur in Bindung an Gott, im Bleiben in der Gotteskindschaft kann der Mensch Leben finden und gut bleiben. Doch in der christlich-abendländischen Entwicklung hat der Mensch im Zuge der Säkularisierung weitgehend diese theonome Rückbindung verloren. Die Anthropozentrik des Menschen ist bindungslos geworden, und das hat zu verheerenden Folgen geführt: alles ist nur für den Menschen da, nichts hat einen vom Menschen unabhängigen Eigenwert, alles ist dem Menschen erlaubt, ja er sieht in der Eroberung und Unterwerfung alles anderen Lebens Sinn und Zweck seines Lebens.

Wir sehen heute, wie auf der gesellschaftlich-zivilisatorischen Ebene der bindungslose Anthropozentrismus zu einem ausbeuterischen und zerstörerischen Verhalten gegenüber der Natur und des jeweils schwächeren Mitmenschen oder anderer Völker und Kulturen führt. Anthropozentrismus unterwirft zwangsläufig auch alles andere menschliche Leben, wenn es nicht dem Eigenen dient.

Auf der individuellen Ebene führt dieser Anthropozentrismus zum übergroßen Stellenwert der Selbstverwirklichung, zur Bindungs- und Gemeinschaftsunfähigkeit und zur Verantwortungslosigkeit: alles, was meinen Eigeninteressen und meiner Selbstverwirklichung nicht dient, wird beiseite gedrängt; sobald der Andere oder die Gemeinschaft nicht primär meinen Eigeninteressen dient, stelle ich mich quer oder entziehe mich den Anforderungen; für übergeordnete oder von anderen gegebene Aufgaben muß ich nicht ehrlich und mit ganzem Einsatz leben.

Entscheidend für die Gesundung und Lebensfähigkeit sowohl des Einzelnen wie für unsere Zivilisation ist die Frage, wie diese Anthropozentrik des Menschen wieder überwunden und seine Selbsterfahrung wieder in das Beziehungsgefüge des Lebens und damit in übergeordnete Vorgaben eingebunden werden kann.

In der folgenden Korrelation der biblischen und der heutigen Spiritualität finden sich Antworten auf diese Frage.

Gott als Gegenüber und die Gabe des Lebens

Der Mensch stößt in seinen Gotteserfahrungen immer wieder auf eine scheinbar widersprüchliche dialektische Wahrheit: Er erfährt Gott als tiefste Wirklichkeit in sich selbst und zugleich als transzendentes Gegenüber. Auch dort, wo ihm die Wirklichkeit Gottes durch äußere Medien, durch ein Wort, eine Naturerscheinung, ein besonderes Ereignis u. a. begegnet, geschieht das Entscheidende als ein „Angerührtsein“ im Menschen, im eigenen „*Seelengrund*“, wie die Mystiker sagen, in seinem tiefsten Ichsein. Und zugleich spürt er – und darin liegt das „Göttliche“ einer Gotteserfahrung – daß dieses „Angerührtsein“ alles übersteigt, was in ihm selbst ist oder aus den Dingen kommt, über die das Göttliche ihn erreicht, und daß es ihn als etwas Außerordentliches und Herausforderndes wie von außen anspricht, selbst da, wo er die religiöse Erfahrung als „Einsseinserfahrung“ mit dem Göttlichen und allem Sein erlebt.

Die Theologie hat dies in der Dialektik von Immanenz und Transzendenz, von dem „extra nos“ (Gott außerhalb von mir und der Welt) und dem „in nobis“ (Gott in mir und in unserer Welterfahrung) versucht zusammenzuhalten. Und doch erliegt der Mensch immer wieder der Gefahr der Vereinseitigung. Diese Vereinseitigungen sind:

a) Der mystisch-esoterische Weg, wie er in der östlichen Spiritualität, bei den klassischen christlichen Mystikern und in der neuen Spiritualität heute im Vordergrund steht, betont sehr stark die Gotteserfahrung im Inneren des Menschen, die bis zur Ineinssetzung der tiefsten Ich- und Seinserfahrung mit der Gotteserfahrung geht. Da, wo du in dir selbst eins bist und eins bist mit allem Sein, da ist Gott in dir geboren und du bist eins mit Gott. Diese „unio mystica“, die Verschmelzung mit Gott, wird als das eigentliche Ziel allen Glaubens und Lebens verstanden.[385] Hier besteht die Gefahr darin, daß das Gegenüber des Göttlichen, die Unverfügbarkeit und die Transzendenz Gottes – also das alle Welterfahrung Überschreitende, das nicht Faßliche und ganz Anderssein Gottes, das dich Herausfordernde der Gotteserfahrung – verloren geht. Der Mensch bleibt dann in sich selbst gefangen und kommt nicht zur wirklichen, ihn selbst transzendierenden und verändernden „Be-Gegnung“ und „Er-Fahrung“ des Göttlichen. Es ist zwar so, wie es die Mystiker aller Zeiten sagen, daß Gott in jedem Stein, in jedem Blatt, in jedem Lufthauch, in jedem Teil des Kosmos, in jedem Atom und in jedem Menschenantlitz und zutiefst in mir anwesend ist – und glücklich der Mensch, der dies in tiefer Bewegung hin und wieder spürt! Und es ist auch so, wie die Sakramentalisten und Biblizisten sagen, daß Gott in jedem sakramentalen Symbol und in jedem Bibelwort sprechen will, aber doch geht Gott in all dem nicht auf. Er bleibt ein die Schöpfung, den Menschen und alles Religiöse Überschreitendes und Unverfügbares.[386] Vergißt das der Mensch, erliegt er leicht einem Pantheismus, der Gott und Welt und eigene religiöse Erfahrung gleichsetzt.

b) Der theistisch-transzendente Weg, wie er mehr in der biblisch-kirchlichen Tradition gelebt wird, will die unverfügbare Transzendenz

[385] Bei den alten christlichen Mystikern ist diese Vorstellung wohl am deutlichsten bei Meister Eckhart zu finden. Nach ihm ist die „unio mystica“ die „Gottesgeburt“ im Menschen und ein völliges Einssein von Gott und Mensch. Vgl. J. Sudbrack „Das wahre Wort der Ewigkeit... Meister Eckharts Seinsmystik“ S. 9 ff.

[386] Es ist das bleibende Verdienst K. Barths, daß er so nachdrücklich auf diese Diastase hingewiesen hat.

Gottes, das Ganzanderssein Gottes und die Personalität Gottes sichern und gerät darüber leicht in die Gefahr, Gott ins Außerhalb von mir und ins Jenseitige so weit hinein zu projizieren, daß die Gotteserfahrung im Menschen nicht mehr wahrgenommen oder verdächtigt wird.[387] Zugleich wird hier Gott sehr rasch zu einem Gegenüber, das als „deus ex machina“ [388] die Welt regiert und als richtende und strafende Instanz den Menschen von außen her unterwirft. Es ist dann nur ein kleiner Schritt zum gefährlichsten und häufigsten Mißbrauch Gottes: Weil ich Gott in seiner transzendenten Herrschaft anerkenne und verehre, habe ich ein Recht, alle, die Gott anders sehen und anders sind als ich, zu bekämpfen und zu unterwerfen.[389]

Es ist nötig, die Transzendenz und die Immanenz Gottes immer wieder zusammenzuhalten. Gott und das Göttliche ist tatsächlich nicht anderswo als in mir zu erfahren oder ich erfahre ihn nicht. Wer Gott nur in äußeren Kulthandlungen, im Hören von Bibelworten und Glaubenszeugnissen und im Postulieren und Fürwahrhalten von dogmatischen Aussagen erfahren oder vermitteln will, erfährt irgendwelche Kopfwahrheiten und Bilder von Gott, die sich Menschen gemacht haben, aber noch längst nicht Gott. Gott kann immer nur als innerstes Angerührtsein erfahren werden, auch wenn es durch äußere Zeichen, Ereignisse und Wortzeugnisse angestoßen wird. Aber gerade wenn es zu einer wirklichen Gotteserfahrung kommt, wird Gott immer als ein Gegenüber in mir erfahren: es begegnet mir etwas Außerordentliches von Gott her, das mich anspricht, mich herausfordert, mich bewegt und mir etwas sagt, das ich mir selbst nicht sagen oder geben kann. Es hat darum immer transzendenten Charakter, d. h. es übersteigt alles, was ich aus mir selbst heraus wahrnehme und was sonst in der Welt vorkommt, es überschreitet alle sonst gegebenen Horizonte und Möglichkeiten.

Hierbei ist die Frage nach dem Personsein Gottes umstritten. Gott wird ja in der östlichen Spiritualität und zunehmend in der neuen Spiritualität als etwas Unpersönliches und Überpersönliches begriffen, nicht als ein „Du“. Albert Einstein sagte z. B. von sich, daß er an einen

[387] Dieser Gefahr ist m. E. Karl Barth in seiner einseitigen Betonung der Jenseitigkeit Gottes erlegen.

[388] Gott wirkt von außerhalb der Welt durch mechanistische Wunderhandlungen in das Weltgeschehen hinein.

[389] Die schrecklichsten Auswirkungen dieses personalistischen Theismus sind die Kreuzzüge der Christenheit gewesen und sind heute die verschiedensten Ausformungen eines religiösen Fundamentalismus.

persönlichen Gott nicht glauben kann, der wäre ihm zu klein, daß er aber an ein Absolutes und Heiliges in und hinter allem Sein glaube.[390] Die Personifizierung Gottes steht tatsächlich immer wieder in der Gefahr, Gott zu klein zu machen und in anthropozentrischer Art mein Ich auf einen „Gott“ zu projizieren, von dessen Du her ich leichter mich und andere bestimmen kann.

Und dennoch ist in gewisser Weise die Du-Erfahrung und Personalität Gottes elementar und nicht aufgebbar: Im Angerührtsein durch das Göttliche erfahre ich mich immer zutiefst als mich und in meinem Personsein gemeint. Das, was mich da anrührt und anspricht, ist nicht eine abstraktes Prinzip, sondern etwas, was auf mich wie ein Liebendes, wie ein mich Suchendes zukommt. Insofern erfahre ich es als ein Du, dem ich mich nicht entziehen kann wie einer nur theoretischen Wahrheit. In Meditation und Gebet wird die Begegnung mit dem Göttlichen als etwas Intimes und Persönliches erfahren und darum oft als „inneres Gespräch“ umschrieben. Wohl nur aus diesen Erfahrungen heraus wird in fast allen Religionen von Gott immer wieder in personalen Kategorien gesprochen.

Das Gegenübersein und die Transzendenz Gottes ist wohl auch ein entscheidender Grund dafür, daß in allen tiefen spirituellen Erfahrungen das Leben als Gabe erfahren wird und nicht als etwas, was ich selbst machen, erkämpfen oder verdienen kann. Wer im innersten Angerührtsein dem Göttlichen begegnet, empfindet sich und sein Leben als gegeben und geschenkt und seine ganze Grundhaltung ist Aufnehmen, Annehmen und Empfangen. Das bewahrt den Menschen vor der prometheischen Selbstanmaßung, die Welt und sich selbst ohne oder gegen Gott regeln zu wollen; es bewahrt ihn vor der sogenannten „Werkesgerechtigkeit“ und religiösen Selbsterlösungsversuchen – das, was in biblischer und protestantischer Tradition als die „Ursünde“ des Menschen umschrieben wird. Für diese kritische Funktion spiritueller Erfahrung ist das Anerkennen der Transzendenz, des Gegenüberseins und der Du-Souveränität Gottes unerläßlich. Ansonsten gerät der Mensch zu schnell wieder in die Gefahr, das Göttliche als ein „Etwas“ zu verstehen, das er mit entsprechenden spirituellen Methoden für sich, für sein Heilwerden gebrauchen und manipulieren kann.

Die christliche Spiritualität sollte darum die Dimension des transzendenten und personalen Gegenüber Gottes als eine wichtige biblische Innovation in das spirituelle Suchen der Menschen einbringen.

[390] Albert Einstein in seinen Aufsätzen bei H.-P. Dürr „Physik und Transzendenz“ S. 76 f.

Öffnung für Innerlichkeit und Ganzheitlichkeit

Aus dem bisher Gesagten wie in der ganzen Studie ist schon deutlich geworden, daß Ganzheitlichkeit, ein Stück Innerlichkeit und Mystik zu wesentlichen Elementen einer heilsamen und zeitgemäßen ökumenischen Spiritualität gehören. Um Mißverständnisse zu vermeiden, soll hier noch einmal umschrieben werden, was „Innerlichkeit", „Mystik" und „Ganzheitlichkeit" heute für eine ökumenische Spiritualität bedeuten.

„Innerlichkeit" meint in unserem Zusammenhang das Sensibel- und Empfänglichsein für die innersten Bewegungen und Begegnungen mit dem Transzendenten und Göttlichen. Ich selbst hatte lange Zeit Scheu, von „Innerlichkeit" zu sprechen. Aber die Bibel bezeugt es und jeder, der sich selbst nach den „Geburtsstunden" seines Glaubens bzw. nach dem fragt, was seine religiösen Urerfahrungen sind, stößt auf solche Erfahrungen, die im Innersten seines Ichs, in der innerlichsten Berührung mit seinem Göttlichen geschehen sind. „Esoterik" meint heute vor allem, die Sensibilität dafür zu pflegen und in der Suche nach sich selbst, nach Gott und dem Leben den Weg dieser „Innerlichkeit" zu gehen.

Die stärksten religiösen Erfahrungen sind meist mystische Erfahrungen, das heißt Erfahrungen, in denen den Menschen ein „Mysterium", ein sonst Verschlossenes, ein Geheimnis und ein „Heiliges" hinter den Dingen und Erscheinungen anrührt und er intuitiv spürt, daß er es hier mit Gott oder dem Göttlichen oder dem Absoluten oder dem letzten Seinsgrund zu tun hat. Dabei ist beachtenswert, daß mystische Erfahrungen sehr oft von naturmystischen Anstößen ausgelöst werden: in natürlichen Erscheinungen – das kann eine Blüte sein, ein Sonnenaufgang, das Spiel der Libellen über dem Wasser, ein Lufthauch, die Stille einer Nacht, das Stehen auf einem Berg o. a. – rührt den Menschen plötzlich etwas Transzendentes und Heiliges an, das allerdings mehr ist, als die Erscheinung selbst. Ökumenische Spiritualität heißt in diesem Zusammenhang, Vorurteile und Scheu vor diesen Erfahrungen zu überwinden und bewußter die esoterische und mystische Empfindsamkeit zu leben und zu pflegen.

Dazu hilft in einer ausgezeichneten Weise die Entwicklung einer spirituellen Ganzheitlichkeit. Die Verkopfung des Christentums hat ja mystische Erfahrungen und esoterische Sensibilität sehr verkümmern lassen. Ganzheitlichkeit führt aus der Verkopfung des Glaubens heraus und öffnet wieder die Ebene unseres Seins, auf der alle unmittelbaren religiösen und spirituellen Erfahrungen beginnen, nämlich dort, wo Leib, Seele und Geist in meiner inneren Mitte zusammenspielen.

Als Beispiel sei zuerst das Wort genannt, das ja scheinbar zunächst nur den Verstand anspricht. Wer aber etwas genauer hinschaut, spürt und sieht, daß jedes Wort, das mich wirklich trifft, viel tiefer geht: es dringt ein in die Bildebene und leibliche Gefühlsebene meines Seins. Wenn ich z. B. höre: *„Gott ist die Quelle des Lebens, in seinem Licht sehen wir das Licht“* [391] und ich dieses Wort wirklich in mir nachklingen lasse, dann sehe und fühle ich innerlich eine Quelle, die erquickend meinen Lebensdurst löscht, und ich sehe ein Licht, in dem Gottes Klarheit und Freundlichkeit mir aufleuchtet. Dies erlebe ich aber nicht bei einem nur informativen schnellen Sprechen und Hören des Wortes, wie es meist in der christlichen Verkündigung geschieht und das im besten Fall nur den Verstand erreicht. Ich erlebe es nur, wenn ich das Wort meditativ ganzheitlich lese und höre, also langsam mit Pausen und Wiederholungen und im Rhythmus meines Atmens. Nur so kann es sich in die Tiefe meines Seins einsenken und hier Gestalt gewinnen.

Oder wenn ich die Besinnung und das Gebet als inneres Fragen und Hören auf Gott suche, dann verstelle ich mir diesen Weg und bleibe im Selbstgespräch, wenn ich nur und gleich meine Gedanken bemühe und im Gebet viele Worte mache. Werde ich aber erst einmal still, versuche ich zunächst z. B. durch ruhiges tiefes Atmen und durch eine meditative Körper- bzw. Gebetshaltung mich ganzheitlich in meiner inneren Mitte zu öffnen, in meine eigene innere Tiefe zu gehen und eigenes vordergründiges Wollen zurückzustellen, dann kann sich in tiefer Weise etwas in mir lösen und mich „von außen her“ etwas berühren und anreden, was es erst verdient, Gebet genannt zu werden.

Oder wenn ich der Natur ganzheitlich begegne, also aus einem Innehalten und Nachinnenhorchen und im meditativen Nachfühlen dessen, was da in der Natur lebt, dann kann mir das Lebendige, Geschwisterliche und Heilige in der natürlichen Erscheinung begegnen, auch wenn es eine ganz einfache ist.

Hier hat die christliche Spiritualität viel nachzuholen. Sie kann hierfür viel bei ihren eigenen alten Mystikern wie auch in der Spiritualität der östlichen Religionen und der Naturreligionen, vor allem aber bei der sich heute ausbreitenden ganzheitlichen Meditationspraxis in vielen Gruppen und Tagungshäusern lernen. Dieses Lernen beginnt z. B. im stärkeren Aufnehmen ganzheitlicher Symbole und stiller Zeiten in

[391] Psalm 36,10.

Gottesdiensten und Andachten, durch leibliche Zeichenhandlungen und Gebetshaltungen, durch liturgische Tänze und meditatives Tanzen, durch christologisch-ökologische Gestaltung des Abendmahles („Kosmischer Christus"), Agapefeiern und vieles anderes. Daß die Hinwendung zu mehr Innerlichkeit und Ganzheitlichkeit nicht zu einem Verlust an Weltzugewandtheit und an politischem Engagement führen muß, sondern diese erst weitgehend mit Kraft erfüllt, ist oben schon gezeigt worden und wird weiter unten noch einmal deutlich werden. Auf jeden Fall werden sich Kirchen und Christen sehr bald einer mehr ganzheitlichen, innerlichen, auch mystischen Spiritualität wieder öffnen müssen, wenn ihnen die religiös sensibelsten Menschen nicht in Scharen davon laufen sollen und die Kirche geistlich nicht noch mehr vertrocknen soll.

Entwicklung einer ökologischen und die Naturwissenschaften einbeziehenden Spiritualität

Wenn Ökologie die Lehre vom Zusammenleben allen Lebens ist und die heutige Naturwissenschaft wieder zu einer ganzheitlichen, auch die religiöse Frage einbeziehenden Weltsicht kommt, dann muß eine zeitgemäße ökumenische Spiritualität ökologische und naturwissenschaftliche Erkenntnisse aufnehmen bzw. diese spirituell durchdringen.

Die christliche Theologie scheut sich, naturwissenschaftliche Weltbilder in ihr System aufzunehmen. Diese Angst ist einerseits verständlich, denn nur all zu lang hat die Kirche in ihrer Vergangenheit, besonders im Mittelalter, naturwissenschaftliche Weltbildaussagen mit dem christlichen Dogma starr verknüpft und Kritiker dieser Synthese blutig verfolgt. Andrerseits kann sie hier kein Vakuum lassen, wie sie es spätestens seit dem Durchbruch der „Dialektischen Theologie" (vermeintlich) tut. Es zeigt sich, daß dieses Vakuum nur zu schnell von anderen geistigen Entwürfen besetzt wird, denn der Mensch ist in seiner Tiefe unausrottbar ein Wesen, das schon unbewußt und fast instinkthaft immer nach einer ganzheitlichen Weltsicht sucht.

Theologie und Spiritualität haben meines Erachtens in der Aufnahme von Weltbildern das Entscheidende aus der Bibel selbst zu lernen. Die Bibel nimmt, wie oben gezeigt wurde, einerseits ganz unbefangen die jeweiligen Weltbilder ihrer Zeit auf, relativiert sie aber zugleich zu dem, was sie wirklich sind: eben Bilder, die der jeweiligen Verstehensmöglichkeit angepaßte Abbilder einer letzten Wirklichkeit sind, die der

Mensch nie erfassen kann. Weltbilder sind hypothetische Verstehenshilfen, die dem Menschen helfen, das Geschehen in der Welt sich vorstellbar zu machen und Leben, Kosmos, Welt und sich selbst als ein Ganzes zu begreifen. Weltvorstellungen werden natürlicherweise immer wieder von neuen Sichtweisen verändert. Die Bibel zeigt sehr schön, wie die aufgenommenen Weltbilder von den tieferen Wahrheiten, die aus der Begegnung mit Gott kommen, korrigiert und verändert werden. Darum sollte eine ökumenische Spiritualität viel mutiger heutige Weltbilderkenntnisse aufnehmen und sie für eine ganzheitliche spirituelle Weltsicht nutzbar machen.

Wie oben gezeigt wurde, bieten sich hierfür auf Grund des beschriebenen naturwissenschaftlichen Paradigmenwechsels Elemente der neueren ganzheitlichen Naturerkenntnisse in ausgezeichneter Weise an. Insbesondere sind es Erkenntnisse aus der Relativitätstheorie, der Quantentheorie, der subatomaren Teilchenforschung und der Kosmologie, die besagen, daß das nur materialistisch-kausal verstandene mechanistische Weltbild die Wirklichkeit nicht trifft, daß Zeit und Raum vielmehr relative Größen sind, daß es zwischen Geist und Materie fließende Übergänge gibt und daß unsere ganze Welt ein holistisches Ganzes ist, in dem Geistiges und Materielles, Kleinstes und Größtes, Vergangenes und Zukünftiges ständig ineinander verwoben sind und aufeinander einwirken. Vor allem ist den Erkenntnissen nachzugehen, auf die Naturwissenschaftler zunehmend stoßen, nämlich daß es Wirkfelder in unserer Welt gibt, die nicht materieller Art sind und sowohl physikalisches und biologisches Geschehen wie auch psychisches, geistiges und spirituelles Geschehen in uns und zwischen den Menschen und dem Kosmos beeinflussen bzw. bewirken.

Weiter sind Elemente aus der Systemtheorie und Tiefenökologie aufzunehmen, die besagen, daß alles Sein dieser Welt ein lebendiges vernetztes System mit vielen Teilsystemen ist, in dem alles aufeinander einwirkt und aus sich heraus ganz neue Qualitäten (Emergenzen), auch neue geistige, ethische, politische und spirituelle Qualitäten entwickelt, die weit über die Erscheinungsformen des Materiellen, des Einzelnen und ihre Summe hinaus gehen. Dabei ist vor allem auch zu sehen, daß der einzelne Mensch in diesem Prozeß eine wichtige Zelle im lebendigen Organismus seiner Umwelt und des Kosmos ist: alles wirkt auf ihn ein und er selbst wirkt nicht nur durch äußeres Handeln, sondern schon durch seine geistige Haltung auf alles ein.

In diese Sichtweisen und Erkenntnisse die Fragen nach dem, *„was die Welt im Innersten zusammenhält“*, hineinzubringen, die Frage nach einer letzten Transzendenz, nach Gott und dem Sinn meines Lebens, ist ja nicht neu. In der Neuzeit haben hier Goethe, Fichte, Hegel, Rudolf Steiner, Teilhard de Chardin große Entwürfe geliefert. Daneben gibt es eine Fülle kleinerer und neuerer Entwürfe, die wohl vorsichtiger, aber darum auch realistischer naturwissenschaftliche Erkenntnisse und spirituelles Suchen miteinander verbinden, angefangen bei den großen Physikern unserer Zeit wie Albert Einstein, David Bohm, Carl Friedrich von Weizsäcker bis hin zu Arthur Young, Stephen W. Hawking, Peter Russel, Ken Wilber, Jan Gebser, Rupert Sheldrake und anderen.

Eine ökumenische Spiritualität wird Erkenntnisse und Weltbildelemente aufnehmen, die dem Menschen helfen, Welt, Mensch, Natur und Gott zusammenzuhalten und für sich selbst einen sinngebenden Raum im Ganzen der Welt und im einzelnen Geschehen seines Lebens zu finden. Gelingt dies, wird die elende Schizophrenie zwischen Glauben und naturwissenschaftlichem Weltverständnis, zwischen geistlichem Leben und praktischem Alltagsleben, an der so viele Menschen und unsere Gesellschaft erkrankt sind, endlich überwunden werden.

Freilich darf diese Aufnahme von Weltbildelementen nicht unkritisch geschehen, denn die Gefahr des Spekulativen und der Verirrung ist immer sehr groß, insbesondere die Gefahr, unbewußt mit Weltbildaussagen auch Gott und die eigene Erlösung in den Griff bekommen zu wollen und Gott und das Heilige nicht mehr transzendent sein zu lassen. Ich sehe manche esoterischen Weltdeutungen und Praktiken in dieser Gefahr. Weltbilder sollten primär als Such- und Verstehensmotivation aufgefaßt werden, in dem Sinne, daß wir sagen: *„Es könnte sein, daß die Wirklichkeit oder die Wahrheit in unserer Welt, in meinem Leben und von Gott her sich so und so verhält.“* Das kann mich beflügeln, viel bewußter, ganzheitlicher und engagierter zu leben. Zuletzt sollten wir mit Paulus sagen: *„Wir sehen jetzt wie durch einen Spiegel ein unklares Bild, dann aber werden wir die Wahrheit von Angesicht zu Angesicht erkennen. Jetzt erkenne ich stückweise; dann aber werde ich erkennen, wie ich erkannt bin.“* [392]

Das biblische Liebesgebot als Überwindung des Individualismus und seine Ausweitung auf die ganze Schöpfung

Die biblische Spiritualität hat wie auch die fernöstliche einen zunächst erst einmal positiv zu wertenden Individualismus freigesetzt: Der Einzelne hat seinen Wert nicht erst in der Sozietät und durch sie, nicht erst durch und in der Gemeinschaft und dem Kollektiv, sondern der Einzelne hat seinen einmaligen Wert und erfährt seinen Sinn unmittelbar vor Gott und in sich selbst. Ohne diese Individualisierung wäre der Mensch in seiner Menschwerdung auf halbem Wege stecken geblieben.

Doch heute sehen wir, daß ein überzogener und bindungslos gewordener Individualismus auch gefährlich und dem Leben abträglich werden kann. Dies geschieht einmal, wenn er auf dem Wege des säkularisierten Anthropozentrismus seine theonome Rückbindung verliert, zum anderen, wenn er in seiner spirituellen Selbstverwirklichung nur noch sich und sein Einswerden mit dem Göttlichen sucht. In beiden Fällen löst sich der Mensch aus seinem schöpfungsgemäßen Beziehungsgefüge und findet gerade so nicht das gesuchte Leben.

Das biblische Liebesgebot will den Menschen davor bewahren. Dabei ist wesentlich, daß das Liebesgebot den Menschen sowohl im Alten wie im Neuen Testament immer in eine doppelte Bindung stellt: in die Bindung zu Gott und zum Mitmenschen. Das eine empfängt aus dem anderen seine Kraft und findet im anderen seine konkrete Gestalt: Du kannst nicht Gott finden, ohne daß du dich deinem Mitmenschen zuwendest, und du kannst nicht deinen Nächsten lieben, ohne in und aus der Liebe Gottes zu leben.[393] Weil sich der Mensch als Kind Gottes erfährt und Gott als „Vater aller Menschen" angesehen wird, sind alle Menschen meine „Brüder und Schwestern". Aus der Gotteskindschaft erwächst die Geschwisterlichkeit der Menschen.

Dabei hat das Liebesgebot der Bibel drei Konkretionen: Erstens wird die Gleichstellung und das Achten des Anderen wie sich selbst geboten – deutlich im Grundgebot *„Liebe deinen Nächsten wie dich selbst"* und in der „Goldenen Regel" *„Was du willst, das dir die anderen tun, das tue ihnen auch"*. Zweitens soll der Mensch sich die Not des anderen zu Herzen gehen lassen und ihm durch persönlichen Einsatz aus seiner Not heraushelfen – exemplarisch in der Geschichte vom Barmherzigen Samariter dargestellt. Drittens wird im Gebot der Feindesliebe ein Weg zur Entfeindung und Versöhnung im Konfliktfall aufgezeigt.

Diese Potenz des biblischen Liebesgebotes ist heute deutlich in das spirituelle Suchen einzubringen, um es vor einem überzogenen Indivi-

[392] 1. Kor. 13,12.

[393] Im Alten Testament spiegelt sich das am deutlichsten in der Zuordnung der beiden Tafeln der Zehn Gebote wie in vielen Mahnungen der Propheten (vgl. 2. Mose 20,1–17; Micha 6,8; Hosea 6,6; Jer. 7,1–15 u. a.). Im Neuen Testament hat das seinen klarsten Ausdruck im Hinweis Jesu auf das Doppelgebot der Liebe (Mk. 12, 28–34) und in den Johannäischen Schriften, z. B. 1. Joh. 4,7–21.

dualismus und einer egoistischen Selbstverwirklichungstendenz zu bewahren. Konkret heißt das für die Spiritualität des Einzelnen wie auch für spirituelle und kommunitäre Gruppen, die Bedürfnisse des anderen wie die meinen gelten zu lassen und ihnen Raum zu geben, das gegenseitige Mitempfinden zu üben, die Konflikte anzunehmen, aufzuarbeiten und so die Versöhnung zu suchen, das soziale Engagement auch nach außen aufzunehmen und nicht in spiritueller und kommunitärer Selbstbefriedigung stecken zu bleiben. Echte und tiefe spirituelle Erfahrung und Begegnung mit dem Göttlichen setzt das frei, was die Bibel bezeugt: Mitempfinden, tätige Liebe und Versöhnungskraft, die gar nicht anders kann, als sich dem anderen hinzuwenden und zu lieben.

Ökumenische Spiritualität wird hier aber heute einen entscheidenden Schritt weiter gehen. Sie wird das Liebesgebot der Bibel auf die ganze Schöpfung ausweiten. Denn weder das zunächst auf den Menschen beschränkte Liebesgebot der Bibel noch die oben aufgezeigten ökologischen Ansätze der Bibel haben gereicht, zu verhindern, daß gerade auf dem Boden des „christlichen Abendlandes" die Entfremdung des Menschen zur Natur und die Zerstörung der Natur durch den Menschen am größten wurden.

Die Ausweitung des Liebesgebotes der Bibel auf die ganze Schöpfung heißt konkret, daß alle Aussagen der Bibel über Mitempfinden, Nächstenliebe, Hingabe, Opferbereitschaft und Versöhnung nun auch auf jedes Wesen der Natur, auf alle Kreatur auszuweiten ist. *„Liebe deinen Nächsten wie dich selbst"* heißt dann: *„Gestehe dem Baum, dem Tier, einem Biotop das gleiche Lebensrecht zu wie dir und liebe es, wie du Liebe und Mitempfinden für dich suchst"*. Und das Wort Jesu in seiner großen Gerichtsrede heißt dann nicht nur: *„Was ihr einem meiner geringsten Brüder getan habt, das habt ihr mir getan"*, sondern es heißt dann auch: *„Was ihr einer der geschundenen Kreaturen in der Natur angetan habt, das habt ihr mir getan"*. Oder in dem Geschlagenen und Ausgeraubten am Straßenrand im Gleichnis vom Barmherzigen Samariter ist dann auch die geschlagene und ausgeraubte Natur zu sehen, deren Not ich mir zu Herzen gehen lassen und für die ich von meinem hohen Roß absteigen soll, um zu verbinden, aufzuhelfen und zu zahlen. Und so sind alle Geschichten und Mahnungen der Nächstenliebe in der Bibel ökologisch auf die ganze Schöpfung hin zu transformieren.

Wir sehen, die anthropozentrische Verengung der Bibel kann nur auf diesem doppelten Weg überwunden werden, einmal durch die oben beschriebene theonome Rückbindung des Menschen an Gott und zum anderen durch diese Ausweitung des Liebesgebotes auf die ganze Schöpfung.

Die Ausweitung des Liebesgebotes auf die ganze Schöpfung wirkt revolutionär, ist aber nicht so ganz neu. Schon in der Bibel selbst gibt es Ansätze dafür: Im Sabbatgebot wird der Schalom Gottes nicht nur auf die Fremden und Sklaven, sondern auch auf die Pflanzen und Tiere ausgeweitet; sie sollen wie der Mensch am Sabbat Schonung und Frieden finden. Und in die Verheißung des zukünftigen Friedensreiches wird die Erlösung aller Kreatur und ihre Versöhnung mit den Menschen mit hineingenommen.

Franz von Assisi hat diese Liebe zu aller Kreatur in einer imponierenden Weise gelebt. Für ihn waren Sonne und Mond, Wind und Feuer, Tier, Baum und jede Kreatur „Bruder und Schwester". Er empfand so tief mit ihnen mit, daß er in ständiger Zwiesprache mit ihnen lebte, alles unterließ, was nur irgendeinem Wesen ein Leid zufügen konnte, und daß er das Seine nicht nur mit notleidenden Mitmenschen, sondern auch mit den Vögeln und Waldtieren teilte.

Eine ökumenische Spiritualität wird eine zutiefst ökologische sein müssen, wenn sie wirklich der Bewohnbarkeit unserer Erde dienen will. Sie wird in der Ausweitung des biblischen Liebesgebotes auf die ganze Schöpfung viel aus der Franziskanischen Frömmigkeit aufnehmen können. Sie wird aus dem Empfinden der Naturreligionen lernen, z. B. ein Empfinden dafür, daß alles in der Natur beseelt ist und etwas Heiliges in sich hat und daß die Erde so etwas wie unsere „Mutter" ist. Sie wird aus der Tiefenökologie lernen, daß unsere Erde ein lebendiges Wesen und alles Leben ein großes lebendiges Netzwerk ist, in dem ich eine kleine, aber wichtige Faser oder Zelle im Gewebe des Lebens bin, abhängig vom Ganzen, dienend dem Ganzen und gerade so im durchströmenden Pulsieren des Ganzen durch mich hindurch erfüllt vom Ganzen. Und eine ökologische Spiritualität wird aus der Feministischen Theologie lernen, die Gott aus seiner Entstellung im Patriarchat heraus holt und ihm wieder auch die weiblichen, mütterlichen Züge zugesteht, ohne die das Göttliche nicht in seinen tiefsten Dimensionen erfahren werden kann.

Ziel alles spirituellen Suchens ist Versöhnung und der Schalom für die ganze Schöpfung. Der Weg dazu ist das Wiedergewinnen einer tiefen ökologischen Empfindsamkeit. Die meditative ganzheitliche Begegnung mit der Natur kann dazu eine vorzügliche Hilfe sein.[394]

394 Vgl. die Übungen unter IV. 3. S. 309 f. und 316 f.

Das Kreuz Christi als die radikalste Annahme der Geschöpflichkeit

Zur Geschöpflichkeit des Menschen gehört nicht nur die Tatsache, daß er sich einem Schöpfungsakt, seinem leiblichen, seelischen und geistigen Geborenwerden verdankt, dem Gegebensein seines Personseins, seiner Einmaligkeit und der Sinngabe seines Lebens. Zu seiner Geschöpflichkeit gehört auch seine Kreatürlichkeit im Sinne der Unvollkommenheit und Gebrochenheit: Krankheit und Leid, Widersprüchlichkeit und Unfähigkeit in seinem Wollen und Handeln, Blindheit, Hängenbleiben in sich selbst und am Äußeren und Materiellen, Entfremdung von Gott, vom Grund seines Lebens, Schuld und Schuldigwerden an anderem Leben und an dem, wozu der Mensch gerufen ist, Verstricktsein in Bosheit, Haß und Gewalt, Vergänglichkeit und Tod.

Nach der Bibel wie auch in wohl allen anderen Religionen kommt diese Gebrochenheit des Lebens sowohl schicksalhaft wie auch schuldhaft über den Menschen. In der neuen ganzheitlichen Sicht von Leben, von Kranksein und Gesundheit sind diese Erscheinungen Störungen in den eigenen inneren Harmonien (Energieströmen), die nur durch eine neue Harmonisierung überwunden werden können.

Das bewußte und unbewußte Streben des Menschen will aus diesen „Störungen" des Lebens heraus. Dabei gibt es im Umgang mit der Kreatürlichkeit zwei Irrwege. Der eine liegt darin, daß der Mensch sich soweit an sie anpaßt, daß er sie für normal erklärt, Krankheit, Leid, Krieg, Haß, Unrecht, das Sterben für unabänderlich hält und – meist nur für sich selbst – Abminderungen, kleine Reparaturen und Leidminderung sucht. Der andere Irrweg liegt darin, daß er versucht, sie zu „überfliegen", sie zu überspringen, indem er sie verdrängt oder sich geistig und seelisch über sie erhebt durch Ablenkung, Rausch, Ästhetik, Kunst, auch durch eine gewisse Art von Religion, Weltanschauung und esoterische Vergeistigung. Oft sind beide Irrwege miteinander vermischt. In beiden Fällen gibt es keine wirkliche „Erlösung" aus der Gebrochenheit des Lebens, nur eine Illusion davon.

Der Weg, den die biblische Spiritualität aufzeigt, will beide Irrwege vermeiden. Sie tut es darin, daß sie beides in einer dritten höheren Weise zusammenhält: das Annehmen der Realitäten und ihre geistliche Überwindung. Schon im Alten Testament ist das deutlich vorgegeben.[395] Es findet im Kreuz Christi seine unübertroffene Vertiefung.

[395] In der Leidensgeschichte des Volkes Israel, im Geschick der Propheten, in der Hiobsgestalt, in manchen Leidenspsalmen u. a.

Denn das Kreuz Jesu ist die radikalste Annahme der Geschöpflichkeit des Menschen und alles Lebens. Es deckt schonungslos auf und sagt ja zu dem Leidenmüssen des Menschen und aller Kreatur, zur abgrundtiefen Todesangst und Gottesverlassenheit, zur Schuld und zum Schuldigwerden, zur Übermacht von Haß und Gewalt, zur Schrecklichkeit und Unerbittlichkeit des Todes. Und es fordert nicht auf, das mit allen Mitteln und wütender Auflehnung zu vermeiden und zu bekämpfen, sondern es sagt: *„Ja, nimm es an und glaube, daß darin Gott, der Grund des Lebens, seine Liebe nicht verloren ist, sondern gerade darin in tiefster Weise, nämlich mitleidend liebt und so hindurchkommt und hindurchhilft zum Leben."* Insofern gehören Kreuz und Auferstehungserfahrung immer zusammen, denn Auferstehung meint ja nichts anderes, als im Hindurchgehen durch „Sünde, Tod und Teufel" hindurchkommen zum Leben. In der Annahme des Kreuzes und im Glauben an Gottes Hineinkommen in die tiefste Tiefe des Leidens liegt dessen Überwindung.

Das hat ungeheure Konsequenzen. Es läßt den Menschen seine Kreatürlichkeit und die Gefallenheit allen Lebens annehmen, ohne zu verdrängen oder zu resignieren und zu verzweifeln oder in Apathie zu verfallen. Es mobilisiert dagegen beides: Geduld, Demut, Mitempfinden und eigene Leidensbereitschaft einerseits und Aufstand und Kraft gegen Leid, Unrecht und Schuld andrerseits, wie es z. B. in den spirituell getragenen Freiheitsbewegungen Martin Luther Kings und Nelson Mandelas überzeugend zum Ausdruck gekommen ist.

Dies in das heutige spirituelle Suchen weiter und verstärkt einzubringen, kann die wichtigste Innovation der christlichen Spiritualität für vor uns liegende Umbrüche sein. Es bewahrt vor dem „Überfliegen" von Leid und Schuld, wie es meines Erachtens eher in anderen Religionen, z. B. im Buddhismus oder in manchen esoterischen Strömungen geschieht. Es bewahrt vor der Versuchung, die heute z. B. neu aus der Ideologie der Neuen Rechte kommt, die die Ungleichheit zwischen Arm und Reich, zwischen Völkern, Rassen und Gesellschaftsschichten aus einer angeblich biologisch-ökologischen Naturgesetzlichkeit ableitet und somit das Recht auf Ausbeutung einerseits und Privilegien andrerseits legitimiert – eine Haltung, die nicht nur in der Neuen Rechten, sondern unbewußt vielfach auch in unserer kapitalistischen Gesellschaft vorhanden ist.

Die Annahme der Kreatürlichkeit unseres Lebens im Sinne des Kreuzes Christi gibt uns die Kraft, in die Leidensprozesse hineinzugehen, sie auszuhalten und dort ganz unten die widerständigen und heilenden Kräfte der Liebe dagegenzusetzen – und dies ohne den Zwang, über andere „siegen zu müssen".[396] Dies hat in unserer Zeit exemplarisch für die ganze Welt Mutter Theresa mit ihrer Schwesternschaft in den Elendsvierteln Indiens gelebt. Mit der Annahme des Kreuzes in unserem Leben können wir dem letzten und tiefsten Mysterium begegnen, nämlich daß Heilung, Erlösung und neues Leben gerade dort aufbricht, wo uns der Weg durch Zusammenbruch, „Hölle" und Tod hindurchführt.

Die Reich-Gottes-Vision als geschichtliche Dynamik der Transzendenz und die christliche Parteilichkeit

Transzendenz wird oft als etwas Gegenwärtiges, wiederholt Daseiendes erlebt. Darin liegt die Gefahr, Transzendenz als geschichtslos zu verstehen: Das Heilige, Göttliche begegnet mir in ständiger Wiederholung, in den Grundrhythmen des Lebens, im Kreislauf der Natur – so in den fernöstlichen Religionen, in den Naturreligionen, in alten und neuen esoterischen Philosophien stark nachempfunden.

Von der Bibel her kommt aber eine entscheidende geschichtliche Dimension hinzu. Transzendenz wird hier als eine geschichtliche Bewegung erlebt und bezeugt: Gott kommt und wirkt aus seiner Transzendenz in die Geschichte der Welt, „seines Volkes" und des Einzelnen hinein, und dies in einer großen, auf Zukunft hin orientierten Dynamik. Hier hat die Reich-Gottes-Vision der Bibel – im Alten Testament angelegt, in der Reich-Gottes-Botschaft Jesu zu ihrer einzigartigen Entfaltung gebracht – ihre besondere Bedeutung. Geschichte wird hier nicht mehr als Kreislauf und Wiederholung des Ewigen verstanden, sondern als eine Bewegung Gottes, die mit Schöpfung und Vorgabe des Guten beginnt, die in Krisen, Abbrüche, Kämpfe und Auseinandersetzungen hineingeht, die den Einzelnen und die Gemeinschaft anspricht, ruft und beruft, die Erlösung und Vollendung ansagt und so auf ein Letztes, auf ein Ziel zuführt, in dem Transzendenz und Immanenz, Gott und Schöpfung wieder eins werden. Und dies alles wird nicht nur als eine Philosophie und Betrachtungsweise geboten, sondern als konkretes geschichtliches Geschehen im jeweiligen Heute angesagt, das den

[396] Ch. Wolf hat in ihrem Buch „Kassandra" beeindruckend aufgezeigt, wie aus dem Zwang, „siegen zu müssen", der Zwang zu immer wieder neuen Feindbildern und Kriegen gekommen ist.

Menschen in seinen konkreten politischen Alltagsbezügen herausfordernd anspricht und zugleich revolutionär-weltpolitische und evolutionär-kosmische Züge annimmt. Alle geschichtliche Bewegung ist von Gott her Kampf gegen Entfremdung, Unrecht und Lebenszerstörung, sie ist Ansage und Hineinbringen einer Befreiungskraft und Friedenswirklichkeit in die Gegenwart und ein Prozeß hin zu dieser Wirklichkeit – und dies so, daß jeder Moment einer jeden Gegenwart unmittelbar zu dieser letzten, auf uns zukommenden Wirklichkeit steht: das Transzendente, Göttliche, Ewige, Absolute wird immanent und begegnet uns herausfordernd in konkreter Geschichte, in der Biographie des Einzelnen, im politischen Ringen der Völker, in der Entwicklung alles Lebens. Es reißt alles Immanente in einer ringenden Dynamik auf eine auf uns zukommende Transzendenz hin auf.

Diese eschatologische Geschichtsansage ist heute im Fragen und Erkennen der Menschheit in einer überraschenden Weise aktuell geworden, denn auch im neuen Paradigma der Naturwissenschaften werden Natur und Kosmos nicht mehr als Gleichlauf ewig gleichbleibender Naturgesetze gesehen, sondern als evolutionärer kosmischer Prozeß, in dem Krisen, Zusammenbrüche und „Neuschöpfungen" auch aus transzendenten, also neuen, nicht ableitbaren Möglichkeiten Geschichte hervorbringen. Von immer mehr Menschen wird die gegenwärtige Weltepoche als eine Krisenzeit an der Schwelle zu einer großen Wendezeit gesehen, in der die Zivilisation der Menschen sich auf einer höheren Weise weiterentwickelt oder untergeht. Die Menschen spüren den Krisencharakter der Gegenwart als eine radikale Infragestellung ihrer bisherigen Lebensart und als eine dringliche Herausforderung, menschliches Leben in einer ganz neuen Weise zu finden und zu gestalten. Dabei spielt die Frage nach einer geistigen und spirituellen Erneuerung eine immer größere Rolle – als Voraussetzung für das Gewinnen von Zukunft.

Eine ökumenische Spiritualität wird diese „Wendestimmungen" unserer Zeit nicht wie manche kirchliche Kreise als modische Spekulationen abtun, die in Krisenzeiten ja immer etwas Apokalyptisches haben. Sie wird vielmehr sehr aufmerksam auf die Zeichen der Zeit achten und die Wahrnehmungen der Menschen aufnehmen und in diese Fragen die biblische Reich-Gottes-Botschaft mit ihren besonderen Orientierungen einbringen. Dabei wird sie vor allem versuchen, die Dialektik durchzuhalten, die Jesus in besonderer Weise hervorgehoben hat: jeder Zeit mit dem Einbrechen der Reich-Gottes-Wirklichkeit rechnen, ganz wach und bereit sein für das Neue und Befreiende und schon ganz und aktiv auf diese Wirklichkeit hin leben; zugleich aber auf jedes spekulative Berechnen- und Wissenwollen verzichten und sich nicht anmaßen, ich oder wir Menschen könnten das „Reich Gottes" herbeizwingen. Das Kommen Gottes im Geschehen unserer Zeit ist für wache Menschen spürbar und zeichenhaft erlebbar, aber auch im leidenschaftlichen Einsatz für Gottes Zukunft bleibt seine Geschichte transzendent und unverfügbar.

Hier wäre eine Auseinandersetzung mit vielen Stimmen angebracht, die sehr spekulativ den Zusammenbruch der gegenwärtigen Weltepoche und die unmittelbar bevorstehende große Wendezeit in den nächsten Jahrzehnten ansagen.[397] Eine biblisch orientierte Spiritualität wird Offenheit und Bereitschaft für diese Möglichkeit wachhalten, aber jede spekulative Festlegung vermeiden.

Die in der Bibel auf jeder Seite bezeugte politische Parteilichkeit Gottes bekommt von der Reich-Gottes-Botschaft her ihre besondere Brisanz. Gott will, daß a l l e s Leben aus Entstellung und Zerstörung herauskommt. Darum steht er in seinem eschatologischen Wirken mit besonderer Liebe auf Seiten der Leidenden, der Schwachen, der beiseite Gedrängten, der Verletzten, Unterdrückten, Ausgebeuteten und Verfolgten. Denen, die Leid, Unterdrückung und Zerstörung über anderes Leben bringen und so zu den „Frevlern" an Gottes Schöpfung gehören, sagt die Bibel „Gottes Gericht" an, also Verwerfung und ein Ende ihrer Existenz im geschichtlichen Geschehen. Die Leidenden aber sollen Befreiung und Heilung finden in dem, was aus der Zukunft Gottes auf uns zukommt. Zu diesen gehören heute vor allem die arm gehaltenen Völker der „Dritten Welt", die unteren sozialen Schichten im eigenen Land, die Fremden, Heimatlosen und Verfolgten in aller Welt und ebenso die ausgebeutete, geschändete und zerstörte Natur.

Diese Parteilichkeit Gottes ist so konkret und eindeutig, daß ökumenische Spiritualität immer eine politische Spiritualität sein muß und in den politischen Auseinandersetzungen nicht neutral sein kann. Sie wird immer und überall auf der Seite der Schwachen und Unterdrückten und der geschändeten Natur stehen und sich unter der Vision des „Schalomreiches Gottes" in den politischen Kampf gegen Unterdrükkung und Naturzerstörung einmischen.

Aufgabe der christlichen Spiritualität ist es, diese Parteilichkeit in

[397] So besonders in der New-Age-Literatur. Eine spannende christliche Deutung der Gegenwart in diesem Sinn z. B. bei Karel Douven „Das Christentum auf dem Weg ins 21. Jahrhundert".

das spirituelle Suchen der Menschen vehement einzubringen – vehement, weil der Trend zur Abwehr dieser Parteilichkeit immer groß ist.

Diese Gefahr gibt es auf zwei Seiten: einmal in einer gewissen spirituellen Genügsamkeit und Ichbezogenheit, in der der Einzelne seinen eigenen innerlichen Heilungsweg sucht und dabei das Politische als vordergründig, störend und zwecklos abtut. Dieser Tendenz erliegen oft stark esoterisch bewegte Menschen. Auf der anderen Seite stehen die Kircheninstitutionen immer wieder in der Gefahr, die biblische Parteilichkeit aus Gründen der finanziellen und politischen Abhängigkeit aufzugeben. Dieser Versuchung erliegen besonders leicht die reichen und vom Staat privilegierten Kirchen. Dennoch hat, wie wir oben sahen, der starke weltweite Aufbruch zu einer politischen Spiritualität dafür gesorgt, daß im „Konziliaren Prozeß der Kirchen" der Einsatz für die Benachteiligten und Unterdrückten, für eine gewaltfreie Friedenssicherung und für die Bewahrung der Schöpfung *„vorrangige Optionen*" der Kirchen geworden sind.

Universelle Christologie und interreligiöse Spiritualität

Bei der hier äußerst offenen und weiten Umschreibung einer ökumenischen Spiritualität stellt sich zum Schluß die Frage, inwieweit diese noch eine spezifisch c h r i s t l i c h e Spiritualität ist? Wird in dieser auch interreligiösen Öffnung nicht das eigentlich Christliche verloren? Hier stellt sich die Frage nach der Christologie und in der Beantwortung dieser Frage sind immer wieder zwei Wege beschritten worden:

Der eine Weg ist die exklusiv ausgrenzende und apologetische Christologie: Hier wird Christus im Gegensatz zu allen anderen Mächten und Kräften in der Welt, insbesondere in allen anderen geistigen Bewegungen und Religionen gesehen. Alles, was sich nicht ausdrücklich zu Jesus Christus als dem alleinigen Herrn bekennt und sich ihm dogmatisch unterwirft, wird abgewehrt und für unchristlich und widergöttlich erklärt. Die dogmatisch-fundamentalistischen, die erwecklichen und manche pietistischen Strömungen in den Kirchen sind in dieser Christologie gefangen. Der andere Weg ist die universelle und missionarische Christologie, missionarische aber nicht im vereinnahmenden und unterwerfenden Sinne, sondern so, daß Christus auch weit draußen außerhalb der Kirchen in allen Welt- und Lebensbezügen als ein besonderes Wirken Gottes gesucht, entdeckt und bezeugt wird.

Das Neue Testament ist, wie wir oben sahen, überwiegend den

zweiten Weg gegangen. Daraus gewann die Urchristenheit ihre große erhellende und missionarische Kraft für die Menschen ihrer Zeit. Der gleiche Weg ist heute geboten: nicht exklusive Abgrenzung, sondern Öffnung und Aufnahme dessen, was heute als Wirken des verborgenen Christus erkannt werden kann.

In der Erkenntnis des unbegrenzten Wirkens Christi wird heute von manchen Theologen in großen Entwürfen vom „Kosmischen Christus" gesprochen: Nach Kolosser 1,15–23 ist mit der Bezeichnung „Christus" nicht die Umschreibung der geistlichen Kraft des historischen Jesus gemeint, sondern „Christus" ist die Liebe und Urkraft, aus der Gott den Kosmos und alle Kräfte des Universums und alle Wesen geschaffen hat; „Christus" ist die ständig wirkende versöhnende und heilende Kraft, mit der Gott in der Welt unterwegs ist, sein Reich aufbaut und die Welt heimführen wird. Von dieser Vorstellung des „Kosmischen Christus" läßt sich wirklich alles Geschehen in der Welt gerade auch in den neuen Paradigmen des ganzheitlichen Weltbildes, der neuen Esoterik und des Wendezeitgedankens christologisch deuten.[398]

Diese christologische Sicht hat etwas äußerst eröffnendes und faszinierendes. Und doch sehe ich in ihr eine Gefahr, nämlich daß einfach zu vieles und zu undifferenziert mit dem Schlagwort „Kosmischer Christus" belegt und nun auch in dieser Weise christlich vereinnahmt wird, und daß dabei das Besondere des Christlichen oder besser des Jesus Christus verloren geht. Ich möchte darum lieber von einer „universellen Christologie" reden, die nicht alles christologisch in Beschlag nimmt – für manche Nichtchristen kann das vergewaltigend klingen. Auch sollten die Unterschiede zwischen Gott, Christus und Heiligem Geist nach den klassischen drei Artikeln der Theologie nicht gänzlich aufgegeben werden.

Wenn man alle dogmatischen Formeln hinter sich läßt und nach dem fragt, was die wesentlichen Inhalte einer universellen Christologie sind, werden folgende erfahrbare christologische Kernwahrheiten deutlich:

1. Gott ist in Christus uns immer voraus: unserem eigenen Verstehen, Begreifen und Handeln; er überschreitet mit dem, was Christus bringt, alle religiösen, kulturellen, kirchlichen, gesellschaftlichen und politischen Abgrenzungen und Definitionen der Menschen (die Entgrenzung des Lebens).

[398] Siehe im Literaturverzeichnis die Bücher zum „Kosmischen Christus" von M. Fox, G. Schiwy; aber auch bei K. Douven u. a.

2. Gott ist in Christus immer dort, wo sich Menschen wie Jesus von Gott, von einer befreienden und bergenden Transzendenz unmittelbar anrühren, inspirieren, rufen und bewegen lassen (die spirituelle Unmittelbarkeit zu Gott, auch mystischer Aspekt).
3. Gott ist in Christus immer dort, wo Menschen das Leben zuallererst als Gabe, als überraschendes Glück und als Gnade erfahren, die all ihrem Tun vorgegeben ist (der Gabecharakter des Lebens).
4. Gott ist in Christus immer dort, wo Menschen und Schöpfung mißhandelt werden, leiden, scheitern, schuldig werden und sterben und wo in diesen Abgründen dem Leidenden Liebe begegnet, diese Liebe mitleidet und heilend und versöhnend wirkt (die Kreuzesdimension).
5. Gott ist in Christus immer dort, wo Vision und Erfahrung vom „Reich Gottes", in welcher Gestalt auch immer, Horizonte aufreißt, aus Erstarrung und Tod herausführt und die Welt auf Gottes „Schalom" hin in Bewegung bringt (die Auferstehungs- und Zukunftsdimension).
6. Gott ist in Christus immer dort, wo sich Menschen von diesen erfahrenen Wahrheiten her aus dem Üblichen in unserer Welt herausrufen lassen und in ihrem Engagement diesen Wahrheiten folgen oder dienen (der Nachfolgeimpuls).

Dieses „Gott ist in Christus immer dort" ereignet sich in der angegebenen inhaltlichen Kraft ü b e r a l l, wirklich auch ganz außerhalb jeder Kirche, auch dort, wo Menschen nie den Namen Jesus Christus gehört haben, anderen Religionen angehören oder vielleicht auch gar nicht im herkömmlichen Sinne an Gott glauben.[399]

Insgesamt ist deutlich, daß eine ökumenische Spiritualität gerade

[399] Wie weit der verborgene Christus heute wirkt, habe ich oft in der Begegnung mit Nichtchristen erfahren, z. B. sehr eindrücklich in der Begegnung mit einer Frauengruppe, die sich in der Wendezeit in Suhl gefunden hatte, dort ein Frauenzentrum aufbaute und für die Belange der sozial und psychisch belasteten Frauen kämpft. Anfang 1994 kamen sie zu mir und baten mich, mit ihnen ein Seminar zur ganzheitlichen Meditation durchzuführen, in dem sie auftanken und etwas für ihre innere Entwicklung tun könnten. *„Es sollte nur nicht zu kirchlich und fromm sein"*, sagten sie, da sie als *„gelernte DDR-Bürger"* bisher keinen Kontakt zur Kirche hatten und sich als Nichtchristen verstanden. In den Übungen und sehr persönlichen Gesprächen erzählten sie, woher sie im Innersten und in ihrem politischen Engagement leben. Einige sagten, daß sie in ihrem Leben immer wieder ein plötzliches Glück, eine Liebe, ein Gutes verspüren, das wie von außen kommt, das sie trägt, ihnen Kraft gibt und sie zum Einsatz für andere Menschen führt; wenn diese Erfahrung „Gott" oder „Christus" ist, dann glauben sie an Gott. Eine andere sagte, daß sie oft in einem inneren Gespräch mit dieser Kraft rede, und sie fragte, ob wir Christen das mit „Beten" meinen.

auch von ihrer universellen Christologie her interreligiösen Charakter hat. Jesus selbst hat es in seinem Handeln und Reden gezeigt, die großen spirituellen Lehrer aller Religionen sind sich darin einig und für die Naturwissenschaftler, die heute neu zur Religion finden, ist diese Erkenntnis Voraussetzung aller überzeugenden Religiosität: ein Gott, der nur bei den „Frommen“, beim eigenen Volk, der eigenen „Kirche“ ist, ist ein selbstgemachter „Stammesgott“, wie ihn die Stämme, Völker und Konfessionen aller Zeiten für die Behauptung eigener Interessen und Vormachtstellungen konstruiert haben. Der wahre und lebendige Gott ist ein Gott aller Menschen und lebt, sucht und wirkt oft gerade dort, wo sich herkömmliche religiöse Muster und Normen auflösen. Eine universelle Christologie wird dem nachspüren – nicht orientierungslos, sondern inspiriert und geleitet von den im Neuen Testament bezeugten Christuserfahrungen, und doch so, daß sie in erstaunlichem Maße den uns voranschreitenden Christus in vielen spirituellen Aufbrüchen unserer Zeit entdeckt.

Ergebnis und Ausblick

In einem großen Durchgang haben wir einen Teil der verschiedenen politisch-spirituellen Bewegungen unserer Zeit im Kontext der geistigen, politischen und sozialen Entwicklungen und Umbrüche unserer gegenwärtigen Weltepoche betrachtet. Wir haben nach dem spirituellen Gehalt der biblischen Überlieferung gefragt. In der Korrelation von biblischer und neuer Spiritualität haben wir die Konturen einer politischen und ökumenischen Spiritualität skizziert. Die Frage, ob diese Spiritualität das sein kann, wonach wir im ersten Teil der Studie gefragt haben – nämlich die geistig-ethische Kraft, die aus der zivilisatorischen Fehlentwicklung unserer Zeit heraushilft – läßt sich zusammenfassend positiv beantworten:

- Die hier skizzierte Spiritualität läßt den Menschen wieder in seine Ganzheitlichkeit zurückfinden, in der Leib, Seele und Geist zusammenspielen und der Mensch so aus seiner Verkopfung und der damit gegebenen Fehlwahrnehmung der Wirklichkeit herauskommt;
- sie führt den Menschen wieder zu einer unmittelbaren spirituellen Empfänglichkeit für transzendente Kräfte und Wahrheiten, die ihm aus der Veräußerlichung und materiellen Verfallenheit heraushilft;
- sie führt den Menschen zu einem tiefen Mitempfinden für anderes Leben und für sein eigenes kreatürliches Eingebundensein im Gewe-

be des Lebens, so daß der Mensch seinen Krieg gegen alle andere Kreatur und gegen sich selbst beenden kann;
- sie orientiert den Menschen auf einen geschichtlichen Heilungsprozeß an dieser Welt und motiviert ihn zum Engagement für „Frieden, Gerechtigkeit und Bewahrung der Schöpfung".

In den nächsten Jahrzehnten werden schwere nationale und internationale Turbulenzen und Verwerfungen sowie schwere ökologische und soziale Zusammenbrüche auf uns zukommen. Es wird sehr viel widersprüchliche und gegenläufige Bewegungen und Entwicklungen geben – neben neuen Aufbrüchen konservative Gegenbewegungen, Erstarrungen und fundamentalistische Regressionen. Ob in diesen Zuspitzungen der spirituelle Aufbruch rechtzeitig und massenwirksam zu einem Paradigmenwechsel der gesamten Entwicklung führt, läßt sich nicht vorweg beantworten. Doch werden immer mehr Menschen die Sackgasse der bisherigen Entwicklung erkennen, an dem geistigen und ethischen Substanzverlust der herrschenden Unkultur leiden und auf die Spur einer neuen ganzheitlichen Spiritualität kommen. Hier wird sich noch viel Neues und Überraschendes einstellen. Die neue Religiosität wird weiter wachsen, in der Elemente der alten Religionen, des neuen ganzheitlichen Weltbildes und viel Ökologie, Psychologie und Esoterik zusammenfließen. Diese Religiosität wird sehr ganzheitlich und leiblich sein, mit vielen alten und neuen Symbolen und Riten, mit viel Meditation und Mystik. Eine neuartige Naturmystik wird prägend werden.

Ob und wie weit das biblische Potential in das allgemeine spirituelle Erwachen mit einfließt, ist offen und liegt vor allem daran, ob genügend viele Christen selbst zu einer spirituellen Erneuerung aufwachen, die biblische Spiritualität aus den dogmatischen Fesseln der Kirche befreien und sie dialogfähig in das gemeinsame Suchen einbringen. Die neue Religiosität wird überwiegend in kleinen Gruppen und Gemeinschaften leben, die sich frei organisieren und nach und nach auch das öffentliche Bewußtsein prägen.

Wie wird die Zukunft der Kirche aussehen?

Folgende Entwicklungen sind möglich und in Ansätzen schon jetzt zu sehen:

Es wird starke restaurative Bemühungen geben, doch wird die herkömmliche konservative Kirchlichkeit weiter drastisch schrumpfen. Spätestens dann, wenn ihr bisheriges materielles Stützkorsett weggefallen ist, nämlich die Kirchensteuern und die sonstigen staatlichen

Privilegien, die hohen Gehälter und damit die Beamten- und Versorgungskirche wird es eine „Volkskirche" im bisherigen Sinne nicht mehr geben. Viele der geistig und geistlich suchenden Menschen werden leider weiter aus der Kirche auswandern und in freien Gemeinschaften oder anderen religiösen Gruppen ihr spirituelles Leben finden. In einem Teil der Kirchen, christlichen Gruppen und Gemeinden wird es jedoch weiter zu einer geistlichen Öffnung und Erneuerung in Richtung der beschriebenen ökumenischen Spiritualität kommen. Wenn diese Christen den Mut und die Kraft haben, Strukturen einer kleinen, aber offenen Minderheitskirche zu entwickeln, wird Kirche in einer verwandelten Form inmitten einer großen religiösen Pluralität etwas Entscheidendes in den Lauf der weiteren Geschichte einzubringen haben und für suchende Menschen neu attraktiv werden.

Von der Bibel her ist auf jeden Fall zu sagen, daß Gott im Festhalten an der „Ecclesia Jesu Christi" nicht an die bisherige Gestalt christlicher Kirchen gebunden ist, sondern sich aus aller Welt schon längst „sein Volk" gesammelt hat und weiter sammeln wird.[400]

Zum Schluß sei es noch einmal gesagt: Das Entscheidende geschieht in allen Umbruchs- und Wendezeiten zunächst durch Einzelne und kleine Gruppen. Auf sie ist größtes Augenmerk zu richten und sie sollten sich ihrer Potenz viel bewußter werden. Einiges ihrer Qualitäten ist schon in konkrete Veränderungen und Quantitäten umgeschlagen. Ob, wie und wann das rettend für die ganze Menschheit geschieht, liegt allein bei Gott und seiner kosmischen Evolution auch auf unserer Erde.

400 „Ecclesia" ist der neutestamentliche Begriff für Kirche und heißt wörtlich: die Schar der Herausgerufenen. Siehe zum biblischen Verständnis vom „Volk Gottes" Mt. 2,9; 8,11 f.; 25,32; Lk. 14,15 ff.; 1. Petr. 2,9–10.

2. Begegnungen und Gespräche mit Zeugen einer ökumenischen Spiritualität

Vorbemerkung

Konturen einer politischen und ökumenischen Spiritualität sind an verschiedenen Persönlichkeiten unserer Zeit und in ihrer Biographie zum Teil eindrücklicher ablesbar als in ihrer allgemeinen Umschreibung. Darum sollen im letzten Abschnitt dieser Studie Menschen zur Sprache kommen, die durch persönliche Begegnungen und Gespräche wie auch durch ihre Bücher für mich und viele andere zu wichtigen Zeugen einer suchenden, die herkömmlichen Grenzen überschreitenden und politisch bewegenden Spiritualität wurden.

Ich gebe hier in gekürzter Fassung vier Gespräche wieder, die ich in den letzten Jahren gezielt zum Thema dieser Studie mit Heino Falcke, Joanna Macy, Joachim-Ernst Berendt und Dorothee Sölle führte. Die dargebotene Reihenfolge entspricht nicht ihrer chronologischen Entstehung, soll aber einen mir wesentlichen Bogen spirituellen Suchens aufzeigen.

Heino Falcke mag für eine Spiritualität stehen, die zunächst ganz kirchlich und von der Theologie Karl Barths geprägt war, die sich aber durch das Zusammenbringen von biblischer Orientierung und politischen Herausforderungen in der DDR zu einer grenzüberschreitenden und wegweisenden Klarsicht entwickelte.

In Joanna Macy erkennen wir einen Menschen, der aus einem sehr wachen persönlichen Suchen die Engführungen in der christlichen Tradition verließ, sich der fernöstlichen Spiritualität zuwandte und aus der Verbindung politischen Kampfes und ökologischer Philosophie (Tiefenökologie) zu einer interreligiösen Spiritualität geführt wurde. In ihr werden in erstaunlicher Weise Kernwahrheiten christlicher Spiritualität neu lebendig.

In Joachim-Ernst Berendt verkörpert sich eine im besten Sinn interreligiös-esoterisch-politische Spiritualität, die ihre Wurzeln ebenfalls in der christlichen Tradition hat, aber erst aus der Verbindung naturwissenschaftlicher Erkenntnisse, politischen Engagements, fernöstlicher Religiosität und eigener Meditationspraxis ihre wesentliche Prägung bekam.

Dorothee Sölle ist eine Frau, die in einer faszinierenden Weise persönliche Frömmigkeit, biblische Inspiration, feministische Erkenntnisse und politischen Kampfgeist miteinander verbindet. So ließ und läßt sie sich in der westdeutschen Situation in immer wieder neue Auseinandersetzungen und signalgebende Positionierungen führen.

Bei aller Unterschiedlichkeit der Gesprächspartner wird doch eine erstaunliche Ähnlichkeit ihrer zeitkritischen und politisch-spirituellen Grundmotivation deutlich.

Gespräch mit Heino Falcke vom 21. März 1994 in Erfurt

Zur Person

Heino Falcke wurde am 12. Mai 1929 in Riesenburg, Westpreußen, geboren. Er studierte in Berlin, Göttingen und Basel Theologie und habilitierte bei Karl Barth zum Gesellschaftsbegriff bei Schleiermacher. Er war Gemeindepfarrer und von 1963 bis 1973 Direktor des Predigerseminars in Gnadau. Von 1973 bis 1994 wirkte er als Propst zu Erfurt. Er war Mitglied des Ausschusses „Kirche und Gesellschaft" beim Ökumenischen Weltkirchenrat in Genf und von 1974 bis 1987 Vorsitzender des Ausschusses „Kirche und Gesellschaft" beim Bund der Evangelischen Kirchen in der DDR. Heino Falcke war stellvertretender Vorsitzender der Ökumenischen Versammlungen in der DDR von 1987 bis 1989. Mit seinen klaren zeitkritischen Ansagen einerseits und mit seinen politisch-spirituellen Aktualisierungen biblisch-theologischer Erkenntnisse andrerseits inspirierte er wesentlich den Konziliaren Prozeß in den DDR-Kirchen und war für den Staat der DDR einer der profiliertesten Opponenten. In der Herbstsynode unserer Landeskirche 1990 gehörte er zu der kleinen Minderheit, die gegen den sofortigen und totalen Anschluß unserer Kirche an die westdeutschen Kircheninstitutionen stimmte und ein zweijähriges Moratorium vorschlug, in dem im losen Verbund mit der EKD eine Weiterentwicklung unseres in der DDR-Zeit eingeschlagenen kirchlichen Weges gesucht werden könnte.

Gespräch

Winkelmann: Bruder Falcke, in dem, was ich heute politische Spiri-tualität nenne, sind Sie für mich einer der wichtigsten Impulsgeber gewesen. Ich bin dankbar, daß ich mich mit Ihnen heute darüber unterhalten darf. Ich möchte Sie zunächst nach dem fragen, was in der DDR-Geschichte für Sie die wichtigsten politisch-spirituellen Erfahrungen waren.

Falcke: Da geht meine Erinnerung weit zurück. Wenn ich an die endvierziger und fünfziger Jahre denke, da hatte politisches Engagement von Theologen und Christen ja etwas zu tun mit der Bewältigung der Nazivergangenheit und mit der großen Debatte über die Wiederaufrüstung Deutschlands. Dieses war eigentlich mein erstes großes Problemfeld, in das ich da hineinkam. Als ich bei Karl Barth studierte, hielt er damals gerade eine Ethikvorlesung und redete über Krieg und Frieden und in Deutschland lief die Debatte um die Wiederaufrüstung. Wenn ich das unter dem Aspekt der Spiritualität mir vergegenwärtige, dann wird mir bewußt, daß politisches Engagement von Kirchenleuten damals eigentlich sehr rational, theologisch argumentativ und emotional beinahe unterkühlt betrieben wurde. Wenn ich an die Bruderschaften der Bekennenden Kirche denke, die sich damals um die Junge Kirche scharten, und mir die Versammlungen vergegenwärtige, ja da war von Spiritualität eigentlich nichts zu spüren – jedenfalls nicht in dem Sinne, in dem wir heute das Wort so gebrauchen. Es wurde politisch und theologisch argumentiert, es wurde polemisiert. Aber so etwas wie einen gottesdienstlichen Vollzug, gemeinsames Gebet oder Meditation – das war überhaupt nicht der Stil. Das heißt natürlich nicht, daß dahinter nicht eine tiefe persönliche Spiritualität steckte. Sie kam ja z. B. in Gollwitzers Buch *„Und führen, wohin du nicht willst“* zum Ausdruck. Dieser Mann wagte sich nun wirklich sehr konkret und massiv in die Politik hinein...

Winkelmann: Bonhoeffer, Niemöller, Gollwitzer, Karl Barth – meinen Sie, daß diese Menschen der Bekennenden Kirche nur durch rationale theologische Motive geleitet waren? Gab es eine verborgene Frömmigkeit, eine innere Glaubenshaltung, die mehr als theologische Rationalität war, die sie gegenüber dem Dritten Reich, dann Anfang der fünfziger Jahre gegen die Wiederaufrüstung in Deutschland in ihre Kirche, in kirchlich und theologisch politische Position hineingebracht haben?

Falcke: Es war ganz gewiß mehr als theologische Rationalität, obwohl sie sich theologisch argumentativ aussprach. Ich hatte das Glück, theologische Lehrer zu erleben, die tief engagiert in dem waren, was sie lehrten. Sie lebten „theologische Existenz“, die zugleich kirchlich und politisch engagiert war, und für die sie persönlich einstanden. Darin begegnete mir Spiritualität, auch politische Spiritualität – je nach Temperament ganz verschieden bei Heinrich Vogel, Martin Fischer, Hans- Joachim Iwand, Gerhard von Rad, Ernst Wolf und Karl Barth. Es war ein Engagement im wirklichen Sinne, ein Engagiertsein durch den „Gegenstand“ der Theologie, der in Wahrheit das Subjekt der

Theologie ist, das Wort Gottes, die Christuswahrheit. Das ist es, was mein Leben, Kirche und Gesellschaft angeht. Das hat mich geprägt. Und das habe ich zu buchstabieren versucht.

Winkelmann: Ich sehe bei den Vätern unserer jüngeren Theologie eine Spiritualität im Sinn einer geistlichen Unabdingbarkeit, die sie zum politischen Handeln geführt hat. Dabei ist für mich die Richtung ihres Einsatzes deutlich zu erkennen, z. B. gegen Absolutismus und Machtmißbrauch und für die jeweils Unterdrückten, Verfolgten und Schwächeren zu kämpfen.

Falcke: Ja, das „Unabdingbare" ist es, wie Sie es nennen, das Konfessorische, das mitten im politischen Kalkül der Ermessensfragen ein unbedingtes und zugleich ganz konkretes Nein sagen muß: z. B. das Nein zu den Massenvernichtungswaffen. Mir begegnete das am eindrücklichsten in Martin Niemöller, der sein öffentliches und streitbares politisches Engagement auf die Frage zurückführte, die in ihrer Schlichtheit nicht zu übertreffen war: „Was würde Jesus dazu sagen?" Er machte sie ja auch an einem Kindheitserlebnis fest. Hier ist persönliche Frömmigkeit als Kern einer politischen Entscheidung auszumachen. Sie sprachen vom Einsatz für die jeweils Unterdrückten. Ich habe es an der Lehre Karl Barths und an ihm als Menschen erlebt, wie seine auf die Offenbarung Gottes und die Christologie konzentrierte Theologie zum konkreten Menschen führt und sich in einer unglaublich offenen und freien Mitmenschlichkeit zeigte. Ich habe erlebt, wie er sich uns Studenten aus der „Ostzone" mit intensivem Interesse zuwandte. Ich habe ihn im Gespräch mit Martin Buber, Gustav Heinemann, katholischen Theologen erlebt. Ich habe gehört und gelesen, wie er hinter aller kommunistischen und antikommunistischen Theologie, Klischees, Ismen, Fixierbildern nach dem wirklichen Menschen fragte. Der wirkliche Gott und der wirkliche Mensch – vielleicht ist die Untrennbarkeit beider der Kern seiner Spiritualität, einer Spiritualität, die um Gottes und der Menschen willen dann auch zur politischen Spiritualität werden muß?

Und war es vielleicht auch dies, was andere und mich Anfang der fünfziger Jahre bewog, in die Kirche der DDR zu gehen? Jedenfalls war dies nicht zuerst eine politische oder kirchenpolitische Entscheidung, sondern eine Entscheidung für die Gemeinden, die Pfarrer dringend brauchten. Und meine Hauptfrage im Blick auf das politische System war: Wie können wir den Funktionären dieses Systems glaubwürdige Zeugen Christi sein? Wie können wir ihnen deutlich machen, daß wir nicht unter einem Negativbild in Religion, nicht als fünfte Kolonne des

Klassenfeindes zu verrechnen sind? Wie kann es nach 100 Jahren Feindschaft zwischen Kommunisten und Kirche zur Begegnung zwischen ihnen kommen? Wir wollten vom Funktionär zum Menschen durchdringen. Heinrich Vogel brachte das in seiner übergroßen Liebe zum Paradox auf die eigentlich scheußliche Formel: „Wir müssen den Atheisten im Funktionär totlieben."

Winkelmann: Haben wir zu wenig nach Veränderung der politischen Strukturen gefragt?

Falcke: In den fünfziger Jahren rechneten wir nicht mit der Dauerhaftigkeit der DDR-Strukturen. Unsere Sorge galt der angefochtenen Gemeinde, daß sie sich nicht nur im antikommunistischen Ressentiment abkapselt. Das „Evangelium für Atheisten" verkündigen stand im Mittelpunkt unseres Ringens. Das war das Thema der heiß umstrittenen Schriften von Johannes Hamel. Er bemühte sich, mit einem Rückgriff auf die biblischen Traditionen deutlich zu machen, daß unsere Situation eigentlich die Normalsituation des Christen ist und daß es gilt, aus biblischer Überlieferung heraus Offenheit nach außen zu gewinnen... Mit dem Mauerbau 1961 wurden wir ein Stück weitergeführt. Wir fragten nach der politischen Relevanz der christlichen Botschaft für die Strukturen und die politische Wirklichkeit der DDR-Gesellschaft. Der im Westen aufkommende christlich-marxistische Dialog, die Theologie der Hoffnung, der Revolution, die politische Theologie inspirierten uns. *„Hoffnung aus der Skepsis"*, dieser Titel von Gardawski brachte das spirituelle Thema dieser Zeit genau auf den Punkt: Kann man Hoffnungspraxis leben in einer Gesellschaft, wo die Veränderungshoffnung kaum Anhalt an der Empirie hat? Das schreckliche System der Mauer z. B., die da alles zementierte – wie kann man da Hoffnung leben? Großartig hat es ja dann 25 Jahre später Christa Wolf in „Kassandra" formuliert: Mit beiden Beinen auf der Erde träumen. Genau um diese Spannung ging es.

Winkelmann: Gab es in der Zeit der sechziger und siebziger Jahre auch einen Zusammenhang zwischen dem, was politisch theologisch neu gedacht wurde und den innerkirchlichen Aufbrüchen, dem „missionarischen Gemeindeaufbau", wie wir damals sagten? Ich habe es damals in der Erfurter Martinigemeinde so erlebt und es gibt von Walter Bindemann einen Aufsatz[401], der besagt, daß aus dem Potential der Hauskreise und anderer neuer Formen missionarischen Gemeindeaufbaus der sechziger und siebziger Jahre auch die Friedenskreise und

[401] In ZdZ 11/90 S. 274 ff.

Umweltgruppen entstanden sind, die später mit zur Wende geführt haben. Sehen Sie ebenfalls einen Zusammenhang zwischen diesem scheinbar innerkirchlichen Suchen und einem bewußten Annehmen der politischen Situation? Hierhin gehört vielleicht auch das Stichwort „Christen im Sozialismus". Dieser Begriff wurde in den siebziger Jahren geprägt, als der „Bund der Evangelischen Kirchen" entstand.

Falcke: Ja, das ist ganz deutlich und sehr interessant. Aber da muß ich noch einmal ein bißchen weiter ausholen. Wir haben ja in den fünfziger Jahren Gemeindeaufbau wirklich mit der Bibel versucht. Die große Entdeckung für meine Theologengeneration in den fünfziger Jahren im Gemeindeaufbau war die Bibelarbeit. Wir kamen her von der großen biblischen Theologie, die wir gelernt hatten, Gerhard von Rad und Bultmann usw. Die große Veränderung war, daß nun das Wort Gottes nicht mehr nur von der Kanzel ausgelegt wurde, sondern im Gespräch mit der Gemeinde. Ich hatte eine ganz traditionelle und schlichte Frauenhilfe in meiner ersten Gemeinde und habe dort atemberaubende Bibelarbeiten erlebt. Ich habe mit denen Formgeschichte betrieben und ihnen auf diese Weise deutlich gemacht, wie das Evangelium in neue Situationen einwandert und die Situation verwandelt, und das zündete. Ja, und dann kam eine Veränderung in den sechziger Jahren im Gemeindeaufbau. Da kamen die Gemeindeseminare auf. Das war die neue Entdeckung. Und es entstand in den Gemeindeseminaren eine politische Theologie mit dem Slogan: *„Die Tagesordnung der Welt bestimmt die Tagesordnung der Kirche!"*

Winkelmann: Und dann kam eine für mich erstaunliche Öffnung der Seminare, der Hauskreise und dann der späteren Gruppen für die Grundfrage des Überlebens, die Ökologiefrage.

Falcke: Das war eine neue Phase. Sie läßt sich ziemlich genau datieren. Ich weiß noch genau Ende der sechziger Jahre und Anfang der siebziger Jahre, daß erstmalig in unseren evangelischen Akademien die ökologischen Fragen thematisiert wurden. Da kam die Studie vom Club of Rome, und dann ging es in der Ökumene los. Es wurde die Theologie der Hoffnung und die Theologie der Schöpfung neu im Zusammenhang gesehen. In diesem Zusammenhang haben wir spirituell Enormes dazugelernt, nämlich, daß politische Erkenntnis und politisches Engagement und das, was wir Lebensstil nannten und was aus dem Innersten kommt, unmittelbar zusammengehört. Wobei nebenbei gesagt „Lebensstil" ein schreckliches Wort ist. Es geht hier überhaupt nicht um einen Stil, es geht um eine Grundauffassung, Grundrichtung des Lebens, ein Grundverständnis vom Leben.

Ein ungeheurer Lernprozeß war dann das, was die geistesgeschichtliche und die wissenschaftsgeschichtliche Analyse ans Licht brachte, nämlich daß im Anfang der neuzeitlichen Wissenschaft eine Grundhaltung des Menschen zu sich selbst und zur Welt der Dinge entstand, in der der Mensch, der sich nur reflektierend zu sich selbst verhält, seine Leiblichkeit gar nicht wahrnimmt, sondern sie selbst als ein Teil der Dingwelt erlebt und dann eben nur noch „Herr und Besitzer" der Erde sein kann. Hier ist der Glaube nun wirklich im Innersten herausgefordert. Wir entdeckten die Fragwürdigkeit des dominium terrae[402] und die ganz andere Haltung zur Schöpfung in den Psalmen sowie den Menschen, der als Adam zugleich Adama ist und was Ruach[403] bedeutet. Da haben wir durch die ökologische Sensibilisierung einen Zuwachs an biblischer Erkenntnis gewonnen.

Winkelmann: Waren das wieder neue biblisch-theologische Impulse, die durch die neuen ökologischen Herausforderungen ausgelöst wurden?

Falcke: Ja, das ist dann gar nicht mehr auseinanderzunehmen. Was ist eigentlich ökologisch angestoßen worden und was kam dann aus dem neuen Lesen der Bibel? Das war ein typischer hermeneutischer Wechselprozeß. Ich empfinde das als eine unglaubliche Bereicherung sowohl theologischer Erkenntnisse wie auch des Glaubens und der Spiritualität. Wir haben dann auch anders gearbeitet, Sie haben das ja auch versucht, Bruder Winkelmann. Ich habe es mit einer großen Kirchentagsgemeinde in Gera erlebt. Ich habe mit denen geatmet, um ihnen den 104. Psalm oder die jahwistische Schöpfungsgeschichte zu erschließen. Da sind wir doch wirklich erheblich weitergeführt worden. Wir sind weitergeführt worden durch etwas, was uns aufmerksam machte auf eine katastrophale Entwicklung. Gerade in der Wahrnehmung der Aporien in unserer Welt und der Katastrophenentwicklung, in der wir uns befinden, sind wir beschenkt worden... Ja, und dann kamen diese schönen Dinge bei den Kirchentagen, wo die Einheit von Friedensbewegung und neuen liturgischen Elementen plötzlich in Erscheinung trat. Plötzlich kam eine Verlebendigung, eine Aktualisierung, Verflüssigung unserer Liturgie auf uns zu mitten im politischen Engagement. Das halte ich für überaus wichtig.

Winkelmann: Sehen Sie einen Zusammenhang zwischen dem, was

402 Herrschaft des Menschen über die Erde.

403 Im Hebräischen heißt „adam" der Mensch, „adama" die Erde; der Mensch ist also als Teil oder Kind der Erde zu verstehen. „Ruach" ist das hebräische Wort für den lebenserweckenden und erneuernden Geist Gottes.

da geistlich von verschiedenen Ecken her aufbrach und dem, was geistesgeschichtlich und politisch weltweit in Bewegung geriet? Ich denke dabei an die Entstehung eines neuen ganzheitlichen wissenschaftlichen Weltbildes, das die religiöse Frage und die Mystik wieder aufnimmt, oder an den Feminismus, die Entdeckung der Ganzheitlichkeit oder auch das „Neue Denken" bei Gorbatschow – also all das, was manche als den beginnenden Paradigmenwechsel unserer Zeit umschreiben. Mir scheint es so zu sein, daß das, was sich da in den sechziger und siebziger Jahren in unserer Kirche entwickelt hat, nicht nur rational und lokal irgendwie ableitbar ist. Mir scheint es vielmehr ein Überunskommen zu sein, das vielleicht mit einer viel tieferen hintergründigen Weltbewegung zu tun hat. Mir liegt an dieser Frage so viel, weil ich denke, es tut uns als Christen, als Theologen, als Kirche gut, nach Bewegungen in unserer Zeit zu fragen, die Gott auch in unserer Kirche geschehen läßt, die aber Teil einer viel weiteren, umfassenderen Bewegung sind, die Gott in dieser Welt in Gang setzt – am Ende oder am Anfang einer Zeitepoche, bis hin zur Wende der DDR. Sehen Sie einen Zusammenhang zwischen den kirchlichen und spirituellen Entwicklungen, über die wir eben sprachen, und diesen hintergründigen Veränderungen in unserer Welt?

Falcke: Ja, das ist ein bißchen...

Winkelmann: Spekulativ?

Falcke: Na ja, so wollte ich es nicht sagen. Aber ich glaube, man muß da theologisch ein bißchen differenzieren. Solche geschichtsphilosophischen Erwägungen theologisch zu firmieren, ist immer ein bißchen gefährlich. Aber das gehört zu meiner theologischen Entwicklung. Ich hatte es ja nicht ganz leicht, mich von Karl Barth zu lösen und habe dann meinen Aufsatzband überschrieben mit dem Titel: *„Mit Gott Schritt halten"*, ein Martin-Buber-Zitat. Von daher bin ich sehr offen gegenüber dem, was Sie da sagen. Natürlich hat man immer als theologisches Schreckgespenst den alten Bismarck im Ohr, der den Saum des Mantels Gottes, der durch die Geschichte wandelt, zu fassen versucht und dann mit seiner Politik möglicherweise das noch realisieren möchte. Aber daß wir hier Führungen erleben und daß Theologie sich nur wirklich auf Gott beziehen kann, indem sie sich auf ihre Zeit einläßt, das ist schon wichtig. Nun würde ich es auch umdrehen, daß Kirche sich nur dann wirklich im tiefsten auf ihre Zeit einläßt, indem sie sich auf Gott einläßt. Das heißt, mit Gott Schritt halten, nicht mit irgendwelchen Zeitgeistern und Modernismen und Nachmodernismen usw. Wie können wir uns aus dem Glauben heraus so in die Situation einbringen, daß er sie verwandelt, daß er als Befreiung und als Aufbruch in dieser Situation wirksam wird?

Winkelmann: Sie fragen: Wie kann Glaube Situationen verändern? Ich habe in den letzten Jahren zunehmend fragen gelernt: Wie kann Glaube in der Situation Gott wahrnehmen? Ich weiß, daß das theologisch als gefährlich angesehen wird – in Richtung natürliche Theologie und Offenbarung in der Geschichte usw. Ich denke aber, daß Gott in seinem Handeln so viel größer ist als das, was wir aus Tradition und Theologie bekanntermaßen ableiten können, und daß Gott wesentlich größer ist als das, was in kirchlichen Bahnen läuft. In der Situation nach Gott zu fragen ist nötig, weil wir sonst mit Gott, der viel weiter ist als wir, wohl nicht Schritt halten können. Spiritualität ist in diesem Zusammenhang für mich zu einem Wort geworden, das auch diese Sensibilität für Gottes hintergründiges Wirken umschreibt.

Falcke: Spiritualität ist ja im Kern Erfahrung des Geistes und heißt: Gott ist gegenwärtig. Die Unterscheidung der Geister, die Paulus einschärft, hat ja nur Sinn, wenn man dem Geist, der gegenwärtig ist, Raum gibt. Wir sind im Unterscheiden der Geister durch Barth so scharf geworden, daß uns dabei der Geist, der unter uns erfahrbar werden soll, zu entweichen droht, und wir nur noch das Perfektum des „Deus dixit“ [404] oder das „Christus hat alles vollbracht“ theologisch aussagen können... Das Aufregende am Heiligen Geist ist ja, daß er Dinge bewirkt, die wir noch nicht formulieren können und daß die theologische und begriffliche Formulierung später ist als die Erfahrung. Das macht ja die christliche Spiritualität auch so riskant. Wenn da nichts gewagt wird, also nur reproduziert wird, dann habe ich schon tiefe Fragen.

Aber eins muß ich noch erzählen, an dem deutlich wird, daß Spiritualität nun wirklich alles andere als eine christliche Innerlichkeit ist, die niemanden aufregt: Die Spiritualität von Kurt Scharf beispielsweise habe ich beim Kirchentag in Hannover 1985 erlebt, auf der großen Friedensversammlung. Da war ich mit Kurt Scharf auf der großen Bühne der großen Friedensbewegung, die nicht im Kirchentag, sondern nur nach dem Kirchentag sein konnte. Wolf Biermann war da auf dem Podium. Es war eine Versammlung von 15.000 Menschen. Die Veranstalter hatten vorgesehen, natürlich nur eine Agape, also kein Abendmahl, zu halten. Kurt Scharf war gebeten worden, das Agapemahl zu leiten. Uns blieb die Spucke weg, der stand da auf dem Podium, und als wäre

[404] Gott hat gesprochen!

es das Selbstverständlichste von der Welt, sprach er die Einsetzungsworte und hielt die Abendmahlsliturgie in vollem Wortlaut. Dann gingen die Leute los und brachten Traubensaft und Brot unter die Menge. Ich sagte zu Bruder Scharf: *„Das war aber riskant, was Sie hier gemacht haben."* Und da sagte er: *„Ja, Bruder Falcke, ich bin mit einer ganz strengen lutherischen Abendmahlsfrömmigkeit aufgewachsen, aber das 'für viele, für alle' der Abendmahlsworte ist mir erst viel später aufgegangen."* Also Spiritualität hat eben mit Freiheit zu tun, und wo der Geist des Herrn ist, da ist Freiheit. Das hatte enorme Konsequenzen.

Winkelmann: Wie würden Sie die Spannung zwischen Geist und Kircheninstitutionen für die Kirche heute formulieren, also Kircheninstitution und Freiheit und Wirken des Geistes in der DDR-Kirche, in der Kirche der Wendezeit und jetzt nach der Wende in der gesamtdeutschen Kirche?

Falcke: Ich halte die institutionelle Seite der Kirche für etwas Unvermeidbares und etwas Ambivalentes. Die Institution schafft Strukturen, die dem Geist und dem Wort Wirkungsmöglichkeiten geben möchten, aber sie sind gleichzeitig immer in Spannung und in Widerspruch zum Wirken des Geistes. Es ist darum ein Kriterium der Institution Kirche, daß sie flexibel bleibt, daß sie reformierbar bleibt und daß sie in ihrer eigenen Struktur die Möglichkeit der Korrektur selbst vorsieht. Ob Kirche als Institution überhaupt tragbar ist, zeigt sich auch daran, daß sie den kirchenkritischen Gruppen innerhalb der Kirche Raum gibt. Wenn sie anfängt rauszudrängen, dann läuten die Alarmglocken. Um es konkret zu sagen: Wenn wir ein Kirchensteuersystem haben, das nicht mehr kritisierbar ist, es sei denn, man tritt aus der Kirche aus, dann muß der Kirche deutlich werden: Wir haben gemeint, uns nur einer Technik zu bedienen und sind dabei in eine Gefangenschaft geraten. Das läßt sich an anderen Punkten ebenso zeigen. Ecclesia semper reformanda – das bedeutet, daß christliche Spiritualität wirklich vom Ansatz her kirchenkritisch ist.

Winkelmann: Die Kirche in der DDR-Zeit – wie ist sie nach ihrer Meinung einzuschätzen?

Falcke: Ich hatte häufig mit inneren Spannungen innerhalb der Kirche zu tun, in der Konferenz der Kirchenleitung und in den achtziger Jahren auch im Ausschuß Kirche und Gesellschaft. Ich bin 1987 aus dem Ausschuß Kirche und Gesellschaft rausgegangen, weil ich das, was ich für wichtig hielt, in den Gruppen und in der Ökumenischen Versammlung wirksamer voranbringen konnte. Es gab nicht d i e Spiritualität des Kirchenbundes. Wir hatten die Spannungen, die es in der westlichen EKD gab, in abgeschatteter, abgeflachter, vielleicht auch abgemilderter Form auch im Kirchenbund[405]. Aber es war natürlich die Situation zwischen Kirche und Staat ungleich viel klarer als im Westen. Diese bipolare Situation, die wir hatten: der zentralistische Staat und die vom Staat getrennte Kirche als staatsfreier Raum. Das war ein Grundmodell von Kirche und Politik, das sehr viel übersichtlicher war, als es im Westen in der pluralistischen Gesellschaft ist. Freilich gab es auch Anpassung und Vermischung, z. B. die angepaßten Stimmen in den Synoden.

Winkelmann: Aber trotzdem kam das andere, das Kritische relativ klar durch.

Falcke: Es kam durch trotz der Bremsen, die die Kirche aus Selbstsorge anzog. Dies aber war relativ leicht durchschaubar. Wir hatten unter dem Druck dieses Staates eine größere Geschlossenheit. Wir hatten, weil wir nicht so mit der politischen Macht verflochten waren, auch die Freiheit, sehr viel deutlicher manche Dinge zu sagen. Das ging los mit der Handreichung in Wehrdienstfragen. Das Bekennen der Friedensfrage war dann am Schluß das Resultat eines lange ringenden Prozesses im Bund der Evangelischen Kirchen in der DDR. Daß wir nicht so ganz frei waren, ist auch in der Friedensfrage durchaus rausgekommen. Der Bund der evangelischen Kirchen hat sich überaus schwer damit getan, die Formel vom deutlicheren Zeugnis wirklich zu vertreten. Um es mit dem Südafrikanischen Kairosdokument zu sagen: Die prophetische Theologie wurde durch die Kirchentheologie gebremst. Es wäre in der Frage der Wehrdienstverweigerung politisch heiß geworden, wenn die Kirche als Kirche gesagt hätte: *„Der an sich normale Weg des Christen ist die Wehrdienstverweigerung. Das andere ist eine Ausnahme, die wir nicht ausschließen wollen"*.

Winkelmann: Das wäre heiß geworden. Aber ich meine, die gefundene Formel vom *„deutlicheren Zeichen"* war auch schon dicht dran.

Falcke: Sie führte zu Auseinandersetzungen. Es war auch im Kirchenbund keineswegs einheitlich und keineswegs einfach. Aber das Grundmodell war eben sehr viel klarer und gab der Kirche mehr Freiheit. Wir hatten eben keine Generäle in den Synoden und keine Minister und keine Landräte.

Winkelmann: Sagen Sie, ist mein Eindruck auch der Ihre, daß wir,

[405] EKD: Abkürzung für „Evangelische Kirche in Deutschland". Mit „Kirchenbund" ist der „Bund der Evangelischen Kirchen in der DDR" gemeint.

weil wir äußerlich schwächer und mehr angefochten waren, notgedrungen bis in die kirchliche Institution hinein stärker auch von einer geistlichen Substanz leben mußten?

Falcke: Wo wir die Herausforderungen angenommen haben, war das mit der Kraft der Schwachen wirklich keine Phrase. Aber auch der Kirchenbund hat ja seine Schwachheit nicht wirklich angenommen. Es gab die konspirativen Versuche mit der Stasi, für die Kirche was zu retten. Es gab den Versuch, mit den wachsenden westlichen Finanzhilfen den kirchlichen Apparat über Wasser zu halten. Wir haben unsere Schwachheit nicht wirklich angenommen.

Winkelmann: Das ist jetzt die Schuld, die uns nun auf die Füße fällt.

Falcke: Ja. Paul Österreicher hat es sehr massiv und direkt ausgesprochen: *„Wir sind dem Götzen Mammon erlegen"*.

Winkelmann: Damals und heute?

Falcke: Ja, weil wir es damals waren und wir uns nicht wirklich von ihm befreit haben, sind wir es jetzt in potenzierter Form. Wir haben aus Angst vor unserer Schwachheit uns vor Entscheidungen gedrückt. Die Kirchenreform ist bei uns leider steckengeblieben, und jetzt kriegen wir es zu spüren.

Winkelmann: Bruder Falcke, Sie gelten ja als einer der „Väter des Konziliaren Prozesses" mindestens in der DDR. Von der ersten Idee eines weltweiten Friedenskonzils Anfang der achtziger Jahre bis zu den großen Ökumenischen Versammlungen waren Sie impulsgebend dabei. Was sind Ihre stärksten spirituellen und politisch-spirituellen Erfahrungen im Konziliaren Prozeß gewesen?

Falcke: Für mich war „Umkehr" das Schlüsselwort des Konziliaren Prozesses, und die Ökumenische Versammlung der Kirchen in der DDR hat „Umkehr" zu ihrem Schlüsselwort gemacht. „Umkehr" haben wir personal und politisch auf der Linie der Propheten und der Botschaft Jesu verstanden. Damit rückte politische Spiritualität ins Zentrum. – Was habe ich am stärksten erlebt? Bei der Vollversammlung des Ökumenischen Weltkirchenrates in Vancouver 1983 die erschütternden Zeugnisse des Leidens und des Kampfes der Christen in Lateinamerika, Afrika, dem Pazifik, die wir mitnahmen in das Gottesdienstzelt, in die Liturgie, in das vom Winde bewegte Zelt, das wie ein Zeichen für den Atem des Geistes war. Dies beides miteinander, das Politische und das Zeichenhafte der Liturgie kam miteinander zu seiner Wahrheit. Bei der Ökumenischen Versammlung in Dresden waren es die „Zeugnisse der Betroffenheit". In einer durch Ideologie stumm gemachten Gesellschaft kam die Wirklichkeit, die man nicht wahr haben wollte, zur Sprache.

Ich erlebte das als Aufbruch der geistigen und geistlichen Freiheit. Sie gab uns den Schwung zu einer gemeinsamen Arbeit, deren Intensität mir im Rückblick fast unglaublich erscheint. Und in all dem das Erlebnis ökumenischer Gemeinschaft. Wir sind über die Grenzen der Konfessionen und über die Grenzen zwischen Amtskirche und Gruppen zu einer Zeugnis- und Dienstgemeinschaft zusammengewachsen. Die Trennung beim Abendmahl war auch für die katholischen Geschwister kaum auszuhalten. Weil ein halbes Jahr später die Herbstrevolution und das Ende der DDR kam, hat sich diese Erfahrung innerkirchlich und zwischenkirchlich nicht auswirken können. Die politischen Ereignisse nahmen uns total in Anspruch. Aber wir sollten diese spirituelle Erfahrung von Kirche festhalten. Vielleicht war sie ein Vorzeichen, ein Hof-fnungszeichen.

Winkelmann: Bruder Falcke, darf ich Sie noch einmal nach Ihren stärksten spirituellen und politischen Erfahrungen in der Wendezeit fragen?

Falcke: Ich erlebte 1989 bei den Friedensgebeten und Lichterdemonstrationen sehr eindrücklich die Einheit von *„Beten und Tun des Gerechten"*, von der Bonhoeffer sprach. Wir beteten, die Kirchenfremden vollzogen das „irgendwie" mit, sie identifizierten sich mit den Gebeten, indem sie klatschten, das war ihr Amen! Und doch frage ich mich heute: Haben wir die Spiritualität des Gebetes „rübergebracht", oder war das Friedensgebet nur Auftakt – sicher prägender Auftakt – der Demos? Blieb von der politischen Spiritualität schließlich nur Politik übrig?... Ich war jetzt bei der Verabschiedung von Jürgen Moltmann, der in den Ruhestand gegangen ist. Dort wurde ein Symposium veranstaltet, und ich habe da ein Seminar gemacht über den *„revolutionären Augenblick"*. Die Stärke der Herbstrevolution war ihre Spontaneität aus dem „Augenblick". Die Kehrseite war ihre konzeptionelle Schwäche. Die Spontaneität erlebte ich auf dem Domplatz in Erfurt bei der ersten großen Demonstration. Die vordersten Demonstrationszüge lösten sich nicht auf, wie es geplant war, sondern es blieben alle stehen. Dann hat dieses Volk – 40.000 Menschen waren es etwa – das vierzig Jahre lang kommandiert und reglementiert worden ist, eine Stunde lang durch Sprechchöre, die aus dem Augenblick entstanden, ohne jedes technische Mittel, ohne Mikrofon eine Stunde lang eine Versammlung durchgeführt. Die Sprechchöre entstanden folgendermaßen: Einer sagte einen Satz, dann sagten ihn zehn, dann hundert und dann der ganze Platz und das schloß damit, daß sie auf dem Domplatz sagten: *„Nächste Woche selbe Zeit wieder hier!"* Der Domplatz antwortete:

„Wir sind dabei!“ Das war wohl nicht politische Spiritualität, aber politischer Esprit, Freiheit. Das Zweite, was mich tief berührt hatte, war neben den Domplatzversammlungen die erste Versammlung in der Thüringenhalle. Man hatte durchgesetzt, daß sich der Rat des Bezirkes und die Bürgermeisterin dem Gespräch des Volkes stellen. Wir kamen dorthin, und da war die Thüringenhalle zu einem guten Drittel bereits besetzt mit SED-Leuten und Staatssicherheit, aber die Halle wurde dann überfüllt. Da sagte doch der Müller, der erste Sekretär der SED, er sei doch für die Wende, er hätte sich doch im Politbüro dafür eingesetzt. Und dann gab es ein Gelächter. Die ganze Halle brüllte vor Gelächter. Da war der Bann dann gebrochen. Damit waren die abserviert.

Winkelmann: Eine Entmachtung durch das Lachen?

Falcke: Ja! Mit diesem Gelächter kann man das Ende der SED-Herrschaft in Erfurt datieren. Es ist mir unvergeßlich, wie die Leute ans Mikrofon gingen, erst zögernd, ängstlich, und wie sie sich mit jedem Satz, den sie frei sprachen ohne Manuskript natürlich und stotterten – wie sie sich immer mehr aufrichteten. Sie sprachen zum ersten Mal aufrichtig in der Öffentlichkeit und richteten sich dabei auf – ganz deutlich sichtbar diese Körpersprache. Wenn sie dann zum ersten Mal Beifall bekamen, dann errangen sie Selbstbewußtsein. Dieser Vorgang des Sich-Frei-Sprechens ist mir unvergeßlich. Und mir ist eine sehr schöne Symbolhandlung in Erinnerung. Da war einer unserer katholischen Pfarrer, nicht viele haben von der katholischen Seite anfangs mitgemacht. Ich war in einer katholischen Kirche. Am Ende des Friedensgebetes nahm er seine Demonstrationskerze, ging zum Altar, zündete am Altar seine Demonstrationskerze an und ging damit raus, und die anderen folgten ihm auf die Straße. Das ist politische Spiritualität: Am Altar die Demonstrationskerze entzünden.

Winkelmann: Noch eine letzte Frage: Wie schätzen Sie die Situation heute in unserem Land und in der Kirche ein? Die Spiritualität in unserer Kirche, der Geist in unserem Land, Zeichen der Bewegung, des Aufbruchs oder mehr Resignation?

Falcke: Ich mache natürlich dieselben Erfahrungen wie Sie. Die Bedrückung und Resignation und Lähmung ist ziemlich verbreitet. Ich erlebe aber zum Glück junge Pfarrer, die nicht so mit unseren Erinnerungen belastet sind, die in großer Unbefangenheit Neues versuchen. Da habe ich Beispiele vor Augen, die sind ausgesprochen schön. Brauchen wir möglicherweise wirklich junge Leute, eine neue Generation, die eine größere innere Beweglichkeit und Freiheit hat, sich auf das Neue schöpferisch einzulassen?... Meine These ist, Bruder Winkelmann, wir könnten für die evangelische Kirche in Deutschland sehr viel bedeuten, wenn wir unsere Schwäche wirklich annehmen würden, unsere kleine Kraft. Ja, und wenn wir den Mut hätten, die Armut und das Elend in unserer Kirche nicht zu verstecken und in unserer Schwachheit die Chance spiritueller Kraft zu ergreifen. Wir sind nicht die Kirche, wie sie im Staat-Kirche-Vertrag erscheint. Das war unvermeidbar, aber es ist unwesentlich. Das ist nicht die Kirche. Wir können nicht der Illusion nachjagen, wieder die Volkskirche oder d i e Religion der Gesellschaft zu werden. Das wird uns zwar ständig zugemutet, vom Staat angeboten und zugemutet, aber wir sollten als ein Verband in der Gesellschaft mehr Mut zum Pluralismus haben... Die EKD im Westen ist ja gelähmt durch Angst vor der auf sie zukommenden Minderheitssituation und Finanzschwäche. Defensiv- und Angststrategien sind zu beobachten. Wir brauchen wohl mehr Mut, das, was sterben will, auch sterben zu lassen und spirituelle Aufbrüche – auch in kleinen Ansätzen – zu fördern.

Winkelmann: Bruder Falcke, was wären für Sie Merkmale einer Kirche, die Zukunft hat?

Falcke: Die Kirche müßte wieder eine lebensdienliche Kirche werden. Das Leben ist bedroht, die Angst um das Leben geht um, heute vielfach als soziale Angst. Und der Hunger nach Leben geht um. Die „Erlebnisgesellschaft" gibt darauf vordergründige Antworten von den Konsumparks bis zu religiösen Sekten. Wir brauchen eine feiernde Kirche, die das Leben, das „erschienen" ist, in lebendigen Gottesdiensten feiert, und zwar so, daß Menschen ihre Lebensangst und ihren Lebenshunger aufgenommen finden. Eine feiernde Gemeinde, die – großes Wort! – lebendige Gotteserfahrung vermittelt. Das wäre die Antwort auf die Erlebnisgesellschaft. Gotteserfahrung, nicht inszenierte religiöse Erlebnisse, Spiritualität, die ausstrahlt. Urkunde des Lebens. Eine lebensdienliche Kirche, die für das bedrohte Leben streitet. Sie muß etwas widerspiegeln von der Leidenschaft Gottes für das bedrohte Leben. Ich denke, die Kirche muß parteilicher werden für die Menschen und die Mitgeschöpfe, die von den Parteien links liegengelassen werden. So muß die Kirche auch streitbarer werden, statt als „Volkskirche" den offiziellen politischen Konsens religiös zu reproduzieren. Wir haben dafür tiefe spirituelle Wurzeln, die nur freizulegen sind. Eine Göttinger Gemeinde hat in ihrer Kirche ihre Heiligen dieses Jahrhunderts mit einer Bilderwand gefeiert: Mahatma Gandhi, Oscar Romero, Dietrich Bonhoeffer, Ita Ford, Martin Luther King. Das ist ein untergründiger Lebensstrom an Spiritualität, aus dem die Kirche schöpfen kann.

Gespräch mit Joanna Macy am 14. September 1993 am Werbellinsee

Zur Person

Joanna Macy wurde am 2. Mai 1929 in den USA geboren. Sie lehrt an der Universität von Berkeley und dem Kalifornischen Institut für Integrative Studien in San Francisco. Sie hat Theologie, Religionswissenschaften und politische Wissenschaft studiert, mit einer Arbeit über den Buddhismus promoviert und eine Synthese von Systemtheorie, politischer Analyse, therapeutischer Arbeit und spirituellem Leben entwickelt. Sie ist Mitbegründerin von „Interhelp", einem internationalen Netzwerk zur Förderung psychologischer Friedensarbeit. Ihre Seminare in Deutschland haben den Anstoß zur Bildung der „Gesellschaft für angewandte Tiefenökologie e.V." gegeben. Durch Vorträge und Seminare sowie durch zahlreiche Veröffentlichungen ist sie als Lehrerin einer ganzheitlichen politischen Spiritualität international bekannt geworden.[406]

Gespräch

Winkelmann: Joanna Macy, es gibt viele Umbrüche, Zusammenbrüche und Neuaufbrüche in unserer Zeit. Ein Phänomen, was mich dabei besonders bewegt, ist das sehr vielfältige spirituelle Suchen der Menschen. Was hältst du von diesem Suchen? Und was ist dir daran besonders wichtig?

Macy: Ich glaube, daß der wirkliche Grund für die Krise, in der wir uns im Moment befinden, eine spirituelle Krise ist, oder, wie manche auch sagen, es ist ein kultureller Zusammenbruch, in dem unsere Werte völlig infrage gestellt werden und wir nicht mehr wissen, woran wir uns eigentlich orientieren können. Man könnte es auch als einen moralischen Kollaps bezeichnen, eben weil die Beziehungen zwischen uns und zwischen dem Leben um uns herum zusammengebrochen sind.

Winkelmann: Und dennoch wird gesucht, von vielen Seiten her. Wie siehst und wertest du das? Oder siehst du überhaupt das Phänomen eines stärkeren Suchens, auch bei Menschen, die nicht zu einem „tiefenökologischen Intensivseminar" gekommen sind?

Macy: Ich sehe, daß dieses Suchen Jahr für Jahr immer weiter an-

[406] Das hier wiedergegebene Gespräch wurde bei einem „Tiefenökologischen Intensivseminar" 1993 am Werbellinsee (Berlin) geführt. Gesprächsinhalte, die darauf Bezug nehmen, werden durch Zusätze in Klammern erläutert.

wächst. Ich sehe, daß es einerseits eine ganz große Sehnsucht auch nach der traditionellen Form von Religion gibt, mit einem großen Vater-Gott und irgend etwas Festem, woran man sich festhalten kann. Es gibt auch ein großes Bedürfnis bei den Menschen, dieser Welt zu entfliehen, und das ist für mich zum Teil auch im New-Age-Phänomen enthalten, daß dort Menschen aus der Sehnsucht (nach einem heilen Leben) das Bedürfnis haben, dieser Welt zu entfliehen. Aber was ich noch deutlicher sehe, daß es vor allem darum geht, daß das Spirituelle mit dem Sozialen und dem Politischen zusammenwächst. Ich bin ganz sicher, daß die Krise, in der wir uns befinden, hauptsächlich eine Krise an Sinn ist, eine Krise der Werte, und die hat damit zu tun, daß wir Jahrhunderte lang politische Realität und Spiritualität vollkommen getrennt haben und natürlich auch Religion und Wissenschaft. Diese Dichotomien (Spaltungen) sind in den letzten zweitausend Jahren geschaffen worden.

Winkelmann: Vielleicht können wir hier auf eine zweite Frage kommen, die Frage nach konkreteren Formen des spirituellen Suchens. Ich möchte einige Stichworte nennen, z. B. „politische Spiritualität". Oder ein anderes Stichwort: Paradigmawechsel in der Naturwissenschaft und Spiritualität. Wie siehst und wertest du diese Phänomene?

Macy: Ich sehe auf jeden Fall, daß hier etwas sehr stark wächst, besonders im Westen, in Europa, in Nordamerika und auch in Japan. Das hat auch damit zu tun, daß die Menschen verstärkt das Bedürfnis haben, diese Dichotomien wieder zusammenzuziehen, oder daß sie wieder zu einer Ganzheit finden wollen. Religionswissenschaftlich gesprochen würde ich sagen, daß der Gottesbegriff von einem transzendenten Gott zu einem immanenten Gott verwandelt wird. In den letzten Jahren sind bei uns immer mehr Bücher erschienen mit solchen Titeln wie: Wie können wir im Alltag Heiligkeit finden?

Winkelmann: Für mich ist das Aufregendste, in der Literatur zu sehen, wie von naturwissenschaftlicher Seite, z. B. von der neueren Physik her, die Dimension des Spirituellen in das Denkbare des Naturwissenschaftlers hineingeholt wird.

Macy: Auch für mich ist das ein ganz spannendes und wichtiges Phänomen, daß sie nicht länger eine klare Trennungslinie ziehen können zwischen Geist und Materie. Es scheint ein ordnendes Prinzip in der Natur zu geben, das beides zusammenhält. Das leuchtet mir sehr ein, besonders bei den Systemtheoretikern, in der Kybernetik und in der neuen Kosmologie.

Winkelmann: Darf ich aber noch einmal auf das Stichwort „politische Spiritualität" kommen. Siehst du einen Zusammenhang zwischen dieser neuen Weltsicht und dem verstärkten Suchen nach einer politischen Spiritualität? Oder muß man es doch unabhängig voneinander sehen?

Macy: Das ist eine gute Frage. Ich sehe hier sicherlich eine Verbindung. Es ist eine Verbindung, die ich in meiner Arbeit sehr hervorhebe. Die Naturwissenschaft kann uns zeigen, wie wir in allen Lebensprozessen und auf wievielen Ebenen (mit allem Seienden) verbunden sind. Unser Bedürfnis nach politischem Engagement hat seine Wurzel in diesem Miteinanderverwobensein. Ich glaube, daß jede spirituelle Tradition uns diese moralische Qualität, die aus dem Sehen des Miteinanderverwobenseins kommt, aufzeigen kann. Für mich hat das der Buddhismus besonders deutlich aufgezeigt.

Winkelmann: Mich hat in deinem Buch *„Mut in der Bedrohung"*, das wir 1985 in der DDR durch Freunde aus dem Westen bekamen, sehr stark beeindruckt, wie du die politische Frage, zunächst die Friedensfrage, dann auch die sozialen und ökologischen Fragen mit den psychologischen Fragen und den spirituellen Fragen verbindest. Wir hatten in dieser Richtung gesucht, und da bist du uns sehr wichtig und überzeugend geworden... Wie siehst du heute die Politik? Gibt es eine Verbindung zwischen Politik und Spiritualität?

Macy: Ich habe das Gefühl, wir sind in eine vollkommene Sackgasse gekommen, in unserer Kultur und mit dem Verständnis des menschlichen Wesens und was es heißt, als individueller Mensch erfüllt zu leben. Ich glaube, daß die Anerkennung der Schönheit und der Einzigartigkeit und des Wertes und des Rechtes jedes Individuums eine ganz ganz wichtige Entwicklung war. Aber jetzt sind wir am Ende dieser Entwicklung angekommen. Das, was versucht, jetzt geboren zu werden – und es ist wirklich dabei, geboren zu werden, es ist noch ganz zart und ganz klein, – ist das Selbstbewußtsein unseres Kollektivs. Durch Untersuchung bei den Ureinwohnern wird es uns vor Augen geführt: Am Anfang unserer Geschichte, weit, weit zurück, Millionen von Jahren her, da waren wir ganz stark in die Schöpfung, in die Natur eingebunden. Es ist das, was die Anthropologen „Mystische Partizipation" nennen, also sich so zu fühlen wie ein Kind am Busen der Mutter. Aber wir sind da herausgetreten in etwas, was man vielleicht das große heroische Abenteuer unseres Egos nennen könnte. Das hat auf allen Gebieten viele schöne Entwicklungen ermöglicht: in der Politik, in der Kunst, in der Wissenschaft. Und wir konnten uns distanzieren und es anschauen. Was jetzt passiert mit der neuen Spiritualität, das ist aber nicht einfach eine Rückkehr zur „Mystischen Partizipation“. Das Alte ist nicht wieder zu haben. Wir haben den Garten von Eden verlassen. Wir haben unsere Unschuld verloren. Also was jetzt passiert, ist die nächste Drehung der Spirale. Wir kommen jetzt wieder nach Hause (in die Urverbundenheit allen Lebens), und das ist sehr schön. Aber wir kommen nach Haus mit diesem ganzen Wissen (unserer Geschichte), auch mit dem Wissen, daß wir Blut an unseren Händen haben.

Winkelmann: Als erwachsen gewordene Menschen, als geschlagene und schuldig gewordene Menschen müssen wir jetzt wieder heimfinden in die Verbundenheit allen Lebens?

Macy: Ja. Und jetzt sind wir an dem Punkt, daß wir diese Verbundenheit selbst wählen müssen. Wir werden entweder zusammen sterben oder zusammen überleben. Aber das ist nicht nur unser Schicksal, es muß auch unsere eigene Wahl werden.

Winkelmann: Mir fallen dazu sofort alte Mythen, biblische Geschichten, Märchen ein, in denen genau dieses Bild des erwachsenen Menschen, der zurückkommt, gebraucht wird. Es ist wohl eine Urahnung der Menschen, dieses Bild vom Kleinkind, von der Fremde und Entfremdung und dem Wiederheimkommen, aber eben in der Mündigkeit und freien Entscheidung des Erwachsenen. Jesus z. B. erzählt es mit dem Gleichnis vom „Verlorenen Sohn“.

Macy: Ja. Das stimmt. Für mich ist das so. Obwohl ich mich in der buddhistischen Tradition sehr gut zu Hause fühle, mag ich es auch sehr, in christlicher Form zu arbeiten. Und wenn ich irgendwo die Möglichkeit habe, in der Kirche zu arbeiten, dann mache ich das sofort. Wenn ich nicht ein bißchen Scheu hätte, das öffentlich zu bekunden, würde ich sagen, daß sehr viel von dem, was ich als buddhistische Lehre in mir trage und wie ich den Buddhismus interpretiere, für mich aus christlicher und biblischer Lehre kommt. Zum Beispiel die ganze Idee und das Bewerten von Leiden.

Winkelmann: Ja, es fiel mir auf, welch eine große Rolle das Leiden bei dir spielt. Nach meiner Kenntnis ist das so tief nur in der Bibel verankert oder aufgenommen, das Leid in einer totalen Radikalität bis hin zur Gottesferne.

Macy: Sicherlich, und diese Erkenntnis steckt einfach in meinem Blut. Das kommt durch mein christliches Herkommen. Ich weiß inzwischen, wo ich das auch im Buddhismus finden kann. Zum Beispiel habe ich heute einen buddhistischen Heiligen zitiert mit dem Satz: *„Laß allen Kummer in mir reifen!“* Das ist allerdings nicht sehr typisch buddhistisch. Es ist eigentlich biblisch. Das Typischere im gegenwärtigen

Buddhismus und natürlich auch im „New-Age-Buddhismus" ist die Auffassung, daß Leiden eigentlich ein Fehler ist. Buddhistische Lehrer sprechen eher so darüber, daß sie sagen: Wenn du Leiden und Schmerzen in dir spürst, dann ist das ein Zeichen deiner Abhängigkeit.

Winkelmann: Für mich gehört zur Wirklichkeit meines Lebens und allen Lebens das Leid so essentiell dazu, daß unser Leben nur dann ganz gesehen und angenommen wird, wenn ich auch dazu ja sage. Ich sehe im Kreuz Christi die tiefste Annahme und Bejahung des Leids, und zugleich sehe ich in dieser Annahme die Möglichkeit der Auferstehung, der Erlösung, der Heilung. Würdest du das so ähnlich sehen?

Macy: Absolut! Genau das hat mich geprägt.

Winkelmann: Sonst würdest du wohl nicht so mit uns arbeiten können, daß du das Leiden und Schmerzerfahrungen in uns weckst.

Macy: Ja, tatsächlich. Ich lehre sogar, für den Schmerz noch dankbar zu sein. Auch in die Systemtheorie habe ich das hinein gebracht.

Winkelmann: Darf ich dich an dieser Stelle bitten, etwas über deine religiöse Biographie und deine Geschichte mit der Kirche zu sagen?

Macy: Ich bin gern dazu bereit. Ich bin die Enkelin eines protestantischen Pfarrers. Die ganzen Generationen meiner Vorfahren, die aus England kamen, waren die Jahrhunderte durch protestantische Pfarrer. Das heißt, ich habe in meiner Kindheit nie das Christentum in Frage gestellt. Aber es gab einen Moment, wo ich ganz besonders an der Frage nach Gott interessiert wurde. Ich habe bei meinem Großvater auf dem Schoß gesessen, als ich 9 Jahre alt war. Er hat etwas gesagt, während er aus dem Fenster guckte – du wirst es bestimmt kennen, es ist aus dem Matthäusevangelium – *„Kommet her zu mir alle, die ihr mühselig und beladen seid, ich will euch erquicken!"* In diesem Moment habe ich gedacht: Oh, wer hat das gesagt! Das ist ja wirklich unglaublich, das ist ja unerhört, daß dieser große Gottvater so etwas sagt. Ich hatte das Gefühl, als würde hier etwas aus dem Herzen des Universums sprechen. Und ich habe immer noch das Gefühl, daß das aus dem Herzen des Universums gesprochen wurde. Und als ich 16 Jahre alt war, habe ich in einem kirchlichen Jugendcamp eine Bekehrungserfahrung gehabt. Ich hörte eine Reihe von Vorträgen, in denen ein Pfarrer über die Kreuzigung Jesu gesprochen hat. Ich verstand plötzlich, daß an jedem Tag die Kreuzigung passiert, daß wir es jeden Tag tun, und zwar so, daß wir uns gegenseitig kreuzigen. Uns ist dieses wundervolle Leben gegeben worden, und wir behandeln es als etwas Langweiliges, als etwas vollkommen Dummes oder als Belastung, oder als etwas, was wir verkaufen. An dieser Stelle habe ich plötzlich gesehen, wie wir in vielfältiger Weise an der Kreuzigung mit teilhaben. Und das hat meine Wahrnehmung vollkommen erschüttert und neu organisiert. Auf irgendeine Weise muß das mit dieser Erfahrung, als ich 9 Jahre alt war, zusammengeflossen sein. Denn jetzt konnte ich sehen, daß ich, sobald ich diese Erkenntnis über die Kreuzigung habe, die wir täglich begehen, wieder in das Herz des Universums eintrete. Das hat, denke ich, mit dem zu tun, wovon wir vorhin gesprochen haben, mit der Spirale, in der wir uns wieder zurückbewegen zu dem ursprünglichen Punkt des Zuhauseseins, aber mit einer neuen Erkenntnis und mit der Erfahrung des Kreuzes.

Winkelmann: Wie kam es dann zu deiner Hinwendung zum Buddhismus?

Macy: Ich studierte Theologie. Aber das wurde für mich sehr langweilig, sehr theoretisch, schrecklich dogmatisch, besonders die Theologie von Karl Barth. Es war direkt nach dem Krieg, und bei Karl Barth war alles ein Entwederoder. Das war nicht nur eine trockene Theologie, sondern, wie ich es jetzt erkenne, es war auch eine sehr aggressive Theologie. Ich glaube, es war eine Überspitzung des patriarchalischen Geistes. Einer meiner Professoren hat mich dann zu sich gerufen und gesagt: *„Joanna, fällt Ihnen eigentlich auf, was Sie das ganze letzte Jahr gemacht haben? Sie sind in unserem Seminar ständig im Widerstand, im Gegenargumentieren oder Sie gähnen."* Ich wußte nicht genau, was ich dazu sagen sollte, aber er sagte dann zu mir: *„Also, wenn Sie lieber Atheist sein wollen, dann gehen Sie doch diesen Weg!"* Oh, dachte ich. Und ich schaute ihn an und war in dem Moment fast erleichtert, weil mir diese Idee noch nicht gekommen war. Ich habe mich bedankt. Ich habe mich wie befreit gefühlt, nun nicht mehr Dogmen glauben zu müssen, die mir nichts sagten. Aber ich hatte mit dem Atheismus auch Schwierigkeiten, weil ich weiter gebetet habe... Fünfzehn, sechzehn Jahre später bin ich dann dem Buddhismus begegnet. Glücklicherweise passierte das in Nordindien durch eine Gemeinschaft mit Flüchtlingen, mit denen ich dort in Verbindung stand. Es war so, daß eine Frau eine wichtige Lehrerin für mich wurde. Ich habe gesehen, wie viele suchende Frauen aus dem Westen in Indien auf männliche Gurufiguren gestoßen sind und damit blockiert wurden.

Winkelmann: Was ist für dich das Faszinierende am Buddhismus?

Macy: Die Lehre über das Selbst. In allen Religionen ist das eigentlich eine der Hauptfragen: Was tust du mit dem Ich, dem Selbst, mit deiner „Persona". Sie können dir dann sagen, daß du das opfern mußt oder auch kreuzigen, oder bestrafen, oder du kannst es bessern, dich bemühen, dieses Selbst edel zu gestalten, weise, gut. Und wenn daraus Stolz erwachsen sollte, dann kannst du wieder Bescheidenheit lernen und ein bescheidenes Selbst haben. Ich erinnere mich daran, daß das in meiner christlichen Praxis ein ganz wichtiges Thema für mich war. Ich konnte ja sehr hart daran arbeiten, die richtige und gute Joanna hervorzubringen, und darüber wurde ich stolz, und dann mußte ich das wieder durch Bescheidenheit kreuzigen. Was mir da in Indien ganz plötzlich aufging – und es war wieder nur eine Momenterfahrung, als ich in einem Zug in Indien fuhr und einen buddhistischen Text las, vergleichbar mit der Bekehrungserfahrung, die ich mit sechzehn hatte – Pah, kam es über mich, vielleicht wie es bei Paulus auf der Straße nach Damaskus war. Plötzlich verstand ich das, was der Buddha über „Anata", also das „Kein-Selbst", lehrt. Es ist die Erkenntnis, daß du bei gründlicher Analyse mit deinem Selbst überhaupt nichts tun mußt. Du mußt es weder verbessern, noch strafen, noch in irgendeiner Weise formen, sondern das einzige, was du wirklich in Beziehung zum Selbst brauchst, ist die Erkenntnis, daß das Selbst eine Idee ist und weiter nichts, eine Interpretation über ein Selbst, aber nichts Wirkliches. Es ist eine Konvention zu denken, daß da etwas Selbständiges existiert. Was da tatsächlich in uns passiert, ist, daß es einen Strom von Erfahrungen gibt, der immer wieder kommt und durch uns hindurchläuft. Dieser ständige Strom von Erfahrung kann mit Aufmerksamkeit betrachtet werden, und was dann dazu kommt, ist Intuition, die Absicht. Und diese beiden Phänomene, Aufmerksamkeit und Absicht, charakterisieren das, was dich als Bernd und Joanna als Joanna ausmacht. Ich habe das als sehr befreiend empfunden. Und meine erste Idee, als ich das begriffen hatte, war das: O, jetzt bin ich oder wir alle sind befreit zum Handeln. Das ist besonders wichtig für unser politisches Handeln.

Winkelmann: Verstehe ich das richtig, daß ich durch diese Befreiung mich nicht ständig mit mir selbst abquälen muß: Wer bin ich, wie werde ich gut, sondern ich nehme mich an, so wie ich bin, und bin deswegen viel freier, wahrzunehmen, was draußen ist, und ich bin freier, mich zu engagieren.

Macy: Ja. Und du brauchst dich nicht zu schützen. Du erfährst deine Verbundenheit mit allem Leben. Es wird sehr deutlich in der Person von Tich Nhat Hanh. Er hat in seinem Leben sehr viel, worüber wir jetzt gesprochen haben, in die buddhistische Lehre hineingebracht, vergleichbar mit Matthew Fox (in der christlichen Tradition). Er hat im Buddhismus so etwas wie eine Befreiungstheologie geprägt. Er hat das herausgeschält, was er „Zwischensein" nennt (zwischen, in den Dingen, dem Leben sein, an allem Anteil haben) und was bei ihm eine starke politische Komponente hat. Hier möchte ich noch hinzufügen, daß ich auch sehr durch Gandhi beeinflußt bin. Meine erste Lehrerin, die tibetische Buddhistin, war in ihrer Zusammenarbeit mit Gandhi im Gefängnis gewesen. Auch durch Dr. Martin Luther King bin ich sehr beeinflußt worden. Ich glaube auch, daß Martin Luther King dieselbe Erfahrung der „mystischen Verbundenheit" hatte. Er hat diesen Begriff benutzt, als er im Gefängnis in Birmingham saß. Er hat noch nicht einmal den Begriff Gott benutzt, obwohl er Pfarrer war, sondern er hat davon gesprochen, daß alle gehalten sind von einem unauslöschbaren Gewebe der Gegenseitigkeit. Also, wenn ich jetzt insgesamt meinen speziellen spirituellen Weg charakterisieren sollte, fühle ich mich sehr wohl bei dem Begriff „Sozialer Mystizismus". Und ich finde diesen „Sozialen Mystizismus" auch an sehr vielen Stellen, wenn ich mit meiner Spürnase suche, zum Beispiel auch bei Rosa Luxemburg.

Winkelmann: Darf ich dich noch etwas zur Selbstannahme im Buddhismus fragen? Für mich ist Jesus der, der mich frei macht von allen Zwängen mit meinem Ich. Wie Jesus umgeht mit den Menschen, mit den sogenannten „Sündern", mit den ganz Kaputten, da kommt für mich etwas Ähnliches an: Nimm dich an, so wie du bist! Du mußt dich nicht quälen mit dir selbst. In der Praxis und Lehre Jesu ist mir das ganz deutlich. Die Kirche hat da leider sehr vieles von diesem Urtümlichen und Befreienden verloren.

Macy: Ja, genauso ist Jesus für mich. Das Konzept der Gnade ist sehr wichtig. Am liebsten würde ich sagen: Ach, ich will mir keine Sorgen um Joanna machen; es ist Jesus Christus, der durch mich lebt. Manche können heute so reden, aber viele fühlen sich in dieser Ausdrucksform nicht aufgehoben.

Winkelmann: An dieser Stelle möchte ich dich ganz direkt fragen: Wo steht nach deiner Meinung die Kirche im spirituellen Suchen unserer Zeit, und was wäre ihre Aufgabe?

Macy: Was mit meinem Freund Matthew Fox passiert ist, mit dem ich viel zusammenarbeite, das ist leider auch Kirche. Durch den Vatikan und Kardinal Ratzinger wurde er zum Schweigen gebracht, und dann ist er aus dem Dominikanerorden hinausgeworfen worden. – Ich sehe schon, daß die Kirche auch einige gute Sachen macht. Aber ich sehe sie mit großem Schmerz. Der Glaube, der innerhalb der Kirche eigentlich die größte Ehre und die größte Freude sein sollte, verwandelt sich in eine schlecht sitzende Rüstung. Statt den Menschen Brot zu geben, geben sie ihnen Steine. Die Kirche hat große Angst. Die Leute der kirchlichen Institutionen sind verfolgt von Angst, Angst ums Überleben. Sie haben Angst davor, der Großzügigkeit und Fülle des menschlichen Herzens zu vertrauen.

Winkelmann: Ich verstehe dich sehr gut, weil ich die Kirche z. T. ähnlich erlebe. Aber ich habe meine Hoffnung für die Kirche noch nicht aufgegeben. Ich lebe und arbeite in ihr und suche, in ihr Breschen zu schlagen für die Lebendigkeit des Geistes. Was wäre nach deiner Meinung das Nötigste, das Wichtigste in der Kirche, daß sie wieder eher Brot gibt als Steine?

Macy: Wir müssen auch in der Kirche arbeiten. Es gibt so viele Menschen, die nichts anderes haben als diese Institution und die durch nichts anderes erreichbar sind, die Menschen im Westen. Manchmal habe ich schon zu mir gesagt: Ach, hör doch mal auf mit der buddhistischen Tradition und tritt wieder ein in die christliche Tradition, weil darin all die Menschen diese großen Leiden erfahren, und in der Kirche kannst du sie erreichen. Von daher habe ich Hoffnung für die Kirche. Aber wahrscheinlich liegt die größte Hoffnung in der „Untergrundkirche", in der subversiven Kirche.

Winkelmann: Joanna Macy, ich darf dir zum Schluß noch eine Frage stellen: Was würdest du dem Einzelnen raten, wenn er sich auf den Weg spirituellen Suchens machen will?

Macy: Ein bißchen Gucken, ein bißchen Weinen, ein bißchen Denken, ein bißchen Tanzen ...

Winkelmann: Das wäre schon viel zum Anfang...

Macy: Ja, und dann würde ich ihm vor allem raten, daß er die Tatsache und das Geschenk ernst nehmen sollte, in dieser Zeit jetzt geboren zu sein. Er sollte keine Wünsche oder Sehnsüchte aufkommen lassen, zu irgendeiner anderen Zeit leben zu wollen, also sich auch nicht nach einer Zeit sehnen, in der es z. B. eine ganz klare Glaubenssicherheit gab. Viele haben Sehnsucht danach. Ich würde sagen: Paß wirklich gut auf. Achte darauf, was jetzt das Geschenk des Lebens ist. Dann kann es sein, daß in dir die Antwort kommt, es ist doch furchtbar, in dieser Zeit geboren zu sein; es ist so viel Leiden da, so viel Ungeklärtes, Unsicherheit. Dann würde ich sagen: Schau genau hin auf diesen Punkt. Denn das ist das große Geschenk in unserer Zeit. Ich würde diesen Menschen raten, laß die Verwirrung und den Schmerz dieser Zeit in dich hinein und durch dich hindurch fließen. Und öffne dein Herz und laß dein Herz aufbrechen.

Gespräch mit Joachim-Ernst Berendt am 16. Oktober 1993, Baden-Baden

Zur Person

Professor h. c. Joachim-Ernst Berendt ist einer der bedeutendsten Musikwissenschaftler unserer Zeit. Er wurde 1922 als Pfarrerssohn in Berlin geboren, arbeitete als Musikredakteur viele Jahre am Südwestfunk in Baden-Baden, ist Autor vieler Bücher und Produzent zahlreicher Platten. Am meisten bekannt geworden ist er durch sein großes „Jazzbuch". Seit den siebziger Jahren hat er sich besonders mit dem Zusammenhang der neuen naturwissenschaftlichen Erkenntnisse, den Erkenntnissen der Musikwissenschaft und der Spiritualität befaßt. Durch sein Buch „Nada Brahma – die Welt ist Klang" von 1983 und mit seinen Rundfunksendungen, Tonbandkassetten und CD's zu diesem Thema hat er weltweite Wirkung erzielt. Er hat die Meditation der „Urklänge" entwickelt und gibt Workshops und Seminare zur neueren Spiritualität und ganzheitlichen Weltsicht.

Gespräch

Winkelmann: Als erstes möchte ich dich fragen, wie du das Phänomen des neuen spirituellen Suchens in unserer Zeit siehst.

Berendt: Spirituelles Suchen ist nicht neu, es war immer schon da, früher war es geborgen in dem, was die Kirchen tun. Dann wuchs das berechtigte Gefühl, die Kirchen vermitteln nicht mehr das, was gesucht wird. Deshalb erscheint uns dieses Suchen heute so neu. Es ist zeitlos.

Winkelmann: Ich sehe ein paar Charakteristika in diesem Suchen, die vielleicht doch etwas neu sind, zum Beispiel das Krisenbewußtsein unserer Zeit heute. Das scheint ein Motiv für viele Menschen zu sein, nach Spiritualität zu fragen.

Berendt: Wir alle spüren, daß wir am Abgrund leben. Leben am Abgrund hat immer schon spirituelle Intensität verstärkt. Spiritualität ohne politisches und ökologisches Engagement ist nicht denkbar. Dieser Zusammenhang wird jetzt deutlicher. Ich gehöre ja selber zu dieser Generation der sieben- und achtundsechziger Jahre. Ich bin in politischen Demonstrationen gelaufen, von Wasserwerfern der Polizei niedergemäht worden, war tief durchdrungen von dem Anliegen der Revolutionen in Afrika, bei Che Guevara in Lateinamerika, bei Mao in China. Aber immer wieder mußten wir ja erleben, daß die Revolutionäre von gestern die Diktatoren von morgen (besser von heute!) geworden sind. Sie sind das meiner Überzeugung nach deshalb geworden, weil wir alle mit der falschen Prämisse und Hoffnung gestartet sind – auch ich gestartet bin: Wir könnten die Welt ändern, ohne uns selber zu ändern. Das sind alles in sich selbst nicht gewandelte Menschen. Am Anfang konnten wir immer noch annehmen, da sei leider eine Revolution schiefgegangen, aber inzwischen wissen wir: Das war die Regel, so entwickelt sich das. Es entwickelt sich deshalb so, weil politisch nichts zu bewegen ist, wenn die Menschen, die etwas bewegen wollen, nicht an sich selber arbeiten. Das ist auch in meiner eigenen Arbeit jetzt das Wichtigste geworden, daß ich an mir selber arbeite. Daraus fließt alles andere.

Winkelmann: Ich sehe leider wenige Menschen, die das so klar sehen und sagen können.

Berendt: Es gibt ein wunderbares Wort von Hermann Hesse – in seiner Bescheidenheit sagt er, das sei, abgesehen von den viel größeren Dimensionen, der *„Unterschied zwischen Karl Marx und mir – Marx wollte die Welt ändern, ich aber den einzelnen Menschen."* Man muß es radikal sagen: Der einzelne Mensch beginnt bei mir.

Winkelmann: Wie siehst du einen möglichen Paradigmenwechsel in unserer Zeit?

Berendt: Der geschieht bereits. Die Naturwissenschaften helfen uns. Wir sind aufgewachsen in der Situation der Feindschaft zwischen der Religion, in diesem Fall des Christentums, und der Naturwissenschaft. Jetzt bemerken wir, daß die Naturwissenschaften die entscheidenden Dinge so sehen, wie sie die großen spirituellen Überlieferungen seit Jahrtausenden gesehen haben, allerdings deutlicher außerhalb des christlichen Raumes, nämlich die Brüchigkeit von Kausalität, die Bedeutung von Statistik, die Vernetzung von allem mit allem, die Auflösung von Zeit, Raum und Materie, von alle dem, was wir eben noch für unverbrüchlich gehalten haben, die Kraft von Leere und Vakuum. Die Unschärferelation, die eben nicht nur für den Mikrokosmos gilt, sondern für die Welt, in der wir leben. Erst hat man sich da herausgeredet und gesagt, ja, sie gilt nur für den Mikrokosmos. Aber Ilya Prigogine hat seinen Nobelpreis auch dafür bekommen, daß er gezeigt hat, sie gilt eben nicht nur für den Mikrokosmos. Die unserem Denken zugrunde liegende Trennung zwischen Subjekt und Objekt ist illusionär. Mit einemmal sind deine Bundesgenossen die Naturwissenschaften, die das uralte Wissen bestätigen: daß es Transzendenz gibt und daß alles verbunden ist. Was ich an der Haltung der Kirchen nicht verstehe, ist, daß sie das nicht sehen und daß sie erst darauf gestoßen werden müssen, es oft auch nicht begreifen.

Winkelmann: Die Blindheit der Kirche erkläre ich mir damit, daß die Kirche, wir Theologen, offensichtlich unbewußt gefangen sind im materialistischen Weltbild, in der Trennung von Subjekt und Objekt und in der Meinung, Transzendenz hat nichts mit Natur zu tun.

Berendt: Noch deutlicher: Descartes, Newton, Galilei, etc. haben dieses rationalistische, aufklärerische und dann mechanistisch gewordene Weltbild ja ausgelöst. Und es hat sich ungeheuer bewährt, bis wir an einen Punkt kamen, an dem wir sehen, wenn wir das jetzt weiter treiben, dann gefährden wir unser Überleben auf diesem Planeten. Zuerst war es die Physik, die das mechanistische Weltbild schuf, dann kamen die anderen Wissenschaften, eine nach der anderen. Die letzte Wissenschaft, die dieses rationalistische Weltbild angenommen hat und die nun in ihren eigenen Reihen und bei ihren Denkern damit arbeitet, war die Theologie, die evangelische und katholische. Auch diejenigen also, denen doch dieses Weltbild zutiefst widersprechen müßte, haben es angenommen. Und diesmal ist es nun wieder so, daß die Wende von der Physik ausgeht, und wir erleben heute, daß die Biologie, die Chemie und andere Wissenschaften das neue Denken aufnehmen. Nur die Theologen merken es so wenig, daß ich mich frage, ob es wieder 250 Jahre dauern wird, bis sie sehen, daß sich da etwas geändert hat.

Winkelmann: Ich habe den Eindruck, daß es in der Kirche und bei Theologen die Angst gibt, daß andere Kräfte und Strömungen den Menschen das bringen, was eigentlich ihre Aufgabe wäre. Also Angst um Einfluß, um Dominanz, um eigene geistige Besitzstände?

Berendt: Ja, es geht ihnen um Macht. – Aber kommen wir zu dem Thema: Musik und Spiritualität – für mich eine Urfrage, ein unauflösbarer Zusammenhang: Musik als Brücke zur Transzendenz, von ihr und zu ihr.

Winkelmann: Verstehe ich dich in deinen Büchern und in deinen Vorträgen richtig, daß das, was du als Ton und als Klang beschreibst – um noch einmal die Brücke zur Naturwissenschaft zu schlagen – das ist, was in der Physik als Schwingung bezeichnet wird?

Berendt: Ja und Nein. Es gibt unendlich viele Schwingungen. Aber wir bemerken im Universum, daß die Natur oder Gott oder wie du es nennen willst, unter den möglichen Schwingungen ganzzahlige Verhältnisse bevorzugt, die häufigste ist eins zu eins, die Oktave, eins zu zwei, die Verdopplung der Oktave, drei zu vier usw. Ganzzahlige Schwingungen - harmonikale also! – werden bevorzugt, die Klang und Ton werden können. Nach statistischen Überlegungen müßte es ja ungefähr ein gleiches Verhältnis unter den möglichen Schwingungsverhältnissen geben, die es im Universum gibt. Das ist aber nicht der Fall, sondern das Universum tendiert zu einfachen ganzzahligen Verhältnissen, und je tiefer und einfacher sie liegen, also eins zu zwei, eins zu drei, drei zu fünf etc., desto häufiger finden sich diese Verhältnisse im Universum, und diese Verhältnisse sind Töne! Auch wenn wir sie nicht hören. Was wir hören, ist sowieso nur ein kleiner Ausschnitt aus dem riesigen Spektrum der für uns unhörbaren Klänge.

Winkelmann: Wie siehst du den Zusammenhang von Meditation und Spiritualität?

Berendt: Es gibt so unendlich viele Möglichkeiten, in eine Beziehung zu Gott und dem Göttlichen zu treten. In unserem eigenen Raum sind fast alle verkümmert – mit der Ausnahme vielleicht die des Gebets. Ich habe den Verdacht, daß auch das Gebet in Gefahr ist, mit zu verkümmern. Dem Gebet ebenbürtig, wohl überlegen, ist die Meditation, weil das Rationale, das in komplexe und zusammenhängende Sätze zu Fassende in ihr fortfällt. Sie ist elementarer. Ich glaube, daß wir unsere Beziehung zum Göttlichen überhaupt nur dann erneuern, intensivieren und wiederfinden können, wenn wir meditierende Menschen werden. Ich bin da großer Hoffnung, denn nun schon seit fünfzehn, zwanzig Jahren gibt es in der westlichen Welt mehr Meditierende als in der östlichen. Diese Bewegung zur Meditation, zu all den vielen Meditationsformen und Meditationskulturen und -traditionen, die es heute gibt, ist ja wunderbar. Man muß bloß mal durch die Städte gehen und sich dort Aufforderungen für transzendentale Meditation oder für Zenmeditation oder Tai Chi oder was sonst an den Wänden und Hinweistafeln klebt, ansehen. Das wäre ja nicht da, wenn da nicht ein Bedürfnis wäre. Auch meine eigene Meditation mit den Urtönen ist inzwischen eine weltweite Bewegung geworden, und sie ist doch nur ein Ausschnitt aus all den vielen Meditationsmöglichkeiten. Ich meine allerdings, daß ich mit den Urtönen eine Meditationsform gefunden habe, die modernen Menschen besonders entspricht, weil unsere Fixiertheit auf Gedanken so groß ist. Ich kann nicht aufhören zu denken, immer kommen Gedanken dazwischen. Diese Fixiertheit kann man in der Meditation mit den Urtönen relativ gut überwinden. Ich meine aber, daß all diese Meditationsschulen und -kulturen eine gleiche Bedeutung haben. Ob ich Transzendentale Meditation oder Zen oder Urtöne mache, es ist letztlich alles Meditation – ähnlich wie beim Gebet zu Gott: Ob ich das Vaterunser oder ein islamisches Gebet oder mit meinen eigenen Worten bete, ich versuche eine Beziehung zu Gott und zum Göttlichen zu finden.

Winkelmann: Was hältst du vom „New-Age“?

Berendt: Bei allem, was Menschen tun, gibt es Negatives, auch bei den Kirchen. Hinter New-Age steht ein echtes und elementares und zu bejahendes Anliegen.

Winkelmann: Der Hauptvorwurf ist ja immer der Versuch der „Selbsterlösung" – Selbsterlösung aus den eigenen Kräften, ohne wirklich nach dem Göttlichen zu fragen.

Berendt: Das ist New-Age nicht. Sie fragen doch nach dem Göttlichen. Vielleicht nicht unbedingt nach dem Christlichen, obwohl es auch das gibt. Ich halte das für wichtig und elementar: nicht nach dem Gott einer bestimmten Religion zu fragen, sondern nach Gott, punktum!

Winkelmann: Damit sind wir bei einer nächsten Frage: die großen Religionen und eine mögliche Interreligiöse Spiritualität.

Berendt: Die großen Religionen haben nur noch geringe Bedeutung für das, was heute mit den Menschen geschieht. Sie haben versagt. Viele Menschen gehen darüber zur Tagesordnung über. Sie spüren, die Kirchen haben mir nichts mehr zu bieten. Ich glaube, daß wenig Hoffnung besteht, daß sich das ändert.

Winkelmann: Wie war das mit deiner eigenen religiösen Entwicklung?

Berendt: Für mich ist Christus total wichtig. Jesus als d e r Christus, der da war und der da ist und immer wieder kommt – über die Jahrtausende hinweg. Der Ewige Christus. Zu diesem Christus kann ich nur ein Verhältnis gewinnen, wenn ich draußen lasse, was mir die Kirchen und deren Überlieferungen einreden. Es gibt aber auch vieles andere, was mir wichtig ist: Zen, Muktananda, Taoismus, Rituale. Das Göttliche selber erfahren.

Winkelmann: Du bist ursprünglich christlich erzogen und aufgewachsen?

Berendt: Ich bin evangelischer Pfarrerssohn, bin tief verwurzelt in der christlichen Tradition, hab all die wichtigen Worte Jesu, die Lieder von Paul Gerhardt, Luther in mir. Da brauchst du bei mir nur anzutippen, dann rattert das los. Aber es ist auch so, daß ich Christus neu entdeckt habe durch mein Suchen in Asien, durch Zen, durch Buddhismus...

Winkelmann: Was fasziniert dich so an der fernöstlichen Spiritualität?

Berendt: Daß Gott erfahren wird! Daß nicht nur an ihn geglaubt werden muß! Die Dominanz des Glaubens hat Paulus begründet. Fast in dem Sinne: *„Ich glaube, also bin ich."* Oder Luthers: *„Allein durch* *den Glauben.*" In den asiatischen Überlieferungen, auch im Islam, kommt das Wort Glauben kaum vor. Da wird das Göttliche erfahren. Und was ich selber erfahren habe, da braucht mir keiner zu sagen, du mußt daran glauben. Ich weiß es ja. Es ist wunderbar zu glauben. Ich weiß, Glaube kann Berge versetzen, aber die historische Entwicklung ist in eine andere Richtung gegangen. Die Menschen haben empfunden: Wenn ich nur glaube, dann habe ich es schon geschafft. Es ist fast dazu gekommen, daß man sagen kann: Glaube statt Gott! Der Glaube ist so übermächtig geworden, daß er genügt. Und daß der abendländische Mensch auf die Unmittelbarkeit seines Verhältnisses zum Göttlichen verzichtet, also darauf, daß er Gott selber erfährt. Und daß nicht nur einer vor 2.000 Jahren ihn stellvertretend für mich erfährt – und noch die paar Mystiker, die ja ohnehin von den Kirchen diskriminiert wurden. Wie auch heute die Menschen abgelehnt werden, die Ähnliches erfahren. Ich muß es selber erfahren, und nur dann, wenn es diese elementare Wirklichkeit für mich besitzt, kann ich auf meinem inneren Weg weiter kommen. Diese Erfahrung lebt in Asien. Die Menschen sind tief davon durchdrungen. Dennoch war für mich das Asiatische und Fernöstliche nur eine Zwischenstation. Die asiatischen Lehrer haben uns zu einer Wiederentdeckung jener Form von Spiritualität verholfen, die im abendländischen Raum verloren gegangen ist. Wir müßten ihnen auf Knien dafür danken. Du sprichst von Jesu Unmittelbarkeit zu Gott. Jesu Unmittelbarkeit zu Gott impliziert meine eigene. Es ist nicht so, daß Jesus sie stellvertretend für mich hat. Sie ist nur dann sinnvoll, wenn ich an Jesu Beispiel erkenne, daß auch ich sie haben kann. Die Religionen besitzen eine Eigendynamik, sich dazwischenzustellen.

Winkelmann: Liegt das daran, daß immer dann eine gewisse Eigengesetzlichkeit aufkommt, wenn Menschen versuchen, Spiritualität in Institutionen zu fassen?

Berendt: Ja, und Spiritualität entzieht sich dem Institutionellen. Ich bin davon überzeugt, daß Sekten, um diesen leider anrüchigen Begriff aufzunehmen, eine segensreiche und wunderbare Bedeutung haben. Gut zu erkennen am Christentum: In der Zeit seiner größten geistigen Kraft, als es antrat, die Welt zu gewinnen, war es selber eine Sekte, ja es zerfiel in viele verschiedene Sekten. Und dabei und dadurch hatte es diese ungeheure geistige Kraft. Indem es heute Sekten diskriminiert, diskriminiert es im Grunde seine eigene Tradition, seine „Kindheit". Du weißt von der Psychologie her, was geschieht, wenn man die Erfahrung seiner Kindheit verdrängt. Man wird neurotisch. Die Kindheit des

Christentums ist das Urchristentum. Die großen christlichen Religionen haben im Verdrängen ihrer Kindheit einen neuroseartigen Zustand erreicht.

Winkelmann: Noch eine letzte Frage: Was würdest du einem Einzelnen, vielleicht auch den Christen raten, wenn sie sich auf den Weg spirituellen Suchens machen möchten?

Berendt: Karl Rahner, der große Theologe, hat gesagt: *„Die Zukunft des Christentums wird eine mystische sein oder es wird keine Zukunft haben."* Das ist ein Schlüsselsatz. Mystik heißt: Gott, Christus, das Göttliche, wenn du willst: Buddha, Gott Brahma, das Tao, das Sein selber erfahren, tief in mir. Die große Tradition des Christentums ist eine mystische, ist eine esoterische. Von den Urchristen an. Von Augustin bis Luther. Ja, auch er! Luther hatte tiefe mystische Erfahrungen, Gesichte und Kenntnisse. Das alles verdrängen die Protestanten. Aber die Wege der mittelalterlichen Mystiker, Göttliches zu erfahren, sind für moderne Menschen schwer gangbar. Wir müssen uns also andere Wege erschließen. Die gibt es z. B. im Osten. Auch bei den Schamanen. Es sind ja nur die Wege, die wir brauchen. Wir können dennoch, wenn wir wollen, Christen bleiben.

Wie konnte das überhaupt geschehen, daß bei gewissen – zum Glück nur wenigen – Kirchenleuten das Wort „esoterisch" fast ein Schimpfwort geworden ist? Meine Griechischkenntnisse sagen mir: Esoterisch heißt, nach innen gerichtet. Das Gegenteil ist exoterisch, nach außen gerichtet. Ist die Kirche – unter dem Einfluß von Aufklärung, Rationalismus, Materialismus – wirklich schon so veräußerlicht, daß ihr das schauen nach außen, also auf das, was Christus „die Welt" nannte, wichtiger ist als das Schauen nach innen? Hat sie sich so gut mit der „Macht" arrangiert?

Ich weiß, die Instanzen der Kirchen nennen all dies „synkretistisch". Aber das Christentum ist apriori synkretistisch. Es gibt eine reiche theologische Fachliteratur darüber: Gnosis und Gnostik, Platonismus, griechischer Logos, persische Zarathustrakulte und Lichtvorstellungen, der ganze persische und durchaus unjüdische Dualismus, Ägyptisches, zumal der Horus-Kult (Christi Geburt!), die „Eingemeindung" der heidnischen Gottheiten der gesamten frühmittelalterlichen Welt von Nordafrika bis Britannien, von Irland bis Persien, oder die Trinität, für die es wenig Vorgaben durch Christus gibt, aber viele Vorgaben in der Spiritualität vieler Kulte der Völker des römischen Reiches: jene Trinität, um derentwillen dann auch der Heilige Geist geschaffen wurde, damit es bloß keine weibliche Instanz in ihr gab, jene weibliche Instanz, die in den anderen Trinitäten der ersten Jahrhunderte nach Christus stark vertreten war – all dies ist synkretistisch. Eine Religion, die so gute – so wunderbare, nur durch Gottes Führung begreifbare, also letztlich unbegreifliche! – Erfahrung mit Synkretismus gemacht hat, sollte es nicht schwerfallen, auch heute synkretistisch zu sein, was ja nur heißt, offen zu anderen spirituellen Richtungen zu sein.

Das ist geboten: all diese seltsamen, unchristlichen Hinterfragungen von Begriffen wie „Esoterik", „mystisch", „synkretistisch" als rationalistische Abwehr zu durchschauen und aufzulösen. Wieder zurückfinden zu ihnen. Sie anzunehmen als tiefe, urchristliche Erfahrungen, die sich für die Christen jahrhundertelang wunderbar bewährt haben.

Es gibt ein Christuswort. das mir sehr am Herzen liegt: *„In meines Vaters Haus sind viele Wohnungen."* Christus kann das nicht in Bezug auf lediglich „christliche Wohnungen" gesagt haben. Er wollte ja keine neue Religion schaffen, wollte nur das Judentum erneuern. Er k a n n diesen Satz allein im Hinblick auf die vielen Religionen, Religiönchen, Sekten, Kulte, Bekenntnisse gesagt haben, die durch die damalige Zeit so lebendig waberten wie im Grunde erst heute wieder. Sie alle also sind für Christus „Wohnungen"! Also: Wohnt in ihnen! Wenn Christi Wort für die damalige Zeit galt, gilt es auch für die heutige. Nur dann macht es Sinn. Christi Worte gelten für Christen aller Zeiten. Also noch mal: Wohnt in diesen Wohnungen. Sie liegen „in meines Vaters Haus"!

Was wir brauchen, ganz dringend brauchen, ist die G r o ß e Ö k u m e n e – nicht die Kleine, mit deren Schaffung die christlichen Kirchen aus Gründen, die kein vernünftiger Mensch verstehen kann, ja immer noch Probleme haben –, sondern die planetare Ökumene a l l e r spirituellen Menschen auf unserem Globus. Wenn wir diese Ökumene nicht schaffen, werden wir in den nächsten zwei Generationen von der immer mehr agnostischer, immer materialistischer werdenden „Welt" hoffnungslos überrollt werden. Und die Christen werden das werden, was sie heute bekämpfen – nämlich eine, vielleicht auch wieder viele verschiedene Sekten, Sekten aber, die ihren Anhängern die Erfahrung Gottes und Christi ermöglichen. Vielleicht wäre das ihre Rettung.

Gespräch mit Dorothee Sölle am 3. November 1993 in Hamburg

Zur Person

Dorothee Sölle ist 1929 geboren. Sie studierte Philologie und Theologie. 1972 habilitierte sie sich mit einer Arbeit über die Zusammenhänge von Literatur und Theologie. Sie übernahm verschiedene Lehraufträge an verschiedenen Universitäten in Deutschland und war Professorin in den USA am Union Theological Seminary in New York. Während der Studentenunruhen in den sechziger Jahren ist sie durch die „Politischen Nachtgebete" in Köln bekannt geworden, die sie mit Freunden aus der politischen und ökumenischen Bewegung organisierte. Sie hat eine aufgeklärte, politisch engagierte und zugleich „fromme" Theologie entwickelt, die viele Anstöße aus der „Feministischen Theologie" aufnahm.

Sie ist verheiratet mit dem ehemaligen Benediktinermönch Fulbert Steffensky und ist Mutter von vier Kindern. Heute arbeitet sie als freie Theologin und Schriftstellerin in Hamburg.

Gespräch

Winkelmann: Frau Sölle, zuerst will ich Sie ganz allgemein fragen, wie Sie das Suchen nach Spiritualität in unserer Zeit sehen und wie Sie es einschätzen.

Sölle: Das breitere Spektrum sieht so aus, daß einerseits die Leute in Scharen der Kirche weglaufen, in den letzten Jahren mit einem merkwürdig neuen Schub. Zugleich ist eine große Suche in Gang, die vielfach aufs verrückteste mißbraucht wird. Da muß man wirklich kritisch hinsehen. Es gibt geradezu eine Konsumhaltung der Spiritualität gegenüber. Da ist man eine Zeit lang bei dem einen Guru, dann geht man zu jemand anderem. Das ist wie eine große Heimatlosigkeit. Es ist ein konsumierendes Suchen mit möglichst wenig Verpflichtungen. Von dieser entpolitisierten, konsumhaften, individualistischen „Du-darfst-Spiritualität" möchte ich mich absetzen. Ich würde lieber vom „Schwarzbrot" reden, vom biblischen Schwarzbrot des Glaubens.

Winkelmann: Ich sehe es zum Teil ähnlich, nehme aber das dahinterstehende Suchen ernst.

Sölle: Ja, ich nehme es auch anthropologisch sehr ernst. Sie kennen vielleicht diesen berühmten Satz von Berdjajev: *„Der Mensch ist unheilbar religiös."* [407] Das Religiöse ist tatsächlich nicht rauszukriegen,

[407] Nikolai Alexandrowitsch Berdjajew, 1874 bis 1948, russischer Philosoph.

wie es ja auch der Kommunismus mit seinen ungeheuren Anstrengungen nicht geschafft hat.

Winkelmann: Dann kann man die natürliche Religiosität des Menschen nicht so kritisch sehen, wie es zum Beispiel bei Karl Barth geschehen ist?

Sölle: Ich halte die Abwehr und Verdächtigung des Religiösen im Menschen bei Karl Barth für sehr problematisch, auch sein Postulat der absoluten Andersartigkeit der christlichen Religion gegenüber allen anderen. Das fördert die christliche Arroganz, besonders die klerikale Arroganz.

Winkelmann: Ich kenne eigentlich mehr Menschen, die kritisch gegenüber dem „Zuckerbrot" sind und mehr nach dem „Schwarzbrot" echter Spiritualität fragen, wie Sie es nennen. Ich kenne weniger den Mißbrauch und die Modeerscheinung der Spiritualität. Das liegt vielleicht auch daran, daß ich im Osten lebe und manches bei uns anders erfahre als hier im Westen. Was würden Sie von spirituellen Richtungen und Bewegungen sagen, die Sie ernster nehmen und die Ihnen wichtig sind?

Sölle: Das ist eine gute Frage, darüber habe ich noch nicht viel nachgedacht. Ich sehe zum Beispiel die Gruppe der „Anonymen Alkoholiker" mit ihrem Zwölfschritteprogramm, das ist todernst. Das sind Menschen, denen wirklich das Wasser bis hier steht bzw. der Alkohol, und die da raus müssen. Bei ihnen gibt es relativ klare und einfache Regeln. Das ist ein Grundzug abendländischer Spiritualität: die Einfachheit der Regel. Du kannst nicht machen, was du willst, sondern es heißt zum Beispiel: Tu' das heute und das danach. Also Ordnung, ein Stück geistige und geistliche Ordnung ist, glaube ich, absolut notwendig. Die „Anonymen Alkoholiker" sind eine Gruppe, die ich sehr schätze wie manches, was die Psychotherapie mit Spiritualität verbindet. Oder die Spiritualität bei Rudolf Bahro, soweit ich ihn kenne...

Winkelmann: Was mich besonders fasziniert, ist das spirituelle Suchen von der neueren Physik her, deutlich im naturwissenschaftlichen Paradigmawechsel unserer Zeit, der von Einstein, Heisenberg und anderen angestoßen wurde. Wie hier Naturwissenschaftler nach dem Religiösen, nach Transzendenz und nach dem Spirituellen fragen und das Spirituelle wieder in eine ganzheitliche Weltsicht hineinnehmen und nicht mehr abtrennen von dem, was früher als objektivierbar galt.

Sölle: Ja, da gibt es aber auch Dinge, mit denen ich Schwierigkeiten habe. Ich habe eine sehr interessante Tagung an der Eidgenössischen Technischen Hochschule in Zürich mitgemacht. Die veranstalten alle zwei Jahre ein Treffen von Naturwissenschaftlern und spirituellen Gurus. Capra war auch da, David Steindl-Rast und verschiedene von diesen Californischen Leuten. Ich machte dabei zwei Beobachtungen. Das eine ist, daß ich das Gefühl hatte, wenn ich denen eine Geschichte erzähle und sage, die ist aus der Bhagavad-Gita[408], dann sagen sie: *„Wunderbar!“* Wenn ich aber sage, diese Geschichte stammt von einem Menschen namens Lukas, dann sagen sie: *„Igittigitt!“* Das geht ziemlich weit, diese Ablehnung von Kirche. Nach Vorträgen bekomme ich das oft zu hören: *„Das ist ja sehr schön, was Sie sagen, Frau Sölle. Aber Sie meinen doch nicht etwa die Kirche!“* Ich sage: *„Doch, ich meine die Kirche. Sie könnte zwar etwas anders aussehen, aber ich meine sie.“* Das wollen die Leute nicht hören. Das andere, was mich bei diesen hochgebildeten Naturwissenschaftlern etwas erschreckte, war dies, daß sie was Spirituelles suchen, aber nach meinem Verdacht suchen sie etwas Zusätzliches zu dem, was sie schon haben, und was nicht etwa in dieses eingreift. Da finde ich Capra oder Carl Friedrich von Weizsäcker oder wen man da noch nennen könnte, fast etwas zu spekulativ. Es fehlt die Selbstkritik, die meiner Ansicht nach von den Naturwissenschaften gefordert ist. Ich finde, daß wir sogar in der Theologie, so miserabel sie auch in vieler Hinsicht ist, durch die großen Kritiker der Religion wie Marx, Nietzsche, Freud oder durch den Feminismus sehr viel vorsichtiger geworden sind. Wir haben das kritische Fragen tatsächlich gefressen. Das ist im theologischen Denken mit drin.

Winkelmann: Denken Sie hier an den uralten geheimen Versuch des Menschen, sich immer wieder an die erste Stelle zu setzen, die Dinge aus sich heraus in den Griff zu kriegen? Und meinen Sie, daß in diesem Sinne von manchen Naturwissenschaftlern auch die Spiritualität dazu mißbraucht wird, ohne daß sie korrigierend und begrenzend auf das Handeln des Menschen wirkt?

Sölle: Ja, sie wird zu wenig eingreifend oder gebotshaft angenommen. Der „Sinai“ [409] ist da noch nicht entdeckt auf dieser Landkarte. Da ist noch zu wenig Kritik am Eigenen, zu wenig Infragestellung des Menschen, zu wenig kritisches Durchleuchten des Handelns und auch des Forschens, des unbegrenzten patriarchalen Wahns des abendländischen weißen Mannes, der alles durchdringt.

[408] Bhagavad-Gita, wörtlich „Gesang des Erhabenen“, eine hinduistische Sammlung von Lehrgedichten göttlicher Weisheiten, die dem Menschen sagen, wie er aus den zerstörerischen Kräften frei wird, um seine höhere Natur zu finden.

[409] Am Berg „Sinai“ empfing das Volk Israel die 10 Gebote. „Sinai“ gilt als Symbol für die Vorgabe von ethischen Geboten und Grenzen.

Winkelmann: Da haben Sie mir ein Stichwort gegeben, was für mich Anlaß ist, nach dem Zusammenhang von Feminismus und Spiritualität, von Ganzheitlichkeit und Spiritualität zu fragen.

Sölle: Ich finde, in der feministischen Theologie sind das stärkste Element seit vielen Jahren die Gottesdienste. Das hat ja alles mit „sister celebration" angefangen, also „Schwestern feiern". Sie suchten eine andere Sprache, eine andere Ausdrucksform, Tanz, Bewegung, Gemeinsamkeit. Gerade Gemeinsamkeit ist ganz wichtig. Es ist ja eine absurde männlich-abergläubische Idee, daß man Gebet delegieren kann an einen Pfaffen, der dafür bezahlt wird. Das ist doch krank, das kann doch überhaupt nicht wahr sein... Man muß die Menschen anders beteiligen, Partizipation, das ist nicht nur ein Modewort, es ist die Demokratisierung der Spiritualität, die nicht in das Niedere für das Laienvolk und das Höhere für die Geistlichen eingeteilt werden kann. Das sind natürlich auch männliche Hierarchien, ein männlich falsches Denken... Es gibt im Amerikanischen ein wunderbares Spiritual, das heißt: *„Wir klettern die Jakobsleiter herauf."* Das hat eine Feministin mal umgedichtet und gesagt: *„Wir tanzen im Kreis"*, denn wir wollen gar nicht hinauf klettern und auf die anderen runtergucken. Das Hochklettern ist ein falsches Bild, da ist irgendwie etwas ganz kaputt dran. Der Kreis dagegen, da sind alle gleich weit vom Mittelpunkt entfernt und auch gleich nah beieinander und das wissen alle voneinander. Das ist ein ganz anderes Denken, Empfinden und Leben... Was ich der protestantischen Theologie am meisten übelnehme, ist ihre fast komplette Ausgrenzung von Mystik. Diese bornierte Antimystik. Das kulminiert in Barth auf einem sehr hohen Niveau. Aber es findet auch in jedem kleinen Dorfpfarrer statt, wenn er das, was irgendeine arme Frau gefühlt, gesehen hat und spürt, nicht ernst nimmt.

Winkelmann: Woran kann das liegen, diese Verdächtigung und Diskriminierung von Mystik?

Sölle: Historisch kann man das vielleicht an Luther festmachen. Luther hatte ja mit Thomas Müntzer und anderen Mystikern seine schlechten Erfahrungen.

Winkelmann: Aber andrerseits waren doch gerade auch Mystiker für Luther prägend. Ich denke an die „Deutsche Mystik" vor Luther, Meister Eckhart zum Beispiel. Er hat ja selbst etwas von der Mystik in sich. Warum zugleich diese Abwehr bei ihm?

Sölle: Bei Luther ist es zwiespältig. Bei ihm sollte man es auch nicht festmachen. Sicher hat es generell etwas mit einer gewissen Professionalisierung in der Theologie zu tun, die zum Beispiel so ausufert, daß einer sich auf Krankenhausseelsorge, CPT und alles mögliche professionalisiert. Wenn Sie Ganzheitlichkeit sagen, meinen Sie ja, daß der einzelne Mensch Leib, Geist, Gemüt, Musikalität, Traumfähigkeit, seine eigene Kindheit mit einbringt. Und das ist ein Gegenpol zu dieser totalen Professionalisierung, diese Einteilung des Lebens in die Dinge, die ich beherrsche, und in die, die ich nicht beherrsche und wo ich das Maul halten soll.

Winkelmann: Könnte nicht ein Grund der sein, daß der Mensch, der sehr stark vom Kopf her denkt und von einem unbewußten Herrschaftsanspruch, Angst hat vor der Mystik? Denn hier kann man eigentlich nicht herrschen, nicht einfach was machen, hier ist man mehr ein Empfangender, ein Erlebender, einer, über den etwas kommt, was er nicht in der Hand hat, für sich selbst nicht und für andere nicht.

Sölle: Sicher. Einer der klassischen Aussprüche von Karl Barth ist dieser über die *„Unverschämtheiten des Angelus Silesius"*, der ja ein großer Mystiker war und der sagte: *„Ich weiß, daß ohne mich Gott nicht ein Nu könnt leben, wär er ohne mich, er müßt den Geist aufgeben"*. Also Gott könnte nicht ohne mich sein. Da ist bei Karl Barth und anderen eine wahnsinnige Angst, daß die Herrschaft und das totale Anderssein Gottes verwischt wird...

Winkelmann: Hier möchte ich noch etwas genauer nachfragen. Ich denke, das „extra nos" und das „in nobis" Gottes sind zwei Kriterien, die zusammengehören. Die Frage ist nur wie. Ohne ein „extra nos" ist ein christliches Denken Gottes sehr fragwürdig, freilich das „in nobis" ist das Entscheidende.

Sölle: Das würde ich auch sagen. Man muß von dem „in nobis" ausgehen. Es ist die Grundlage meines Glaubens, die mir aber in den realen Niederungen des Lebens, bei der nächsten Niederlage des Friedens oder der Gerechtigkeit flöten gehen kann. Da sitze ich da, und es ist überhaupt nichts in mir. Das ist die reale Erfahrung. In dieser Zerstörung der unmittelbaren Verbindung zu Gott, da ist das „extra nos" für mich insofern noch haltbar, als ich dann sagen kann: Auch wenn ich sehe, daß alles, was ich gewollt habe, nicht gelungen ist, also etwas mehr Frieden schaffen, etwas mehr Gerechtigkeit, ein paar weniger verhungernde Kinder, dann beziehe ich mich trotzdem auf die Tradition. Mir ist hier der jüdische Begriff der Tradition näher, als der zu scholastische des „extra nos". Wenn das „extra nos" wichtig ist, dann darum, weil ich die Kraft daraus gewinne, zu wissen, es sind schon andere aus der Sklaverei freigekommen. Es kommt etwas auf mich zu, was ich nicht selbst bin. Ich mache mich selbst nicht. Ich erinnere mich an etwas, was mein Leben mit bestimmt und gemacht hat, und ich hoffe auf das, was messianisch von Gott kommt...

Winkelmann: Für mich ist in diesem Zusammenhang der Begriff der Transzendenz wichtig geworden. Transzendenz ist das, was auf mich zukommt von außerhalb meiner Möglichkeiten und meines Horizontes. Sie ist ein „Jenseits" dessen, was in der Welt üblich ist und schon immer in ihr gekannt und gemacht wird. Oder es ist die spirituelle Erfahrung, daß ich in tiefster Weise das Leben als Gabe erfahre. Das scheint mir das zu sein, was festzuhalten und neu zu entdecken ist und hinter dem Begriff des „extra nos" positiv steht.

Sölle: Die Formulierung des „extra nos" ist eine reine Grenzformel. Meine kleine Enkelin ist jetzt gerade vier Jahre alt geworden. Ich habe ihr die Schöpfungsgeschichte erzählt und gesagt: *„Da waren noch gar keine Menschen, da war Gott und dann hat er Adam und Eva gemacht, und die waren dann mit ihm im Garten."* Da sagte Johanna: *„Und ich!"* Ich war paff über diese Erleuchtung in dem Kind. Sie hat es vollkommen begriffen. Ich sagte: *„Ja, du warst da noch in Gott versteckt, aber du warst da."* Ich finde es genial, was Kinder manchmal verstehen.

Winkelmann: Ich habe noch eine konkretere Frage: Wie sehen Sie die Spiritualität in der Bibel, zum Beispiel bei den Propheten oder bei Jesus?

Sölle: Die Bibel ist die für mich stärkste nährende Tradition. Ich finde, daß ich in meinem persönlichen Weg immer jüdischer werde. Das sehe ich bei anderen Leuten auch so. Das heißt, daß die Bibel eine ungeheure Kraft gibt. Meine Freundin, die Neutestamentlerin Luise Schottroff sagte immer, die Bibel ist unsere beste Bundesgenossin in unseren realen und auch politischen Kämpfen, weil sie an ganz vielen Stellen so viel klarer formuliert als wir, natürlich in einem anderen Kontext. Das regt eigentlich eher an, als daß es einen abstößt, zum Beispiel das Bild „Schwerter zu Pflugscharen". Es ist ja bekannt, welch eine ungeheure Kraft in diesen Worten steckt...

Winkelmann: Ich würde gern mehr von den „Politischen Nachtgebeten" hören. Wie kam es damals in den sechziger Jahren zu den Politischen Nachtgebeten? Wie kam in ihnen das Politische und das Spirituelle zusammen?

Sölle: Das ist ein Riesenthema. Es ist aus einem kleinen Kreis von katholischen und evangelischen Christen entstanden, die sich über das Glaubensbekenntnis Gedanken machten. Dann irgendwann während des Vietnamkrieges sagten wir, wir können nicht immer über das Glaubensbekenntnis diskutieren, wir müssen auf die Straße gehen. Es war

Karfreitag 1968. Wir wußten nicht, wie wir es nennen sollten: eine Demonstration oder in Köln eine Prozession oder ein go in. Und dann kam die Idee, öffentlich und gemeinsam zu beten und daraus entwickelte sich das Politische Nachtgebet. Die Konflikte, die wir im Kreis hatten, sind vielleicht ganz interessant. Die katholische Kirche hatte uns rausgeschmissen, mit der protestantischen Kirche lagen wir in Dauerfehde. Die Angriffspunkte waren immer die Fragen: *„Ja, ist das überhaupt Gebet, Gottesdienst?"* Daß es zu politisch sei, haben sie nicht direkt gesagt, aber sie sagten, daß die Andacht oder das Amen fehle. Das wurde dann sehr lebendig diskutiert, so die Fragen: Was macht denn einen Gottesdienst aus, was sind seine Kriterien, oder ist jedes Ding, was nur mit *„Lieber Gott"* anfängt und mit *„Amen"* endet, schon Gebet oder gibt es da noch andere Kriterien? Das war sehr gut. Da gab es eine Geschichte: Ein Junge hatte mit seinem Taschenmesser in die Kirchenbank eingeritzt: *„Friede für Kambodscha!"* Da bekamen wir einen wahnsinnigen Konflikt mit dem Presbyterium, daß die Bank 6.000 DM kosten würde usw. Ich sagte nur: *„Ihr werdet einmal euren Kindern diese Bank zeigen, weil hier ein Mensch in seiner Not einen Psalm hingeschrieben hat. Wißt Ihr nicht, was ein Psalm ist? Das hier ist ein Psalm!"* So gab es tausend Probleme. Es gab immer wieder Vorschläge sowohl von außen wie auch von relativ säkularen und liberalen Postchristen, die sagten: *„Dann laß uns doch in die Volkshochschule gehen. Wir werden ja dort mit Handkuß genommen, das ist doch kein Problem."* Das haben wir aber immer abgelehnt und gesagt: *„Das ist unser Ort, die Kirche. Hier gehören wir hin, hier lassen wir uns nicht hinaustreiben!"* Das war völlig richtig, meine ich.

Aber noch mal zur Frage der innerkirchlichen Konflikte. Sie haben mir deutlicher gezeigt, was Kirche eigentlich ist, daß sie vor allem Gemeinschaft ist. Die Konflikte haben mich aus diesem protestantischen Individualismus befreit. Ich weiß noch ganz genau, wie ich zu einer katholischen Freundin sagte: *„Man ist ja so allein in der Kirche, wir verstehen uns mit den Leuten nicht."* Sie sagte: *„Der Glaube schafft sich Gemeinschaft."* Ich war da völlig platt. Ich dachte, Gemeinschaft ist entweder da und ich liebe sie und bin da drin oder nicht. Daß der Glaube selbst etwas an Gemeinschaft aufbauen muß, das habe ich gelernt. In der gegenwärtigen spirituellen Bewegung wäre das auch sehr wichtig. Das kann natürlich nicht allein an die Ortsgemeinde angeknüpft werden, das ist ein Grundirrtum der Volkskirche. Das muß anders geortet werden, aber der Glaube braucht diese Gemeinsamkeit, die „Communio fratrum".

Winkelmann: Spielte im Politischen Nachtgebet auch die Meditation eine Rolle?

Sölle: Das Nachtgebet hatte eine klare Struktur, einen Dreierschritt: Information, Meditation, Aktion. Meditation bedeutet hier Rückbindung an die Bibel, sehr variiert, mal eine Predigt, mal mehr Gebet, mal mehr Bibellesung, auch Erinnerung an die Heiligen, auch ein Stück zur Ruhe kommen und hören. Der Teil, der der schwierigste war, war die Aktion, also Vorschläge zu machen, was zu tun ist. Es ist ungeheuer viel passiert. Es sind ständig Arbeitskreise entstanden. Auch die Diskussion gehört da mit hinein. Da gab es das Thema „die Obdachlosen". Ein Junge stand neben mir und schrie plötzlich: *„Du, Dorothee Sölle, wieviel obdachlose Jugendliche haben heute Nacht in deinem Bett geschlafen!?"* Wir haben leidenschaftlich gerungen, was zu tun sei, und es gab auch Stellen, wo wir nichts machen konnten. Ich habe jetzt vor einem halben Jahr Ähnliches erlebt. Wir haben in Hannover in der Marktkirche über die Vergewaltigung der Frauen in Bosnien einen Gottesdienst gemacht. Da haben vier Frauen in ihrer Klage denen Stimme gegeben, die da unten vergewaltigt werden. Das ist wichtig, das muß sein. Ich habe da einfach nur den 22. Psalm gelesen, und wir haben ihn wie eine vergewaltigte Frau gehört: *„Wie Stiere, wie Büffel sind sie rings um mich. Sind es heute Abend 12 oder 20 von diesen Tieren, die sich über mich stürzen?"* Und auch der Wunsch zu sterben, statt immer noch weiter und noch mal gefoltert zu werden, das fühlten wir mit. Es war wahnsinnig. Obwohl es keinerlei Lösungsvorschlag gab, fühlten wir uns anders danach. Es ist ein Geheimnis für mich. Es gibt freilich immer Zyniker, die sagen: *„Naja, da habt ihr euch mal ein bißchen ausgekotzt und sonst nichts."* Ich halte das für falsch.

Winkelmann: Und selbst wenn es das nur ist, da ist schon viel passiert.

Sölle: Ich glaube auch. Das gemeinsame und stellvertretende Klagen stiftet Gemeinschaft, mindestens eine ganz starke Verbundenheit.

Winkelmann: Ich denke, nach einer echten Gemeinschaft, die etwas wirklich Spirituelles hat, wird sehr gesucht. Hier möchte ich in meiner Frage nach Spiritualität noch weitergehen. Spiritualität ist für mich nicht nur etwas Religiöses im engen Sinne. Ich sehe Spiritualität auch in säkularer Form, auch dort, wo sie nicht in unserem kirchlichen oder religiösen Raum lebt, zum Beispiel Spiritualität bei Rosa Luxemburg oder bei Michail Gorbatschow. Ich weiß nicht, ob Sie diese Sicht teilen können?

Sölle: Ja, da sehe ich eine ganz starke Spiritualität. Ich hab mal ein sehr schönes Gespräch mit dem russischen Schriftsteller Aitmatow geführt. Er ist ein wunderbarer Mann! Er fragte sofort: *„Ist eine Ethik, eine politische Ethik überhaupt möglich ohne religiösen Grund?“* Das hat er gefragt nach der achtzigjährigen Erfahrung des russischen Experimentes, die Religion niederzuschlagen. Rußland war ja jahrhundertelang im Westen bekannt und berühmt dafür, daß, wenn Gefangene nach Sibirien getrieben wurden, dann irgendwelche Mütterchen ihnen immer Brot und Wasser gaben, auch wenn sie selbst nichts zu fressen hatten, aus einer ungeheuren Barmherzigkeit heraus, als etwas ganz Selbstverständliches. Und das ist kaputt gemacht worden. In der Seele war das Volk immer ganz tief religiös.

Winkelmann: Aitmatow war aber Kommunist und hat sich wohl auch als Atheist verstanden.

Sölle: Ja, er stammt aus einer kommunistischen Familie, aber sein Vater und seine Brüder sind unter Stalin umgebracht worden.

Winkelmann: Und doch sind für mich seine Bücher ganz spirituell, ja hochreligiös.

Sölle: Ja, für mich auch. Er suchte seine Annäherung mehr an den Islam, das ist ja seine Heimatreligion.

Winkelmann: Andrerseits gibt es in seinem Buch „Richtstatt“ das Gespräch zwischen Pilatus und Jesus. Das ist zutiefst christlich. Mich hat dieses Buch regelrecht umgetrieben.

Sölle: Ja, das ist großartig. Ich liebe ihn sehr. Aus solcher Literatur lernt man besser predigen, als aus allen Predigthandbüchern.

Winkelmann: Jetzt sind wir noch einmal bei der Kirche. Wenn das alles so ist, woran liegt es, daß sich heute so viele von der Kirche abwenden? Was läuft schief in unserer Kirche? Was müßte anders laufen? Was wäre die Aufgabe der Kirche gerade auch im politischen Kontext unserer Zeit?

Sölle: Ja. Da gibt es verschiedene Dinge. Eins ist zum Beispiel die Partizipation. Ein Gottesdienst ohne ernsthafte Versuche der Gemeinsamkeit ist ein Unding. Es reicht nicht, Menschen mal die Bibel ein Stückchen lesen lassen zu dürfen. Gemeinschaft entsteht ja im gemeinsamen Formulieren, im Sich-auseinandersetzen. Mit Predigtnachgespräch ist da nichts zu machen. Es muß schon etwas tiefer gegründet sein. Das ist für mich ein ganz wichtiger Punkt. Ein anderer Punkt ist ein klareres politisches Profil der Kirche. Für mich waren die schönsten Gottesdienste der letzten zehn Jahre die Gottesdienste im Hunsrück vor den Atomraketen der Amerikaner. Da haben wir einen Gottesdienst gefeiert, so zweihundert Leute eine halbe Stunde. Die Amis fuhren in ihren Lastwagen durch und starrten steil geradeaus, um ja nicht mit uns in Blickkontakt zu kommen. Es war unheimlich, schrecklich. Wir standen da vor der geballten Macht dieser Welt, die doch unser Land ohne weiteres vernichten konnte. Und dann zu beten: *„Dein Reich komme!“* Es waren ganz konventionelle Sachen, die wir da machten. Das gewann aber einen vollkommen anderen Sinn und verband die Menschen, die da so beteten, ganz anders miteinander, als wenn das ohne Kontext geblieben wäre. Der Kontext muß bewußt gemacht werden. Vor den Kathedralen des Todes zu beten, ist natürlich was ganz anderes, als in den Kirchen zu beten.

Winkelmann: Da gibt es aber in der Kirche sofort Stimmen, die sagen: *„Bitte keine Politisierung des Gottesdienstes!“*

Sölle: Das ist natürlich die größte Politisierung des Gottesdienstes, wenn man ihn politiklos machen will. Eigentlich hätten die, die das sagen, das schon in der Nazizeit lernen können. Das größte Unglück mit der Kirche in der Nazizeit waren ja nicht die „Deutschen Christen“, das war eine dämliche Minderheit. Nein, das größte Unglück war die Mehrheit, die zum Beispiel sagte: *„Jetzt ist Oktober, jetzt machen wir den Erntedankgottesdienst, egal ob vom 1. Oktober an die Juden hier einen Stern tragen müssen.“* Sie machten stur weiter wie gehabt. Das ist eine Traditionsgemeinschaft, die keinen Sinn hat für das, was wirklich geschieht, und die so kontextlos in einem ganz schrecklichen Sinn lebt.

Winkelmann: Also eine Entpolitisierung oder Nichtpolitisierung von Kirche und Gottesdienst ist die gefährlichste Politisierung der Kirche?

Sölle: Ja, weil man sich mit dem Schweigen für das Bestehende entschieden hat und das ist massive einseitige Politik. Das haben wir in Diskussionen mit der CDU und mit der CSU gar, also den wirklich Rechten, immer wieder klargestellt: Wer hier schweigt, der redet auch. Wer zu Vietnam schweigt oder zu den Bomben, die wir kaufen, oder zu den deutschen Einsätzen, der stimmt zu. Das ist eine Lehre der Nazizeit.

Winkelmann: Bonhoeffer hat ja gesagt: *„Gregorianik darfst du nur singen, wenn du auch für die Juden betest oder schreist!“* Ich weiß nicht, wie weit Sie die DDR-Kirche kannten. Wir hatten damals ein relativ klares politisches Profil, ich habe es miterlebt in dem Ringen der Synoden zum Beispiel. Jetzt habe ich die Sorge, daß das ein ganzes Stück verloren geht. Die Kirche ist jetzt so beschäftigt mit dem Bewältigen ihrer neuen komplizierten Strukturen, überfordert mit den vielen Geldfragen, Absicherung der hohen Gehälter, Stellenabbau wie in der

Konkurrenzwirtschaft. Meine Frage ist, ob unsere Kirche nicht unbewußt so tief in den wirtschaftlichen Strukturen der Gesellschaft und in deren Wohlstandsstreben verstrickt ist, daß sie ihr klares Gegenüber zur Gesellschaft verliert und nichts mehr pointiert sagen kann.

Sölle: Das sehe ich ganz genau so. Es zeigt sich an den beiden Punkten: das Geld und die Gehälter und die Militärseelsorge, die auf Teufel komm raus auch für den Osten durchgepaukt werden soll. Das ist ja sicher nicht das, weswegen die Leute sich im Herbst 1989 versammelt haben. Die wollten ja was ganz anderes. Es ist wirklich eine Katastrophe. Die Wünsche und Hoffnungen derer, die in dieser gewaltfreien Revolution gearbeitet haben, gingen auf eine ganz andere Kirche als die, die unterdessen eingekehrt ist und die durch ihre Gehaltsstruktur und durch ihre Abhängigkeit vom Staat, durch den Militärseelsorgevertrag eigentlich gleichgeschaltet ist. Das ist eine ganz andere neue Gefahr in der Kirche, mit der die Menschen in der DDR gar nicht gelernt haben umzugehen. Aber ich bin überzeugt, ihr werdet es noch lernen.

Winkelmann: Ich könnte das aus eigener Betroffenheit bezeugen. Ich komme gerade jetzt am letzten Wochenende aus einer Initiativversammlung für einen neuen Anschub im Konziliaren Prozeß. Da waren viel mehr Vertreter von Basisgruppen und Einzelne gekommen als wir dachten. Und da war ein leidenschaftliches Aufschreien in allen Arbeitsgruppen zu einem Thema, das wir eigentlich gar nicht so groß geplant hatten, was dann aber dominant war: Diese Wirtschaft, die über uns gekommen ist, ist tödlich! Und diese Wirtschaft hat uns, die Kirche, mitgekauft. Militärseelsorge, Kirchensteuern und Religionsunterricht wurden als besondere Schmerzpunkte genannt; aber es geht um eine tiefere Verflechtung in ein tödliches System, so wurde es in allen Gruppen unabhängig voneinander gesagt.

Sölle: Die Kirche war ja in den siebziger und achtziger Jahren durch die großen politischen Bewegungen, die Bürgerrechts- und Friedensbewegung, vor allem durch die ökologische Bewegung relativ lebendig. Das Schreckliche ist, daß sie heute diese Lebendigkeit zu verlieren droht. Meines Erachtens ist das herrschende Modell, das bestimmte Leute in der Kirche durchsetzen wollen, das der „civil religion“, also eine Zivilreligion, die möglichst Konflikte mit dem bestehenden gesellschaftlichen System vermeidet. Also Individualisierung, individuelle Seelsorge, das ist die eigentliche Aufgabe. Da sollst du Frieden schaffen an denen, die vom brutalen Wirtschaftsprozeß verwundet sind, auch an den Managern und an den Reichen, die auch Bauchweh haben und

Krebs kriegen von diesem System, und die nicht vergessen werden dürfen. Denen sollst du Mut zusprechen, an ihnen Seelsorge üben, sie aufbauen, damit sie weitermachen können. De facto ist das gefährlichste Entpolitisierung.

Winkelmann: Den Reichtum und das System darfst du nicht in Frage stellen?

Sölle: Nein! Ein Freund versuchte es im Sonntagsblatt so zu schreiben: Man darf die Not lindern, das wird allgemein anerkannt. Aber sobald du fragst, warum die Not kommt, was denn z. B. der Internationale Währungsfonds und die Weltbank damit zu tun haben, dann ist „Bahnhof". *„Das ist dann nicht mehr unsere Sache"*, sagt man in der Kirche.

Winkelmann: Das Weitermachen mit diesem Wirtschaftssystem funktioniert ja nicht mehr. Nicht nur in der „Dritten Welt", auch in Europa greift es nicht mehr, wir erleben es tagtäglich im Osten. Die Arbeitslosigkeit ist nur ein Beispiel.

Sölle: Meine Tochter ist Ärztin in Bolivien auf dem Land. Da gibt es so etwas wie Gesundheitsfürsorge nicht. Da geht es nur durch ausländische Hilfsorganisationen. Und die werden zunehmend unter den Zwang gestellt, daß sie sich nach kürzester Zeit wirtschaftlich selbst tragen sollen. Das ist pädagogisch ein an sich richtiges Konzept für Entwicklungshilfe. Nur für eine Gesundheitsfürsorge, für ein Krankenhaus in einem Entwicklungsland geht das nicht. Ist denn ein Krankenhaus dafür da, daß es Profit macht wie irgend ein Geschäft oder ist es dafür da, daß es Leute gesund macht? Die Monetarisierung des Lebens wird auf allen Ebenen durchgespielt, bis in die menschlichen Bindungen hinein. Eigentlich müßte die Kirche aufschreien, das wäre ihr prophetisches Amt. Die Tradition der Bibel ist ja voll von solchem Aufschrei.

Winkelmann: Nötig für die Kirche wäre also eine prophetische Spiritualität?

Sölle: Ja, das wäre ganz wichtig. Aber das fehlt noch sehr...

Winkelmann: Ich sehe immer mehr ernsthaft suchende Menschen, bei denen die Abgrenzung zwischen den Religionen keine Rolle mehr spielt und die schon eine interreligiöse Frömmigkeit entwickeln. Halten Sie eine interreligiöse Spiritualität, eine interreligiöse Ökumene für möglich?

Sölle: Ja. Wovor ich allerdings etwas Angst habe, wäre ein Weltethos, das nur noch sehr global ist. Oder um es in meiner Sprache zu sagen: Es gibt kein Esperanto der Religionen, es gibt nur verschiedene Dialekte. Man muß seinen Dialekt kennen, und es ist eine Illusion, da gleich wegzuhüpfen und zu sagen: *„Wir wollen ja alle das Gute und der Große Geist ist in uns allen, egal, wie wir ihn nennen“*. Das mag zwar so sein und man kann da hinkommen, aber man sollte versuchen, eine Sprache, eine Bilderwelt, eine religiöse Form des Betens, des Segnens, des Meditierens, des Bibellesens zu entwickeln...

Winkelmann: Aber ist es nicht gut, wenn die verschiedenen Dialekte der Religionen miteinander ins Gespräch kommen und endlich aufhören, sich gegenseitig zu diffamieren in dem Sinne: *„Wir haben es alleine!“?*

Sölle: Ja, natürlich. Wir sollten übersetzen lernen. In der New-Age-Bewegung lebt zum Beispiel eine rührende und sehr schöne Verehrung der Indianer und ihres Naturverständnisses. Ich kenne das ein bißchen und da können wir sehr viel von ihnen lernen.

Winkelmann: Zum Schluß unseres Gespräches möchte ich Sie gerne noch zu Ihrer Biographie etwas fragen. Könnten Sie sagen, was in Ihrem Leben vielleicht Schlüsselereignisse waren, die Sie geprägt haben?

Sölle: Ganz sicher war für mich prägend die deutsche Katastrophe. Ich war 15 Jahre, als der Krieg zu Ende ging. Ich stammte aus einem nichtkirchlichen Elternhaus, Bildungsbourgeoisie. Da beurteilte man die Kirche unter dem Aspekt, ob sie politisch irgend etwas macht. Meine Eltern waren Antinazis. Wir hatten eine jüdische Frau bei uns versteckt, die Mutter eines Schulkameraden, mit der ich mich als junges Mädchen anfreundete. Dann studierte ich zunächst klassische Philologie, weil mich die Griechen ungeheuer faszinierten, war aber dann ganz unbefriedigt. Das Christentum wurde mir durch eine wunderbare Religionslehrerin vermittelt, sie ist eine Schülerin von Bultmann gewesen, Marie Veit. Die kam als ganz junge Frau zu uns an die Schule in Köln mit einem unwahrscheinlichen Niveau. Wir haben Heidegger gelesen und Sartre und alles mögliche und alles diskutiert. Da war nichts Zwanghaftes, nichts Autoritäres. Dieses *„Man muß das eben glauben“*, das gab es nicht. Das wuchs in mir weiter und ich kam in eine ziemliche Krise, die mit einer Verlobung und mit dem Entschluß, Theologie zu studieren, endete. – Aus meinem weiteren Lebensweg ist vielleicht noch interessant, daß ich in Deutschland nie Professorin geworden bin, es war praktisch eine Art Berufsverbot. Ich habe mich noch habilitiert, nach der Geburt der Kinder. Es war eine richtige Zickzackkarriere wie bei anderen Frauen. Jetzt denke ich oft, es war doch etwas Gutes für mich. Es hat mich ein Stück weit rausgedrängt aus den Institutionen. Ich war weder in der Institution Kirche in dem Sinne beheimatet, daß ich von ihr bezahlt wurde, noch in der Universität. Jetzt bin ich freie

Schriftstellerin. Einige Jahre war ich in den USA. Lehraufträge habe ich immer wieder, das ist kein Problem... Ich denke beinah, daß die Freiheit von der Institution mir einen größeren Freiraum vor allem für das Schreiben gegeben hat, das ja mein Haupthandwerk ist. Einen Satz möchte ich noch zu meiner Ehe mit einem früheren Benediktiner sagen. Diese Ehe hat ihn zu einer Konversion gebracht, das war aber mehr eine Zweckkonversion. Er mußte evangelisch werden, weil er ja heiraten und zugleich Theologe bleiben wollte. Das hat ihn formell protestantisch gemacht und mich eigentlich ein Stück katholischer. Die Verbindung mit meinem Mann hat bei mir viel geöffnet und ich habe vieles deutlicher sehen gelernt. Zum Beispiel die Verdrängung der Heiligen aus dem Protestantismus, das ist absolut fragwürdig. Wir brauchen Heilige, nicht gerade die, die der Papst ernennt, aber Martin Luther King, Oskar Romero, Dietrich Bonhoeffer und wie sie alle heißen. Das sind Heilige. Oder Franz von Assisi, das ist unser Hausheiliger. Oder Elisabeth von Thüringen...

3. Übungen zur ökumenischen Spiritualität

Vorbemerkung

Ökumenische und politische Spiritualität kann – vor allem wenn sie ganzheitlich sein will – nie nur durch intellektuelle Arbeit oder einen Willensentschluß gefunden werden. Sie will ja gerade die Tiefenschichten des Menschen in Bewegung bringen und dazu bedarf es eines langen Weges einer umfassenden inneren Öffnung und Sensibilisierung und auch der Veränderung der eigenen Lebensstrukturen. Auf diesem Weg können Übungen helfen, die in Gruppen oder auch allein möglichst wiederholt praktiziert werden.

Im Folgenden gebe ich Übungen wieder, von denen jeweils eine exemplarisch eine Station auf dem Übungsweg zu einer ganzheitlichen Spiritualität markiert. Diese Übungen sind in verschiedenen Seminaren und Freizeiten erprobt worden.

Übung zur ganzheitlichen Wirklichkeitswahrnehmung

Anliegen

In dieser Übung soll der Unterschied zwischen einer nur rational verobjektivierenden (naturwissenschaftlichen) Betrachtungsweise und einer intuitiv-ganzheitlichen Begegnung erlebt werden. Die Übung ist besonders für eine seminaristische Hinführung zur Ganzheitlichkeit geeignet.

Vorbereitung

Auf Zettel werden vier Gruppenaufgaben geschrieben:

Gruppe 1a: Stell dir einen Baum vor. Umschreibe möglichst exakt und objektiv in naturwissenschaftlicher Weise, was ein Baum ist.

Gruppe 1b: Stell dir einen Baum vor, der dich stark beeindruckt hat. Beschreibe intuitiv, poetisch und gleichnishaft, was dir dieser Baum bedeutet.

Gruppe 2a: Schau dir deine Hand an. Umschreibe möglichst exakt und objektiv in naturwissenschaftlicher Weise, was eine Menschenhand ist.

Gruppe 2b: Schau dir deine Hand an. Beschreibe intuitiv, poetisch und gleichnishaft, was dir deine Hand oder die Hand eines dir vertrauten Menschen bedeutet.

(Es können auch andere Gegenstände aus der Natur gewählt werden, zum Beispiel ein kreisender Vogel am Himmel oder ein Bach in einem Tal o. a.).

Die Zettel werden zu gleichen Teilen in der Zahl hergestellt, wie Teilnehmer in der Gruppe sind. Sie werden, wie Lose gemischt, mit der Schrift nach unten in die Mitte der Gruppe gelegt. Genügend Bleistifte und Notizzettel werden bereit gehalten.

Anleitung

„Wir wollen in einem kleinen Experiment herausfinden, wie unterschiedlich wir der Natur und der Wirklichkeit begegnen können: einmal mehr mit rationalen verobjektivierenden Methoden, wie sie die Naturwissenschaft gewöhnlich anwendet, zum anderen mehr mit unseren Empfindungen, inneren Bildern und unseren subjektiven Erfahrungen. Auf den Zetteln in der Mitte stehen verschiedene Aufgaben. Es sollen Gegenstände aus der Natur einmal ganz objektiv-naturwissenschaftlich beschrieben werden, zum anderen in gefühlshafter, poetischer und gleichnishafter Weise. Jeder zieht sich einen Zettel und versucht, sich genau an die beschriebene Aufgabe zu halten. Holt all euer Wissen oder eure Erinnerungen zusammen. Schreibt auf, was euch einfällt; es können einfache Stichworte sein oder so etwas wie ein Gedicht oder ein Brief an einen Freund – wie ihr wollt. Zieht euch in eine Ecke zurück, ihr habt etwa 10–15 Minuten Zeit."

Auswertung

In der Gesamtgruppe wird gefragt, wer seine Beschreibung oder Betrachtung vorlesen möchte. Nach anfänglichem Zögern lesen dann meist alle ihre Texte mit zunehmender Lust vor. Dabei sollen immer die entgegengesetzten Darstellungsweisen vorgelesen werden. Aus der Gruppe derer, die poetisch-gleichnishaft schreiben sollten, entstehen meist sehr schöne meditative und persönliche Betrachtungen zum Wesen eines Baumes und zum Wunder der menschlichen Hand. Im Gespräch wird der Unterschied der verschiedenen Betrachtungs- und Begegnungsweisen hervorgehoben und vor allem der Frage nachgegangen, was wohl mehr Wahrheit, mehr und tiefer die Wirklichkeit wiedergibt. Ohne viel Erklärungen wird allen klar, daß die ganzheitliche Begegnung viel mehr Wirklichkeit erschließt: eine Hand ist eben mehr als ein biologisch-mechanisches Arbeitsinstrument; ein Baum mehr als eine bestimmte Menge von Nutzholz usw.

Übung zum Überprüfen unserer Wertvorstellungen

Anliegen

Durch die Gegenüberstellung von materiellen und nichtmateriellen Werten soll aus der üblichen nur materiellen Wertung von Gegenständen, Handlungen oder auch der Berufstätigkeit herausgeführt und deren ethische, ökosoziale und spirituelle Werte bewußter gemacht werden.

Anleitung

Die Gruppe kann mit einem Arbeitsblatt, wie es unten skizziert ist, in die Übung eingeführt werden. Mit diesem Blatt arbeitet jeder zunächst für sich, dann ist der Austausch in der Gruppe spannend und kann verschieden gestaltet werden. Bei dieser Übung soll ein spielerischer Charakter gewahrt bleiben.

Arbeitsblatt zur Variante 1: „Gewinn- und Kostenrechnung" von Handlungen und Gegenständen:

Es werden gegenübergestellt und verglichen: a) die materiellen und nichtmateriellen Gewinnwerte b) die Kosten und Belastungswerte von Gegenständen und Handlungen. Im Einzelnen:

a) auf der Gewinnseite:
- a/1: materieller Gewinn (Geldwert, Arbeitswert...),
- a/2: Behaglichkeit, Sinnesfreude, geistig-ethischer Gewinn,
- a/3: ökosozialer Gewinn.

b) auf der Kosten- bzw. Belastungsseite:
- b/1: materieller Aufwand (Arbeitskraft, Kaufpreis, Unterhaltung),
- b/2: gesundheitliche Belastungen, psychische und geistig-ethische Verluste,
- b/3: ökosoziale Belastungen.

Gegenstände und Handlungen werden nach diesen Kriterien auf der Gewinn- und Kostenseite mit folgender Wertskala geprüft und gewertet:

0 = kein Gewinn / keine Kosten bzw. Belastungen;
1 = geringer Gewinn / geringe Kosten bzw. Belastungen;
2 = größerer Gewinn / größere Kosten bzw. Belastungen;
3 = sehr hoher Gewinn / sehr hohe Kosten bzw. Belastungen.

Die Berechnung geschieht nach der Formel:

a1 + a2 + a3 - b1 - b2 - b3 = ökosozialer Wert.

Sinn der Übung ist nicht ein objektives Ergebnis, sondern die subjektive Auseinandersetzung und das Bewußtwerden der eigenen Bedürfnisse und deren Verträglichkeit!

Liste zum Berechnen

Gegenstände oder Handlung:	Gewinn bzw. Verlust	Wertzahl 0–3
z. B. Fleischgericht - Getreidegericht; oder Fahrt ins Grüne mit dem Auto oder mit dem Fahrrad	Gewinnart: a/1: materieller Gewinn (Geldwert, Arbeitswert...), a/2: Behaglichkeit, Sinnesfreude, geistig-ethischer Gewinn, a/3: ökosozialer Gewinn.	= = =
	Kosten- und Belastungsart: b/1: materieller Aufwand (Arbeitskraft, Kaufpreis, Unterhaltung), b/2: gesundheitl. Belastungen, psychische und geistig-ethische Verluste, b/3: ökosoziale Belastungen.	= = =
	Berechnung: + + + - - -	Ökosozialer Wert

Arbeitsblatt zur Variante 2: Wertespiel „Arbeit"

Bedenke: Der Wert der Arbeit liegt nicht nur in seiner finanziellen Entlohnung, sondern auch in Werten, wie sie in der unten stehenden Liste zusammengestellt sind. Überlege Arbeiten und Berufe, deren Werte du für dich überprüfen willst. Trage diese Berufe in die linke Spalte der Liste ein. Wähle zu jedem angegebenen Wert eine Wertezahl, die deinen Erfahrungen oder neuen Überlegungen entspricht. Die Summe der Wertezahlen ergibt den ganzheitlichen Gesamtwert der Arbeit. Dabei gilt folgende Zahlenwertung:

0 = keinen Wert, 1 und 2 = geringer Wert, 3 = mittlerer Wert,
4 und 5 = hoher und sehr hoher Wert.

Beachte, es geht hier nicht um objektive Wertung, sondern um subjektive Einschätzung und Bewußtmachung.

Liste zur Berechnung

Arbeit: z. B.	mater. Wert: Entlohnung	spirit.-ethisch. Wert: Sinnfindung Gutes wirken	sozialer Wert: soz. Einbindung, Anerkennung, soz. Sicherheit	psych. Wert: Kreativität, Kommunikation, Ganzheitlichkeit.	Ganzheitlicher Gesamtwert:
Kranken-Schwester	2	4	4	5	15
Schichtarbeiter in Autoindustrie	4	1	3	2	10

Übung zur politischen Realutopie für unsere Zeit

Anliegen

Diese Übung geht von der Einsicht aus, daß Realismus allein zur Stagnation und Resignation führt und immer seine „Schwester“, die Utopie oder Vision, braucht, damit Situationen verändert werden und Zukunft möglich ist. In drei Schritten, durch Situationsanalyse, Phantasieübung und Modellfindung soll das Gebanntsein von den Zwängen der Gegebenheiten und die übliche Resignation aufgebrochen und zur Ermutigung und zu neuen Handlungsmöglichkeiten geführt werden.

Die Übung ist nach Methoden und Modellen von Robert Jungk entwickelt worden und eignet sich besonders für Seminare mit politischen Themen aller Art.[410]

Durchführung

1. Schritt: Situationswahrnehmung

Das brisante politische Thema wird benannt und (u.U. etwas provokatorisch) kurz umrissen. Mittels verschiedener Methoden (kleine Erzählrunden, Sketch spielen, „Klagebrief“ schreiben, etwas in Farben oder Ton gestalten o. ä.) werden die Teilnehmer zum Darstellen der Situation angeregt, wie sie sie erleben. Dabei soll besonders die subjektive Betroffenheit zur Sprache gebracht werden. Das Dargestellte wird reflektiert und analysiert. Die wichtigsten Ergebnisse werden auf Plakaten festgehalten.

2. Schritt: Phantasieübung (Brainstorming)

Die Gruppe wird eingeladen, in der Phantasie eine Reise ins Land „Utopia“ zu machen. Dort sei es möglich, alle unsere Träume, Wünsche und Idealzustände zu realisieren. Wie sollte dieses Land, unser Leben, die Welt sein (u. U. vom benannten Thema her konkreter andeuten), wenn es so wäre, wie wir es uns in unseren kühnsten Träumen vorstellen?

Jeder soll sich für seine Phantasie etwa eine halbe Stunde lang allein zurückziehen, träumen und spinnen, ohne die Frage nach der Realisierbarkeit zu stellen. Was ihm einfällt, soll er aufschreiben, malen oder sonst irgend wie festhalten und darstellen. Nach der verabredeten Zeit kommen alle zusammen und tauschen sich über ihre Utopien aus. Dabei darf es zu lebhaften Gesprächen und weiteren Anregungen kommen.

[410] Siehe R. Jungk, N. Müller „Zukunftswerkstätten. Mit Phantasie gegen Routine und Resignation“.

Nur e i n e Frage oder Aussage ist verboten, nämlich ob denn das zu realisieren ginge. Mit den schönsten Ideen oder Bildern wird der Raum dekoriert.

3. Schritt: Modellfindung (Korrelation vom 1. und 2. Schritt)

Nach einer Pause werden die Utopien noch einmal angesehen. Sie werden befragt und sortiert nach dem, was am ehesten anzustreben sei und was die wichtigsten und gemeinsamen Ziele seien. Das wird dann mit den Ergebnissen der Situationswahrnehmung verglichen. Es wird die Aufgabe der „Korrelation“ erklärt: aus der Verbindung von Utopie und gegenwärtiger Realität eine im Prinzip erreichbare „Realutopie“ für unsere Zeit zu entwerfen. In Kleingruppen sollen zu Teilbereichen nach freier Wahl Modelle entwickelt werden, die eine teilweise und schrittweise Realisierung des Gedachten aufzeigen. Hierbei sollen besonders die Begründung und die notwendigen Wege bzw. Mittel zur Verwirklichung herausgearbeitet werden.

Die Ergebnisse aus den Kleingruppen werden ausgetauscht. In einer Schlußrunde wird zum Feedback aufgefordert. Unter Umständen werden Vorhaben oder Projekte abgesprochen. In der Regel werden nach dieser Übung Dinge für möglich gehalten, die vorher die wenigsten für möglich hielten.

Gruppendynamische Meditation: Empfangen und Geben

Anliegen

In dieser Übung spielen die verschiedensten Komponenten und Ebenen zusammen: Ruhe finden in sich selbst, meditative Begegnung mit der Natur, ganzheitliche und gruppendynamische Begegnung mit dem anderen; und das im Wechsel von passiv sein und warten, empfangen und beschenkt werden und aktiv werden, auf andere zugehen, schenken und geben können (Wechsel von Yin und Yang). Trotz des scheinbar heiklen gruppendynamischen Elementes (warten, ob und wie ich vom anderen aufgesucht und beschenkt werde und selbst mich entscheiden, mich einem anderen in besonderer Weise zuwenden) wirkt diese Übung äußerst verbindend und regelrecht beglückend – es wird etwas von Transzendenz spürbar, die sich „in der Mitte“ einer empfangenden und schenkenden Begegnung mit der Natur, mit einem anderen Menschen und mit mir selbst ereignet.[411]

[411] Siehe Grafik „Transzendenz in der Mitte ganzheitlicher Begegnung“ S. 128.

Die Übung setzt Begegnung und Gemeinschaft von möglichst zwei oder mehreren Tagen und ein erstes Grundverständnis von ganzheitlicher Meditation voraus. Sie ist besonders gut zum Abschluß einer thematischen Freizeit oder einer bestimmten Arbeitsphase in der Gruppe geeignet.

Vorbereitung

In der Mitte des Raumes sind dekorativ eine brennende Kerze und einige Naturgegenstände (Stein, Feder, Blume, Zweige, trockenes Holz, Muscheln u. a.) aufgebaut. Die Gruppe setzt sich in einen großen Kreis. Während der Meditation spielt im Hintergrund eine meditativ freundliche, aber nicht zu stark wirkende Musik.

Anleitung

„Wir haben viel miteinander erlebt, sitzen im Kreis und kommen zur Ruhe. In der Mitte sehen wir eine Kerze und einige Gegenstände und Gaben, wie wir sie in der Natur finden... unscheinbar manches und doch steckt in jedem etwas Schönes und ein Geheimnis. Wir wollen jetzt diesen Gaben der Natur begegnen und mit ihnen uns auch untereinander begegnen. Wir werden uns als Beschenkte und Schenkende erleben. Wichtig dabei ist, daß sich jeder erst einmal in sich selbst zurückzieht. Setzt euch hin, wie wir es in unseren Meditationsübungen getan haben: jeder für sich, aufrecht und entspannt; fühlt eurem Atem nach, den Strömen in eurem Körper... schließt die Augen, seid so ganz in euch, nur für euch... Musik wird im Hintergrund spielen. Ihr werdet leise Schritte hören, laßt euch nicht stören. Tut nur eins: haltet eure Augen geschlossen und legt eure Hände wie eine Schale in euren Schoß zusammen und wartet. Seid ganz bereit für das, was da kommen mag. Es kann lange dauern, aber irgendwann legt sich euch etwas in eure Hände. Und dann erst schlagt die Augen auf; seht, was euch da geschenkt wird und wer es euch schenkt. Tauscht euch aus mit Blicken und Berührungen, aber ohne Worte. Laßt euch Zeit. Dann geht der, der geschenkt hat, auf seinen Platz zurück und der Beschenkte betrachtet und erlebt für sich noch eine Weile die Gabe der Natur. Entdeckt die Schönheit, das Geheimnis in dieser Erscheinung... Dann steht auf und gebt und schenkt das, was ihr empfangen habt, einem anderen in der Gruppe, einem, dem ihr jetzt etwas geben wollt."

Wenn alle in die Meditation hineingefunden haben und die Musik spielt, geht der Leiter in die Mitte und nimmt aus den Naturgegenständen zwei ganz unterschiedliche heraus, z. B. einen Stein und eine Feder, und legt dem einen den Stein, einem anderen die Feder wie oben beschrieben in die Hand. Es ist ratsam, am Anfang die Anleitung in den wichtigsten Worten noch einmal meditativ sprechend zu wiederholen. Nach einiger Zeit läuft die Meditation, die Begegnung und der Austausch von allein. Es ist immer so, daß intuitiv meist auch die Schwächeren und weniger Sympathischen aufgesucht und beschenkt werden.

Nachgespräch

Das Nachgespräch soll sehr verhalten geführt werden, um die starken Erfahrungen nicht zu zerreden. Die Angst, nicht beschenkt zu werden und die überraschende Erfahrung, doch beschenkt worden zu sein, wird oft geäußert, ebenfalls die Spannung von warten und passiv sein und dann gehen zu dürfen und jemandem ganz neu und stark zu begegnen. Daß sich in diesem Geschehen etwas Größeres und Beglückendes über die ganze Gruppe legt, ist indirekt für alle spürbar geworden und wird manchmal auch ausgesprochen.

Biblische Ökologie erlebt: Psalm 104

Anliegen

Die Bilder, Erlebnistiefe und Spiritualität der Natur- und Gotteserfahrung in Psalm 104 in einer entsprechenden Natur ganzheitlich nacherleben und gestalten lassen.

Voraussetzung und Eignung: Die Übung ist besonders gut in einer größeren Gruppe von Erwachsenen und Kindern und innerhalb einer mehrtägigen Freizeit geeignet; die Freizeit sollte in einem Haus stattfinden, das in einer Landschaft mit Bergen, Tälern, Wiesen, Feldern und in der Nähe von Ortschaften liegt (eine schöne, aber nicht zu idyllische Landschaft).

Anleitung

Die Gesamtgruppe wird auf einen „Psalmentag“ in der Natur eingestimmt (Lied, Gedicht o. ä.). Nach einer ganz kurzen Einführung in den Psalm wird er meditativ vorgelesen. Dann werden die einzelnen Themen und Aufgaben für die einzelnen Gruppen genannt und erläutert, in denen der Psalm nacherlebt werden soll. Jeder kann sich eine Gruppe wählen, dabei sollte auf eine gute Mischung von Erwachsenen und Kindern geachtet werden.

Zum 1. Schritt ziehen sich Kleingruppen in einen eigenen Raum zurück. Jeder bekommt ein Blatt, auf dem der entsprechende Abschnitt des Psalms und die dazugehörige Aufgabe zu lesen sind. Zunächst wird der Text in der Gruppe gelesen und überlegt, was er in seinen Aussagen und Bildern wohl meinen kann.

Im 2. Schritt geht die Gruppe hinaus und erlebt draußen in der Natur entsprechend der Aufgabe die Bilder und Gedanken des Psalms nach. (Hier muß es einen in der Gruppe geben, der den der Aufgabe entsprechenden Weg draußen kennt und, so weit nötig, führen kann).

Im 3. Schritt versucht jede Gruppe das Erlebte in Bildern, Texten, Spiel oder anderen Gestaltungselementen nachzugestalten.

Im 4. Schritt wird das in den einzelnen Gruppen Vorbereitete und Gestaltete in ein gemeinsames Fest oder in einen Gottesdienst hineingebracht, so den anderen vermittelt und gemeinsam noch einmal nacherlebt.

Die Aufgabenstellung kann für jede Gruppe auf einem Arbeitsblatt wie folgt formuliert und mitgegeben werden.

Gruppe 1: *„Den Himmel, die Erde und das Weltmeer sehen“*

1. Lest in Psalm 104 die Verse 1–9 + 24 und überlegt in eurer Gruppe, was diese Worte und Bilder vom Himmel und den Wolken, vom Erdreich und den Weltmeeren, von den Urzeiten und von Gott sagen wollen.

2. Geht hinaus auf den ...-Berg, lauft auf die Höhen (jeder gehe mal für sich, mal mit anderen)... legt euch auf die Erde, schaut in den Himmel hinauf, seht die Wolken ziehen, spürt den Wind... fragt in euch, was Wolken und Wind zu erzählen haben... Schaut in die Weite über Hügel, Berge und Täler... stellt euch vor, wie früher hier mal ein großes Meer war... wie sich Hügel und Berge hoben und das Meer verdrängten... welche Kräfte und Geheimnisse „Gottes“ dahinter stehen...

3. Wenn ihr wieder im Haus seid, versucht mit Farben auf Papier zu malen, was euch beim Erleben von Himmel und Erde und beim Bedenken der Psalmenworte für Gedanken und innere Bilder aufgestiegen sind. Wer will, kann dazu auch eine kleine Geschichte, ein Gedicht oder Gebet schreiben.

Gruppe 2: *„Die Erde als Fruchtgarten des Lebens entdecken“*

1. Lest in Psalm 104 die Verse 10–18 + 24 und überlegt in eurer Gruppe, was diese Worte und Bilder von den Bächen und Tälern, vom Himmel und Regen, von den Tieren und Vögeln, von Saat und Ernte, vom Menschen und von Gott erzählen.

2. Sucht euch draußen ein Tal mit Quelle und Bach, seht, was da

alles lebt; lauft dann das Tal hinab und sucht nach dem, wovon euch der Psalm erzählt. Geht bis hinunter zu den Weiden für das Vieh und zu den Feldern der Menschen. Entdeckt die Schönheit und das Zusammenspiel des Lebens und bringt von allem ein Zeichen mit, mit denen ihr den anderen von euren Entdeckungen erzählen könnt.

3. Stellt zu Hause mit euren Zeichen aus der Natur eine schönes großes Gesteck und Gebilde zusammen, das von euren Erlebnissen, Eindrücken und von den Gedanken des Psalms erzählt. Wer will, kann dazu auch eine kleine Geschichte, ein Gedicht oder Gebet schreiben.

Gruppe 3: *„Die Rhythmen des Lebens entdecken"*

1. Lest in Psalm 104 die Verse 19–24 und überlegt in eurer Gruppe, was diese Worte von den Zeiten des Jahres, von Tag und Nacht, von Mensch und Tier und von der Ordnung des Lebens erzählen wollen und wozu sie uns wohl Gott gegeben hat.

2. Geht hinaus in die Natur und schaut, wie hier am Tag das Leben läuft und wie es in der Nacht sein mag und wie hier Menschen und Natur zu den anderen Jahreszeiten leben.

3. Trefft euch wieder zu Hause in der Gruppe und überlegt, wie das heute mit den Zeiten und Rhythmen des Lebens ist und denkt euch dazu eine kleine Pantomime oder Spielszene aus. Ihr könnt dazu Verkleidung und Instrumente benutzen, Geräusche und Musik machen. Wer will, kann dazu auch eine kleine Geschichte, ein Gedicht oder Gebet schreiben.

Gruppe 4: *„Woher alle Schöpfung lebt"*

1. Lest in Psalm 104 die Verse 27–31 + 24 und überlegt in eurer Gruppe, wie das Werden und Vergehen und Neuwerden aus dem „Odem" Gottes (Lebenshauch, Geist Gottes) verstanden werden kann. Überlegt euch, was das vielleicht mit dem Hunger und mit dem ungerechten Reichtum in der Welt zu tun hat.

2. Geht hinaus in die Natur, sucht euch allein oder zu zweit einen einsamen Platz, an dem ihr Blumen, Gräser, Bäume sehen könnt und auch einen weiten Blick ins Land habt. Beobachtet und erlebt, wie ihr atmet und wie auch die Bäume und Blumen und der Himmel und alles mit euch atmet und stellt euch vor, wie es ist, wenn plötzlich keine Luft zum Atmen mehr wäre.

3. Wenn ihr wieder zu Hause seid, drückt mit Farben auf Papier eure Empfindungen aus oder schreibt eine kleine Geschichte, ein Gedicht oder ein Gebet über eure Gedanken, die euch kommen.

Gruppe 5: *„Wenn der Mensch zum Frevler wird..."*

1. Lest in Psalm 104 die Verse 24 + 33–35 und bedenkt, daß mit

„Sünder“ und „Gottlose“ hier die „Frevler“ an Gottes Schöpfung gemeint sind, also Menschen, die durch Raub, Mord, Ausbeutung und Verwüstung anderes Leben und die gute Schöpfungsordnung kaputt machen. Überlegt, wo heute Menschen zu „Frevlern“ an der Schöpfung werden und was im Psalm mit dem Lob Gottes und Fluch über die „Frevler“ zum Ausdruck kommt.

2. Macht eine Wanderung in der näheren Umgebung und entdeckt hier die Schönheit der Natur und zugleich Spuren der Naturzerstörung. Sammelt Zeichen der Umweltzerstörung, bringt sie mit und baut mit ihnen im Hof oder im Saal ein Mahnmal oder eine Klagemauer der geschändeten Natur. Wer will, kann dazu auch eine kleine Geschichte, ein Gedicht oder Gebet schreiben.

Gestaltung einer ganzheitlichen Morgenmeditation

Anliegen und Aufbau

Diese Morgenmeditation will ganz bewußt fernöstliche körperhafte Elemente der Meditation mit der christlichen Gebetsmeditation (Kontemplation) verbinden, um aus einer ganzheitlichen Entspannung und Sammlung in sich selbst zu einer stärkeren Begegnung mit der Transzendenz und zum tieferen Hören und Beten zu führen. Die Meditation baut sich in drei Stufen auf:

a) körperliche Öffnung durch einige einfache Yogabewegungs- und Atemübungen, die den Körper wecken, entspannen und ganzheitlich sammeln, b) Still- und Leerwerden durch Stille-, Atem- oder Mantra-Meditation, c) aus der Stille heraus einem Bibelwort begegnen und zum Gebet finden.

Viele Varianten sind möglich, auch eine mehr säkulare. Das Zeitmaß liegt bei 20–30 Minuten, also für jede Stufe etwa 7–10 Minuten oder länger.

Beschreibung und Texte

Eröffnung: zum Morgenlicht hin sitzen oder stehen, kurzes Eröffnungswort z. B.:

„Die Nacht ist vergangen, ein neuer Tag beginnt. Bevor die Unruhe kommt und der Lärm, wollen wir innehalten und uns dem Licht Gottes öffnen.“

a) Körperliche Öffnung:

- Körper mit leichten Bewegungen von Nacken und Schulter lockern;

- kleine Atementspannungsübungen, wie sie aus jedem Yogabuch passend zusammengestellt werden können;[412] sie sollen einfach und ohne komplizierte Anleitungen nachzuvollziehen sein. Bewährt haben sich kleine Atem-Streckübungen im Stehen und Beugen.

b) Stille und Leerwerden:

- in die Sitzhaltung der Meditation gehen (am besten Fersensitz auf einem Meditationshocker, auch aufrechtes Sitzen auf einem Stuhl möglich);
- entweder einfache stille Atemübung, indem ich immer wieder in meinen Atem hineinfühle, wie er aus der Mitte des Leibes kommt, und so auch meine Gedanken zur Ruhe bringe;
  stärker wirkt eine Atem-Mantrameditation entweder säkular mit Worten wie „Still-werden", oder „Leer-werden" oder mit einem christlichen Mantra wie „Scha-lom", „A-men" oder „Komm-Schöpfer-Geist" oder „Komm-Jesus-Christ" oder mit einer fernöstlichen Mantrasilbe wie „Om-ah-hum"; das Mantra wird still im Zweier- oder Dreierrhythmus des Atmens „gesprochen".
  Die Hände werden während der Stillemeditation auf die Oberschenkel gelegt oder empfangend vor sich hingehalten.

c) Hören und Beten:

- Meditationswort laut und im Rhythmus des Atmens sprechen, z. B.: *„Schweigen möchte ich, warten und hören; schweigen, warten und hören, ob du ein Wort für mich hast, ein Wort, das mich trägt, ein Wort, das mich ruft, ein Wort das mich führt. Schweigen, warten, hören"*.[413]
- Stille...
- Ein Bibelwort laut und wiederholt lesen, Kernworte wiederholen...
- u. U. ein passendes Meditationswort wiederholt dazu lesen...
- Stille, hören, meditieren und beten, wie es kommt...

Abschluß

Ein Segensgebet, das einen Gedanken aus Bibel- und Meditationswort aufnimmt und um den Tagessegen bittet. Möglich ist auch ein abschließender Gesang, z. B. ein Gesangsruf aus Taizé oder einfacher Kanon (z. B. *„Ausgang und Eingang, Anfang und Ende..."*).

412 Siehe z. B. „Yoga für alle Lebensstufen" herausgegeben vom Sivananda Yogazentrum im Gräfe und Unzer Verlag München 1986, 2. Auflage; oder Anneliese Harf „Yogapraxis, Lebenshilfe für jeden Tag", Herder 1986.

413 Frei nach einem Text von J. Zink „Wie wir beten können" S. 17. Das Meditationsgebet soll an dieser Stelle aus der Stillemeditation in das Hören und Beten führen.

Literaturverzeichnis zur Studie

I. Zeitgeschichtliche Literatur

Alt, Franz: Das ökologische Wirtschaftswunder. Arbeit und Wohlstand für alle. Aufbau Taschenbuch Verlag 1997

Altner, Günter: Die Welt als offenes System. Eine Kontroverse um das Werk von Ilya Prigogine. Fischer Taschenbuch Verlag 1986

Bahro, Rudolf: Apokalypse oder Geist einer neuen Zeit. edition ost 1995

Bahro, Rudolf: Logik der Rettung. Wer kann die Apokalypse aufhalten? Ein Versuch über die Grundlagen ökologischer Politik. Thienemann Verlag 1989

Barth, Otto: Ein Wegweiser durch die Literatur der Wendezeit: Begegnungen. Alte Traditionen – Neues Bewußtsein. Otto Wilhelm Barth Verlag

Berendt, Joachim-Ernst: Ich höre, also bin ich. Hör-Übungen, Hör-Gedanken. Verlag Hermann Bauer 1989

Berendt, Joachim-Ernst: Nada Brahma. Die Welt ist Klang. rororo 1985

Bischof, Marco: Biophotonen. Das Licht in unseren Zellen. Zweitausendeins 1995

Breidenstein, Gerhard: Hoffen inmitten der Krise. Von Krankheit und Heilung unserer Gesellschaft. Fischer Taschenbuch Verlag 1990

BUND und MISEREOR (Herausgeber): Zukunftsfähiges Deutschland. Ein Beitrag zu einer global nachhaltigen Entwicklung. Birkhäuser Verlag AG 1996

Buttlar, Johannes von: Gottes Würfel. Schicksal oder Zufall. Herbig Verlag 1992

Büchele, Herwig; Wohlgenannt, Liselotte: Grundeinkommen ohne Arbeit. Auf dem Weg zu einer kommunikativen Gesellschaft. Europaverlag 1985

Capra, Fritjof: Wendezeit. Bausteine für ein neues Weltbild. Scherz Verlag 19. Auflage 1990

Capra, Fritjof: Lebensnetz. Ein neues Verständnis der lebendigen Welt. Scherz Verlag 1996

Creutz, Helmut: Das Geldsyndrom. Wege zu einer krisenfreien Marktwirtschaft. Ullstein, 2. Auflage 1995

Dethlefsen, Thorwald: Schicksal als Chance. Das Urwissen zur Vollkommenheit des Menschen. Goldmann Verlag 1979/92

Dieren, Wouter van: Mit der Natur rechnen. Der neue Club-of-Rome-Bericht. Vom Bruttosozialprodukt zum Ökosozialprodukt. Birkhäuser Verlag 1995

Ditfurth, Hoimar von: So laßt uns denn ein Apfelbäumchen pflanzen. Es ist soweit. Rasch und Röhring Hamburg, Zürich 1985

Ditfurth, Hoimar von: Wir sind nicht nur von dieser Welt. Naturwissenschaft, Religion und die Zukunft des Menschen. Deutscher Taschenbuch Verlag 1991

Ditfurth, Hoimar von: Der Geist fiel nicht vom Himmel. Die Evolution unseres Bewußtseins. Deutscher Taschenbuch Verlag 1981

Dürr, Hans-P. (Hrsg.): Physik und Transzendenz. Die großen Physiker unseres Jahrhunderts und ihre Begegnung mit dem Wunderbaren. Knaur Verlag 1990

Eppler, Erhard: Wege aus der Gefahr. Rowohlt Verlag Hamburg 1981

Feldmann, Friedrich: Arbeit schaffen, Umwelt retten. Vision einer menschlichen Marktwirtschaft ohne Wachstum. Publik-Forum 1995

Fox, Matthew: Revolution der Arbeit. Damit alle sinnvoll leben und arbeiten können. Kösel-Verlag 1996

Fromm, Erich: Haben oder Sein. Die seelischen Grundlagen einer neuen Gesellschaft. Deutscher Taschenbuch Verlag 1979

Gebser, Jean: Ursprung und Gegenwart. Eine Kulturgeschichte der Menschheit.Deutscher Taschenbuch Verlag 1986

Gorbatschow, Michail: Perestroika. Die zweite russische Revolution. Eine neue Politik für Europa und die Welt. Droemer Knaur Verlag 1987

Gottwald, Franz-Theo; Klepsch, Andrea (Herausgeber): Tiefenökologie. Wie wir in Zukunft leben wollen. Eugen Dietrichs Verlag 1995

Gruber, Elmar: Was ist New Age? Bewußtseinstransformation und neue Spiritualität. Herderbücherei 1987

Hawking, Stephen W.: Eine kurze Geschichte der Zeit. Die Suche nach der Urkraft des Universums. Rowohlt 1988

Hengsbach, Friedhelm: Wirtschaftsethik. Aufbruch – Konflikte – Perspektiven. Herder, 2. Auflage 1993

Hollstein, Walther; Penth, Boris: Alternative Projekte. Beispiele gegen die Resignation. Rowohlt 1980

Jacob, Willibald; Moneta, Jakob; Segbers, Franz (Hrsg.): Die Religion des Kapitalismus. Die gesellschaftliche Auswirkung des totalen Marktes. Edition Exodus 1996

Jungk, Robert; Müller, Norbert: Zukunftswerkstätten. Mit Phantasie gegen Routine und Resignation. Volk und Welt 1990

Jungk, Robert: Der Jahrtausendmensch. Bericht aus den Werkstätten der neuen Gesellschaft. Bertelsmann Verlag 1973

Jungk, Robert: Katalog der Hoffnung. 51 Modelle für die Zukunft. Luchterhand Verlag 1990

Kaiser, Reinhard (Hrsg.): Global 2000 – Der Bericht an den Präsidenten. Zweitausendeins 1980/81

Kaiser, Rudolf: Die Erde ist uns heilig. Die Reden des Chief Seattle und anderer indianischer Häuptlinge. Herder Verlag 1992

Keating, Michael: Erdgipfel 1992. Agenda für eine nachhaltige Entwicklung. Eine allgemein verständliche Fassung der Agenda 21 und anderer Abkommen von Rio. Veröffentlicht vom Centre for Our Common Future

Keen, Sam: Feuer im Bauch. Über das Mannsein. Kable Verlag 1992

Kennedy, Margrit: Geld ohne Zinsen und Inflation. Ein Tauschmittel, das jedem dient. Goldmann Verlag 1991

Kessler, Wolfgang (Hrsg.): Die Wirtschaft der Zukunft. Konzepte für den sozialen und ökologischen Umbau der (Welt-)Wirtschaft. Publik-Forum 1994
Kessler, Wolfgang: Aufbruch zu neuen Ufern. Ein Manifest für eine sozialökologische Wirtschaftsdemokratie. Publik-Forum 1990
Kessler, Wolfgang: Die wirtschaftlichen Probleme der Bundesrepublik und ihre Ursachen. Hartung-Gorre Verlag, 6. Auflage 1993
Kessler, Wolfgang: Wirtschaft im dritten Jahrtausend. Leitfaden für ein zukunftsfähiges Deutschland. Publik-Forum 1996
Kommunebuch, Kollektiv: Das Kommunebuch. Alltag zwischen Widerstand, Anpassung und gelebter Utopie. Verlag Die Werkstatt, Göttingen 1996
Kübler-Ross, Elisabeth: Interviews mit Sterbenden. Kreuz Verlag 1973
Lassalle, Hugo M. Enomiya: Am Morgen einer besseren Welt. Der Mensch im Durchbruch zu einem neuen Bewußtsein. Herderbücherei 1984
Lorenz, Konrad: Die acht Todsünden der zivilisierten Menschheit. R. Piper & Co. Verlag 1973
Macy, Joanna; Seed, John: Denken wie ein Berg. Ganzheitliche Ökologie. Die Konferenz des Lebens. Verlag Hermann Bauer 1989
Macy, Joanna: Mut in der Bedrohung. Psychologische Friedensarbeit im Atomzeitalter. Ein Selbsterfahrungsbuch. München 1986
Martin, Hans-Peter; Schumann, Harald: Die Globalisierungsfalle. Der Angriff auf Demokratie und Wohlstand. Rowohlt 1996
Mayer, Lothar: Ein System siegt sich zu Tode. Der Kapitalismus frißt seine Kinder. Publik-Forum 1992
Meadows, Dennis; Randers, Jorgen: Die neuen Grenzen des Wachstums. Die Lage der Menschheit: Bedrohung und Zukunftschancen. Deutsche Verlagsanstalt Stuttgart 1992
Meadows, Dennis: Die Grenzen des Wachstums. Bericht des Club of Rome zur Lage der Menschheit. rororo 1973
Metz, Wulf: Handbuch Weltreligionen. Brockhaus Verlag, 2. Sonderausgabe 1992
Michelsen, Gerd (Hrsg.): Worldwatch Institute Report: Zur Lage der Welt – 91/92. Daten für das Überleben unseres Planeten. S. Fischer Verlag 1991
Mitter, Armin; Wolle, Stefan: Ich liebe euch doch alle! Befehle und Lageberichte des MfS, Januar – November 1989. Verlagsgesellschaft mbH Berlin 1991
Moser, Franz; Naodoslawsky, Michael: Bewußtsein in Raum und Zeit. Grundlagen der holistischen Weltsicht. Einblicke in die Spielregeln Gottes. Insel Verlag 1996
Rausch, Ulrich; Türk, Eckard: Geister-Glaube. Arbeitshilfe zu Fragen des Okkultismus. Patmos-Verlag 1991
Russel, Peter: Die erwachende Erde. Unser nächster Evolutionssprung. Wilhelm Heyne Verlag 1991
Schülein, Johann August: Kommunen und Wohngemeinschaften. Der Familie entkommen? Eine Textsammlung. Focus-Verlag 1978

Schumacher, E. F.: Das Ende unserer Epoche. Rowohlt Verlag Hamburg 1980
Sheldrake, Rupert: Das schöpferische Universum. Die Theorie des morphogenetischen Feldes. Meyster Verlag 1983
Sheldrake, Rupert: Die Wiedergeburt der Natur. Wissenschaftliche Grundlagen eines neuen Verständnisses der Lebendigkeit und Heiligkeit der Natur. Scherz Verlag 1993
Strahm, Rudolf H.: Warum sie so arm sind. Arbeitsbuch zur Entwicklung der Unterentwicklung in der Dritten Welt. Peter Hammer Verlag 1985
Umweltbundesamt: Nachhaltiges Deutschland. Wege zu einer dauerhaft umweltgerechten Entwicklung. Umweltbundesamt 1997
Vester, Frederic: Neuland des Denkens. Vom technokratischen zum kybernetischen Zeitalter. Deutscher Taschenbuch Verlag 1984
Weizsäcker, Carl Friedrich von: Der Mensch in seiner Geschichte. Deutscher Taschenbuch Verlag 1993
Weizsäcker, Carl Friedrich von: Zum Weltbild der Physik. Hirzel Verlag, 1958
Weizsäcker, Ernst Ulrich von; Lovins, Amory und Hunter: Faktor Vier. Doppelter Wohlstand – halbierter Naturverbrauch. Droemer Knaur 1995
Wilber, Ken: Der glaubende Mensch. Die Suche nach Transzendenz. Goldmann Verlag 1988
Wilber, Ken: Die drei Augen der Erkenntnis. Auf dem Weg zu einem neuen Weltbild. Kösel Verlag 1988
Wilber, Ken: Halbzeit der Evolution. Der Mensch auf dem Weg vom animalischen zum kosmischen Bewußtsein. Eine interdisziplinäre Darstellung der Entwicklung des menschlichen Geistes. Goldmann Verlag 1981/88
Winkelmann, Bernd; Wurschi, Gitta: Aufbruch 89. Kleine Chronik der Herbstereignisse 1989 in der Bezirksstadt Suhl. Selbstverlag Neues Forum 1990.
Young, Arthur: Der kreative Kosmos. Am Wendepunkt der Evolution. Kösel Verlag 1987

II. Zeitgeschichtlich-theologische und kirchliche Literatur

Alt, Franz: Friede ist möglich. Die Politik der Bergpredigt. R. Piper & Co. Verlag 1983
Alt, Franz: Liebe ist möglich. Die Bergpredigt im Atomzeitalter. R. Piper & Co.Verlag 1985
Amery, Carl: Das Ende der Vorsehung. Die gnadenlosen Folgen des Christentums. Rowohlt 1972/78
Barth, Karl: Die kirchliche Dogmatik. Band I,1 und 2. Ev. Verlag AG Zolliko-Zürich 1960
Bericht aus Canberra 9: Im Zeichen des Heiligen Geistes. Offizieller Bericht der Siebten Vollversammlung des Ökumenischen Rates der Kirchen. Verlag Otto Lembeck 1991
Bonhoeffer, Dietrich: Gemeinsames Leben. Ev. Verlagsanstalt Berlin 1954

Capra, Fritjof; Steindl-Rast, David: Wendezeit im Christentum. Perspektiven für eine aufgeklärte Theologie. Scherz Verlag 1991

Denkschrift der Ev. Kirche in Deutschland: Gemeinwohl und Eigennutz. Wirtschaftl. Handeln in Verantwortung für die Zukunft. Gütersloher Verlag 1991

Die Religion in Geschichte und Gegenwart. Handbuch für Theologie und Religionswissenschaft (RGG). J. C. Mohr Tübingen

Die Zeichen der Zeit. Evangelische Monatszeitschrift für Mitarbeiter der Kirche (ZdZ). Evangelische Verlagsanstalt Berlin

Douven, Karel: Das Christentum auf dem Weg ins 21. Jahrhundert. Vom Christusbekenntnis zur Christuserfahrung. Bei Karel Douven 1992 (Schriftlicher Kursus Haaren, Niederlande)

Drewermann, Eugen; Dalai Lama: Der Weg des Herzens. Gewaltlosigkeit und Dialog zwischen den Religionen. Walter Verlag 1992

Drewermann, Eugen: Der tödliche Fortschritt. Von der Zerstörung der Erde und des Menschen im Erbe des Christentums. Herder Verlag 1991

Drewermann, Eugen: Die Spirale der Angst. Der Krieg und das Christentum. Herder Verlag 1991

Duchrow, Ulrich; Liedke, Gerhard: Schalom. Der Schöpfung Befreiung, den Menschen Gerechtigkeit, den Völkern Frieden. Kreuz Verlag 1987

Duchrow, Ulrich: Alternativen zur kapitalistischen Weltwirtschaft. Biblische Erinnerungen und politische Ansätze zur Überwindung einer lebensbedrohenden Ökonomie. Gütersloher Verlagshaus 1994

Duchrow, Ulrich: Weltwirtschaft heute. Ein Feld für Bekennende Kirche? Chr. Kaiser Verlag 1986

EKD-Texte 27: Frieden in Gerechtigkeit für die ganze Schöpfung. Texte der europäischen Ökumenischen Versammlung Frieden in Gerechtigkeit 1989. Herausgegeben vom Kirchenamt der EKD

EKD-Texte 38: Ökumenische Versammlung für Gerechtigkeit, Frieden und Bewahrung der Schöpfung. Dresden, Magdeburg, Dresden. Herausgegeben vom Kirchenamt der EKD

Eurich, Claus: Aufruf zu einem neuen Orden. Gemeinsam für die Schöpfung – gegen Ohnmacht und Resignation. Kreuz Verlag 1993

Falcke, Heino: Mit Gott Schritt halten. Reden und Aufsätze eines Theologen in der DDR aus zwanzig Jahren. Wichern-Verlag 1986

Fox, Matthew: Schöpfungsspiritualität. Heilung und Befreiung für die Erste Welt. Kreuz Verlag 1993

Fox, Matthew: Vision vom Kosmischen Christus. Aufbruch ins dritte Jahrtausend. Kreuz Verlag 1991

Füssel, Kuno; Segbers, Franz: So lernen die Völker des Erdkreises Gerechtigkeit. Ein Arbeitsbuch zu Bibel und Ökonomie. Edition Exodus 1995

Gemeinsame Texte 9: Für eine Zukunft in Solidarität und Gerechtigkeit. Wort des Rates der Ev. Kirche in Deutschland und der Deutschen Bischofskonferenz zur wirtschaftliche und sozialen Lage in Deutschland. Kirchenamt Hannover 1997

Gogarten, Friedrich: Verhängnis und Hoffnung der Neuzeit. Die Säkularisierung als theologisches Problem. Vorwerk Verlag 1953

Herrmann, Wolfgang: Mammon, Schmutz und Sünde. Die Kehrseite des Lebens. Kreuz Verlag 1991

Hildebrand, Jörg; Müller, Christine (Hrsg.): Taizé – Wege der Versöhnung. Gegenwart einer Gemeinschaft. Evangelische Verlagsanstalt Berlin 1984

Jäger, Willigis: Suche nach dem Sinn des Lebens. Bewußtseinswandel durch den Weg nach innen. Vorträge, Ansprachen, Erfahrungsberichte. Verlag Via Nova 1991

Küng, Hans: Projekt Weltethos. Piper Verlag 1996

Körner, Christoph: Die Frage des Geldes als Schlüsselproblem der Wirtschaftsethik für die Theologie. In „Zeichen der Zeit", Monatszeitschrift für kirchliche Mitarbeiter (ZdZ). 1991 Heft 4, S. 109–116

Krusche, Werner: Schritte und Markierungen. Aufsätze und Vorträge zum Weg der Kirche. Evangelische Verlagsanstalt Berlin 1972

Müller-Schwefe, Hans-Rudolf: Existenzphilosophie. Das Verständnis von Existenz in Philosophie und christlichem Glauben. Vandenhoeck & Ruprecht 1961

Raiser, Konrad: Ökumene im Übergang. Paradigmawechsel in der ökumenischen Bewegung. Chr. Kaiser Verlag 1989

Reimer, Ingrid: Verbindliches Leben in Bruderschaften, Kommunitäten, Lebensgemeinschaften. Quelle Verlag 1986

RGG siehe: Die Religionen in Geschichte und Gegenwart

Schiwy, Günther: Der kosmische Christus. Spuren Gottes ins Neue Zeitalter. Kösel Verlag 1990

Schmitthenner, Ulrich: Übereinstimmung und Anregung. Studienbuch für Gerechtigkeit, Frieden und Bewahrung der Schöpfung. Studienhaus IIS Frankfurt 1993

Schweitzer, Albert: Aus meinem Leben und Denken. Siebenstern Taschenbuch Verlag 1965

Sudbrack, Josef; Ligges, Wulf: Das wahre Wort der Ewigkeit wird in der Einsamkeit gesprochen. Meister Eckharts Seinsmystik und die Erfahrung der Wüste. Eechter Verlag 1989

Tillich, Paul: Systematische Theologie. Band I. Ev. Verlagswerk Stuttgart 1956

Voss, Reinhard: Lebe so, daß man dich fragt. Alltag und Glaube in Ökumenischer Verantwortung. Georg Olms Verlag 1992

Weizsäcker, Carl Friedrich von: Die Zeit drängt. Eine Weltversammlung der Christen für Gerechtigkeit, Frieden und die Bewahrung der Schöpfung; Carl Hanser Verlag 1986

ZdZ siehe: Die Zeichen der Zeit

Zink, Jörg: Sieh nach den Sternen – gib acht auf die Gassen. Erinnerungen. Kreuz Verlag 1993

Zink, Jörg: Wie wir beten können. Kreuz Verlag Stuttgart-Berlin 1970

III. Biblisch-theologische Literatur

Bornkamm, Günther: Jesus von Nazareth. W. Kohlhammer Verlag 1956/59

Bultmann, Rudolf: Das Evangelium des Johannes. Kritisch-exegetischer Kommentar über das Neue Testament. Vandenhoeck & Ruprecht 1964

Bultmann, Rudolf: Das Urchristentum im Rahmen der antiken Religionen. Rowohlt 1966

Bultmann, Rudolf: Jesus. Deutsche Bibliothek Berlin 1929

Conzelmann, Hans: Grundriß der Theologie des Neuen Testaments. Chr. Kaiser Verlag München 1968

Dittmer, Uwe: Im Blickpunkt: Abendmahl. Theologische Informationen für Nichttheologen. Evangelische Verlagsanstalt Berlin 1973

Douglas-Klotz, Neil: Das Vaterunser. Meditationen und Körperübungen zum kosmischen Jesusgebet. Knaur 1992

Grass, Hans: Ostergeschehen und Osterberichte. Evangelische Verlagsanstalt Berlin 1964

Grundmann, Walter; Leipold, Johannes (Herausgeber): Umwelt des Urchristentums. Band I: Darstellung des neutestamentlichen Zeitalters. Evangelische Verlagsanstalt Berlin 1965

Halkes, Catharina J. M.: Gott hat nicht nur starke Söhne. Grundzüge einer feministischen Theologie. Ev. Verlagsanstalt Berlin 1988

Käsemann, Ernst: Jesu letzter Wille nach Johannes 17. J. C. B. Mohr Verlag 1967

Käsemann, Ernst: Exegetische Versuche und Besinnungen. Erster und zweiter Band. Vandenhoeck & Ruprecht 1964

Kruse, Ingeborg: Mädchen wach auf! Frauengeschichten aus dem Neuen Testament. Kreuz Verlag Stuttgart 1989

Liedke, Gerhard: Im Bauch des Fisches. Ökologische Theologie. Kreuz Verlag 1979

Marti, Kurt: Schöpfungsglaube. Die Ökologie Gottes. Radius Verlag 1983

Marxen, Willi: Das Mahl – Vorstellungen und Wandlungen. In „Zeichen der Zeit". Monatszeitschrift für kirchliche Mitarbeiter (ZdZ) 1967 Heft 4

Marxen, Willi: Einleitung in das Neue Testament. Eine Einführung in ihre Probleme. Gütersloher Verlagshaus Gerd Mohn 1963

Moltmann, Jürgen: Gott in der Schöpfung. Ökologische Schöpfungslehre. Chr. Kaiser 1985

Noth, Martin: Geschichte Israels. Zweite verbesserte Auflage. Evangelische Verlagsanstalt Berlin 1955

Rad, Gerhard von: Theologie des Alten Testaments; Band I: Die Theologie der geschichtlichen Überlieferung Israels. Kaiser Verlag 1958

Rad, Gerhard von: Theologie des Alten Testaments; Band II: Die Theologie der prophetischen Überlieferung Israels. Kaiser Verlag 1962

Schottroff, Luise; Stegemann, Wolfgang: Jesus von Nazareth – Hoffnung der Armen. W. Kohlhammer Verlag 1978

Schweizer, Eduard: Gemeinde und Gemeindeordnung im Neuen Testament. Abhandlung zur Theologie des Alten und des Neuen Testamentes Nr. 35. Zürich 1959
Sellin-Rost: Einleitung in das Alte Testament. Harrassowitz Verlag 1951.
Zink, Jörg: Kostbare Erde. Biblische Rede über unseren Umgang mit der Schöpfung. Kreuz Verlag 1982

IV. Praktisch-methodische Literatur

Bleistein, Roman; Lubkoll, Hans-Georg; Pfützner, Robert: Türen nach innen. Wege zur Meditation. Verlag für Gemeindepädagogik München 1974
Brunner, Reinhard: Hörst du die Stille? Meditative Übungen mit Kindern. Kösel-Verlag 1991
de Mello, Anthony: Meditieren mit Leib und Seele. Neue Wege der Gotteserfahrung. Verlag Butzon und Bercker Kevelaer 1984
Hausmann, Bettina; Neddermeyer, Renate: Bewegtsein. Integrative Bewegungs- und Leibtherapie in der Praxis. Erlebnisaktivierung und Persönlichkeitsentwicklung. Junfermann Verlag 1996
Heimrath, Johannes: Das Sonogramm der Persönlichkeit. Gongs als Modulatoren der Körperenergie. Hugendubel Verlag 1989
Kadowaki, Kakichi: In der Mitte des Körpers. Einführung zur Zen-Meditation. Kösel-Verlag 1994
Kleiner, Josef Rafael: Meditation. Das Innen ist offen nach außen. Pattloch Verlag 1991
Lander, Hilda; Zohner, Maria: Meditatives Tanzen. Kreuz Verlag 1987
Moeglin, Barbara und Klaus: Sanfte Körpererfahrung. Für sich selbst und zwischen uns. Lasseler Verlag 1986
Palmer, Helen: Das Enneagramm in Liebe und Arbeit. Knaur 1995
Petzold, Hilarion (Hrsg.): Heilende Klänge. Der Gong in Therapie, Meditation und Sound Healing. Junfermann Verlag 1989
Schwäbisch, Lutz; Siems, Martin: Selbstentfaltung durch Meditation. Eine praktische Anleitung. Rowohlt 1987
Sharamon, Shalila; Baginski, Bodo J.: Das Chakren-Handbuch. Vom grundlegenden Verständnis zur praktischen Anwendung. Windpferd Verlagsgesellschaft mbH. 1991
Sivananda Yoga Zentrum (Herausgeber): Yoga für alle Lebensstufen – in Bildern. Gräfe und Unzer Verlag 1985
Stüttgen, Albert: Dich erfahren. Meditationen und Tänze zu Gesängen aus Taizè. Benno-Verlag 1994
Wosien, Marie-Gabriele: Tanz als Gebet. Feiert Gottes Namen beim Reigen. Veritas Verlag 1990

Personen und Sachregister

Bernd Winkelmann

Jahrgang 1942;
gelernter Rundfunkmechaniker;
Studium der Theologie 1962–1967 in Halle/S.;
Gemeindepfarrer in Bombeck (Altmark), in Erfurt, in Bischofrod (Südthüringen) und Wintzingerode (Eichsfeld);
1981 Mitbegründer des „Evangelischen Einkehrhauses Bischofrod“, einer kirchlichen Begegnungs- und Bildungsstätte für Ökologie und Lebensstil;
aktiv in den Umwelt- und Friedensgruppen der DDR;
im Herbst 1989 Mitbegründer des Neuen Forums im Bezirk Suhl;
1993 Mitinitiator der „Initiative zur Wiederaufnahme des Konziliaren Prozesses für Gerechtigkeit, Frieden und Bewahrung der Schöpfung“;
seit 1991 Leiter der inhaltlichen und geistlichen Arbeit in der „Evangelischen Familien- und Begegnungsstätte Burg Bodenstein“.

Gedruckt auf 100 % Recycling-Papier